新世纪研究生教学用书
会计系列

含MPAcc、MAud
及MBA、EMBA财会方向

U0816594

国际会计准则

International Financial Reporting Standards

（第三版）

周红 王建新 张铁铸 编著

东北财经大学出版社
Dongbei University of Finance & Economics Press
大连

图书在版编目（CIP）数据

国际会计准则／周红，王建新，张铁铸编著．—3版．—大连：东北财经大学出版社，2018.8（2020.8重印）
（新世纪研究生教学用书·会计系列）
ISBN 978-7-5654-3301-6

Ⅰ．国…　Ⅱ．①周…　②王…　③张…　Ⅲ．国际会计-规范-研究生-教材　Ⅳ．F234.5-65

中国版本图书馆CIP数据核字（2018）第186684号

东北财经大学出版社出版
（大连市黑石礁尖山街217号　邮政编码　116025）
网　　址：http：//www.dufep.cn
读者信箱：dufep@dufe.edu.cn
大连永发彩色广告印刷有限公司印刷　　东北财经大学出版社发行

幅面尺寸：170mm×240mm　　字数：499千字　　印张：23.75　　插页：1
2018年8月第3版　　2020年8月第8次印刷

责任编辑：王　莹　　责任校对：合　力
封面设计：张智波　　版式设计：钟福建

定价：52.00元

教学支持　售后服务　　联系电话：（0411）84710309

如有印装质量问题，请联系营销部：（0411）84710711

第三版前言

在我们2012年年初完成《国际会计准则》第二版的修订之后，紧接着在同年10月，国际证券委员会组织（IOSCO）和国际财务报告准则基金会宣布，将要在全球范围内制定和实施国际财务报告准则（IFRS）方面加深合作。2013年7月，二十国集团（G20）财长和央行行长在莫斯科举行会议，该会议的联合公报再次呼吁，应完成国际会计准则理事会（IASB）和美国财务会计准则委员会（FASB）的联合项目，因为“迅速取得进展对提升金融市场的适应性至关重要”。2013年9月，IASB在伦敦举行了“全球准则制定机构会议”，IASB的主席汉斯·霍格沃斯特（Hans Hoogervorst）在会议前夕发表了题为“欧洲与通往全球会计准则之路”的演讲，高度赞扬欧洲采用国际财务报告准则的决定“赋予了国际财务报告准则成为单一的一套全球会计准则所需的可信度和关键推动力”。同时，汉斯·霍格沃斯特提供了IASB和FASB之间的主要趋同项目，包括收入确认、租赁、减值、保险合同等。此外，他也披露了某些难以取得一致意见的方面及原因。FASB的主席莱斯丽·赛德曼（Leslie Seidman）认为，“在某些全球最大的资本市场中，出于非常合理的原因，在短期内恐怕无法实现100%的可比性目标（例如，单一的一套准则）”[①]。由此，她建议FASB和IASB应在完成谅解备忘录（MOU）项目的基础上，进一步与其他准则制定机构展开讨论，以改进会计准则和提高国际财务报告准则、美国公认会计原则以及其他全球会计准则之间的可比性。[②]

尽管面临世界经济与政治的各种有利或不利局面，2012年至今，国际会计准则理事会始终坚持为制定一套完备的国际财务报告准则不懈努力，除发布准则和准则指引之外，IASB还逐月披露更新工作计划，内容包括IASB对各项已变更的或未作变更的计划项目的完成进度的说明，并就当月工作计划中对上月工作计划进行的主要变更加以分析说明。IASB的持续努力终于促成了2017年国际财务报告准则的

① 参见2012年12月美国证监会（SEC）和美国公众公司会计监督委员会（PCAOB）讨论美国注册会计师协会（AICPA）当前发展的全国会议。

② 国际会计准则理事会（IASB）主席汉斯·霍格沃斯特承认，他并不期望所有的美国主体均采用国际财务报告准则，取而代之的是，他希望美国允许大型的面向全球的能够因采用国际财务报告准则而受益的公司选择采用国际财务报告准则。另外可参考克里斯蒂·鲁兹（Christian Leuz）教授的研究：《全球报告趋同的新方法：全球参与者分部》，其中论述了各国之间“在诸如资本市场、证券监管、投资者保障和经济发展等方面”存在的其他众多制度差异，这些差异将影响报告实务并继续造成各国之间的非可比性（尽管国际财务报告准则继续在全球范围内得到采用）。详细内容还可进一步查阅IAS Plus网站的链接。

修订和完善工作并取得了显著成果。2017 年，IASB 发布了保险合同准则，随着新保险合同准则的制定，IASB 为应对 2008 年国际金融危机所进行的包括金融工具、收入、租赁和保险合同等在内的四大准则项目均告完成。此外，IASB 还发布了对金融工具、联营和合营企业中的投资等准则的修订，这一系列重要准则于 2018 年度生效，由此也对我们提出了修订《国际会计准则》的必要。

截至 2017 年 12 月 31 日，IASB 已发布 IFRS 9《金融工具》、IFRS 15《与客户之间的合同产生的收入》、IFRS 16《租赁》、IFRS 17《保险合同》四项新的国际财务报告准则以及解释公告 IFRIC 22、IFRIC 23。截至 2017 年 12 月 31 日，经修订并强制生效的国际财务报告准则包括以下三项：IAS 12《所得税》、IAS 7《现金流量表》、IFRS 12《在其他主体中的权益的披露》。另外，已修订但未生效的国际财务报告准则还包括：IFRS 1、IFRS 2、IFRS 3、IFRS 4、IFRS 9、IFRS 10、IFRS 11、IFRS 15 及 IAS 12、IAS 23、IAS 28、IAS 40。依据 IASB 发布的新准则和修订准则（2012—2017），我们对《国际会计准则》的相关内容进行了必要的修改、补充和完善。

周　红

2018 年 6 月

第二版前言

新世纪研究生教学用书《国际会计准则》自 2008 年出版至今已接近 4 年了。其间国际会计准则理事会（IASB）为顺应国际资本市场一体化的趋势，满足国际财务报告使用者的需求，在国际社会力量的推动与支持下，不间断地对国际财务报告准则（IAS/IFRS）进行了修订。这在很大程度上保证了会计准则的持续国际趋同和会计准则质量以及财务报告质量的提升，也对我们提出了修订《国际会计准则》的要求。

截止到 2011 年 6 月，IASB 陆续发布了 6 项新准则：IFRS 8《经营分部》、IFRS 9《金融工具》、IFRS 10《合并财务报表》、IFRS 11《合营安排》、IFRS 12《在其他主体中的权益的披露》和 IFRS 13《公允价值计量》等；同时主要修订了 9 项准则：IFRS 1《首次采用国际财务报告准则》、IFRS 2《以股权为基础的支付》、IFRS 3《企业合并》、IFRS 7《金融工具：披露》、IAS 1《财务报表的列报》、IAS 27《单独财务报表》、IAS 28《联营和合营企业中的投资》、IAS 32《金融工具：列报与披露》和 IAS 34《中期财务报告》等。我们依据以上 IASB 发布的新准则、修订准则以及相应的解释公告对本书进行了必要的修改、补充和完善。同时，为了便于学习和理解，本书在修订过程中力求体现会计准则发展的连续性。

本书同时也是在教育部人文社会科学研究项目“中国会计标准国际化的进程——新准则实施效果研究”（项目批准号：05JA790017）研究报告的基础上进行整理、完善的成果。

周　红

2012 年 2 月

第一版前言

经济全球化加速了资本流动的全球化，这对于作为“通用商业语言”的会计提出了更高的要求：加速会计国际化以消除国际投资和国际贸易的技术障碍。国际会计准则委员会（IASC）自1973年成立以来，就一直致力于制定一套会计准则作为各国会计准则制定机构的范本，来协调全球会计准则。2001年，在国际会计准则理事会（IASB）取代IASC以后，更把制定一套要求通用财务报表中的信息透明和可比的高质量全球性会计准则作为自己的目标，力图通过与各国会计准则制定机构的合作实现世界会计准则的趋同。随着资本市场和经济的一体化以及跨国公司的发展，会计准则国际化已成为必然趋势，越来越多的国家对采纳国际会计准则采取了积极的态度。欧洲委员会（EC）2000年6月发布了一份政策文件通讯稿，率先要求欧盟（EU）的7 000多家上市公司2005年采纳国际会计准则编制合并财务报表。2001年2月，EC又发布了规章草案，重申了在2005年采纳国际会计准则的决心，同时鼓励欧盟的上市公司在2005年之前采纳，并允许用于非上市公司和非合并财务报表。2002年6月，IASB为此发布了公告《欢迎EU决定采纳国际会计准则》，并视之为IASB努力实现一套全球接受的、强制性准则进程中的“分水岭”事件。2002年10月，美国会计准则委员会（FASB）终于与IASB达成诺维科（Norwalk）协议，正式致力于实现美国公认会计原则与国际财务报告准则（IFRS）之间的趋同，双方承诺尽最大努力在切实可行的情况下尽快使现存的财务报告准则完全相容，并在将来的工作项目中共同合作，以确保这种相容性得以维持。2007年7月3日，美国证券交易委员会（SEC）正式取消了到美国上市的外国公司如果按照国际会计准则编制财务报告则应调整为按照美国公认会计原则编制财务报告的规定。可见，“世界资本市场将拥有一套为投资者所信任的全球化的会计准则”的理想正在变为现实。

我国1992年的会计制度改革标志着我国告别计划经济的会计模式，开始采用国际通行的会计报表体系。2006年2月，财政部发布了新的《企业会计准则》，更体现了中国会计准则已实现了与国际会计准则的基本趋同。自2007年1月1日起，所有的中国上市公司将使用新的《企业会计准则》编制财务报告，意味着我国步入了与国际会计趋同的阶段。然而，这要求会计人员掌握符合国际规范的会计准则，具备更高的专业技术水平和职业判断能力。目前，我国会计专业人员无论是数量上还是质量上与国际水平差距都很大，对国际会计准则本身的了解也很欠缺，因此，人们都非常盼望能有一本与国际会计准则相适应的教材。

本书是“新世纪研究生教学用书”之一，本着面向会计职业的原则，希望本书能作为学习、理解和执行国际会计准则的更为简明的参考读本。全书共分为8章，其中第1章介绍国际会计准则委员会的建立和发展；第2章从整体上介绍国际会计准则的体系；第3章介绍国际会计准则的协调；第4章介绍国际会计准则的概念框架；第5章至第7章基本按照概述、基本内容、相关准则的国际比较，以及准则的运用示例的顺序分别介绍各个具体准则，包括报告和披露的准则、确认和计量的准则以及特殊业务的准则三个大类；第8章是国际会计准则趋同。

由于国际会计准则趋同的要求，导致了对国际会计准则大量地、不断地修订，因此，从某种意义上说，这样的一本教材将是写不完的。虽然所有的修订都提高了国际会计准则的质量，国际会计准则委员会也已经提供了关于准则制定、修订的背景以及应用指南，但这使国际会计准则本身变得越来越厚重，更增加了我们理解和执行上的困难，即便是对于教师，这也是一个学习的过程。

当东北财经大学出版社李智慧老师约我编写《国际会计准则》一书时，我只觉得这是一项必须要做的工作，便应允下来。但是要完成它却并不容易。恰好有财政科学研究所的王建新博士一直致力于相关研究，他主动要求承担了第3章“国际会计准则的协调”和第4章“国际会计准则概念框架”的撰写工作。此间，又适逢张铁铸博士到复旦大学管理学院跟我一起做“中国会计标准国际化”的博士后研究，他鼎力相助，撰写了大部分的书稿。可以说没有他们的努力，这本书就难以完成。尽管我非常想把这本书写好，无奈的是时间和能力有限，还由于在准则的运用方面缺乏实践，再有就是国际会计准则本身仍在不断的改进过程中，跟不上改进过程就会形成欠缺。出版社催促了，只好把还没有达到自己要求的书稿交上。我由衷地感谢东北财经大学出版社的李智慧老师，因为有了她的信任、耐心、支持和帮助，今天才有这本书呈现在广大读者面前。我将对书中所有的错误和不足之处负责，欢迎读者赐教，我随时准备着进行必要的修改、补充和完善。

周　红

2008年1月

目　　录

第 1 章

国际会计准则委员会

[学习目标]

1. 国际会计准则委员会的建立和发展过程。
2. 国际会计准则委员会的组织结构。
3. 国际会计准则制定的应循程序。
4. 国际会计准则委员会的未来发展。

1.1 概述

国际财务报告准则（International Financial Reporting Standards，IFRS）是由国际会计准则理事会（International Accounting Standards Board，IASB）发布的会计准则及解释公告。IASB 是在国际会计准则委员会（International Accounting Standards Committee，IASC）的基础上于 2001 年改组成立的，是一个独立的会计准则制定机构，旨在制定在全球范围内适用的会计准则。2001 年以前，IASC 负责国际会计准则的制定。目前，IASB 将其制定的准则称为国际财务报告准则，而将原来由 IASC 制定的准则称为国际会计准则（International Accounting Standards，IAS）①。40 多年来，IASC/IASB 根据世界经济格局的变化和发展，不失时机地调整国际会计准则，推动会计国际化，争取多方面的支持，不断提高了国际会计准则的权威性，使其在全球范围内受到越来越多的国家和国际组织的接受或认可。② 2003 年 2 月 12 日，全球六大国际会计师事务所（德豪、德勤、安永、均富、毕马威和普华永道）发布了一份 IFRS 的调查报告——《会计准则的国际趋同报告：2002 年全球调查》，该项调查采用问卷调查的方式，由六大会计

---

① IASB 在 2003 年 6 月发布了首项准则——《IFRS：首次采用国际财务报告准则》，正式将其所发布的准则称为“国际财务报告准则”。目前，在这一总称下也包括国际会计准则和解释公告。

② 正是在与各国准则制定机构的联合攻关中触发了 IASC 改组的构想，导致了 IASB 的产生，见下文。

师事务所在59个国家和地区的分支机构向相关人士和组织发出调查问卷。调查结果显示，在59个被调查的国家和地区中，95%的国家和地区有意与IFRS趋同，3%的国家和地区已经采用了IFRS，92%的国家和地区表示打算采用IFRS或者是与其趋同，只有5%的国家和地区无意采用IFRS。[①] 可以预见，随着经济全球化进程的加快和国际资本市场的日益发展，会计标准的国际趋同已是大势所趋，成为世界各国不可避免的现实问题。

1.1.1 国际会计准则委员会的建立

1973年6月，由澳大利亚、加拿大、法国、联邦德国、日本、墨西哥、荷兰、英国和爱尔兰[②]、美国等10个国家的16个主要会计职业团体发起，在伦敦成立了IASC，从事国际会计准则的制定工作。作为发起者，这10个国家的16个主要会计职业团体就成为“创始会员”（founder members）。后来，许多国家的会计职业团体又加入IASC，成为其“准会员”（associate members）。为了适应形势的发展，IASC开始修订其协议和章程。1977年10月，IASC签订了修订后的协议和章程。按照修订后的章程，过去作为准会员的会计职业团体均成为正式会员，并且以后新加入的会计职业团体也可以成为正式会员。IASC是会计职业界的国际组织，是一个民间准则制定机构，它独立于其他国家或政府组织。IASC的章程规定，IASC的目标是制定和发布国际会计准则，促进会计的国际协调。从成立的那一天起，IASC就是以民间组织的身份制定和发布国际会计准则的。1977年，国际会计师联合会（International Federation of Accountants，IFAC）成立，IASC成为IFAC的团体会员。根据双方协商的结果，IASC仍然负责并有权以它自己的名义制定并发布国际会计准则。至1983年，作为IFAC成员的所有会计职业团体均已成为IASC的成员。中国于1998年5月正式加入IASC和IFAC。目前，IASC已经拥有来自112个国家的153个会计职业团体成员。

2001年改组之前，IASC共发布了41项国际会计准则和1项财务报表的编制及呈报框架。改组后的IASB一直致力于制定和发布国际财务报告准则，并取得了重大成果。根据改组后新的章程，IASB成为国际会计准则的制定机构，其目标是：①本着公众的利益，制定一套高质量、易理解、可实施的全球会计准则。该准则要求在财务报表和其他财务报告中提供高质量、透明、可比性强的信息，从而有助于全球资本市场的参与者以及其他使用者作出经济决策。②促进上述准则的广泛应用和严格执行。③寻求协调各国会计准则与国际会计准则的最佳方案。在正式开始运作时，IASB便决定，其前身IASC发布的34项当时有效的国际会计准则和30项当时有效的解释公告继续适用，直至被撤销为止。在目前出版的准则合订本（例如《国际财务报告准则2010》）中，既包括IASB发布的准则，也包括IASC发布的准则。

---

① 朱海林，刘刚．会计准则国际趋同的报告［J］．中国注册会计师，2003（4）．

② 爱尔兰岛的北部即北爱尔兰，属于英国（the United Kingdom），而爱尔兰是一个独立的国家。

1.1.2 国际会计准则理事会的发展

（1）IASB 的前身——IASC

从 1973 年 6 月成立到 2001 年 4 月改组后 IASB 开始运行，IASC 的发展经历了近 30 年的时间。在此期间，IASC 在制定和发布国际会计准则、促进国际会计协调方面取得了显著的成就。IASB 的成立标志着 IASC 已完成其历史使命，回顾 IASC 的发展历程，我们可以将其大致划分为三个阶段。

①第一阶段（1973—1988）：初步发展阶段。在这一阶段，IASC 本着协调各国会计准则的原则，主要是汇集与借鉴各国会计准则和会计惯例，制定具体的国际会计准则，以适应国际社会的需求。IASC 在此阶段共制定了 26 项国际会计准则。由于在此阶段 IASC 急于寻求国际社会特别是发达国家的支持，加之当时的指导思想是尽量兼顾各国的会计实务，因此，所制定的准则在某种程度上只是对各国会计实务的汇集，企图实现兼容并蓄，这使得企业有很大的选择余地，也使得国际社会对 IASC 所制定的会计准则允许有过多的选择的谴责与日俱增。

②第二阶段（1989—1994）：逐步提升阶段。在这一阶段，IASC 着力提高国际会计准则的可比性。由于国际社会对 IASC 所制定的会计准则允许过多的选择的谴责与日俱增，迫使 IASC 必须减少会计备选方法，提高财务报表的可比性。为此，IASC 开始实施可比性和改进计划。1989 年，IASC 公布了《准则草案（ED 32）：财务报表可比性》，提出对原有的国际会计准则进行修订，修订的主要内容就是规定会计计量的基准处理方法，减少可选择的方法。1993 年，IASC 完成了对 10 项主要会计准则的修订。1994—1995 年，IASC 又完成了对原有 18 项国际会计准则的“格式重排”。通过实施可比性和改进计划，IASC 将修订的国际会计准则中可选择的会计处理方法从原来的 38 个减少到了 15 个，并首次划分了“基准处理法”和“备选处理法”。我们注意到，在这一阶段，IASC 的地位也开始逐渐提升，表现为会员的增多以及各国准则制定机构对 IASC 的认可。IASC 所制定的会计准则从主要受其他国家的影响，转而开始影响一些国家会计准则的制定。

③第三阶段（1995—2000）：核心准则的制定与改组研究阶段。在这一阶段，IASC 致力于与证券委员会国际组织（International Organization of Securities Commission，IOSCO）合作，制定核心准则（core standards）。1995 年，为了适应国际资本市场的需求，IASC 与 IOSCO 签订了合作协议。在 IOSCO 的支持下，IASC 致力于制定一套可以在全球资本市场使用的核心准则，计划于 1998 年完成 40 项核心准则的制定工作。1998 年 12 月，随着 IAS 39《金融工具：确认与计量》的发布，40 项核心准则宣告全部完成。2000 年 5 月，IOSCO 宣布已经完成了对其中 30 项核心准则的评审工作，目前正向世界各主要资本市场推荐使用。核心准则的完成，一方面进一步加强了国际会计准则的影响力，另一方面也标志着 IASC 在制定会计准则方面独立性的进一步加强。当然，我们从其所制定的核心准则中仍然可以看到美国等西方发达国家的影响。另外，随着全球经济社会环境的转变以及 IASC 地位的不断提升，为了适应新形势下的发展需要，IASC 也面临着自身完善的问题。

1997 年 1 月，IASC 理事会成立了一个战略工作组（Strategy Working Party，SWP），当时是考虑在完成 IOSCO 认可的核心准则计划以后是否需要改组的问题。1998 年，SWP 提出了《重塑 IASC 的未来》的报告，建议对 IASC 进行全面改组，将 IASC 的基本目标从原来的“协调与改进各国会计准则”变成“制定全球会计准则”。据此，IASC 理事会以多数票通过进行改组。

（2）IASC 的全面改组

①改组的原因

IASC 改组是在 1997 年提出的，并为此专门成立了 SWP，代表分别来自于 IASC、IFAC、IOSCO、世界银行、会计师事务所、企业界和有关国家的会计准则制定机构。SWP 重点研究了 IASC 完成核心准则以后的有关战略问题，主要涉及的方面有：IASC 与各国会计准则制定机构的关系；IASC 理事会的成员设置、工作方式；与国际会计准则有关的教育和培训活动；IASC 的资金筹措等。对 IASC 的改组进行追本溯源，也有学者提出改组发端于 1987 年 IASC 与 IOSCO 达成的合作协议。例如，Barry J. Epstein 认为，IASC 于 1987 年进入了一个新的发展时期，当时受美国 SEC 支持的 IASC 秘书长 David Cairns 与 IOSCO 达成了一项合作协议，这使得“IASC 首次有了一个明确的客户，且其准则有了明确的作用”。[①] 关于 IASC 改组的原因，一般认为主要有以下几个方面：

首先，外部环境的转变对 IASC 提出了更高的要求。经济全球化特别是资本市场一体化使得全球范围内对降低交易成本的呼声越来越高。20 世纪 90 年代以后，世界经济全球化的趋势明显加快，国际贸易、国际投资以及跨国公司都呈现良好的发展态势，跨国兼并活动日益频繁，区域和全球资本市场加速形成。投资者在全球范围内寻求投资机会，企业也在全球范围内寻求最低成本的资本，而按照不同会计准则编制的公司财务报表使得投资者无所适从，使得资本市场的交易成本上升，最终使得市场的作用难以发挥。经济全球化特别是资本市场一体化对各国会计准则存在的差异提出了重大挑战。统计数据显示，截至 1998 年，伦敦证券交易所的股票市价总额中，非英国公司占 70%；德国证券交易所的上市公司中，80% 是来自于 60 多个其他国家的非德国公司；在美国 SEC 登记的 13 000 家公司中有 1 000 多家为外国公司。另外，1999 年全球企业购并总金额猛增至 3.31 万亿美元。在经济全球化发展过程中，由于缺乏全球通用的会计准则，企业间财务信息不可比，使得交易成本大大增加。1993 年，德国戴姆勒—奔驰公司到美国上市。当时，按照德国的会计准则，戴姆勒—奔驰公司当年的利润是 6.15 亿德国马克，而按照美国公认会计原则，公司当年却有约 18.39 亿德国马克的巨额亏损。可见，会计准则的不同使得据以编制的财务信息出现了巨大的差异。因此，要顺应全球经济一体化的发展趋势，促进国际资本市场的发展，必须要降低或消除各国会计准则存在的重大差

① EPSTEIN B J. IFRS：Interpretation and application of international financial reporting standards（2006）［M］. Hoboken，New Jersey：John Wiley & Sons，Inc.，2006.

异。1996 年 10 月，为了鼓励更多的外国公司到美国资本市场上市，美国国会呼吁制定一套全面的、高质量的和国际公认的会计准则。随后，美国 SEC 表示：有条件地支持 IASC 制定一套可以用于跨国上市公司财务报表的会计准则。[①] 1996 年年底，参加世界贸易组织（WTO）会议的各国部长为了推动国际贸易和跨国公司的进一步发展，降低交易成本，积极鼓励国际通用会计准则的制定，对 IASC 为会计准则的国际协调所作出的努力表示赞赏。1999 年 6 月，西方 7 国财长和银行行长会议（G7）发表声明，支持和赞赏民间组织为增加财务信息透明度所作的努力，并希望 IASC 的国际会计核心准则早日完成。G7 还要求 IOSCO 和巴塞尔银行业监管委员会（Basel Committee on Banking Supervision）及时完成对核心准则的评审工作，并呼吁所有参与制定会计准则的机构共同努力，使得高质量的、国际性的会计准则可以被制定和遵守。IASC 在制定和推广国际会计准则方面积累了丰富的经验，取得了全球范围内的广泛认可。1999 年，IFAC 与大型会计师事务所以及其他一些重要机构（如世界银行、国际货币基金组织等）共同成立了会计发展问题国际论坛（The International Forum on Accountancy Development），支持国际会计准则成为世界性的会计语言。新的形势对 IASC 提出了更高的要求，IASC 实施改组也可以说是应时之变。

其次，IASC 的自身发展也要求其进行改组。IASC 是一个民间会计准则制定机构，它所制定的会计准则缺乏政府或监管机构的权威支持。在美国，财务会计准则委员会（FASB）虽然也是一个民间的准则制定机构，但其发布的财务会计准则公告（SFAS）有 SEC 实质性的权威支持。在另外一些国家，会计准则是由政府机构制定并发布的，具有行政或法律制度保障上的强制性，会计准则的推广和实施由于获得了权威性的支持，因此不会受到限制。由于会计准则的制定具有一定的经济后果，在缺乏权威性支持的情况下，国际会计准则的推广在一定程度上取决于各国政府或监管机构的认可。自成立以来，IASC 要求其会员尽最大的努力说服本国政府、会计准则制定机构、证券监管机构以及工商企业界在财务报表的所有重大方面遵守国际会计准则，但限于 IASC 组织机构的性质和会员的影响力，使国际会计准则的权威性大打折扣。目前，大多数国家的会计准则制定机构已不再是会计职业组织的下属机构，国际会计准则在一个国家的应用往往需要经过该国会计准则制定机构的认可，IASC 如果不直接与各国会计准则制定机构保持直接的联系，就很难推动国际会计准则与各国会计准则的协调与趋同，国际会计准则在全世界的进一步推广也将举步维艰。虽然有很多国家已经认可或接受国际会计准则，但是一些发达国家，如美国等，仍然坚持其本国的会计准则即等于国际会计准则。SEC 要求境外公司必须提交按照美国公认会计原则（GAAP）编制的财务报表或者按照美国 GAAP 进行调整。作为全球最发达的资本市场和最大的经济体，美国对于 IASC 及国际会计准

① SEC 对准则的质量提出了三个条件：准则必须包括一套核心的会计文告，它们构成全面公认的会计基础；准则必须是高质量的，它们能够导致可比性和透明性以及提供充分的信息披露；准则必须严格地加以解释和应用。

则的地位与发展，起着非常重要的作用。因此，IASC 始终面临着如何协调国际会计准则与美国会计准则的关系问题。IASC 也意识到，要取得并继续保持制定国际会计准则的地位，没有美国的支持是不行的。因此，IASC 热忱邀请美国协同工作。当然，世界经济一体化的趋势使得美国不得不切实地考虑国际会计准则应有的地位，因为不可能让世界各国都按照美国会计准则编制财务报表。所以，美国也力图通过介入 IASC 的机构，影响国际会计准则的制定，以使国际会计准则向美国会计准则靠拢。在 IASC 进入完成核心准则项目和机构改组的实质性阶段之时，美国的立场由漠不关心改为主动介入，对 IASC 的改组方向产生了重要影响，改变了 IASC 的结构和力量均衡。

②改组的过程

1997 年，IASC 成立了 SWP，其成员具有广泛的代表性。在研究了 IASC 与各国会计准则制定机构的关系、理事会的成员设置等战略问题以后，SWP 于 1998 年 12 月提出了改组方案，具体体现在《重塑 IASC 的未来》的研究报告中。改组方案建议，新的国际会计准则委员会设基金会、理事会和准则制定委员会三个层次，基金会负责任免理事会和准则制定委员会的成员，理事会负责审议和投票表决，准则制定委员会负责研究起草准则。改组方案与原来 IASC 结构的差别在于，会计准则制定工作由专职成员负责，而不是像以前那样由指导委员会这样的兼职人员负责。另外，技术性讨论限于准则制定委员会这个层次上，而理事会更像一个表决机构。因为研究制定和表决通过由两个机构分别负责，因此，这一方案被称为“两院制”。该方案因遭到美国等国家的反对而未能实行。

1999 年 11 月，SWP 向 IASC 理事会递交了题为《关于重塑 IASC 未来的建议》的最终报告。根据这一报告，由来自不同地区和具有不同专业背景的人士组成受托人委员会（Trustees），负责任命 IASB、准则咨询委员会（SAC）和国际财务报告准则解释委员会（IFRIC）的委员；基金会的活动由受托人委员会指导；不再分设理事会和准则制定委员会，而是合二为一，称为国际会计准则理事会，即 IASB。IASB 由专职人员组成，这些专职人员的首要条件是要有技术专长，IASB 对会计准则有最后的决定权。这样，准则的研究制定和表决通过由一个机构负责，因此被称为“一院制”。最终报告于 1999 年 12 月和 2000 年 5 月分别经 IASB 和全体会员大会批准通过，并据此修改了 IASC 的章程和基本目标，这表明 IASC 进入了一个全新的发展阶段。

（3）IASB 正式成立运作

新 IASC 的构建，首先成立提名委员会（Nominating Committee），然后由提名委员会任命受托人委员会，再由受托人委员会任命 IASB 的成员。1999 年 11 月，IASC 批准了一个提名委员会，美国 SEC 主席 Arthur Levitt 当选为提名委员会主席。提名委员会选举了组成的基金会的 19 位受托人。根据 2000 年 5 月通过的 IASC 基金会章程的安排，改组后 IASC 的新机构及 IASB 在 2001 年相继成立。原 IASC 成为 IASC 基金会，由受托人委员会负责管理，下设 IASB、国际财务报告解释委员会

(Internatonal Finantional Reporting Interpretation Committee, IFRIC) 和准则咨询委员会 (Standards Advisory Council, SAC)。2000 年 5 月 22 日，IASC 提名委员会宣布了改组后 IASC 的首批 19 位受托人名单，由美国联邦储备局前主席 Paul Volker 担任主席。2000 年 6 月 28 日，在美国纽约召开的受托人委员会第一次会议上，任命英国会计准则委员会 (ASB) 原主席 David Tweedie 爵士为 IASB 的首任主席，从 2001 年 1 月 1 日起生效。2001 年 1 月 25 日，受托人委员会宣布了 IASB 其他成员的名单。在新理事会的 14 位成员中，除 David Tweedie 担任主席、改组前最后一任 IASC 理事会的主席 Thomas E. Jones 担任副主席外，其他 12 位理事分别来自于美国、英国、加拿大、澳大利亚、德国、法国、日本等西方国家。

随着 2001 年 1 月 IASC 宣布对 IASB 成员的任命，IASC 改组的主要任务也基本完成。另外，由受托人委员会任命成立了 SAC 和 IFRIC。IFRIC 相当于原 IASC 下设的常设解释委员会 (Standing Interpretation Committee, SIC)，而 SAC 则取代了原 IASC 下设的咨询团的职能，其代表性更为广泛。IASB 于 2001 年 4 月正式投入运行，承诺本着公众利益，制定一套用于编制透明、可比和高质量的财务报表的全球性会计准则。

1.2　国际会计准则委员会的组织机构

1.2.1　改组前的组织结构

IASC 的日常工作由秘书处负责，秘书处设在伦敦，由秘书长领导。IASC 设有理事会、咨询团、顾问委员会、常设解释委员会和发展战略工作组。

(1) 理事会 (IASC Board)

理事会由 13 个国家的会计职业团体的代表以及不超过 4 个在财务报告方面利益相关的其他组织的代表组成。13 个国家的会计职业团体代表由 IFAC 任命。理事会成员可以在其国家或组织中指定不超过两名的代表，每个国家或组织的理事会代表可以由一名技术顾问陪同参加理事会会议。理事会成员任期两年半，每个理事会成员有 1 票表决权。理事会负责国际会计准则和征求意见稿的批准及其发布。中国于 1998 年 5 月加入 IASC，成为理事会观察员，参加了理事会的各次会议。作为理事会观察员的还有 EC、美国 FASB 和证券委员会国际组织。

就国际会计准则的制定而言，理事会代表、成员团体、咨询团成员、其他组织和人士以及秘书处均可就可能涉及的新议题提供建议。国际会计准则的研究和起草工作通常由理事会设立的指导委员会 (Steering Committee) 来完成。指导委员会由理事会成员领导，通常包括至少 3 个国家会计团体的代表。中国代表于 1999 年参加了体制转换国家会计项目的指导委员会。指导委员会负责研究并审核与项目有关的所有会计议题，起草征求意见稿和国际会计准则草案，并向相关利益团体征求意见。指导委员会在审阅了所有反馈意见后，拟订国际会计准则草案，并提交理事会审议。根据审议意见修改后，由理事会表决通过。国际会计准则的正式发布须通过不少于 3/4 的理事会成员同意。

（2）咨询团（Consultative Group）

咨询团由来自各方的代表组成，包括财务经理协会、企业机构、工会、证券交易所、证券事务监控机构、律师界、银行家、世界银行、美国 FASB、联合国、经济合作与发展组织、EC 等。咨询团主要负责：①讨论 IASC 的工作所导致的有关原则和政策方面的事宜；②讨论影响接受国际会计准则的实际问题和观念问题；③对发布个别会计准则的每一步骤提供支持。咨询团定期开会，与理事会讨论国际会计准则项目中的技术问题、IASC 的工作计划及战略，在 IASC 制定国际会计准则的应循程序（due process）以及推动承认国际会计准则方面发挥重要作用。

（3）顾问委员会（Advisory Council）

IASC 理事会在 1995 年成立了一个顾问委员会，有 10 名成员，由会计职业界、企业界以及其他财务报表使用者中的代表组成。该委员会的职责为：①审议 IASC 理事会的战略和计划；②评价 IASC 理事会的业绩；③促进会计职业团体、企业界以及其他政治机构积极参与并广泛接受国际会计准则；④在保证 IASC 独立的前提下，为 IASC 募集资金；⑤审议 IASC 的预算和财务报告。顾问委员会在提高国际会计准则的可信度，推动国际会计准则广泛认可方面发挥着重要的作用。

（4）SIC

1997 年，SIC 成立。该委员会由来自不同国家的会计职业界、报表编制者和使用者的代表组成，最多不超过 12 名。SIC 定期考虑因缺少权威性指南而出现分歧或不可接受的处理方法的议题，起草解释公告（建议稿），公开征求意见后报经理事会批准。SIC 的解释公告需先在该委员会不少于 3/4 的赞成票通过后，然后才能交由 IASC 理事会表决通过。为了保证 SIC 和 IASC 理事会的交流，IASC 理事会有两名代表参加 SIC 会议。

（5）SWP

如前所述，IASC 理事会在 1997 年 1 月成立了 SWP，负责研究 IASC 的机构建制、运作程序、与各国会计准则制定机构的关系、培训和教育以及资金的募集等。在 SWP 的成员中，包括 IASC 的主席、副主席和秘书长，以及 FASB 和 ASB 的代表。

1.2.2 改组后的组织结构

改组后 IASC 的基本组织结构如图 1-1 所示。

（1）基金会

2000 年 5 月，新的 IASC 章程获得通过。根据新章程的规定，新的 IASC 由受托人委员会负责监管，国际会计准则的制定由 IASB 全权负责。受托人委员会首任委员由 19 名具有不同地区及功能背景的人员组成。IFAC 推荐其中的 5 位候选人，报表编制者、使用者和学术界国际组织各推荐 1 名候选人。为了保持地区间的平衡，使其具有广泛的国际基础，受托人委员会成员应有 6 名来自北美、6 名来自欧洲、4 名来自亚太地区，其他 3 名在保持地区平衡的情况下可以来自任何地区。受托人委员会成员任期一般为 3 年，可续任一次。受托人委员会成员因正常退休或其

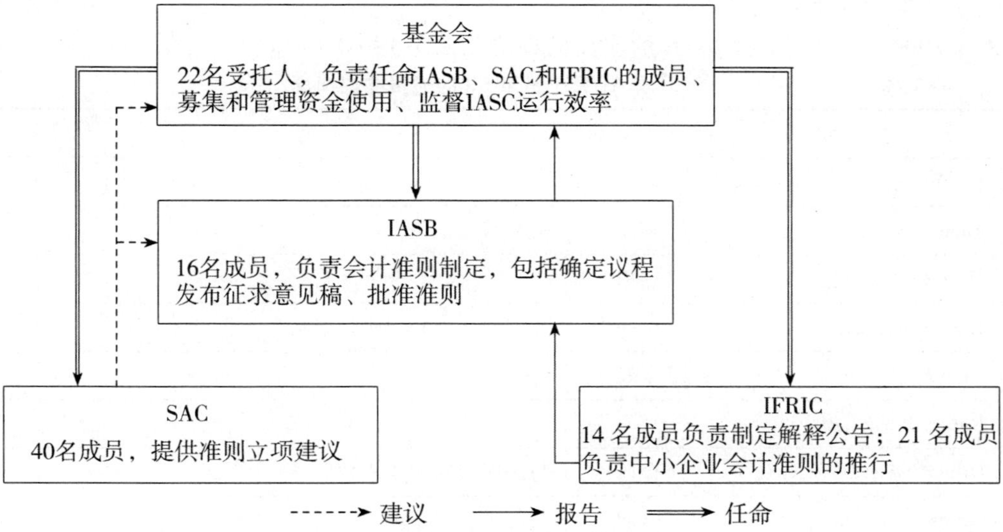

图 1-1　IASC 基本组织结构图（2010）

他原因造成空缺，由受托人委员会负责选择与即将退休的受托人委员会成员具有类似背景的人士填补，并遵循类似的程序。首任受托人委员会主席由提名委员会任命，首任受托人委员会主席退休后，将由受托人委员会从其成员中指定接任。

受托人委员会作为管理和监督机构，负责任命 IASB、IFRIC 及 SAC 的成员，并监督 IASB 的有效性及其对应循程序的遵循情况。另外，该委员会还负责为 IASC 筹集资金，对 IASC 的预算进行审批及修改章程。受托人委员会每年至少召开两次会议。每位成员有 1 票表决权，除终止对某个成员的任命和修改章程要求有 3/4 的多数成员赞成外，其他决定只需参与表决成员的简单多数赞成即可。如果表决时赞成票数与反对票数相同，主席有额外 1 票的决定票。

（2）IASB

根据 IASC 新的章程，IASB 是国际会计准则的制定机构，对制定会计准则负完全责任，包括国际会计准则和征求意见稿的起草和公布，以及 SIC 解释公告的最终批准；就所有项目公布征求意见稿，对重要项目公布原则公告草案或其他讨论性文件以公开征求意见；完全负责 IASC 日常的技术安排和有关技术问题的项目规划，在组织其工作时，将具体的研究或其他工作分配给国家准则制定机构或其他组织；成立指导委员会，为重要项目提供咨询。IASB 的成员由受托人委员会任命。2001 年 1 月，受托人委员会任命了首任 IASB 成员。在 IASB 的 14 名成员中，12 人为全职成员，2 人为兼职成员。根据章程的要求，在 14 名成员中，至少有 5 名具有执业审计师的背景，至少有 3 名具有编制财务报表的经验，至少有 3 名具有财务报表使用者的背景，至少有 1 名具有学术背景。每名 IASB 的成员应承诺为公众利益服务，在准则制定过程中代表个人，实施职业判断时不受任何组织和地区利益的影响。全职成员中的 7 人直接负责与一个或多个国家的准则制定机构联络，以推进国家会计准则与国际会计准则的协调。

2004 年 3 月 31 日 IASB 的成员构成情况如表 1-1 所示。

表 1-1 2004 年 3 月 31 日 IASB 的成员构成情况

姓名	全职/兼职	备注
Sir David Tweedie	全职	主席
Thomas E. Jones	全职	副主席
Mary Barth	兼职	
Hans-Georg Bruns	全职	与德国准则制定机构联络
Anthony T. Cope	全职	
Robert P. Garnett	全职	
Gilbert Gelard	全职	与法国准则制定机构联络
James J. Leisenring	全职	与美国准则制定机构联络
Warren J. McGregor	全职	与澳大利亚和新西兰准则制定机构联络
Patricia L. O'Malley	全职	与加拿大准则制定机构联络
Harry K. Schmid	全职	
Jhon T. Smith	兼职	
Geoffrey Whittington	全职	与英国准则制定机构联络
Tatsumi Yamada	全职	与日本准则制定机构联络

资料来源 国际会计准则理事会．国际财务报告准则 2004［M］．财政部会计准则委员会，译．北京：中国财政经济出版社，2005.

受托人委员会任命两名专职成员分别担任 IASB 的主席和副主席。IASB 主席同时也是 IASC 的首席执行官，副主席仅在主席缺席时主持工作。IASB 成员的任期为 5 年，可连任一次。通常认为，组成人员应具有相关国际业务和市场情况的技术与经验的最佳组合，以制定出高质量的、全球性的会计准则。IASB 成员每人有 1 票表决权。公布征求意见稿、国际会计准则最终稿和解释公告最终稿要得到 14 名成员中 8 名成员的赞成。IASB 的其他决议，只需参加会议成员中的简单多数赞成即可。IASB 成员的首要条件是技术专家，并由受托人委员会作出最佳判断以确保 IASB 不会被任何特定的相关利益团体或地区的利益左右。IASC 的新章程规定了如下 8 条 IASB 成员的标准：技术能力强，且通晓财务会计和报告；具有分析能力；具有交流能力；具有公正地作出决策的能力；对财务报告环境具有较强的意识；具有合作能力；具有较强的纪律性；承诺为 IASC 和公众利益努力工作。

（3）SAC

根据新章程，SAC 是不同地区和职业背景的团体和个人向 IASB 和受托人委员会提出建议的正式渠道，由大约 50 个具有不同地区和职业背景的成员组成，由受托人委员会任命，目的是为了实现各方面广泛性和代表性的平衡，包括职业和地区的平衡。委员会成员的任期为 3 年，可连任。通常，SAC 每年至少召开 3 次会议，由 IASB 主席主持。SAC 的目标是：就 IASB 工作的优先项目向 IASB 提供建议；向 IASB 通报所建议的准则对财务报表使用者和编制者的影响；向 IASB 或受托人委员会提供其他建议。对于所有重要项目，IASB 都要咨询 SAC，而且其会议对公众开放。

（4）IFRIC

IFRIC 由受托人委员会任命，由 12 名有投票权的委员和 1 名无投票权的主席组成，成员任期为 3 年。IFRIC 协助 IASB 建立并完善财务会计和报告准则以保护财务报表使用者、编制者和审计人员的利益，其职责包括：对于国际财务报告准则未予专门规范的新出现的财务报告问题，或者对那些已经或可能形成不令人满意或相互矛盾的解释的问题，提供及时的指南，从而有助于国际财务报告准则得到严格和一致的运用，并与国家会计准则制定机构支持的类似团体合作，就一些实质上类似的问题达成类似的结论，通过这种方式协助 IASB 实现会计准则的国际趋同。IFRIC 每次会议必须至少有 9 名成员出席，理事会主席可派 1 ~2 名理事会成员作为无表决权的观察员参加会议。每位成员有 1 票表决权，不能委托投票。主席对正在审议的技术问题有发言权但无投票权。批准解释公告草案或最终稿须经 3/4 有表决权的成员赞成才能通过。受托人委员会在其认为必要时可以任命监管组织作为无投票权的观察员，其代表有权列席会议并发言。目前，IOSCO 和 EC 是无投票权的观察员。在 IFRIC 会议后，IASB 会在其网站上发布会议摘要。

（5）管理及工作人员

国际会计准则委员会由 Trustees 和 IASB 负责管理，IASB 主席担任首席执行官，Trustees 负有监督责任。首席执行官负责人员配备，技术主管和商务主管由首席执行官与 Trustees 协商后任命。技术主管不是理事会成员，但有权参加理事会和 IFRIC 会议的讨论，不能进行表决。商务主管负责出版、版权、交流和筹资事务。

国际会计准则委员会改组是顺应经济全球化，尤其是资本市场的全球化而采取的重大举措，也可以说是应时而变。改组以后，由技术专家组成的 IASB 取代了原来的理事会，制定国际会计准则的人员由兼职改为全职，这更有利于建立高质量的、在全球范围内被接受的会计准则，从而促使交易成本随着国家间会计准则差异的缩小而降低，符合会计报表的编制者、使用者和监管机构的利益。因此，国际会计准则委员会改组得到了主要国家及国际组织，如证券委员会国际组织、欧盟、世界银行和美国等的支持，这无疑将增强国际会计准则的权威性。同时也应该看到，这次改组是由美国、英国等发达国家主导的，因为：首先，实施的改组方案受到美国的很大影响；其次，提名委员会、Trustees 和 IASB 主席均来自美国、英国；最后，IASB 的 14 名成员中有一半来自这两个国家。新的理事会的职能与原理事会的职能有很大不同，它将不再考虑地区代表性问题，而是由被认为是世界上会计技术最强的专家组成，其苛刻的资格条件，很难避免美国、英国及其他英语国家在国际会计准则制定中占主导地位。据称，改组后的 IASB 将进一步增强独立性和公开性。根据IASB新的章程，国际会计准则的制定由IASB全权负责，IASB成员专职制定国际会计准则，除有关人事问题的会议外，IASB、SAC和IFRIC的会议都对公众公开，以增强国际会计准则制定的透明度。

2008—2010年间，国际会计准则委员会对其组织结构进行了小的调整。从此IASB的成员从过去14名增至16名，其中最多只允许有3名为兼职成员。随着成员的任职期满，人员构成也逐年有所变更。同时SAC的成员从49名减少至40名，IFRIC的成员从12名增至14名，另外还增加了21名成员专门负责中小企业会计准则的推行。

1.3 国际财务报告准则制定的应循程序

1.3.1 IASB的应循程序

国际财务报告准则的制定要经过国际应循程序，该程序涉及世界各国的会计师、财务分析师和其他财务报表使用者、企业界、证券交易所、监管和立法当局、学术界和其他利益相关的个人和组织。IASB要在公开的会议上，就其主要项目、议程决议和工作的优先顺序向SAC咨询，并且在向公众开放的会议上讨论技术事宜。项目的正式应循程序通常（但非必须）包括如下步骤：（1）要求工作人员确定和审核与议题有关的所有问题，并考虑IASB《框架》对这些问题的应用；（2）研究各国会计理论和实务，与国家会计准则制定机构就这些问题交流意见；（3）就将某项议题列入IASB议程中的合理性咨询准则咨询委员会；（4）成立咨询小组就该项目向IASB提供建议；（5）公布讨论性文件征求公众意见；（6）公布由至少8名IASB成员表决通过的征求意见稿征求公众意见，包括IASB成员所持的任何不同意见；（7）随征求意见稿公布其结论基础；（8）考虑征求意见期内收到的所有对讨论性文件和征求意见稿的反馈意见；（9）考虑是否要举办公众听证会以及是否需要进行实地测试，如果认为需要，举办这类听证会并进行这类测试；（10）由至少8名IASB成员表决通过准则，公布准则中存在的不同意见；（11）随准则公布结论基础，包括说明IASB应循程序的步骤及IASB如何处理公众对征求意见稿的反馈意见。

IASB的一般会议是公开的，但是关于选举、任命和其他人事问题的会议通常是非公开的。公布征求意见稿、准则或解释公告最终稿要经过IASB14名成员中的8名批准。IASB的其他决议，包括发布原则公告草案或讨论稿，要求在至少60%的成员亲自出席或通过通讯方式出席的会议上，在场的成员简单多数通过。IASB能够完全控制其技术议程。IASB发布的每项准则征求意见稿和讨论性文件，征求意见的期限通常为90天。在一些情况下可以延长或缩短征求意见的期限。

1.3.2 IFRIC的应循程序

国际财务报告准则解释公告的制定要经过正式的应循程序，该程序涉及全世界的会计师、财务分析师和其他财务报表使用者、企业界、证券交易所、监管和立法当局、学术界和其他利益相关的个人和组织。IFRIC 在向公众开放的会议上讨论技术事宜。各项目的应循程序通常（但非必须）包括以下步骤：（1）要求工作人员确定和审核与议题相关的所有问题，并考虑 IASB 框架对这些问题的应用；（2）研究各国会计理论和实务，并与国家会计准则制定机构就这些问题交流意见；（3）如果投票反对解释公告草案的 IFRIC 成员不超过 3 名，则公布解释公告草案征求公众意见；（4）考虑征求意见期内收到的对解释公告草案的所有反馈意见；（5）在考虑公众对解释公告草案的反馈意见之后，如果投票反对该解释公告的 IFRIC 成员不超过 3 名，则 IFRIC 批准该解释公告；（6）由至少 8 名 IASB 成员表决通过该解释公告。可以看出，解释公告草案或最终稿的批准，要求反对该草案或最终稿的 IFRIC 有投票权的成员不超过 3 位。

IFRIC 成员对解释公告各有 1 票投票权。9 名有投票权的 IFRIC 成员构成法定人数。IFRIC 成员根据自己的独立意见投票，而不是根据可能与他们有关系的任何公司、组织和利益相关团体的观点投票。IFRIC 解释公告草案征求意见的期限为 60 天，在一些情况下可以缩短，但不得少于 30 天。

1.3.3　与国家会计准则制定程序的协调

IASB 与合作国家会计准则制定机构的主席们一年至少会见 3 次。另外，IASB 的工作人员与合作国家会计准则制定机构在项目上进行日常合作，在必要且合适的情况下共享资源。IASB 致力于尽可能地将其应循程序与国家会计准则制定机构的应循程序整合，并促使 IASB 成员与其所负责联络的国家会计准则制定机构形成一种更为经常的联系机制。前面提到，作为一个民间会计准则的制定机构，IASB 制定的会计准则在推广上很大程度上取决于各国政府或监管机构的认可或接受。可以看到，IASB 与国家会计准则制定程序的协调其实是一个推广其所制定的准则的过程。通过与合作国家会计准则制定机构的合作，可以影响这些国家的相关会计准则的制定，能够实现全球会计准则的趋同，或者使 IASB 制定的准则为更多的国家所接受。

1.4　国际会计准则委员会的未来发展

在前文中，我们讨论了 IASC 改组问题。在改组前后，IASC 的目标也发生了转变。改组前的 IASC 在 1982 年修订的章程中确定的基本目标是：（1）本着公众的利益，制定和发布编制财务报告应遵守的会计准则，并推动这些准则在全世界范围内被接受和遵守；（2）为改进和协调与编制财务报表有关的规定、会计准则和程序开展广泛的工作。改组后，IASC 基金会在章程中确定的目标[①]是：（1）本着公众的利益，制定一套高质量的、可理解的，并具有强制性的全球会计准则，该准则要求在财务报表和其他财务报告中提供高质量的、透明的和可比的信息，以帮助资

① 在国际财务报告准则前言中，对国际会计准则理事会的目标作了相同的规定，可见，基金会与理事会的目标是一致的。

本市场的参与者和其他使用者进行经济决策；（2）促使这些准则得到使用和严格的应用；（3）促使各国会计准则与国际会计准则及国际财务报告准则达到高质量解决方法的趋同。IASB 作为国际会计准则委员会基金会（IASC Foundation）的准则制定机构，新目标的提出，实际上已将 IASC 原先作为各国会计准则“协调者”的身份转变成“全球会计准则”的“制定者”的身份，并将致力于各国会计准则与国际财务报告准则的趋同。

1.4.1 IASB 逐渐在全球范围内被接受

随着经济全球化进程的加快和国际资本市场的日益发展，会计标准的国际协调已是大势所趋，成为世界各国不可避免的现实问题。自 1973 年成立以来，IASC 一直致力于通过制定国际会计准则作为各国会计准则制定机构的范本来协调全球会计准则。2001 年，IASB 取代 IASC 以来，更把制定一套要求通用财务报表中的信息透明和可比的高质量全球性会计准则作为自己的目标，力图通过与各国会计准则制定机构的合作来实现全球会计准则的趋同。

近年来，越来越多的国家对采纳国际会计准则采取了积极的态度。2002 年 10 月，美国会计准则委员会与 IASB 在康涅狄格州（Connecticut）诺维科市的 FASB 办公总部举行了合作会议。会后公布了谅解备忘录（Norwalk 协议），正式致力于实现 US GAAP 与 IFRS 之间的趋同，双方承诺：尽最大努力在切实可行的情况下尽快使现存的财务报告准则完全相容，并在将来的工作项目中共同合作以确保这种相容性得以维持。IASB 主席 David Tweedie 指出：“这是我们与国家准则制定机构合作，以实现一套真正全球化的会计准则进程中的又一至关重要的步伐。尽管我们意识到前方会有很多挑战，我还是十分坚信我们能够消除国家会计准则和国际会计准则之间的主要差异；同时，通过最大限度地利用 US GAAP 和 IFRS 以及其他国家的会计准则，世界资本市场将会拥有一套为投资者所信任的全球化的会计准则。”2000 年 6 月，欧洲委员会发布了一份政策文件通讯稿（communication），要求欧盟的 7 000 多家上市公司（包括银行和保险公司）2005 年编制合并财务报表时必须采纳国际会计准则（包括改组前 IASC 发布的 IAS 和改组后 IASB 发布的 IFRS）。2001 年 2 月 13 日，欧盟对此发布了规章草案（draft regulation），拟提交欧洲议会（European Parliament）和欧盟部长级会议（Council of Ministers of the EU）审查通过，该规章草案再次重申了在 2005 年采纳国际会计准则的决心，同时鼓励欧盟的上市公司在 2005 年之前采纳，并允许用于非上市公司和非合并财务报表；对于当前在美国上市并采用 US GAAP 的上市公司，以及只公开发行债券的公司，该期限可延迟到 2007 年。2002 年 3 月，欧洲议会以 492 票赞成、5 票反对、29 票弃权的绝对优势通过了欧洲委员会的该项草案；2002 年 6 月 7 日，又在部长级会议上通过。至此，欧盟正式决定上市公司财务报告采纳国际会计准则，而欧盟发布的该规章草案正式成为欧盟的法律，并在各成员国中应用。2002 年 6 月 7 日，IASB 为此发布了公告——欢迎欧盟决定采纳国际会计准则，并视之为 IASB 努力实现一套全球接受的、强制性准则进程中的“分水岭”事件。2003 年 7 月，欧盟会计监管委员会（Accounting Regulatory Committee，ARC）建议欧盟理事会批准采用除 IAS 32 和 IAS 39 外的、截至 2002 年 9 月 14 日有效的所有国际会计准则及其解释公告。2003 年 9 月 29 日，欧盟批准了会计监管委员会的建议。

如上文所述，根据 2003 年全球六大国际会计师事务所发布的《会计准则的国际趋同报告——2002 年全球调查》，在 59 个被调查的国家和地区中，95% 有意向国际财务报告准则趋同，表明国际会计准则委员会及国际财务报告准则的地位已得到国际公认。[①] 由此可见，会计准则的国际协调乃至国际趋同已是大势所趋。

1.4.2　IASB 的工作任务及进展情况

改组后，IASB 在运作方式上有了很大的转变。自 2001 年 4 月正式运作以来，IASB 更加注重与其他国家会计准则制定机构之间的联系，并与其他国家会计准则制定机构建立了良好的合作关系，特别是与美国、英国、加拿大、澳大利亚、德国、法国和日本等 7 个经济发达国家的会计准则制定机构建立了战略合作伙伴关系，IASB 成员中分别有专人负责与这些国家会计准则制定机构联络。IASB 在会计准则制定方面与这些国家开展了实质性的合作，并得到了这些国家的支持和配合，这样的转变更有助于 IASB 实现其目标。

IASB 设立后，制定了其未来几年的工作计划，目前这些工作计划有的已经完成，有的正在继续实施。例如，在会计准则制定项目（active projects）中，IASB 已经完成并正式发布了 IFRS 3《企业合并》，并于 2004 年 3 月 31 日正式生效；完成了对 IAS 1、IAS 2、IAS 8、IAS 10、IAS 16、IAS 17、IAS 21、IAS 24、IAS 27、IAS 28、IAS 33、IAS 40 等准则的改进工作；制定完成并发布了 IFRS 1 至 IFRS 7。在 2006 年修订完成 IFRS 8 以后，IASB 将其他新准则集中在 2010—2011 年制定完成，包括 IFRS 9 至 IFRS 13。在研究项目（active research projects）方面，IASB 积极与各国会计准则制定机构或团体开展合作研究，并考虑将研究取得的成果列入 IASB 的主要议程，相关成果有“IFRS 在中小型企业和新兴经济中的应用”“租赁会计”“会计概念”“金融工具的有关会计处理”等。IASB 所开展的卓有成效的工作得到了许多国家的认可，这些国家将国际会计准则作为制定本国会计规范的基础，而且也为许多国家的证券交易和监管机构所接受，允许外国或本国公司呈报按国际会计准则编制的财务报表，如欧盟和其他一些国际组织都认可了国际会计准则。

---

① 在 54 个打算采用 IFRS 或与其趋同的国家和地区中，各个国家或地区的策略有所不同，主要有以下三种策略：第一种策略是政府或其他监管机构要求企业采用 IFRS。比较常见的是首先要求上市公司采用 IFRS。第二种策略是会计准则制定机构拟定了一个日程表，以消除本国会计准则和 IFRS 之间的差异。第三种策略是有些国家和地区采用了融合上述两种方法的策略。采用第一种策略的国家和地区占拟采用 IFRS 的 57%，其中又分为三类：第一类主要是部分欧盟国家，要求从 2005 年起，上市公司必须采用 IFRS，其中包括英国、德国、法国、意大利和西班牙等国家。第二类是一部分欧盟国家或正打算加入欧盟的国家，被欧盟要求采用 IFRS，但目前还没有明确的时间表，其中包括保加利亚、波兰、匈牙利和罗马尼亚等国家。第三类是欧盟以外的国家和地区，其中包括中国台湾、新加坡和俄罗斯等国家和地区。采用第二种策略的国家和地区占 15%，其中包括美国、澳大利亚、新西兰、印度和中国香港等国家和地区。采用第三种策略的国家和地区占 28%，其中包括中国大陆、加拿大、埃及和智利等国家和地区。如果按照趋同的方法来划分，这 54 个国家和地区也可以分为三类：第一类是采用 IFRS 代替本国的会计准则（仅仅对于 IFRS 没有涉及的方面制定相应的补充规定）的国家和地区，这类国家和地区占到了 58%。第二类是以 IFRS 作为本国会计准则制定基础的国家和地区，这类国家和地区占到了 22%。第三类是在可能或可行的前提下，消除本国会计准则和 IFRS 之间的差异的国家和地区，这类国家和地区占到了 20%。

1.4.3 IASB 制定全球性会计准则的展望

会计准则的国际化在经济全球化的背景下是一个必然的发展趋势，但是，IASB 要真正实现制定一套高质量的、可理解的，并具有强制性的全球会计准则的目标，还有一段很长的路要走。因为会计准则作为财务信息生产与提供的规范，不是一种纯粹的技术手段，而是一种具有经济后果的制度安排。“经济后果”指的是，会计报告对企业、政府、工会、投资者和债权人决策行为的影响。这些个人或团体行为的后果被认为可能影响其他团体的利益（Zeff，1978）。事实上，会计准则制定过程本身就是政治化程序，必然引起各利益集团的关注和参与，尤其是那些可能会承担会计准则不利经济后果的利益集团，他们会试图对准则的制定或修订施加影响，以迫使准则制定机构改变可能对其不利的准则规定（刘峰，1996）。IASB 会计准则制定的立项最主要考虑的是发达国家强势集团的利益，并体现它们的利益取向，IASB 积极寻求与强势集团的合作，而强势集团也十分乐意参与到 IASB 的准则制定过程中来。现阶段，IASB 更多地考虑作为联系国会计准则制定机构的意见以及与这些联系国相关会计准则之间的协调，这些联系国均为发达国家。世界上大多数国家的会计准则在很大程度上或是基于 IFRS，或是基于 US GAAP。因此，要在合理的时间跨度内制定一套全球会计准则，理性的方式是实现 IFRS 与 US GAAP 的趋同。所以，任何一项会计法规的出台，总是或多或少地影响到有关方面的利益。一个国家会计准则的变更，会导致其国内乃至在国际上的经济利益的重新分配（曲晓辉，1997）。在会计准则国际化的过程中，每一个国家都不可避免地权衡自身的利弊得失和采取相应的对策。欧盟各国采用国际财务报告准则的利益在于“向投资者表明以原则为基础的国际会计准则编报的财务报告的质量将高于以规则为基础的美国会计准则编报的财务报告的质量，从而吸引更多资本流入欧盟成员国，包括从美国流向欧洲”（冯淑萍，2002）。虽然美国 FASB 与 IASB 签订了合作协议，但是美国却并没有打算放弃自己的会计准则而完全采用国际会计准则。美国一直认为 US GAAP 是全世界最好的。在与 IASB 签订合作协议后，FASB 主席 Robert H. Herz 说：“FASB 正朝着制定世界范围的高质量的财务报告准则的目标而努力，以支持健康的全球资本市场。通过与 IASB 的合作，成功的可能性大大提高。”可见，FASB 还是试图以美国会计准则主导国际资本市场。

从研究国际会计准则委员会的发展过程可以看出，国际会计准则的制定和推广运用仍然任重道远。不同国家的社会、经济、法律和文化环境各不相同，在会计准则方面难免存在一些差异。会计准则具有一定的经济后果，并正在对世界各个国家的经济利益产生影响。一些国家希望获得会计准则国际化带来的好处，却又不愿意承担由此可能付出的代价。美国更是企图主导全球性会计准则的发展。这都迫使 IASB 在制定会计准则方面有所妥协。但是，我们必须清醒地认识到，会计准则的国际趋同是大势所趋。当然，国家之间会计准则的差异也不可能在短时间内消除，并且如果缺乏政府间、商业社会间和会计职业团体间的合作，会计准则的全球趋同是不可能实现的。因此，从长远的角度看，IASB 不能只考虑发达国家的利益，而必须考虑发展中国家，特别是像中国这样的发展中大国的利益，才能真正实现会计准则的国际趋同。

练习题

★ **案例分析**

财务报告差异——荷兰 vs. 美国

资料：GUCCI 集团基于 US GAAP 对 2003 年股东权益和净收益的调整分别见表 1-2和表 1-3，GUCCI 集团的原始合并资产负债表和合并利润表分别见表 1-4 和表 1-5。

表 1-2　GUCCI 集团基于 US GAAP 的调整——2003 年股东权益调整　单位：千欧元

股东权益	总　计	税　收	净　额
股东权益			
合并资产负债表中报告的股东权益			3 313 928
报告股东权益的增（减）项目：			
重组费用	103 702	(35 292)	68 410
商誉和商标摊销	272 355	(53 939)	218 416
建造期间的商店租赁费，扣除相关的摊销	(16 548)	6 526	(10 022)
未决期权的公允价值变动	(6 975)	586	(6 389)
抵减公司间利润的递延所得税		(40 874)	(40 874)
外汇变动调整	3 154	3 384	6 538
按照 US GAAP 计算的股东权益			3 550 007

表 1-3　GUCCI 集团基于 US GAAP 的调整——2003 年净收益调整　单位：千欧元

净收益	税前收益	税　收	净收益
合并利润表中报告的少数股东权益净收益	152 132	22 115	174 247
报告少数股东权益净收益的增（减）项目：			
非现金补偿费用：			
——资本支付日确定期权的累计内含价值，该日首次符合变动会计	(3 251)	—	(3 251)
——未决期权的内含价值变动	(61 152)	8 261	(52 891)
重组费用	1 815	(639)	1 176
商誉和商标摊销	87 773	(16 554)	71 219
套期保值交易未实现损益的变动	(33 149)	1 577	(31 572)
建造期间的商店租赁费，扣除相关的摊销	(5 300)	2 330	(2 970)
抵减公司间利润的递延所得税	—	(13 731)	(13 731)
股票期权执行的税收扣除	—	(1 130)	(1 130)
按照 US GAAP 计算的扣除少数股东权益的收益	138 868	2 229	141 097
按照 US GAAP 计算的基本每股收益			1.42
按照 US GAAP 计算的稀释每股收益			1.40

表 1-4 GUCCI GROUP N. V. —Consolidated balance sheets

(In thousands of Euro)

	2003	2004
Assets		
Current assets		
Cash and cash equivalents	1 270 748	2 782 588
Short-term financial assets	380 091	—
Trade receivables, net	352 525	331 834
Inventories, net	495 655	472 028
Current value of hedge derivatives	70 790	110 559
Other current assets	276 462	326 186
Total current assets	2 846 271	4 023 195
Non-current assets		
Long-term financial assets	17 446	408 079
Property, plant and equipment, net	941 272	912 497
Goodwill, trademarks, other intangible assets and deferred charges, net	1 976 339	2 110 015
Deferred tax assets	289 996	263 671
Other non-current assets	104 905	63 150
Total non-current assets	3 329 958	3 757 412
Total assets	6 176 229	7 780 607
Liabilities		
Current liabilities		
Bank overdrafts and short-term loans	423 687	630 534
Trade payables and accrued expenses	473 248	478 479
Tax liabilities and income tax payable	93 968	143 857
Other current liabilities	91 892	119 262
Total current liabilities	1 082 795	1 372 132
Non-current liabilities		
Long-term financial payables	1 318 292	1 202 411
Pension liabilities and severance indemnities	55 124	50 831
Long-term tax payable and deferred tax liabilities	339 195	381 052
Other long-term liabilities	25 181	38 182
Total non-current liabilities	1 737 792	1 672 476
Total liabilities	2 820 587	3 044 608
Minority interests	41 714	64 566
Shareholders' equity		
Share capital	106 159	104 688
Contributed surplus	1 478 543	2 790 401
Retained earnings	1 145 388	968 745
Treasury stock, at cost	(261 328)	(173 274)
Accumulated other comprehensive income	670 919	754 119
Net result for the year	174 247	226 754
Shareholders' equity	3 313 928	4 671 433
Total liabilities, minority interests and shareholders' equity	6 176 229	7 780 607

The accompanying notes are an integral part of these consolidated financial statements.

表 1-5　GUCCI GROUP N. V. —Consolidated statements of income

(In thousands of Euro, except per share and share amounts)

	2003	2002	2001*
Net revenues	2 587 390	2 544 286	2 565 116
Cost of goods sold	851 984	802 007	773 399
Groos profit	1 735 406	1 742 279	1 791 717
Selling, general and administrative expenses	1 463 026	1 433 276	1 393 123
Restructuring expenses	27 008	3 144	—
Goodwill and trademark amortization	125 575	126 418	130 209
Operating profit	119 797	179 441	268 385
Restructuring expenses	—	—	(750)
Financial income, net	11 881	62 796	88 123
Other income (expenses), net	13 695	(1 257)	10 586
Income before income taxes and minority interests	145 373	240 980	367 844
Income tax expense (benefit)	(22 115)	19 286	58 679
Net income before minority interests	167 488	221 694	309 165
Minority interests	6 759	5 060	3 370
Net income for the year	174 247	226 754	312 535
Net income per share of common stock-basic	1.75	2.24	3.12
Weighted average number of shares-basic	99 518 957	101 060 751	100 174 358
Net income per share of common stock-diluted	1.73	2.21	3.08
Weighted average number of shares and share equivalents-diluted	100 697 227	102 422 918	101 524 040

* The Euro amounts have been calculated from previously published US Dollar amounts in accordance with the criteria disclosed in Note 3 to these consolidated financial statements.

The accompanying notes are an integral part of these consolidated financial statements.

要求：(1) 说明 GUCCI 集团编制财务报表所依据的会计准则。

(2) 分析 GUCCI 集团将原始的合并资产负债表和合并利润基于 US GAAP 调整时所涉及的主要项目和主要差异。

★ 讨论题

1. 国际会计准则委员会改组的原因是什么？
2. 改组后，国际会计准则委员会的工作目标有何改变？
3. 试说明国际会计准则委员会制定会计准则的应循程序。
4. IASC 与 IOSCO 为什么会达成核心会计准则计划？
5. 国际会计准则委员会推动会计国际化的努力是否已经取得成功？

第 2 章

国际会计准则体系

[学习目标]

1. 国际会计准则的发展动因。
2. 国际会计准则的发展过程。
3. 国际会计准则制定程序的演变。
4. 现行有效的国际会计准则。

2.1 国际会计准则发展的推动因素

根据德勤会计师事务所的研究，从 2005 年开始，全球有 94 个国家要求或允许其国家的上市公司采用国际财务报告准则。[①] 还有一些国家，如澳大利亚、菲律宾、新西兰和新加坡等，将基于国际财务报告准则制定本国的会计准则。目前，IASB（包括 IASC）所制定的会计规范已经形成包括编制财务报表的框架、IAS、IFRS 以及准则解释公告在内的一套相对完善的准则体系。为了实现制定一套高质量的、可理解的，并具有强制性的全球会计准则，IASB 目前仍在寻求与一些国家的合作，以逐步完善其准则体系，实现会计准则的国际趋同。

考察推动国际会计准则从无到有的发展历程，我们可以看到，IASB 所制定的会计准则能有今天的地位，应是多方面因素共同作用、协调推动的结果。如果要深入考察相关的推动因素，可以从外部环境因素的推动和国际组织的贡献两个不同的角度进行分析。这样区分的目的在于，一方面可以分析客观环境在推动国际会计准则发展方面的作用，另一方面可以分析国际会计准则的发展在做强方面上国际组织的主观努力。

2.1.1 外部环境因素的推动

从推动国际会计准则发展的外部环境因素来看，主要包括跨国公司的发展和国

① 数据来源：http：//www. iasb. org/News/Press+Releases。

际资本市场的发展两个方面。

（1）跨国公司的发展

跨国公司在决定是否到某一个国家进行投资时，需要了解该国的政治、经济、文化环境，特别是关于公司法律、税收制度和会计制度方面的情况。国家之间的会计差异是跨国公司所面临的主要问题之一，实现会计准则的国际趋同，可以降低跨国公司财务报告的编制和披露成本。因此，跨国公司有动力来推动会计准则的国际趋同。第二次世界大战以后，随着国际局势的缓和以及信息技术的快速发展，跨国公司迅速发展起来，截至 2005 年，全世界拥有约 70 000 家跨国公司及其设在海外的 690 000 家子公司。[①] 随着跨国公司的不断发展，跨国经营的复杂性对会计提出了许多问题甚至难题，如外币交易和外币折算会计、转移定价会计等。由于各国的会计理论与会计实务都存在着很大差异，使得跨国公司的会计核算以及财务报表合并的工作非常困难，虽然跨国公司可以利用各国现存的会计差异来谋求其财务利益，但其更希望能够通过国际会计的协调来消除这些差异，以追求全球性经营管理的高效率。所以，跨国公司的发展正是国际会计准则发展的主要动力。

20 世纪 70 年代，在跨国公司向东道国投资的初期，对东道国与母国会计制度差异的关注推动了当时的国别会计研究，比较会计模式的研究成为当时国际会计研究中的热点问题，国际会计准则委员会就是在这样的背景下成立的。实证研究表明，跨国公司通常使用被其他国际性公司和投资者接受的会计方法，当公司趋向于较少的几个被广泛接受的会计方法或使用的会计方法减少时，可比性就会增加（Archer，Delvailee and Mcleay，1995）。从投资者的角度来说，在会计准则实现国际趋同以后，不同国家的企业据以编制的财务报告就具有了可比性，信息使用者可以根据可比的会计信息进行更为合理的财务评价，最终将带来投资决策的改善。另外，在后面我们在对分部报告准则的考察中也可以看到，跨国公司的发展与国际会计准则密切相关。

（2）国际资本市场的发展

会计准则作为制度体系的一个组成部分，具有经济后果。Zeff（1978）指出，会计报告影响企业、政府、工会、投资者和债权人的决策行为。这些个人或团体行为的后果被认为可能影响其他团体的利益。所以，会计准则并不仅仅是规范会计信息披露的技术手段，而是一种具有经济后果的制度。在资本市场中，会计准则通过影响参与各方的利益分配，进而影响资本资源的合理配置。所以，会计准则对于资本市场的健康发展以及资本资源的合理配置，起着至关重要的作用。

在国际资本市场上，资本的自由流动要求不同国家、不同企业所提供的财务信息不仅是可靠的、可理解的，而且是可比较的，这样，投资者和债权人才不至于被来自世界各国的、千差万别的上市公司的财务报表所误导。因此，国际资本市场的一体化发展，在客观上也要求实现会计准则的国际趋同。正是为了适应国际资本市

---

① 联合国贸易与发展会议. 2005 年世界投资报告·跨国公司和研发国际化［M］. 北京：中国财政经济出版社，2006.

场的需求，证券委员会国际组织才在1995年与国际会计准则委员会签订了合作协议。在证券委员会国际组织的支持下，国际会计准则委员会致力于制定一套可以在全球资本市场上使用的核心准则。核心准则的完成，一方面进一步加强了国际会计准则的影响力，另一方面也标志着IASC在制定会计准则方面的独立性进一步加强。当前，国际资本市场一体化的趋势朝着纵深方向迅速发展，更强有力地推动着国际财务报告准则的发展。

2.1.2 国际组织的贡献

外部环境因素客观上对国际会计准则的发展起到了重要的推动作用。但是，也必须看到，一些国际组织的努力也是国际会计准则发展的重要推动力量。

为了推动国际会计准则的发展而作出贡献的国际性组织，除了国际会计准则委员会本身以外，主要有欧盟（EU）、证券委员会国际组织（IOSCO）、联合国（UN）、经济合作与发展组织（OECD）、国际会计师联合会等，这些组织都对推动国际会计的发展有着重要的贡献。另外，还应该提到G4+1集团[①]，其开创了各国会计准则制定机构的代表联合参与国际会计准则制定过程的构想，使国际会计准则的协调启动于准则制定过程之中而非制定过程之后，这样不仅可以在制定准则的过程中减少准则之间的差异，也更有利于准则的执行。此外，世界银行和亚洲发展银行等组织要求借款人必须递交按照国际会计准则编制的财务报表，伦敦证券交易所和香港证券交易所要求外国证券发行公司的年报遵循国际会计准则，这些都非常有利于国际会计准则的推广应用。更多的关于国际组织致力于国际会计准则协调的情况将在第4章介绍。

2.2 国际会计准则发展的过程

IASC成立的初期，其工作主要是借鉴英国等国家的会计准则与规范来制定国际会计准则。从1973年到1989年，IASC共制定了26项国际会计准则和一份《编制财务报表的框架》。IASC在这一时期所制定的会计准则的一个显著特点是会计方法的可选择性很大。很显然，在早期制定的国际会计准则中，IASC试图调和主要国家会计准则的不同，以寻求各国对国际会计准则的支持。而且，这一阶段的准则受英国会计准则的影响较大。例如，1977年2月，IASC公布了第9号征求意见稿ED 9《研究与开发费用会计》。1978年7月，在征求各方意见的基础上，IASC正式发布了第9号国际会计准则IAS 9《研究与开发费用会计》（以下简称IAS 9（1978）），并于1980年1月1日起正式生效。IAS 9（1978）规定，“研究与开发费用[②]在各个会计期间的分配，取决于它们与将来产生的收益之间的联系。在大多

---

① 所谓G4+1集团，是指由4个英语国家，即美国、英国、加拿大、澳大利亚的会计准则制定机构发起、IASC作为观察员参加的组织，后来，新西兰也加入了进来。

② 在这里，根据IAS 9（1978）的规定，研究与开发费用主要包括：从事研究与开发活动人员的薪金、工资和其他有关费用；研究与开发活动消耗的材料和劳务费用；设备和设施用于研究与开发活动的折旧费；和研究与开发活动有关的间接费用；和研究与开发活动有关的其他费用。

数情况下，本期研究与开发费用和以后的收益很少或没有直接联系，因为收益的金额和时间通常很不确定。因此，研究与开发费用通常作为发生当期的费用。”① 如果能证实产品或工艺在技术上和商业上是可行的，并且企业有足够的能力将其在市场推销，可以把研究与费用递延到以后各期，根据产品或工艺的销售量或使用量或按照合理的期间有规律地进行摊销。IAS 9（1978）在很大程度上受到了英国会计准则指导委员会（ASSC）发布的第 14 号征求意见稿（ED 14）的影响，在该征求意见稿中，将研究活动划分为基础研究和应用研究，并主张基础研究和应用研究费用都应当作为费用计入当期损益，只有符合一定条件的开发费用才予以资本化。ASSC 甚至认为，由于开发费用资本化的条件中存在固有的不确定性，研究和开发支出都应当作为费用计入当期损益。为了推行国际会计准则，IASC 试图采用世界上主要国家对主要会计问题的处理方法，并认可在类似的情况下可以采用不同的会计原则，但与它的初衷相违背，这恰恰使其受到各方的谴责。从上面对国际会计准则推动因素的分析中不难看到，IASC 这一时期的做法不被认可是必然的。因为国际会计准则的生命力正是来源于能够提高世界范围内财务报告信息的可比性，允许过多的选择将会直接导致公司之间财务信息的不可比。

IASC 由于允许过多的选择而受到国际社会的谴责。为了改变这一状况，IASC 开始着手减少会计处理的备选方法，以提高国际会计准则的可比性。1989 年 1 月，IASC 出台了《财务报表可比性/改进》征求意见稿（E32）。1983—1993 年，IASC 实施了增进财务报表可比性的项目，该项目旨在：（1）保证以“基准会计处理法”（benchmark treatment）作为恰当的会计方法，用于一般情况下的会计处理；（2）除了“基准会计处理法”之外，在相似的交易和事项中保留“备选会计处理法”（alternative treatment），但“备选会计处理法”只适用于特殊的情况。另外，对 10 项争议较大的国际会计准则作了修订。1995 年修订后的 10 项准则②生效。1989—1995年，IASC 经过 6 年的努力，把准则中原来可选择的方法从 38 个减少到了 15 个，备选方法的减少对提高财务信息的可比性发挥了积极的作用。经过这一阶段的调整，IASC 提高了国际会计准则的地位，并初步形成了规范现有会计实务的国际会计准则体系。

1994 年，IOSCO 审核了当时 IASC 制定的会计准则，指出了在考虑认可国际会计准则适用于跨国证券交易之前 IASC 尚需改进的问题。1995 年 7 月，IASC 与 IOSCO 达成了制定一套核心准则的合作协议。IOSCO 承诺：在审核通过后，将把这套核心准则作为企业跨国发行证券和股票上市原则整体的一个必要组成部分，用以规范跨国发行证券和公开上市公司的财务信息披露。根据协议的规定，高质量的核心准则需要满足以下三个要求：（1）增强可比性，减少可选择性；（2）满足成本

---

① 财政部会计事务管理司．国际会计准则［M］．北京：中国财政经济出版社，1992.

② 涉及的 10 项准则分别是：IAS 2《存货》、IAS 8《会计政策、会计估计的变更和会计差错的更正》、IAS 9《研究与开发费用》、IAS 11《建造合同》、IAS 16《不动产、厂场和设备》、IAS 18《收入》、IAS 19《雇员福利》、IAS 21《汇率变动的影响》、IAS 22《企业合并》和 IAS 23《借款费用》。

效益原则；(3) 增强透明度。1998 年 12 月，IASC 基本完成了核心准则项目计划。2000 年 5 月 17 日，IOSCO 正式宣布 IASC 的 30 项核心准则项目通过评估。IOSCO 技术委员会的评估公告声明，企业跨国上市时，在辅以必要的说明、解释和调整的前提下，成员国应当接受按照 IAS 编制的财务报表。

2.2.1 IASC 改组前发布的国际会计准则和解释公告

截至 2001 年改组前，IASC 共发布了 41 项国际会计准则（IAS），其中有 7 项已废止，尚存的 34 项国际会计准则如表 2-1 所示。

表 2-1　　IASC 改组前发布的国际会计准则①

IAS 1	《财务报表的列报》(1997 年修订)
IAS 2	《存货》(1993 年修订)
IAS 7	《现金流量表》(1992 年修订)
IAS 8	《会计政策、会计估计的变更和会计差错的更正》(1993 年修订)
IAS 10	《资产负债表日后事项》(1999 年修订)
IAS 11	《建造合同》(1993 年修订)
IAS 12	《所得税》(1996 年修订，1999 年修改，2000 年修订)
IAS 14	《分部报告》(1997 年修订)
IAS 15	《反映物价变动影响的信息》(1993 年修订，1994 年重编)
IAS 16	《不动产、厂场和设备》(1998 年修订，2000 年修改)
IAS 17	《租赁》(1997 年修订，2000 年修改)
IAS 18	《收入》(1993 年修订，1999 年修改)
IAS 19	《雇员福利》(1993 年修订，1999 年修改)
IAS 20	《政府补助会计和政府援助的披露》(1983 年修订，1994 年重编)
IAS 21	《汇率变动的影响》(1993 年修订，1998 年、1999 年修改)
IAS 22	《企业合并》(1998 年修订，并附加结论基础，1999 年修改)
IAS 23	《借款费用》(1993 年修订)
IAS 24	《关联方披露》(1984 年发布，1994 年重编)
IAS 26	《退休福利计划的会计和报告》(1987 年发布，1994 年重编)
IAS 27	《合并财务报表和对子公司投资的会计处理》(1988 年发布，1994 年重编，1998 年修改，2000 年修订)
IAS 28	《对联营企业投资的会计处理》(1988 年发布，1994 年重编，1998 年、1999 年修改，2000 年修订)
IAS 29	《恶性通货膨胀经济中的财务报告》(1989 年发布，1994 年重编)
IAS 30	《银行和类似金融机构财务报表的披露》(1990 年发布，1994 年重编，1998 年、2000 年修改)
IAS 31	《合营企业中的权益》(1990 年发布，1998 年、1999 年修改，2000 年修订)

① 修订是指对准则本身整体性的改动，涉及到内容的实质性改变。修订后被取代的准则，有些留下空号，有些则仍沿用被取代的原准则的编号，但可能变换了名称。例如，IAS 1《财务报表的列报》取代原来的 IAS 1《会计政策披露》，但仍使用原来的编号；将 IAS 7《财务状况变动表》废止，改为要求编制现金流量表，仍使用 IAS 7 这个编号。重编是指按照 IAS 自 1991 年以来采用的格式更新编排，并没有对内容进行实质性的修订。修改是指因其他新准则的发布或旧准则的修订而导致对本准则的相应内容（特定段落）的改动，以区别于整体性的修订。附加结论基础，则是为了帮助读者更能理解这些准则。

续表

IAS 32《金融工具：列报与披露》（1995 年发布，1998 年修改，2000 年修订）
IAS 33《每股收益》（1997 年发布，1999 年修改）
IAS 34《中期财务报告》（1998 年发布，2000 年修改）
IAS 35《终止经营》（1998 年发布，1999 年修改）
IAS 36《资产减值》（1998 年发布，并附加结论基础）
IAS 37《准备、或有负债和或有资产》（1998 年发布）
IAS 38《无形资产》（1998 年发布）
IAS 39《金融工具：确认与计量》（1998 年发布，2000 年修订）
IAS 40《投资性房地产》（2000 年发布）
IAS 41《农业》（2000 年发布，并附加结论基础）

《常设解释委员会解释前言》（1997）中规定，常设解释委员会的目的是通过对可能引起争论的会计问题进行解释，推动国际会计准则的正确运用，以提高按照国际会计准则编制的财务报表在世界范围内的广泛可比性。截至 2001 年，IASC 全面改组前已发布的解释公告如表 2-2 所示。

表 2-2 **IASC 改组前发布的解释公告**

SIC 1	《一致性：存货成本的不同计算方法》（1997 年发布，与 IAS 32 相关，已撤销）
SIC 2	《一致性：借款费用资本化》（1997 年发布，与 IAS 23 相关，已撤销）
SIC 3	《消除与联营企业交易中的未实现利润和损失》（1997 年发布，与 IAS 28 相关，已撤销）
SIC 5	《金融工具的分类：或有结算条款》（1997 年发布，与 IAS 32 相关，已撤销）
SIC 6	《修改现用软件的费用》（1997 年发布，与 IAS 38 相关，已撤销）
SIC 7	《引入欧元》（1997 年发布，与 IAS 21 相关）
SIC 8	《首次采用国际会计准则作为首要的会计基础》（1998 年发布，与 IAS 1、IAS 8 相关，已撤销）
SIC 9	《企业合并：区分为购买和权益结合》（1998 年发布，与 IAS 22 相关，已撤销）
SIC 10	《政府援助：与经营活动没有特定联系的政府援助》（1998 年发布，与 IAS 20 相关）
SIC 11	《外汇：严重货币贬值所导致的损失的资本化》（1998 年发布，与 IAS 21 相关，已撤销）
SIC 12	《合并：特定目的实体》（1998 年发布，与 IAS 27 相关）
SIC 13	《共同控制实体：合营者的非货币性投入》（1998 年发布，与 IAS 31 相关）
SIC 14	《不动产、厂场和设备：项目减值或损失的补偿》（1998 年发布，与 IAS 16 相关，已撤销）
SIC 15	《经营租赁：激励措施》（1998 年发布，与 IAS 17 相关）
SIC 16	《股本：购回本身的权益工具（库存股）》（1998 年发布，与 IAS 32 相关）
SIC 17	《权益：权益交易费用》（1999 年发布，与 IAS 32 相关，已撤销）
SIC 18	《一致性：允许选用的处理方法》（1999 年发布，与 IAS 1 相关，已撤销）
SIC 19	《报告货币：按 IAS 21 和 IAS 29 对财务报表的计量和列报》（2000 年发布，与 IAS 21 和 IAS 29 相关，已撤销）

续表

SIC 20《权益法：确认损失》（1999 年发布，与 IAS 28 相关，已撤销）
SIC 21《所得税：已重估非折旧资产的收回》（1999 年发布，与 IAS 12 相关）
SIC 22《企业合并：初始报告的公允价值和商誉的后续调整》（1999 年发布，与 IAS 22 相关，已撤销）
SIC 23《不动产、厂场和设备：大检修费用的主要审查》（1999 年发布，与 IAS 16 相关，已撤销）
SIC 24《每股收益：可能以股份结算的金融工具和其他合同》（2000 年发布，与 IAS 33 相关，已撤销）
SIC 25《所得税：企业或其股东纳税地位的改变》（1999 年发布，与 IAS 12 相关）
SIC 27《评价涉及租赁法律形式的交易的实质》（2000 年发布，与 IAS 1、IAS 17、IAS 18 相关）
SIC 28《企业合并："交易日"和权益工具的公允价值》（2001 年发布，与 IAS 22 相关，已撤销）
SIC 29《披露：财务特许权协议》（2001 年发布，与 IAS 1 相关）
SIC 30《报告货币：从计量货币到列报货币的折算》（2001 年发布，与 IAS 21、IAS 29 相关，已撤销）
SIC 31《收入：涉及广告服务的易货交易》（2001 年发布，与 IAS 18 相关）
SIC 32《无形资产：网站成本》（2002 年发布，与 IAS 38 相关）
SIC 33《合并与权益法：潜在表决权和所有者权益的分摊》（2001 年发布，与 IAS 27、IAS 28、IAS 39 相关，已撤销）

在这一时期，随着国际会计准则质量的提高，其在世界范围内被越来越多的国家认可或接受。Choi，Frost 和 Meek（1999）指出，国际会计准则已经被许多国家作为建立国家会计规范的基础；被许多工业化国家和新兴市场经济国家作为会计国际化的基准；也被许多证券交易所和证券监管机构接受，并许可上市公司提交依据国际会计准则编制的财务报表；同时，得到了欧洲委员会和其他国际组织承认。国际会计准则委员会在 1996 年对 67 个国家接受国际会计准则的情况进行了考察，发现其中有 56 个国家或是以国际会计准则作为国家会计准则，或是以国际会计准则作为制定国家会计准则的基础，只有 11 个国家（其中包括美国、英国、德国、日本等主要国家）不以国际会计准则作为制定国家会计准则的主要参照。另外，接受国际会计准则的证券交易所已有 8 所，包括伦敦、法兰克福、苏黎世、卢森堡、泰国、中国香港、阿姆斯特丹和罗马等的证券交易所，具体情况如表 2-3 所示。

前面提到，IASC 与 IOSCO 在 1995 年 7 月达成了制定一套核心准则的合作协议。2000 年 5 月 17 日，IOSCO 正式宣布，40 项核心会计准则目录适用的包括 30 项国际会计准则和 11 项解释公告通过了评审，并向包括美国在内的全世界各主要资本市场推荐使用。40 项核心会计准则计划的完成情况见表 2-4。

表 2-3　　国际会计准则在 67 个国家和地区中被接受的情况（1996）

①国际会计准则被作为国家会计准则，附加解释性资料（8 个国家）

包括：克罗地亚、塞浦路斯、科威特、拉脱维亚、马耳他、阿曼、巴基斯坦、特立尼达和多巴哥

②与①相同，但制定的国家会计准则课题没有全部被 IAS 覆盖（2 个国家）

包括：马来西亚、巴布亚新几内亚

③国际会计准则直接作为国家会计准则，但在一些情况下，可根据当地的情况或环境进行修订（14 个国家）

包括：阿尔巴尼亚、孟加拉、巴巴多斯、哥伦比亚、牙买加、不丹、肯尼亚、波兰、苏丹、斯威士兰、泰国、乌拉圭、赞比亚、津巴布韦

④单独制定国家会计准则，但以国际会计准则为基础或与相关的国际会计准则很接近；国家会计准则一般只提供附加的解释性资料（5 个国家）

包括：中国、伊朗、菲律宾、斯洛文尼亚、突尼斯

⑤单独制定国家会计准则，但在许多情况下以国际会计准则为基础或与相关的国际会计准则很接近；有些国家会计准则提供比国际会计准则多一些或少一些的选择，在国家会计准则中没有提供对国际会计准则的参照（17 个国家）

包括：巴西、捷克共和国、法国、印度、爱尔兰、立陶宛、毛里求斯、墨西哥、纳米比亚、荷兰、挪威、葡萄牙、新加坡、斯洛伐克共和国、南非、瑞士、土耳其

⑥与⑤相同，不同之处仅在于各项会计准则中包括一项关于国家会计准则与相关国际会计准则的比较项目（7 个国家或地区）

包括：澳大利亚、丹麦、中国香港、意大利、新西兰、瑞典、南斯拉夫

⑦单独制定国家会计准则（11 个国家）

包括：奥地利、比利时、加拿大、芬兰、德国、日本、韩国、卢森堡、西班牙、英国、美国

⑧没有国家会计准则（1 个国家）

包括：罗马尼亚

⑨设有国家会计准则，国际会计准则没有被正式采纳，但经常使用（2 个国家）

包括：博茨瓦纳、莱索托

资料来源　乔伊，米克，等．国际会计学［M］．周晓苏，方红星，主译．大连：东北财经大学出版社，2000.

2.2.2　IASC 改组后发布的国际会计准则和解释公告

2001 年 IASC 全面改组后，IASB 取代 IASC 承担制定国际会计准则的任务，并将其目标确定为“本着公众利益，制定一套高质量的、可理解的并具有强制性的全球会计准则，这套准则要求在财务报表和其他财务报告中提供高质量的、透明的且可比的信息，以帮助世界资本市场的参与者和其他使用者进行经济决策”。为此，IASB 与主要国家的会计准则制定机构建立了协作关系，特别是与美国、英国、加拿大、澳大利亚、德国、法国、日本等 7 国的会计准则制定机构建立了战略伙伴关系。另外，在其应循程序中规定就相关问题与国家会计准则制定机构交换意见。这样，在会计准则制定的过程当中就开始考虑会计准则的相互协调问题。

表 2-4　　40 项核心会计准则计划的完成情况

IOSCO 1993 年提出的核心会计准则目录	IOSCO 认可的国际会计准则	
	准则编号	发布或修订年份
总则		
1. 会计政策披露	IAS 1	1997
2. 会计政策变动	IAS 8	1993
3. 财务报表中的信息披露	IAS 1	1997
收益表		
4. 收入确认	IAS 18	1993
5. 建造合同	IAS 11	1993
6. 生产和购货成本	IAS 2	1993
7. 折旧	IAS 4，IAS 16	1976，1998
8. 减值	IAS 36	1998
9. 所得税	IAS 12	2000
10. 非常项目	IAS 8	1993
11. 政府补助	IAS 20	1983，1994 重编
12. 退休福利	IAS 19	2000
13. 其他雇员福利	IAS 19	2000
14. 研究与开发	IAS 38	1998
15. 利息	IAS 23	1993
16. 套期	IAS 39	2000
资产负债表		
17. 不动产、厂场和设备	IAS 16	1998
18. 租赁	IAS 17	1997
19. 存货	IAS 2	1993
20. 递延所得税	IAS 12	2000
21. 外币	IAS 21	1993
22. 投资（金融资产）	IAS 39	2000
投资（房地产）	IAS 40	2000
23. 金融工具/资产负债表表外项目	IAS 32，IAS 39	2000，2000
24. 合营	IAS 31	2000
25. 或有事项	IAS 37	1998
26. 资产负债表日后事项	IAS 10	1999
27. 流动资产和流动负债	IAS 1	1997
28. 企业合并（含商誉）	IAS 22	1998
29. 不含研究开发支出和商誉的无形资产	IAS 38	1998
30. 现金流量表	IAS 7	1992
其他准则		
31. 合并财务报表	IAS 27	2000
32. 恶性通货膨胀经济中的子公司	IAS 21，IAS 29	1993，1989
33. 联营公司和权益法会计	IAS 28	2000
34. 分部报告	IAS 14	1997
35. 中期报告	IAS 34	1998
36. 每股收益	IAS 33	1997
37. 对关联方的披露	IAS 24	1984，1994 重编
38. 终止经营	IAS 35	1998
39. 重大差错	IAS 8	1993
40. 估计变更	IAS 8	1993

资料来源　常勋．国际会计［M］．厦门：厦门大学出版社，2006.

2001 年 4 月，IASB 正式运作后就启动了“改进国际会计准则”项目，目的在于提高国际会计准则与国家会计准则的趋同。其中比较显著的改进包括：通过借鉴世界上最佳会计实务取消国际会计准则中的备选方法，减少国际会计准则内部重复和相互矛盾之处；把与被改进的原有国际会计准则相关的解释公告吸收到修订后的准则中，并相应地废止这些解释公告；对会计准则相关表述的改进。2003 年 12 月，IASB 完成和发布了“改进国际会计准则”项目，包括 IAS 1、IAS 2、IAS 8、IAS 9、IAS 10、IAS 16、IAS 17、IAS 21、IAS 27、IAS 28、IAS 31、IAS 33、IAS 40，共 13 项。另外，在这个“改进国际会计准则”项目中还废止了 IAS 15《反映物价变动影响的信息》。上述改进项目的完成，使得 IASB 更接近其宣布的在 2004 年 3 月底前完成改进后的高质量会计准则的承诺，这给了从 2005 年开始采用国际会计准则的国家和地区，如欧盟各国，一定的准备时间，减少了其向 IAS/IFRS 过渡的难度。

IASB 把今后将发布的准则，更名为国际财务报告准则（IFRS），并且明确提出，IFRS 不仅要考虑上市公司对国际会计准则的需求，还应该考虑非上市公司、中小企业及新兴市场经济国家的需求。另外，IFRS 还将涵盖非财务信息方面的准则，如环境报告准则和可持续发展报告准则等。截至 2011 年，IASB 已经发布了 13 项国际财务报告准则，另外还发布了 5 项解释公告[①]和 19 项国际财务报告准则解释公告。

现行的国际财务报告准则体系包括原来 IASC 制定并仍然有效的国际会计准则、IASC 和 IASB 制定的准则解释公告、IASB 制定的国际财务报告准则以及国际财务报告准则解释公告，具体如表 2-5 和表 2-6 所示。

目前，国际财务报告准则在全球范围内得到了广泛的应用。根据德勤会计师事务所对全球 132 个国家和地区截至 2003 年 12 月 31 日采纳 IAS/IFRS 情况的统计，要求所有上市公司或部分上市公司采用 IAS/IFRS 的国家所占的比例为 56%。[②] 另据 IASB 对全球 85 家证券交易所的统计，截至 2003 年 12 月 31 日，共有 70 家证券交易所已经接受上市公司按照 IAS/IFRS 编制的财务报告。[③] 另据 IASB 官方网站的不完全统计，截至 2003 年 12 月 31 日，全球已有上千家公司直接采用 IAS/IFRS 或在财务报告信息中将 IAS/IFRS 信息作为补充信息提供。几乎所有的重要国际组织，如证券委员会国际组织、世界银行和国际货币基金组织、经济合作与发展组织、西方八国集团、巴塞尔银行监管委员会、国际会计师联合会、国际审计和鉴证准则委员会、联合国会计与报告政府间专家工作组等都先后发表声明，认可和支持 IASB 主导全球会计准则。

关于 IAS/IFRS 在世界各国的使用情况，根据《会计准则的国际趋同报告——2002 年全球调查》提供的信息，具体如下：

---

① 5 项解释公告分别是：SIC 29《披露：财务特许权协议》、SIC 30《报告货币：从计量货币到列报货币的折算》、SIC 31《收入：涉及广告服务的易货交易》、SIC 32《无形资产：网站成本》和 SIC 33《合并和权益法：潜在表决权和所有者权益的分摊》。

② 王清刚，朱庆有．全球会计准则的提出与 IAS/IFRS 的发展动向［J］．中国注册会计师，2004（4）．

③ 常勋．国际会计研究［M］．北京：中国金融出版社，2005.

表 2-5　　　　现行有效的国际会计准则（IAS/IFRS）

编　号	准则名称	制定者	发布或修订年份
IAS 1	《财务报表的列报》	IASC	1975，1994，1997，2003，2005，2011，2014
IAS 2	《存货》	IASC	1976，1993，2003
IAS 7	《现金流量表》	IASC	1979，1992，1994，2016
IAS 8	《会计政策、会计估计的变更和会计差错的更正》	IASC	1979，1993，2003
IAS 10	《资产负债表日后事项》	IASC	1980，1999，2003
IAS 11	《建造合同》	IASC	1980，1993
IAS 12	《所得税》	IASC	1981，1996，2000，2010，2016
IAS 14	《分部报告》	IASC	1983，1994，1997
IAS 16	《不动产、厂场和设备》	IASC	1983，1993，1998，2000，2003，2014
IAS 17	《租赁》	IASC	1984，1997，2003
IAS 18	《收入》	IASC	1984，1993，2001
IAS 19	《雇员福利》	IASC	1985，1993，1998，2000，2011，2018
IAS 20	《政府补助会计和政府援助的披露》	IASC	1984，1994，2001，2014
IAS 21	《汇率变动的影响》	IASC	1985，1993，1998，2003
IAS 23	《借款费用》	IASC	1986，1993，2007
IAS 24	《关联方披露》	IASC	1986，1994，2003，2009
IAS 26	《退休福利计划的会计和报告》	IASC	1987，1994
IAS 27	《单独财务报表》	IASC	1988，2000，2003，2008，2010，2014
IAS 28	《联营和合营企业中的投资》	IASC	1988，2000，2003，2011，2014，2015，2017
IAS 29	《恶性通货膨胀经济中的财务报告》	IASC	1989，1994
IAS 31	《合营企业中的权益》	IASC	1990，2000，2003
IAS 32	《金融工具：列报与披露》	IASC	1995，1998，2003，2008，2009
IAS 33	《每股收益》	IASC	1997，2003
IAS 34	《中期财务报告》	IASC	1998，2000，2010
IAS 36	《资产减值》	IASC	1998，2000
IAS 37	《准备、或有负债和或有资产》	IASC	1998
IAS 38	《无形资产》	IASC	1998，2004
IAS 39	《金融工具：确认与计量》	IASC	1999，2003，2005，2008，2009
IAS 40	《投资性房地产》	IASC	2000，2003
IAS 41	《农业》	IASC	2000
IFRS 1	《首次采用国际财务报告准则》	IASB	2003，2005，2008，2009，2010
IFRS 2	《以股份为基础的支付》	IASB	2004，2009，2017
IFRS 3	《企业合并》	IASB	2004，2008，2010
IFRS 5	《持有待售的非流动资产和终止经营》	IASB	2004，2014
IFRS 6	《矿产资源的勘探与评价》	IASB	2004，2005
IFRS 7	《金融工具：披露》	IASB	2005，2007，2009，2010，2014
IFRS 8	《经营分部》	IASB	2006
IFRS 9	《金融工具》	IASB	2014，2017
IFRS 10	《合并财务报表》	IASB	2011，2014，2015
IFRS 11	《合营安排》	IASB	2011，2014
IFRS 12	《在其他主体中的权益的披露》	IASB	2011，2015
IFRS 13	《公允价值计量》	IASB	2011
IFRS 14	《监管递延账户》	IASB	2014
IFRS 15	《与客户之间的合同产生的收入》	IASB	2014
IFRS 16	《租赁》	IASB	2016
IFRS 17	《保险合同》	IASB	2017

表 2-6　　**现行有效的解释公告**（SIC/IFRIC）

编　号	解释公告名称	备　注
SIC 7	《引入欧元》	1997，与 IAS 21 相关
SIC 10	《政府援助：与经营活动没有特定联系的政府援助》	1998，与 IAS 20 相关
SIC 12	《合并：特殊目的主体》	1998，与 IAS 27 相关
SIC 13	《共同控制实体：合营者的非货币性投入》	1998，与 IAS 31 相关
SIC 15	《经营租赁：激励措施》	1998，与 IAS 17 相关
SIC 21	《所得税：已重估非折旧资产的收回》	1999，与 IAS 12 相关
SIC 25	《所得税：企业或其股东纳税状况的改变》	1999，与 IAS 12 相关
SIC 27	《评价涉及租赁法律形式的交易的实质》	2000，与 IAS 1、IAS 17、IAS 18相关
SIC 29	《披露：特许权服务协议》	2001，与 IAS 1 相关
SIC 31	《收入：涉及广告服务的易货交易》	2001，与 IAS 18 相关
SIC 32	《无形资产：网站成本》	2002，与 IAS 38 相关
IFRIC 1	《现有退役、恢复和类似负债的变动》	2004，与 IAS 37 相关
IFRIC 2	《合作主体中的成员股份和类似工具》	2004，与 IAS 32、IAS 39 相关
IFRIC 3	《排放权》	2004，与 IAS 38，相关 2005 年撤销
IFRIC 4	《确定一项协议是否包含租赁》	2004，与 IAS 17 相关
IFRIC 5	《退役、复原和环境恢复基金产生的权益》	2004，与 IAS 37、IAS 39 相关
IFRIC 6	《采用 IAS 29 的重述法》	2005，与 IAS 29 相关
IFRIC 7	《参与特殊市场产生的负债：电子电器废弃物》	2005，与 IAS 37 相关
IFRIC 8	已被撤销	2006
IFRIC 9	已被撤销	2006，2009
IFRIC 10	《中期财务报告》	2006，与 IAS 34 相关
IFRIC 11	已被撤销	2006
IFRIC 12	《服务特许权协议》	2006，与多个准则相关
IFRIC 13	《顾客忠诚度计划》	2007，2010，与 IAS 18 相关
IFRIC 14	《最低资金要求的预付款》	2007，2009，与 IAS 19 相关
IFRIC 15	《房地产建造协议》	2008，与 IAS 11、IAS 18 相关
IFRIC 16	《国外经营净投资套期》	2008，与 IAS 39 相关
IFRIC 17	《向所有者分配非现金资产》	2008，与多个准则相关
IFRIC 18	《有关客户转让资产会计处理指引》	2009，与 IAS 16、IAS 18 相关
IFRIC 19	《以权益工具消除负债》	2009，与 IAS 39、IFRS 9 相关
IFRIC 22	《外币交易和预付对价》	2016
IFRIC 23	《所得税不确定性的会计处理》	2017

（1）允许使用 IAS/IFRS 的国家和地区

这些国家和地区包括：阿鲁巴岛、奥地利、比利时、百慕大群岛、玻利维亚、博茨瓦纳、开曼群岛、丹麦、多米尼克、萨尔瓦多、爱沙尼亚、芬兰、德国、中国香港、匈牙利、老挝、拉脱维亚、莱索托、立陶宛、卢森堡、缅甸、纳米比亚、荷兰、荷属安的列斯群岛、俄罗斯、南非、斯威士兰、瑞士、土耳其、乌干达、赞比亚、津巴布韦。

（2）要求国内全部上市公司使用 IAS/IFRS 的国家和地区

这些国家和地区包括：亚美尼亚、巴哈马、孟加拉、巴巴多斯、文莱、哥斯达黎加、克罗地亚、塞浦路斯、多米尼加共和国、厄瓜多尔、埃及、爱沙尼亚、格鲁吉亚、圭亚那、海地、洪都拉斯、牙买加、约旦、肯尼亚、科威特、黎巴嫩（加上未上市的银行和金融机构）、马其顿、马拉维、马耳他、毛里求斯、尼泊尔、阿曼、巴拿马、巴布亚、新几内亚、秘鲁共和国、特立尼达和多巴哥、南斯拉夫。

（3）要求国内部分上市公司使用 IAS/IFRS 的国家和地区

这些国家和地区包括：巴林（对银行业）、中国大陆、匈牙利、罗马尼亚（目前仅对国内重要的公司，2005 年起对所有大型公司）、乌克兰（对银行业）、阿拉伯联合酋长国（对银行业）。

（4）计划要求全部国内上市公司使用 IAS/IFRS 的国家和地区

这些国家和地区按照时间划分如下：

自 2003 年：保加利亚、希腊（年报）、吉尔吉斯斯坦、塔吉克斯坦、乌克兰。

自 2004 年：俄罗斯、坦桑尼亚。

自 2005 年：澳大利亚、奥地利、比利时、丹麦、芬兰、法国、德国、冰岛、爱尔兰、意大利、列支敦士登、卢森堡、荷兰、挪威、葡萄牙、西班牙、瑞典、英国、新西兰（成为欧盟成员国之后要求全部境内上市公司使用 IAS/IFRS）、捷克共和国、匈牙利、拉脱维亚、立陶宛、波兰、斯洛伐克共和国、斯洛文尼亚。

自 2007 年：新西兰。

2.3 国际会计准则制定程序的演变

当会计法规有比较重大的变动时会导致各利益集团相关利益的重新分配，并将产生相应的社会影响。在国际背景下进行分析，由于会计准则具有经济后果，一国会计准则国际化过程中的策略选择，很可能直接或间接地对该国的经济利益产生影响。在会计准则国际化乃至国际趋同的过程中，每一个国家都不可避免地权衡自身的利弊得失，从而采取相应的对策。① IASC 作为一个民间机构，要保证所制定的

① 近年来，一些会计准则强势国家更深入地介入国际会计准则的制定过程，主要是出于自身利益的考虑。在 2002 年 10 月 FASB 与 IASB 举行了合作会议并公布了谅解备忘录后，FASB 的主席赫兹（Herz）仍然声称，FASB 正朝着制定世界范围的、高质量的报告准则的目标而努力，以支持健康的全球资本市场。可见，美国并没有打算放弃自己的准则而完全采用 IAS/IFRS，只是通过与 IASB 的合作，使美国准则主导国际资本市场的可能性更为提高。

会计准则在世界上得到广泛的推广和应用，具备一套公正且合理的会计准则制定程序至关重要。当然，IASB 在制定会计准则的过程中也不能完全基于利益的权衡，还要保证根据所制定的准则进行的核算，能够对经济业务或事项作出适当的处理。随着改组的完成，IASB 的准则制定程序有了一定的改进和完善。

2.3.1　改组前的准则制定程序

会计准则的制定是一个复杂的过程，很多学者认为，会计准则的制定过程实际上就是各方基于自身利益而进行博弈的过程。为了保证所制定的准则公平、公正，必须保证程序或过程公正，因为只有程序或过程公正，才能保证作为程序或过程结果的准则的公正。为了保证所制定的准则能对特定经济环境提出恰当的会计实务处理，国际会计准则委员会在国际会计准则制定过程中遵循如下制定程序：

（1）理事会设立筹划委员会。每个筹划委员会由理事会代表领导，通常至少包括 3 个其他国家会计职业团体的代表。筹划委员会还可能包括其他组织的代表，这些组织在理事会或咨询团中派有代表或对特定议题有一定专长。

（2）筹划委员会确定并审核与项目有关的所有会计议题。在这一过程中，筹划委员会对这些议题的处理适用国际会计准则委员会制定的《编制财务报表的框架》。筹划委员会还研究各个国家或地区的会计规定和惯例。在考虑了有关议题之后，筹划委员会将向理事会提交一份要点大纲。理事会代表、成员团体、咨询团成员、其他组织和人士以及国际会计准则委员会秘书处均可就国际会计准则可能涉及的新议题提供建议。

（3）根据理事会对要点大纲的意见（如果有的话），筹划委员会起草并发布原则公告（草稿）或其他讨论文件。发布原则公告（草稿）的目的是提出基本会计原则，作为起草征求意见稿（草稿）的基础。原则公告（草稿）还包括拟议中的备选方案，以及拟采纳或不采纳的理由。原则公告（草稿）向所有的利益相关团体征求意见，期限一般为 3 个月左右；如果是修订现有的国际会计准则，理事会将指定筹划委员会起草征求意见稿，而不必先发布原则公告（草稿）。

（4）筹划委员会审阅对原则公告（草稿）的意见。原则公告（草稿）定稿后，报理事会批准，然后将其作为起草国际会计准则征求意见稿（草稿）的基础。原则公告（定稿）可以索取，但不正式发表。

（5）筹划委员会起草征求意见稿（草稿），报理事会批准。征求意见稿（草稿）经修改，并经理事会不少于 2/3 的成员同意后，作为征求意见稿对外发布，以向所有的利益相关团体征求意见。征求意见的期限不少于 1 个月，通常至少为 3 个月。

（6）筹划委员会审阅所反馈的意见，并起草国际会计准则（草稿），提交理事会审议。经过修改，并获得理事会不少于 3/4 的成员同意后，对外发布准则。

在上述过程中，理事会需要决定拟议中的项目是否需要进一步征求意见，还是先以发布问题大纲或讨论大纲的方式供评论；在制定一项国际会计准则之前，可能需要发布不止一份征求意见稿[①]。此外，对于相对较小的议题，理事会也许不需成立筹划委员会而直接进行，但在准则定稿前通常会发布征求意见稿。

2.3.2 改组后的准则制定程序

改组后，IASB 制定国际财务报告准则要经过国际性的应循程序，该程序要涉及全世界的会计师、财务分析师和其他财务报表使用者、企业界、证券交易所、监管和立法当局、学术界以及其他利益相关的个人和组织。IASB 在公开的会议上，就其主要项目、议程决议和工作的优先顺序，向准则咨询委员会进行咨询，并且在向公众开放的会议上讨论技术事宜。一项准则的制定要经过的应循程序通常（但非必须）包括如下步骤：

（1）要求工作人员确定和审核与议题有关的所有问题，并考虑 IASB 框架对这些问题的应用。

（2）研究各国会计理论和实务，与国家会计准则制定机构就这些问题交换意见。

（3）就将某项议题列入 IASB 议程中的合理性向准则咨询委员会咨询。

（4）成立咨询小组就该项目向 IASB 提供建议。

（5）发布讨论性文件征求公众意见。

（6）发布由至少 8 名 IASB 成员表决通过的征求意见稿，征求公众意见，包括 IASB 成员所持的任何不同意见，通常征求意见的期限为 90 天。

（7）随征求意见稿同时发布其结论基础。

（8）考虑征求意见期内收到的所有对讨论性文件和征求意见稿的反馈意见。

（9）考虑是否需要举办公众听证会以及是否需要进行实地测试，如果认为需要，举办这类听证会并进行实地测试。

（10）由至少 8 名 IASB 成员表决通过准则，公布准则的同时披露存在的不同意见。

最后，随准则公布结论基础，包括说明 IASB 的应循程序及 IASB 如何处理公众对征求意见稿的反馈意见等。

对于 IAS/IFRS 未予专门规范的新出现的财务报告问题，或者对那些已经或可能形成不令人满意或相互矛盾的解释的问题，需要提供及时的指南。因此，在准则制定以后，可能还需要制定准则解释公告，这有助于国际财务报告准则得到严格和一致的运用。国际财务报告准则解释委员会负责解释公告的制定，并应遵循一定的程序。

国际财务报告准则的制定是一个通过若干机制寻求辩论、发现问题和评价参与相结合的开放而公开的过程。根据项目的不同，利益相关方可以以不同的形式参与

---

① 例如，1995 年 6 月，IASC 发布了第 50 号征求意见稿 ED 50《无形资产》。IASC 根据反馈的意见对 ED 50 作了修改，并在 1997 年 8 月作为第 59 号征求意见稿 ED 59《无形资产》再次对外发布。1998 年 9 月，IASC 正式发布了第 38 号国际会计准则 IAS 38《无形资产》，该准则取代了 IAS 9（1993），并于 1999 年 7 月 1 日起生效。

国际财务报告准则的制定。例如，作为准则咨询委员会的成员参与意见的形成；参加咨询小组；向国际财务报告准则解释委员会提交问题；提交针对讨论性文件的反馈意见；提交针对征求意见稿的反馈意见；参加公开的圆桌会议讨论以及参加实地考察和实地测试。

2.3.3　国际会计准则制定程序的新发展

IASC 改组后，根据 IASC 基金会的章程，IASB 的目标是：①为了公众的利益，制定一套高质量、可理解并具有强制性的全球会计准则，该准则要求在财务报表和其他财务报告中提供高质量的、透明的和可比的信息，以帮助资本市场的参与者和其他使用者作出经济决策；②促使这些准则得到执行和严格的应用；③促使各国会计准则与国际会计准则及国际财务报告准则实现进一步的趋同。新目标的基本思路是：首先制定高质量的全球会计准则，然后严格地应用会计准则，进而推动国家会计准则与国际财务报告准则的趋同。随着目标的转变，实际上，IASB 的身份已经转变为全球会计准则的制定者，而非原来 IASC 作为各国会计准则协调者的身份，这也对 IASB 制定国际财务报告准则提出了更高的要求。

比较改组前后会计准则制定程序的变化可以看出，在制定会计准则的过程中，IASB 在以下方面有了改进：① 程序更加公开。一般而言，IASB 的所有会议，除了有关人事任免等会议外，均向公众公开；IASB 还充分利用互联网等现代技术，克服参加公开会议的公众地区和后勤上的障碍；IASB 会议的议程在会议前预先公布，会议后则公布技术决议的概要情况。② 举行听证会和实地测试。实行这一步骤，有助于增加国际会计准则的切实可行性和可操作性。③ 加强了与各国会计准则制定机构程序方面的充分协调。例如，IASB 与各国会计准则制定机构互相协调它们的工作计划，当 IASB 开始一个项目时，国家会计准则制定机构也将其添加到自身的工作计划中，从而使它们为制定国际会计准则发挥充分的作用。反过来，当国家会计准则制定机构开始有关项目时，IASB 也会考虑是否需要制定新的会计准则或修订已有的会计准则。在一段合理的期限内，IASB 与各国会计准则制定机构会对目前存在重大差异的会计准则进行评审，并优先考虑存在最大差异的那些领域。通过程序方面的充分协调，有利于 IASB 加强与各国会计准则制定机构的联系，从而促进国际会计准则与各国会计准则的趋同。④ IASB 在发布征求意见稿和会计准则时，还将公布 IASB 成员的不同意见以及结论基础，从而使会计准则制定程序更加完善。

[**相关链接 2-1**]

NYSE 和 EURONEXT 同意进行对等合并

——合并将创造第一个全球交易所

定于 2006 年 6 月 2 日（星期五）在巴黎举行媒体/分析师联合会议

纽约和巴黎，2006 年 6 月 1 日。NYSE 和 Euronext 今天声称，他们签署了一项协议，以实现美国和泛欧证券交易所对等合并。新的集团将被命名为 NYSE Euronext，它将在全球范围内重新界定现金和衍生证券交易市场，为股东、发行者和使用者创造显著的利益。这一战略合作创造了世界上最大的和最具流动性的证券交易市场，合并后的市场资本约达到150亿欧元或200亿美元。

NYSE Euronext在现金权益、衍生工具、市场数据和技术方面都处于市场领导者的地位，每天的平均交易价值约80亿欧元或100亿美元，是世界上最具流动性的市场。它还将拥有全球最多的上市公司，总市值将达到210 000亿美元。

NYSE Euronext 将是一个美国控股的公司，其股份将在 NYSE 和巴黎 EURONEXT上市，分别以美元和欧元交易。它的总部将设在纽约和阿姆斯特丹（作为国际活动的中心），伦敦将是它的衍生业务中心。

根据协议的规定，NYSE 的每一股将转换成 NYSE Euronext 的 1 股。EURONEXT的股东将有权把他们的每一股转换成NYSE Euronext的0.980股。合并将通过税前年度成本和实现收入的协同效应为所有的股东创造估计约2.95亿欧元或3.75亿美元的巨额价值。在这一数额中，约1.95亿欧元或2.5亿美元来自于合并后集团IT系统的整体合理优化。未来3年，NYSE Euronext的3个现金交易系统和3个衍生工具交易系统将被植入一个单独的、全球性的现金和单独衍生工具平台。另外，10个数据中心（6个在美国，4个在欧洲）将减至4个全球链接的数据中心（2个在美国，2个在欧洲），并且4个网络将减至1个。NYSE Euronext的市场领导者地位，将在现金权益、挂牌上市和衍生工具方面创造机会，在未来3年以每年约8 000万欧元或1亿美元的数额增加收入。NYSE Euronext将借助世界最具认可的交易品牌，在全球范围内创造新产品，增加其在国际上市方面的份额，并进一步增加它在美国权益衍生工具市场的竞争地位。

练习题

★ 案例分析

交易市场的性质

Unilever公司股份挂牌的主要交易市场是Euronext Amsterdam 和 LSE，其中 Euronext Amsterdam 是NV普通股，LSE是PLC普通股。NV普通股主要是以Trust Certificates的形式交易，PLC普通股是以登记注册的形式交易。

在美国，NV普通股和PLC美国存托凭证（每一份存托凭证代表4份PLC普通股）都在纽约证券交易所交易。JPMorgan Chase Bank是作为NV和PLC的发行者、过户代理机构，以及美国存托凭证的存托机构。NV普通股还在Frankfurt 和 Sürich的证券交易所挂牌上市。

2005年2月25日，NV普通股的注册持有者有7 542个，PLC美国存托凭证的注册持有者有1 129个。根据2004年中期收益的支付可知，大约27%的NV普通股在美国持有（2003年约为23%），但是大多数PLC普通股在英国注册，2003年和2004年约为99%。

NV和PLC是两个不同的公司，在不同的证券交易所挂牌交易并有着不同的股东。你不能以一种股份转换或交换成另一种股份，并且不同市场上的相应价格确实是波动的。发生的原因有多种，包括汇率的变动。然而，NV 和 PLC 股份相互之间有着紧密关系，特别是由于我们的同等协议。

如果你是 NV 的一名股东，你在一个荷兰法律实体拥有一项权益，你的红利将以欧元支付（如果你在美国注册拥有的股票就转换成美元），并且你将面临荷兰的税收。如果你是 PLC 的一名股东，你在一个英国法律实体拥有一项权益，你的红利将以先令支付（如果你拥有美国存托凭证就转换成美元），并且你将面临的是英国的税收。不过，同等协议意味着，作为任何一家公司的股东，你实际上在 Unilever 整体拥有一项权益。对于我们合并报表中报告的合并净利润和合并资本公积，你们有大致同样的权利。

要求：（1）试说明 Unilever 公司证券的发行市场所在地。

（2）试说明 Unilever 母公司的所在国。

（3）试说明 Unilever 公司编制年报所依据的会计准则。

★ 讨论题

1. 国际会计准则历次修订的时间以及导致修订的原因是什么？
2. 国际会计准则历次修订涉及的具体准则及其内容是什么？
3. 论述欧盟会计准则、美国会计准则与国际会计准则趋同的必然性。

第 3 章

国际会计准则的协调

［学习目标］

1. 国际会计协调的重要性及局限性。
2. 国际会计协调的参与者及其贡献。
3. 国际会计准则在各国的使用情况。

3.1 国际会计协调

3.1.1 国际会计协调的重要性

国际会计协调的重要性体现在如下几个方面：

首先，跨国公司的发展要求统一的会计标准。在国际贸易和资本活动的推动下，跨国公司的规模在不断扩大，重要性也在不断地提高，跨国公司在许多市场中占据的比重都很大，而且几乎已经影响到了每一个国家、政府。从财务报告角度来看，跨国公司经济行为的复杂化，对制定会计和审计准则的职业团体都是一个挑战。例如，一笔交易按照 A 国的会计准则核算有收益，而按照 B 国的规定很可能会延迟确认收益。当某跨国公司必须按照两国不同的会计准则分别编报财务报告时，人们会惊诧于其奇怪的结果，有时让人尴尬难堪。经常被人列举的代表性事件是德国的奔驰（Benz）公司。在 1993 年奔驰与克莱斯勒（Chrysler）尚未合并之前，奔驰公司为在美国发行股票，当年按照美国的会计准则调整后，奔驰公司亏损竟然达 10 亿美元之多，而按照德国的会计准则却有 3.7 亿美元的利润。显然，如果不调整两者之间的差异，很有可能会对会计信息使用者的决策产生误导。而要在国际投、融资或者国际贸易中经常性地调整各国会计信息之间的差异，又会大大增加交易成本，不利于经济效率的提高和经济的全球化。因此，毫无疑问，会计准则的国际协调是经济全球化的必然要求。另外，随着近几十年来跨国公司的大量涌现，各国对跨国公司进行管制的要求也相应提高。然而，由于跨国公司经营业务的纷繁复杂、子公司遍及世界各地，且不同国家的会计处理方法千差万别，有效管制存在着极大的困难。通过国际会计协调，制定一套统一会计准则或其他规范标准，不仅可以使各国管理当局按照统一的标准理解和引导（或控制）跨国公司的经营活动，而且就跨国公司自身而言，如果各国会计实务相互可比，跨国经营的各个子公司都按照基本相同的会计准则编制财务报表，则既利于内部控制制度的健全和经营管理效率的提高，又利于跨国公司内部经营活动的对比、分析和考核。

其次，资本市场的一体化要求国际会计协调。会计准则国际协调的主要动力源于会计信息的使用者、提供者以及监管者。面对各国企业对资金的要求，债权人、投资者等资金供应者进行决策时首先需要了解目标企业的财务状况和经营成果，然后在对不同国家财务报表比较、分析的基础上作出最优化投资或贷款决策。国际资本的自由流动要求不同国家企业披露的会计信息必须具有可比性。只有这样，债权人、投资者在不同企业的业绩评估过程中才能从客观上消除因会计差异而产生的对外国财务报表的不理解和误解。

3.1.2　国际会计协调的参与者

国际会计协调是时势所需，但在这个过程中不可避免地会遇到各种阻力和障碍。各种国际性组织，如证券委员会国际组织、联合国、会计和报告国际准则政府间专家工作组、经济合作与发展组织、欧盟、国际会计师联合会，特别是国际会计准则委员会等为国际会计协调进行了不懈的努力并取得了重要的成果。与国际会计协调有关的团体具体见表 3-1。

表 3-1　**一些与国际会计协调有关的团体**

类　别	世界性团体	区域性团体
政府类	联合国、经济合作与发展组织、证券交易委员会国际组织	欧盟
职业类	国际会计准则委员会、国际会计师联合会	欧洲会计师联合会

3.1.2.1　政府间组织的协调活动

1）证券委员会国际组织

证券委员会国际组织是国际各证券暨期货管理机构所组成的国际合作组织。总部设在加拿大的蒙特利尔市，正式成立于 1983 年①，其前身是成立于 1974 年的泛美证券机构联合会和类似组织更名而成，到 2002 年年底共有 174 个正式会员②。该组织的宗旨是：通过交流信息，促进全球证券市场的健康发展；各成员组织协同制定共同的准则，建立国际证券业的有效监管机制，以保证证券市场的公正有效；共同遏止跨国不法交易，促进交易安全。我国证监会在 1995 年证券委员会国际组织的巴黎年会上加入该组织，成为其正式会员。

① http：//www. iosco. org/annual_report/22. html.
② http：//www. iosco. org/annual_report/16. html.

（1）IOSCO 对 IAS 中 30 项准则的认同

虽然 IOSCO 只能建议成员国接受国际会计准则，没有权力命令作为其成员的主权国家必须接受国际会计准则，但 IOSCO 对 IASC 的发展起了关键性的作用。IOSCO 激励 IASB 与各国会计准则制定机构相互沟通、密切合作、达成共识。IOSCO 对 IAS 的认可，促进了会计准则全球范围内的一致化以及真正的会计“世界语言”的出现。

IOSCO 在下属跨国公司会计核算和披露第一工作小组会议上充分评估了 IASC 发布的准则，并向 IOSCO 技术委员会提交了报告，决定向成员国跨国上市公司推荐使用从 IAS 中挑选出来的 30 项准则。但 IOSCO 对准则的认同是有限的，如有必要，它将允许对按照 IAS 编制的财务报告进行调整、披露和解释，以处理国家或地区层面上的悬而未决的重要问题。

IOSCO 认同 IAS 的 30 项准则意味着该组织成员国的证券管理机构允许跨国股票发行人在为跨国上市股票登记和股票出售编制财务报告中使用这 30 项国际会计准则，当然，如上所述，某些情况下需要作一些必要的补充。IASC 在 2000 年发布的准则包括了除 3 项 IAS 以外的所有准则，IAS 26 和 IAS 30 未包括在内，是因为它们是处理行业财务报告的，而 IAS 25 将被修改，作为 IASC 对金融工具研究的一部分（已被 IAS 40 取代）。2000 年，准则还包括了于 2000 年 1 月 1 日起生效的准则解释委员会所发布的准则解释公告。

IOSCO 对 IAS 的认同本身附带了补充处理的一些条件。根据 IOSCO 主席委员会的决议，补充处理包括：

①调整：要求对一些条款进行调整，并披露使用不同于 IAS 的会计处理方法产生的影响；

②披露：要求在财务报表或附注中进行附加的披露；

③解释：当 IASC 制定的准则不够清楚和未作出规定时，要对国际会计准则中允许的特殊备选方案的使用进行特别的解释。

决议也建立了“弃权声明书”的概念，它阐明了：作为国家或地区特定要求的一部分，可以对 IASC 准则的特殊方面放弃使用，不要求反映若调整为运用 IAS 的影响。

IASC 已离职的主席 Stig Enevoldsen 认为，IOSCO 的认同对于 IASC 来说是梦想成真。但对于 IOSCO 要求进行补充处理，一些评论员将其戏称为有保留的或半信半疑的认同。IOSCO 认同的补充处理，很明显不是明确的认同。可是，就如 IASC 发言人所解释的：要求调整的是部分调整，而不是美国证券交易委员会对在美国上市的国外公司所要求的必须进行的全部调整。IASC 仍然希望 IOSCO 要求调整的项目只有几个，例如不要超过 10 个。IASC 期望大多数公司如果在慎重选择会计政策的情况下，调整项目在两三个之内。

（2）在 IOSCO 的认同下一些悬而未决的实质性问题

一定数量的悬而未决的实质性问题关系到 IASC 的 2000 年准则（IAS 2000）。当

IOSCO 最初对 IAS 2000 进行评价时，它考虑了 850 个关于核心准则的问题。在评估了 IAS 2000 后，第一工作小组的成员得出结论：他们关心的大部分问题已经说明，而且范围大大缩小。根据 IOSCO 技术委员会的报告，这些悬而未决的实质性问题已经被 IAS 2000 总结如下：

①其中 6 项国际会计准则没有悬而未决的实质性问题；

②另外 6 项国际会计准则，每项都只有一个悬而未决的实质性问题；

③剩余明确的 20 个问题，要求根据 IAS 2000 的处理方法进行协调，至按所在国的会计处理；

④大约有 50 个问题要求对此进行补充披露；

⑤还有大约 50 个问题要求对 IAS 2000 进行特别运用；

⑥有 4 个问题预计可以放弃对 IAS 2000 的运用。

在 IOSCO 对 IAS 认同的时候，就已经设想了在 2001 年年底前对成员国进行调查，以确定跨国发行股票公司遵循 IAS 2000 的程度。调查结果已在 2002 年 5 月 IOSCO 第 27 届年会上报告，表明成员国对 IAS 的接受有了令人满意的进步，许多国家允许跨国发行股票的公司使用 IAS，其他国家也正在积极朝这个方向努力，且自 2000 年 5 月在推进 IAS 的使用上有了相当的进展。

2）联合国会计与报告国际准则政府间专家工作组

联合国会计与报告国际准则政府间专家工作组（The Intergovernmental Working Group of Experts on International Standards of Accounting and Reporting，ISAR）成立于 1982 年，是唯一的一个致力于公司层次会计和审计工作的政府间工作组。ISAR 具体的任务是通过讨论和颁布最佳的实务处理原则和方法来促进各国企业会计准则的协调。近年来，ISAR 主要侧重于其他组织还没有涉及的重要问题，如环境会计等。同时，ISAR 也举办了一些技术援助项目，如俄罗斯联邦、阿塞拜疆和乌兹别克斯坦等国家的会计改革和再培训，以及法语区非洲会计远程学习项目的设计和开发等。

3）经济合作与发展组织

主要资本主义国家的政府于 1961 年成立了经济合作与发展组织（Organization for Economic Cooperation and Development，OECD）。1976 年，OECD 发布了《国际投资和跨国公司宣言》。这一宣言的附件“跨国公司指南”中有“信息披露”一节，其中包括财务信息披露方面的要求，这些要求虽然是非强制性的，但对大型跨国公司有一定的影响。1979 年，OECD 对指南进行了修订，但信息披露方面的建议基本未动。2000 年 6 月又进行了一次修订，修订后的指南涉及的内容包括概念和原则、一般政策、披露、就业和行业关系、环境、反贿赂、消费者权益、科技、竞争和税务等。成员国政府同意向跨国公司推荐这些指南，这对于跨国公司虽有一定的影响，但在实务中只有很少的跨国公司真正重视这些指南。跨国公司指南中有关信息披露部分的主要内容，如表 3-2 所示。

表 3-2 **OECD 跨国公司指南：披露**

各企业应保证公布有关本企业经营活动、组织结构、财务状况和经营成果等方面及时、合规、可靠和相关的信息，这些信息既应有企业作为一个整体的信息、也应有各地区分部或行业分部的信息。企业信息的披露应充分考虑它们所处经济环境的性质和相对规模、充分考虑商业秘密方面的要求、充分考虑成本的耗费。各企业应在披露会计和审计信息时运用高质量的准则，企业应披露基本的信息，如企业名称、地点、组织结构的有关情况，说明母公司、子公司的名称和所在地。企业应披露主要联营公司的情况，如在这些联营公司中直接和间接掌握的所有权百分比，联营公司之间掌握股权的情况等，特别应包括： （1）公司的财务状况和经营成果； （2）公司的目标； （3）主要的股份所有权和投票权； （4）董事会成员和主要管理人员，他们的报酬； （5）重大的可预见风险因素； （6）与雇员和其他利益相关者有关的重大事项； （7）公司治理结构和政策

1999 年 6 月，OECD 与美国国际开发协会（USAID）一起协助组建了一个地区性的会计团体——欧亚会计师和审计师联合会（以下简称“欧亚联合会”），其成员包括亚美尼亚会计师和审计师协会、阿塞拜疆审计师协会、白俄罗斯会计师和审计师协会、格鲁吉亚会计师审计师联合会、哈萨克斯坦审计师公会、俄罗斯会计师和审计师协会以及俄罗斯职业会计师协会。欧亚联合会的主要目标是发展和加强各成员协会所代表的会计和审计职业界，发展与国际会计界的联系，发展该地区稳定的自治组织。欧亚联合会下设 5 个常设委员会：会计准则委员会，审计准则委员会，职业教育、培训和注册委员会，法律改革委员会，会员与职业道德委员会。欧亚联合会目前正在翻译、出版和散发 IFAC 的国际审计准则和道德规范以及 IASC 的国际会计准则。从 OECD 的上述活动可以看到，该组织虽然自己不制定准则，但是它却在积极地推广国际会计准则和国际审计准则，从向跨国公司提出建议，到参与组建地区性职业组织，它试图在会计的国际协调中发挥作用。

3.1.2.2 非政府间组织的协调活动

1）国际会计师联合会

1977 年 10 月，由来自 49 个国家的 63 个会计职业团体在德国慕尼黑签署协议成立了国际会计师联合会（International Federation of Accountants，IFAC）。IFAC 比 IASC 的建立稍晚一些，它与 IASC 保持着密切的联系，承认并支持 IASC 在协调各国会计准则方面所做的工作，并且两个组织有着相同的成员团体。

IFAC 的领导机构包括代表大会和理事会。代表大会由各成员团体分别指定 1 名代表组成，代表大会的职责包括选举理事会成员，批准各成员团体的财务交款，决定大会召开的时间和地点等。理事会由来自 15 个国家的成员团体的 15 名代表组成，理事会成员任期 3 年。国际会计师联合会大会（IFAC Assembly）每两年半举行一次。大会选举 1 个委员会，由 18 个国家的代表构成，任期两年半。委员会每年召开两次会议，制定 IFAC 的政策，并监督其执行。IFAC 的日常工作由 IFAC 秘书处管理，秘书处由来自全球的会计职业人士构成。IFAC 建立了以下常设机构：国际审计实务委员会、监察委员会、教育委员会、职业道德委员会、财务会计和管理会计委员会、信息技术委员会、公共机构委员会，以及随时任命的特别任务组。IFAC 新修订的章程规定的 IFAC 的基本目标是：为了公众的利益，在世界范围内努力发展职业界、协调准则，以提供一套高质量的服务。因此，IFAC 要努力发展和提高相互合作的世界会计职业界，相互协调各种准则。该组织在国际会计协调中的作用主要表现在：积极支持 IASC 在制定国际会计准则方面的各项努力及其颁布的国际会计准则，进而促进越来越多公司的财务报告按照 IAS 进行审计；通过国际审计实务委员会制定国际审计准则来协调审计实务，进而促进各国缩小会计实务差异、增进财务信息的可比性；通过发展会计教育、建立职业道德规范、颁布管理会计指南等活动在广泛的意义上对会计进行协调，为财务会计和财务报告的协调创造必要的环境条件。

IFAC 与其他国际组织，如 IOSCO 等也有着密切的联系。

2）国际会计准则委员会

国际会计准则委员会是国际会计协调的主要机构，随着国际经济往来的日渐频繁以及跨国公司和国际会计公司的迅速发展，从 20 世纪 60 年代以来，各国深感会计准则有统一协调之必要。为推进会计协调化，国际会计职业团体率先进行制定国际会计准则的尝试。1972 年，在澳大利亚悉尼召开的第 10 次国际会计师大会上通过一项倡议，会后组建了会计职业界国际协调委员会（International Coordination Committee for the Accounting Profession，ICCAP）。1973 年 6 月，国际会计准则委员会在英国伦敦成立。IASC 的成立可以看作是国际会计发展的分界点。1972 年以前，不同国家会计师的集会和讨论主要侧重于地区性的会计问题，在减少各国会计实务的差别方面没有作出任何努力。而 IASC 的成立标志着民间会计职业组织开始了全球会计协调化的努力。2000 年，IASC 进行了重大改组，之后由 IASB 继续负责国际会计准则的制定工作，更多的关于 IASC/IASB 致力于国际会计协调的情况已经在第 1 章中作了介绍。

3.1.3　国际会计协调的局限性

多年来，经过国际性或区域性政府间组织、民间会计及非会计团体的共同努力，国际会计协调已迈出了可喜的一步。但是，由于在世界范围内还存在着不同程度的阻力和障碍，协调的进程并不快，协调的效果也不显著。T. G. Evans 教授认为这些阻力和障碍可以归纳为五个方面：一是不同国家之间会计实务存在差异，如按会计系统划分的类别，在同一类别中就有一些重大差异，更不用说这一类别与其他类别之间了；二是不同国家对会计和企业经营存在不同的态度和传统；三是国家之间在法律和经济制度上存在着差别；四是国家主权方面的影响；五是发达国家和发展中国家之间有经济差距。如果将这些环境因素与有关各方的利害关系等问题结合在一起加以考虑的话，国际会计协调的阻力和障碍主要表现在以下几个方面：

（1）民族自尊。不管会计师们怎样热心地支持缩小各国间会计差异的活动，但没有一个人会心甘情愿地去接受别人的会计准则，即使这些准则比他们自身的更好些。这种情况普遍地存在于不期望丧失主权的国家之中，有时甚至表现为对其他国家的会计缺乏应有的了解或根本不感兴趣。

（2）利害关系不同的财务报表使用者的兴趣不同。在北美，财务报表的使用者主要是投资者和债权人；而在欧洲，财务报表的使用者则主要是工会、职工和政府官员等，两者的要求自然有很大的不同。

（3）财务报表的目的不同。财务报表的目的所涉及的范围相当广泛，有投资决策、管理控制、税务、社会控制和国家经济计划等。而且，不同国家之间现存会计实务的差别会影响财务报表的编制，如按“股东—公允观”与按“税务—稳健观”编制出来的财务报表便有极大的不同。因此，即使把德国、法国等面向宏观和受税法影响大的国家另作别论，在盎格鲁—萨克逊会计模式内仍存在着许多差别。

（4）一些国家缺乏强有力的会计职业团体。实行会计协调，必须有一些组织或团体预先做好必要的准备工作。例如，为遵循国际会计准则而提供必要的知识和技术指导，进行必要的说明和疏通工作等，而所有这些都必须依赖于一个影响面广、强而有力的会计职业团体。

（5）会计国家化。每个国家都认为自己的会计制度是最好的，都不愿意屈从于被认为较差的或不合适的别国会计制度。英国喜欢按照自己的会计模式去设计全球会计制度；美国则要把美国的会计模式传播到其他国家中去；法国、德国等国家则认为其他国家应效仿它们的会计模式。甚至有些国家、企业或个人因偏爱本国的会计制度，宁愿保留会计差别造成的缺陷和低效率，而不愿改变它明显落后的、不合时宜的状况。

（6）资本市场发展的差别。股票上市的公司与不上市的公司、股票只在少数几家交易所上市的公司与在多家交易所上市的公司的财务报表在格式和披露信息的要求上是不同的，必然使不同公司的财务报表的格式与要求难以统一。

（7）法律体制的不同。成文法国家和判例法国家对财务会计和财务报告的影响有极大的不同。

（8）争夺对国际会计准则的影响力。主要机构有：国际会计准则委员会想保持对国际会计准则制定的权威性；联合国想通过会计与报告国际准则政府间专家工作组把国际会计准则的制定作为增进和保障发展中国家利益和管制发达国家跨国公司经营活动的一种手段；美国财务会计准则委员会不愿把制定国家会计准则的权力和权威性拱手让与他人等。

（9）经济后果。各个国家会计准则变动的经济后果的程度及会计准则制定者考虑经济后果的程度都会成为阻碍协调的力量，这些都是国际协调的主要障碍。以上各种差别因素都将给经济带来直接的影响，如影响公司出售证券的能力，影响经济资源的优化配置等。

要正确处理上述矛盾逐步实现各国会计协调确实是一项艰苦的任务。我们也很难想象在短期内会出现一个为所有国家的所有公司都能接受的世界统一的会计制度。所以，协调的主要目标是：加强交流、缩小差异。协调的发展过程也许会是首先在某个地区或某种政治经济集团内取得一定进展，达到一定程度的统一，然后再是国际性的某种程度的统一。

3.2　国际会计准则在各国的运用

证券委员会国际组织与欧盟对国际会计准则的支持产生了明显的影响，加快了国际会计准则向全世界发展的步伐。越来越多的国家不是采用国际会计准则，就是以国际会计准则为核心来规定自己国家的会计准则。在某些情况下，名义上的国家会计准则与国际会计准则并没有任何实质性的背离，只是保留了国家会计准则的名称而已。

3.2.1　欧盟

欧盟于 2002 年 6 月 7 日宣布，欧盟部长会议批准了欧洲委员会提议的法规——《欧盟法令 1606/2002》，即上市公司从 2005 年 1 月 1 日起采用 IAS/IFRS 编制合并财务报告。但对在美国上市交易的公司或采用 US GAAP 的公司，以及发行债券票据而非权益工具的公司可暂时例外，这些公司可推迟至 2007 年 1 月 1 日起采用 IAS/IFRS 编制合并财务报告。IASB 主席认为，欧盟这一法规的批准，是 IASB 达到统一全球会计准则的“分水岭”。当 IASB 发布 IFRS 1 后，欧洲财务报告咨询组（EFRAG）就开始讨论是否采用 IFRS 1，并在 2003 年 7 月 30 日建议欧盟采用IFRS 1。

欧盟支持国际会计准则的运用是迫不得已的，这是一个博弈的过程。美国一向认为自己的会计准则质量最高，在美国上市的外国公司必须受美国会计准则的约束，而欧洲一些重要的证券交易所已经接受美国公司采用 US GAAP 编制财务报表。在 1995 年 IASC 与 IOSCO 达成建立一套核心准则的协议时，欧洲委员会就意识到了支持 IASC 的重要性，认识到了可以通过影响 IASC 在一定程度上与美国抗衡。

英国是欧盟的一个特殊成员，其特殊性在于英国与美国之间的历史渊源关系，其政治、文化和法律等均非常相似，而且两国结为同盟。英国没有站在美国一边，而是支持 IASC 的原因主要在于：一方面，英国的国力已无法形成三国鼎立（US GAAP-IAS-ASB）的局面；另一方面，IASC 是在包括英国在内的执业会计人员的努力下成立的，IASC 的总部设在伦敦，英国在 IASC 的位置一向至关重要，IASB 现任主席 David Tweedie 是英国 ASB 前任主席。

根据《欧盟法令 1606/2002》成立的会计监管委员会（Accounting Regulatory Committee，ARC）负责确定欧盟具体采用哪些国际会计准则。此后，国际会计准则由现行有效的 IAS 和新发布的 IFRS 共同组成；同时，IASB 于 2003 年 12 月发布了 13 项改进后的 IAS，进而于 2004 年发布了 4 项新的 IFRS。这些情况导致了于 2005 年 1 月 1 日采用的 IFRS 与 2002 年的 IAS 已经发生了很大变化。因此，将由 ARC 表决是否采用新增的和改进后的国际准则。另外，由于解释公告地位的提高，ARC 的表决也包括对 IFRIC 的采用。

1）ARC 批准采用改进后的 IAS 及部分 IFRS

ARC 于 2004 年 11 月 30 日在布鲁塞尔举行会议，表决通过了采用改进后的 IAS 以及新发布的部分 IFRS。这次批准采用的改进后的 IAS 是 IASB 于 2003 年 12 月发布的改进项目中的 13 项准则；批准采用的新发布的 IFRS 包括 IASB 于 2004 年发布的 IFRS 3《企业合并》、IFRS 4《保险合同》和 IFRS 5《持有以备出售的非流动资产与终止经营》。当时批准采用的 IFRS 中不包括 IASB 于 2004 年 2 月发布的 IFRS 2《以股份为基础的支付》。至 2005 年 2 月 8 日，欧洲委员会批准通过了采用 IFRS 2，并将其生效日追溯调整到 2005 年 1 月 1 日。IFRS 2 要求公司将所有以股份为基础的支付（包括雇员股票期权）作为费用处理。在 2004 年 12 月 20 日的 ARC 会议上，这一规定几乎得到了所有成员国的一致支持，同时也得到了欧洲议会的支持。欧盟负责境内市场和服务的委员（commissioner）Charles McCreevy 认为，采用 IFRS 2 将有助于对公司交易进行更加清晰和完整的反映，从而提高财务报告的质量。

2）欧洲委员会通过有保留地采用 IAS 39《金融工具：确认与计量》

2003 年 12 月，金融工具准则（IAS 32，IAS 39）发布后，遭到了欧洲中央银行、巴塞尔委员会和欧洲委员会的强烈谴责，其中最重要的意见集中在公允价值计量选择权和套期会计问题上。按照当时 IAS 39 的规定，任何金融资产和金融负债都可以用公允价值计量，其价值变动计入损益。包括上述欧洲机构在内的许多反馈意见者都反对这种激进的做法，担心这种全面的公允价值计量会被滥用，进而导致误导信息使用者。2004 年 11 月，欧洲委员会采纳 ARC 的建议，在宣布采用 IAS 39 的同时，拒绝采用其中关于公允价值计量选择权和套期会计的规定，这一决定后来被人们称为两项“例外”。之后，欧洲委员会负责境内市场和服务的委员 Charles McCreevy 称，（欧盟）将不惜一切代价避免这些重要问题（公允价值选择权、套期会计）的拖延。这无疑也给 IASB 早日解决 IAS 39 的有关问题敲响了警钟。针对上述反对意见，国际会计准则理事会于 2005 年 6 月 16 日发布了对 IAS 39 中关于公允价值计量选择权的修改，对公允价值计量选择权作出限制，只有符合以下条件之一的金融资产或负债才能以公允价值计量，其价值变动计入损益：（1）持有待售的金融资产或负债；（2）以公允价值计量会消除或显著减少计量不一致性（即发生“会计错配”）的金融工具；（3）包含嵌入衍生工具的混合金融工具（除非嵌入工具无法显著改变相关现金流量）；（4）根据企业管理层管理和评价某一资产、负债组合或资产和负债的共同组合的方式，而不是根据资产或负债的性质被指定以公允价值计量的金融工具。2005 年 7 月 8 日，欧盟各成员国在会计监管委员会会议中批准了这一修改，而后欧洲议会也通过了这一修改。同时，修改还得到了欧洲中央银行和巴塞尔委员会的支持。在欧洲委员会通过后，包含有限公允价值计量选择权在内的 IAS 39 的内容将正式生效，并追溯调整到 2005 年 1 月 1 日，即欧洲执行国际财务报告准则的公司可在其 2005 年年报中采用 IAS 39 的大部分规定。对于仅剩的套期会计“例外”，欧洲委员会负责内部市场和服务的委员 Charles McCreevy 表示，将尽快与 IASB 共同寻求有效的解决方案。

3）欧盟公布采用国际财务报告准则情况的调查

欧洲委员会展开了对其 25 个成员国和 3 个欧洲经济区（EEA）成员国采纳 IFRS 情况的调查，调查结果表明：（1）就上市公司单独财务报表采用 IFRS 的情况，除 5 个国家禁止采用、1 个国家尚未确定外，其他 22 个国家均要求或允许采用；（2）就非上市公司合并财务报表采用 IFRS 的情况，28 个国家均要求或允许采用，但是其中 5 个国家有一定范围的排除（如除小企业、银行外的企业等）；（3）根据《欧盟法令 1606/2002》的规定，只公开发行债券的公司可以延迟到 2007 年采用 IFRS，但是有 15 个国家不予延期；（4）对于在海外上市并采用非欧盟会计准则的公司，只有 6 个国家延期到 2007 年采用 IFRS。

4）ARC 召开会议讨论采用新批准的国际准则

ARC 成立两年多以来已经分次推荐采用了大部分 IAS/IFRS。2005 年 5 月 20 日的会议又建议采用包括 IFRS 6《矿产资源的勘探和评价》、IFRIC 4《确定一项协议是否包含租赁》、IFRIC 5《退役、复原和环境恢复基金产生的权益》、前常设解释委员会修改后的 SIC 12《合并：特殊目的主体》、IASB 修改后的 IAS 19《雇员福利》。ARC 还对欧洲委员会准备采用修改后的 IAS 39《金融工具：确认与计量》的公允价值计量选择权表示支持。鉴于 ARC 建议欧洲委员会不采用 IFRIC 3《排放权》，欧洲委员会已经要求 IASB 推迟该解释公告的生效日期。如果 IASB 拒绝推迟，ARC 将对此采取措施。

5）欧洲拟成立国际财务报告解释论坛

欧盟境内市场委员 Charles McCreevy 在 5 月 26 日布鲁塞尔举行的欧洲证券交易所联合会议上指出，欧盟正在考虑成立一个欧洲论坛来认定和分析 IFRS 执行中存在的问题，而使国际财务报告解释委员会全心关注关键问题。他指出，确保 IFRS 在欧洲范围内的一致运用是当前的主要问题，根据有关建议，该论坛由利益相关方、监管者、准则制定机构、报表编制者和审计师等组成，主要任务是促进 IFRS 的一致运用。但是，Charles McCreevy 没有提供成立该论坛的细节情况。

6）欧洲证券监管机构委员会（CESR）就等效会计标准征求意见

按照欧盟的要求，目前采用美国公认会计原则的公司将从 2007 年 1 月 1 日起采用 IAS/IFRS。这样，一些采用美国公认会计原则的公司就面临着是否必须转而采用 IAS/IFRS 的问题。欧盟打算确认一些等效会计标准，认可等效会计标准就等同于认可国际财务报告准则的地位。按照等效会计标准编制的财务报表，将不需要按照国际财务报告准则进行调节，因此就等于事实上承认了国际财务报告准则与这些会计标准共存的局面，从而既有利于加强欧盟与这些国家金融市场的联系，又解决了2007年一些正在执行这些国家会计准则的公司被迫转向国际财务报告准则的问题。目前这种"等效"和"认可"的工作思路得到了美国的关注和支持，有可能成为"趋同"之外的另一类国际会计协调的工作思路。CESR按照欧盟理事会（European Commission）的要求，正在研究选定一些国家的会计标准作为IAS/IFRS的等效会计标准，目前拟采用的有美国、日本和加拿大的会计标准。其主要依据是：投资者在利用根据这些等效会计标准编制的报表进行决策时，能够作出同根据IAS/IFRS编制的报表相同的决策。其着眼点不在等效会计标准同IAS/IFRS的具体差异，而着重考察一些基础性原则是否一致。

欧洲财务报告咨询专家组（EFRAG）和日本财务会计准则理事会分别在2005年1月4日和5日反馈了各自的意见。EFRAG认为，等价会计标准的确定应当建立在对备选第三方准则和IAS/IFRS进行详细比较的基础上。日本财务会计准则理事会的观点则相反：详细比较备选第三方准则和IAS/IFRS的差异，并不能确定二者是否可以给报表使用者同样的判断，而准则的内在逻辑更能决定准则是否等价。

3.2.2 澳大利亚

澳大利亚财务报告委员会（Financial Reporting Council of Australia，FRC）于2002年7月3日支持澳大利亚报告实体在2005年1月1日前采用IASB准则。FRC的决策是符合澳大利亚政府政策和会计准则的国际趋同要求的。另外，FRC建议在2002—2003年对IASC基金会提供财务资助，当然这些提议要经过立法机构确认才能实施。

3.2.3 经济转轨国家

俄罗斯要求自2004年1月1日开始，所有公司和银行都要根据国际会计准则编制财务报表。

俄罗斯国家杜马在2004年10月下旬初步表决通过了一项议案，要求有一家以上子公司的俄罗斯公司在本财务年度结束后的6个月内，提交按照IFRS编制的财务报表，同时，所有公司仍按照俄罗斯会计标准编制非合并的年度财务报表。目前，一些俄罗斯大型公司已经采用了IFRS，另一些则采用了美国公认会计原则。俄罗斯要求采用美国公认会计原则的公司于2008年采用IFRS。

2004年11月，俄罗斯国家杜马曾经初步通过一项草案，要求拥有一家以上子公司的企业自2004年或2005年起采用IFRS编制财务报表。目前，在该项草案正式成为法律之前，俄罗斯国家杜马的二次投票结果表明，俄罗斯采用IFRS的举措将推迟。这是因为，企业和政府对于采用IFRS均未做好充分准备，因此，实施IFRS的技术困难将导致财务报表的混乱状况，无法实现提高投资吸引力的目的。

目前，中国公司在美国纽约证券交易所和英国伦敦证券交易所等上市的已有20多家，加上在境外上市的就逾百家了。由于中国的会计规范与国际标准有相当大的差距，因此，中国企业要到国外和境外去发行证券融资，其按国内会计标准编制的财务报表是不能得到认可的。已经在国外和境外上市的公司不得不编制多套财务报表，而按不同标准编制的财务报表之间存在着较大的数据差异。随着经济和资本市场的全球化，会计标准的协调与趋同是必然趋势，也是符合中国企业利益的。为了适应经济全球化下会计标准国际趋同的世界潮流，也为了适应我国市场经济快速发展对会计信息需求多元化的需要，我国一方面积极参与国际会计协调的工作，另一方面以国际会计准则为参照，加快制定与之趋同的会计准则，并于 2006 年 2 月 15 日颁布了新的会计准则体系，要求在 2007 年 1 月 1 日起在上市公司范围内施行，鼓励其他企业执行。这一新的会计准则体系是由对原来的 1 项基本准则和 16 项具体准则的修订，以及新颁布的 20 余项新具体准则构成。我国会计准则体系的目标是：构建起与我国国情相适应的，同时又充分与国际财务报告准则趋同的、涵盖各类企业各项经济业务、独立实施的会计准则体系。这套体系将首先在上市公司施行，鼓励其他企业执行，力争在不长的时间内涵盖我国大中型企业。这套会计准则体系实施后，企业会计信息的质量和透明度可望得到进一步提高，企业会计信息在国际范围内交流、使用、判断和评价的基础和平台将得以建立并不断完善，从而可更好地满足投资者、债权人和其他利益相关者等有关方面对会计信息的需求，进一步规范企业会计行为和会计秩序，有力地维护公众利益。

[**相关链接 3-1**]

背景资料 1：

欧洲议会（European Parliament）和欧盟理事会（Council of European Union）是欧盟的立法机构。欧洲委员会是欧盟行政方面的常设执行机构。会计监管委员会是欧洲委员会根据《欧盟法令 1606/2002》的规定成立的会计监管机构，主要负责向欧洲委员会提出采用哪些国际财务报告准则的意见。欧洲证券监管机构委员会（Committee of European Securities Regulators，CESR）是欧盟证券监管机构的联合组织。欧洲财务报告咨询专家组是欧盟国家中大的会计职业组织联合成立的独立机构，经常为欧洲委员会和 CESR 提供专家意见。

背景资料 2：

1990 年 7 月 11 日，CESR 发布了向欧洲委员会提交的等效会计标准技术咨询意见的最终版本。欧盟拟承认美国公认会计原则、日本会计准则和加拿大会计准则与 IAS/IFRS 的等效地位，以便取消“将按照 US GAAP 编制的财务报表调整为按照 IAS/IFRS 编制的财务报表”的强制性要求。CESR 在技术咨询意见中的基本观点是：这 3 个国家的会计准则从总体来看，都与 IAS/IFRS 等效。因此，在欧盟境内证券市场上交易的非欧盟公司的财务报表如果是根据这三国会计准则编制的，可不必进行调整，但应提供相关信息，说明所涉及的 IAS/IFRS 与该国会计准则之间的具体差异。

根据 CESR 的估计，把根据美国公认会计原则编制的财务报表调整为目前欧盟所接受的财务报表，涉及 250 多处问题，每年造成的调整成本达 50 亿 ~100 亿美元。目前，欧盟正与美国积极地直接接触，力争取消“欧洲报表”与“美国报表”之间的调整要求。欧盟乐于同美国和其他合作伙伴一起解决退市、公司治理、监管合作等方面的问题。

背景资料 3（欧盟指令）：

欧盟的目标之一是统一欧洲的金融市场。为了实现这个目标，欧洲委员会公布了许多指令，并采取了新的行动：形成单一市场在欧盟范围内筹集资本，对证券和衍生工具市场建立统一的法律框架，对上市公司采用单一的会计准则。

欧盟共起草了 13 项指令，正式公布的指令有 9 项。在这些指令中，与会计和财务报告直接有关的指令主要有 3 项，即第 4 号指令、第 7 号指令和第 8 号指令①。

1）第 4 号指令

第 4 号指令于 1978 年公布，是欧盟框架中最广泛和最全面的会计规则，所有公共持股的公司和私有公司都必须遵循。第 4 号指令的主要内容如下：

(1) 资产负债表（第 9 款和第 10 款）和利润表（第 23 款至第 26 款）的格式规则。这反映了法国和德国对报表格式详细规定的传统。为满足不同国家监管和实务的需要，指令中包含有选择项。

(2) 披露要求（第 43 款）对欧盟成员国的现存会计实务进行了调和，在存在严重冲突时规定了选择项。

(3) 计价规则（第 31 款至第 42 款）以历史成本为基础，也允许使用现行价值。此项指令公布时，英国、爱尔兰以及荷兰的会计准则制定机构鼓励对现行成本会计的采用。

(4) 真实与公允观点（第 2 款）在某些情况下优先于特定的规定。这些特殊情况由成员国根据其会计体系自行确定。

真实与公允观点不仅适用于财务报表，也同样适用于财务报表的辅助披露。因此，公司还必须进行以下披露：

①主要的会计政策；

②公司持有 20% 或以上股份的联属公司名单；

③股东权益的变化以及各种流通股份的数量（不需要编制股东权益变动表）；

④长期有担保债务的细节；

⑤义务和或有事项的细节，包括单独披露的养老金负债；

⑥分部信息，包括各产品类型和地区分部的销售收入，如果分部信息对公司业务造成“严重歪曲”，公司可以不披露；

⑦平均雇员数量以及人工总成本，如工资、社会保险以及各类雇员的养老金；

⑧董事报酬、贷款和预付款信息；

⑨当期应交所得税和经营活动所应承担金额之间的差额，以及特殊所得税激励对经营成果的影响。

财务报表的编制必须遵循历史成本、持续经营、谨慎性、权责发生制以及一致

---

① 1990 年 11 月，欧盟理事会对第 4 号、第 7 号指令分别作了进一步修订。当时修订的目的在于促进改革欧洲货币单位（ECU）作为主要货币在年报中的使用。

性等原则。第 4 号指令还有以下特定的要求：

（1）房产、厂房和设备。具有有限经济寿命的固定资产必须系统地进行折旧。如果由于成员国允许特殊的税务激励，而导致较高的折旧，则必须披露此项折旧的性质和金额。

（2）公司间投资。对联属公司的投资必须以成本计价。如果成员国允许使用权益法，则必须披露公司间投资账户的所有变化。未实现的权益法收益必须在所有者权益中作为未分配项目披露。

（3）无形资产。商誉、筹备费以及研究发展费用等无形资产，应该在不超过 5 年的时间内摊销。成员国可以允许在更长的时间内对研究发展费用和商誉进行摊销，但是摊销时间不能超过其经济寿命。

（4）存货。存货必须按照成本与市价孰低法计价。成员国可以允许使用实际成本法、FIFO、LIFO、加权平均法或者类似方法，也可以允许使用上述多种方法。如果在资产负债表日，存货重置成本和账面价值存在重大差异，则应该披露此项差异。

（5）流动资产。单个项目应该以成本（购买价格或生产成本）与市价孰低法计价。

（6）负债。必须计提所有可预见的负债和潜在的损失。

（7）长期债券。如果长期债券折价发行，则每年必须摊销合理的金额，在债务到期之前，必须全部摊销完毕。

（8）开办费。开办费和其他无形资产一样摊销，但适用股利限制原则，即在未限定留存收益和未摊销开办费相等之前，不能发放股利。

（9）通货膨胀会计。成员国可以允许或者要求其公司编制主要的或补充的通货膨胀调整财务报表，但成员国法律必须详细规定公司应该遵循的方法。第 4 号指令列举了以下可能的方法：

①对有形的固定资产（如房产、厂房和设备）以及金融固定资产（如投资或贷款）进行重估；

②对房产、厂房和设备使用重置成本；

③对所有财务报表项目按照一种方法进行重估，以确定通货膨胀的影响。

2）第 7 号指令

第 7 号指令于 1983 年 7 月 13 日公布，主要涉及合并财务报表的问题。由于当时大部分欧盟国家都没有编制合并财务报表的规定，因此，自 1976 年第 7 号指令的提议直至 1983 年公布，以及在以后很长的一段时间里引起了很大的争论。所以，欧盟也对其成员国在各自公司法中贯彻第 7 号指令给予了很大的自由度和选择权。

第 7 号指令要求，只要母公司或者子公司是有限责任公司时才必须编制合并财务报表，而不论其注册地在哪里。是否合并由控制的法律效力决定，只要存有下述情况，则意味着存在母公司对子公司的控制：（1）母公司拥有大部分的表决权；（2）母公司拥有任命大部分董事会成员的权力；（3）根据控制合同，母公司拥有对有限责任公司实施主要影响的权力；（4）根据和其他股东的协议，母公司控制了大部分表决权。根据上述规定，第7号指令的合并范围远大于传统的英国、美国的合并范围。另外，第7号指令的条款13规定了存在下述情况时，子公司可以排除于合并财务报表之外：（1）企业的业务不重要，不影响真实与公允观点；（2）存有严格的长期限制，例如对国外子公司严格的外汇限制；（3）合并费用过高或者合并将延误报表的编制；（4）持有的股份是为了以后出售，控制关系是暂时的。

3）第8号指令

1984年4月20日公布的第8号指令规定了对执业审计师的资格要求（主要是审计师的最低资格要求）。第8号指令不涉及审计师在欧盟各成员国间的相互承认和职业界组织的自由建立问题。但是，第8号指令的第2款规定：作为欧盟的成员国可以批准在其他欧盟成员国取得全部和部分资格的审计师（条件是与其资格要求相当），并足以证明其具有关于当地法律的足够知识。每一名审计师必须完成培训计划。按第8号指令的要求，欧盟成员国对审计师的独立性有权自行决定，所以，欧盟成员国之间审计师独立性的要求就有很大不同。

欧盟成员国已经在很大程度上采用了主要的指令，统一的欧洲市场也在逐渐形成。但是，尽管欧盟成员国的上市要求在很多方面相似，但是要想建立真正的单一欧洲市场还有很长的路。实务中许多要求都模棱两可，而且在解释和运用方面各成员国也拥有灵活性。

背景资料4（联合国的会计论坛）：

联合国在国际会计协调方面的主要作用是进行讨论和交流，以增进各国间的相互理解。将国际性的会计和财务报告问题提到联合国的论坛上进行讨论，可引起各国政府对这一问题的高度重视，同时也可反映这一问题在国际性事务中的重要地位。联合国的努力对国际会计协调产生了积极的促进作用，对各国会计实务产生了一定的间接影响。

1973年，联合国秘书长在对联合国经济和社会理事会的一项决议作出的答复中，指定了一个小组去研究跨国公司经营活动对国际关系的影响。该小组于1974年提交了一份报告，报告指出：有关跨国公司的活动严重缺乏有效形式的财务和非财务两方面的信息，公司报告的可比性也极为有限。报告建议：在跨国公司委员会（经济和社会理事会下属的一个政府间组织）的赞助下召开专家小组会议，考虑制定标准化的会计和报告国际准则问题，协调跨国公司的会计和报告实务，以增进财务信息的国际可比性。跨国公司委员会与经济和社会理事会都赞同这项建议。于是，联合国秘书长在1976年年初任命成立了会计和报告国际准则专家组，由14名来自不同地区的具有各种背景的成员组成。专家组的研究结果表明，跨国公司提供的信息主要问题不是缺乏国际可比性，而是信息本身提供的严重不足，既缺乏财务信息，又缺乏非财务信息。于是，专家组致力于研究确定跨国公司应披露的最低限度的财务信息和非财务信息。1977年，专家组向秘书长提交了一份包括四部分内容的题为“跨国公司会计与报告的国际准则”的报告。随后，这份报告连同秘书长的建议一并提交给了 1978 年 5 月举行的跨国公司委员会第四次会议。但由于专家组的成员并不是各个国家的政府代表，报告最终未被采纳。

1979 年 5 月，经济和社会理事会根据跨国公司委员会的建议，通过了 44 号决议，批准成立了国际会计与报告准则特设政府间专家工作组，其成员按地区分配，来自 34 个国家，每一当选国家任命一名在会计和报告方面有经验的专家担任，其中 22 个是来自亚、非、拉的发展中国家。特设工作组的目的是审定会计和报告准则，以保证有关方面易于取得所需的跨国公司经营活动的财务的和非财务的资料，并使其更富有可比性。跨国公司委员会建议其工作集中在与联合国同时讨论和研究有关跨国公司行为准则相联系的会计和报告准则上。从 1980 年 2 月到 1982 年 4 月，特设工作组共举行了 6 次会议，中国政府曾派代表参加了其中的两次会议。特设工作组按规定举行了 6 次会议以后，于 1982 年提出了一份报告，对历次讨论进行了总结。这份报告中最重要的部分是列举了会计报告一般至少应包括的内容，称为“通用性报告的最低限度项目”，报告共有 307 段文字。报告在记述了历次讨论中协商一致的见解以及各国代表的不同意见后，又明确说明：由于各方面分歧意见很大，特设工作组未能完成其原定的任务。

练习题

★ 讨论题

1. 为什么说国际会计协调具有必要性和迫切性？

2. 国际会计协调具有哪些局限性？

3. 试说明欧盟第 4 号指令和第 7 号指令的重要性及其对成员国会计实践带来的重大影响。

4. 试论述经济转轨国家加入国际会计协调行列的有利条件与不利条件。

第4章

国际会计准则概念框架

[学习目标]

1. 会计准则概念框架的性质。
2. 英国、美国等国家概念框架的基本内容。
3. 国际会计准则概念框架的基本内容。
4. 不同概念框架之间的差异。

4.1 概述

目前，各主要国家（美国、英国、澳大利亚、加拿大）都建立了财务会计概念框架。虽然名称不尽一致，但其实质是相同的，即都是对财务会计准则制定过程中涉及的一些基本概念进行研究，以便更好地指导会计准则的制定或会计实务，为其提供一个更为一致的基础，并作为评估既有会计准则质量的一个重要标准，指导发展新的会计准则。可以说，现代西方会计理论研究是以财务会计概念框架为中心的，而且各国会计准则的制定都是基于大致相同的概念基础，否则会计的国际化将会遇到更多障碍。本章主要介绍国际会计准则概念框架的性质、形成发展及其基本内容，并通过与各国的会计准则概念框架的比较说明它们之间所具有的共同点和主要区别。

4.1.1 概念框架的性质

所谓概念框架，实际上是以会计目标为核心，用来发展会计准则和评价会计实务的一个相互联系、内在一致的概念体系。讨论概念框架的性质，实际上需要研究和解决以下两个问题：①概念框架是属于会计理论，还是属于会计准则？②如果概念框架属于会计理论，它与整个会计理论体系又是什么关系？

关于第一个问题，各国会计准则制定机构和IASC均有明确表述。例如，美国FASB在财务会计概念公告第1号SFAC No.1《经营企业财务报告的目标》中明确指出，“与财务会计准则公告不同，财务会计概念公告并不制定公认会计原则”，“具体地说，财务会计概念公告试图将各种目标和概念确定下来，从而使财务会计准则委员会可以用它们来指导财务会计和报告准则”。[①] IASC 在《编报财务会计报表的框架》中指出：“本框架不是一项国际会计准则，因此不对任何特定的计量和披露问题确定标准。本框架的任何内容都不能取代任何具体的国际会计准则。”[②]

关于第二个问题，一些会计学者也作了明确回答。著名美国会计学家亨德里克森教授曾经指出：“美国 FASB 是打算将财务会计概念框架作为制定会计准则的理论基础的。”我国著名会计学家葛家澍教授认为：“财务会计概念框架不是会计准则，它是会计理论的组成部分，但这个理论是密切联系实际，直接用来评估、制定和发展准则的理论。”“财务会计概念框架是财务会计理论的一个组成部分，或者说，是财务会计理论的有用部分，因为它是直接用来评估现有的会计准则、发展未来的会计准则的。由于财务会计概念框架是财务会计理论的一个组成部分，我们不能把财务会计概念框架和财务会计理论画等号。”

通过以上有关论述可以看出：①概念框架不属于会计准则，是用来评价、制定和发展会计准则的会计理论。②概念框架主要研究的是与会计和财务报告准则相关的会计理论问题，并没有研究所有的会计理论问题。因此，概念框架是会计理论体系中的一个组成部分，或重要组成部分。财务会计概念框架是财务报告的概念框架，而不是财务会计的概念框架。

从世界范围来看，制定会计准则的领先国家大多数都制定了概念框架。例如，美国 FASB 的《财务会计概念公告》；英国 ASB 的《财务报告原则公告》；加拿大的《公司报告的未来演变》和《年度财务报告的概念框架》，澳大利亚的《受管制财务报告的概念框架》；IASC 的《编制财务报表的框架》等。以上的概念框架虽然命名不同，但是内容上却是大同小异。其中比较有影响的是美国 FASB 和 IASC 的概念框架。以下主要将它们与英国 ASB 的《财务报告原则公告》进行比较。

IASC 的《编制财务报表的框架》是在美国 FASB 概念框架的基础上形成的，而英国 ASB 的《财务报告原则公告》又是参照 IASC 的《编制财务报表的框架》制定的。从时间上来说，《财务报告原则公告》形成的时间最晚，从内容上来看它比较完善和详细，所讨论的许多问题在美国 FASB 和 IASC 的概念框架中都没有涉及。

美国 FASB 于 1976 年提出的题为“概念框架研究项目的范围与含义”（Scope and Implications of Conceptual Framework Project）的研究计划中指出，概念框架是由目标及相关的基本概念组成的逻辑严密的体系。其内容主要包括：①确认财务会计和财务报告的目标；②对财务报表要素作出定义；③评估财务会计和会计信息的

---

① FASB. Statement of financial accounting concepts No. 1: Objectives of financial reporting by business enterprises [S]. Statements of Financial Accounting Concepts, p. 6.

② 国际会计准则委员会. 国际财务报告准则 2004 [M]. 财政部会计司, 译. 北京: 中国财政经济出版社, 2005.

质量特征；④解决如何对财务报表要素进行确认、计量和报告的问题；⑤分析某些重大财务会计问题。

IASC 的概念框架称为《编报财务报表的框架》（Framework for the Preparation and Presentation of Financial Statements），于 1989 年 7 月公布，并于 2001 年 4 月被 IASB 所采纳。IASC 制定概念框架的目的主要是出于以下几点：①帮助 IASC 制定新准则和审议现有准则；②为减少准则所允许选用的会计处理方法的数量提供基础，以便协助 IASB 倡导协调与编报财务报表有关的规定、准则和程序；③帮助国家会计准则制定机构制定本国准则；④帮助财务报表编制者应用 IAS 和处理尚待列作国际会计准则项目的问题；⑤帮助审计师形成关于财务报表是否符合 IAS 的意见；⑥帮助报表使用者理解根据 IAS 编制的财务报表内包括的信息；⑦向关心 IASC 工作的人士提供关于制定国际会计准则的信息。基于这些目的，IASC 的概念框架的内容主要包括：①财务报表的目标；②决定财务报表信息有用性的质量特征；③构成财务报表要素的定义、确认和计量；④资本和资本保全的概念。

英国 ASB 的概念框架从性质上来说，不属于准则范畴，但是却指导准则的制定方向，而且其在形式上与美国 FASB 的概念框架显著不同。美国 FASB 的概念框架是一系列完整的公告文件，而英国 ASB 的概念框架的主体可以说就是单一的文件——《原则公告》（Statement of Principles），除此之外，《目标公告》（Statements of Aims & Objectives）和《会计准则前言》（Foreword to Accounting Standards）也起着类似的作用，甚至在某些环节确立了《原则公告》在财务报告准则中的地位。

4.1.2 概念框架的发展

各国会计准则以及国际会计准则的发展历史和经验都表明，在制定会计准则的过程中，如果缺乏会计理论和会计原则的指导，会计准则就难免要就事论事，出现前后不连贯、内在不一致的结果。

（1）美国财务会计概念框架

1940 年，美国两位会计大师——W. A. Paton 和 A. C. Littleton 教授主张用会计理论来指导会计准则制定的实践。他们认为，会计准则应该与反映会计事实的基本概念和方法联系起来，应该是有秩序的、系统的和内在一致的。美国是世界上第一个制定会计准则的国家，也是第一个制定财务会计概念框架并用概念框架来指导会计准则制定工作的国家。众所周知，美国会计准则的发展，除了美国会计师协会（AIA）和纽约证券交易所（NYSE）的一些“特别委员会”所从事的一些前期准备工作外，主要经历了由会计程序委员会（CAP）、会计原则委员会（APB）以及财务会计准则委员会分别制定会计准则的三个阶段。CAP 和 APB 虽然为美国会计准则的发展做出了最初的和重大的贡献，并先后发布了 51 份会计研究公报和 31 份会计原则委员会意见书，但这两个准则制定机构都存在着以下几个主要缺陷：① 缺乏会计原则或概念框架的系统指导，使得它们所制定的会计准则之间出现了不一致甚至矛盾的情况；② CAP 和 APB 均属于会计职业界的机构，代表性和独立性都不强，不符合“公众的利益”；③ 制定会计准则的程序不够完善、公开和充分；④ 不能及时处理新出现的会计问题或“紧急问题”。因此，美国在 1971 年成立了“Wheat Committee”和“Trueblood Committee”两个专门委员会分别研究如何改进会计准则的制定程序和财务报表的目标等问题。在“Wheat Committee”的倡导下，美国于 1973 年成立了独立的会计准则制定机构 FASB，并以 FASB 取代了它的前任 APB。同时，“Trueblood Committee”完成了一份题为《财务报表的目标》（Trueblood Report）的报告。FASB 成立后，在此报告的基础上进一步形成了美国的财务会计概念框架。

美国财务会计概念框架主要是由 FASB 所发布的一系列财务会计概念公告（Statements of Financial Accounting Concepts，SFAC）所组成的。从 1978 年发布 SFAC No. 1《企业财务报表的目标》起，到 1985 年发布 SFAC No. 6《财务报表的要素》止，7 年间 FASB 共发布了 6 项财务会计概念公告，其中第 6 号公告取代了第 3 号公告；2000 年，在第 6 号概念公告发布 15 年之后，FASB 又发布了 SFAC No. 7《在会计计量中使用现金流量信息和现值》。

FASB 概念框架的正式名称是《财务会计概念公告》。概念框架本来是用来评估、指导财务会计和财务报表的，FASB 在 SFAC No. 1 中把财务会计信息的传统手段——财务报表扩展为财务报告，即财务报告 = 财务报表（中心部分）+包括报表附注在内的其他财务报告。于是，财务会计的处理程序，就由只适用于编报财务报表的确认、计量、记录和编表扩大为增加一个表外“披露”。但是，FASB 概念框架最重要的特点及贡献远不止于此，主要包括如下几个方面：

第一，FASB 发展概念框架如同它的前任会计原则委员会一样，不再以会计的“基本假设”为起点，FASB 几乎与 APB 站在同一立场，默认了 APB 对 20 世纪 60 年代初 SRS No. 1 和 SRS No. 3 的否定，而决定继承 70 年代 Trueblood 报告的思路，以目标为制定概念框架的起点。

第二，FASB 首先提出了“提供对经济决策有用的信息是财务报告的目标”，人们简称为“决策有用性”。

第三，FASB 继承和发展了 Trueblood 报告的思想，在 SFAC No. 2 中提出会计信息质量特征的完整框架及其层次联系。

第四，FASB 为其肯定的要素给出了具有新意的定义并对其他国家和 IASC 制定概念框架以重要的影响。FASB 在要素的定义上具有重要的突破，主要表现在：①它不是为定义要素而定义，对要素定义的目的很明确，是为了在记录上和报表中确认各要素提供一项最基本的标准。②基于上述考虑，FASB 的要素定义是由要素的若干特点合成的，换言之，把定义拆开来就是该要素的特点；而把若干特点组合起来，就是该要素的定义。③FASB 在给出要素定义时仍充分考虑到财务会计的基本属性——以提供历史信息为主，但又密切地关注未来。①

第五，FASB 在财务报表的确认和计量方面的重要创新是提出确认的四项基本

① FASB. SFAC No. 3：Elements of financial statements of business enterprises［S］. 1980.

标准：可定义性、可计量性、相关性和可靠性，同时补充了对盈利构成内容（主要指收入和费用）确认的补充指南。

应指出的是，FASB 的概念框架同时也存在以下不足之处：

第一，概念框架中存在着一些逻辑矛盾。例如，第 1 号公告中所界定的目标没有贯穿始终，第 37 段中讨论的对评估现金净流量前景有用的信息与第 40 段至第 54 段具体界定的应当提供的会计信息不一致；资产的定义与确认方法、计量属性之间的不一致，资产最本质的特征是能获得未来经济利益，而最能反映这一本质特征的计量属性是未来收益的现值或未来现金流量的现值，但第 5 号公告在讨论中提出了 5 种计量属性。

第二，FASB 在其研究的项目中缺少非常重要而且必要的一项，即财务报表的列报和财务报表其他手段的披露。

第三，FASB 的 7 份公告中存在不少矛盾和含糊不清之处，如对相关性和可靠性发生矛盾时如何取舍的问题一直避而不谈，对资产的本质和资产的三个特征区分不清等。

通过以上的分析讨论，可以得到财务会计概念框架体系结构图，见图 4-1。

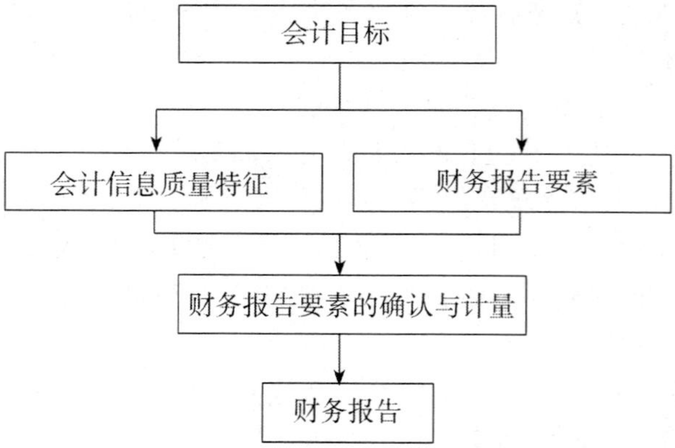

图 4-1 财务会计概念框架体系结构图

（2）英国财务会计概念框架

受美国的影响，英国的会计准则制定机构也开始制定类似于财务会计概念框架的文件，用以指导会计准则的制定工作。1976 年 7 月，英格兰和威尔士特许会计师协会（ICAEW）当时所属的会计准则筹划委员会（ASSC）发表了一份题为“公司报告”（The Corporate Report）的征求意见稿。虽然该文件还称不上是严格意义上的财务会计概念框架，但是它却被视为研究英国财务报告的使用者、目的和方法的第一份理论性文件，并为以后英国会计准则概念框架的发展奠定了基础。1990 年，英国会计准则委员会在取代了原会计准则委员会（ASC）后开始正式制定概念框架，并将其称为《财务报告原则公告》（The Statement of Principles for Financial Reporting），简称为《原则公告》。为了制定《原则公告》，ASB 对英国当时已经流行的会计原则和会计实务进行了广泛调查。结果发现，英国已有的会计原则并非十分完善：首先，这些原则是在不同的时间为解决不同的特殊问题而零散发展起来的，它们之间难免存在不一致之处；其次，有些原则跟不上时代发展的要求，它们主要是用来解决制造业的会计问题，并不能解决不断出现并且日益复杂的其他会计问题，如无形资产和金融工具等问题；最后，有些会计原则不能与国际上的发展保持协调。因此，ASB 认为，尽管过去的一些会计原则可能仍然有用，但是必须对其进行修订和补充，并建立一个能够保持相互一致和及时更新的会计原则体系，作为制定会计准则的参考框架，以此替代零散的、相互之间可能不一致的各项会计原则。基于上述考虑，ASB 先是陆续发布了《原则公告》各个章节的讨论稿。这些讨论稿经过广泛征求意见和修订，于 1995 年集中在一起重新发布，形成了《原则公告》第一份完整的征求意见稿。1999 年 3 月，ASB 又发布了《原则公告》的第二份征求意见稿。在以上两次征求意见稿的基础上，《原则公告》最终于 1999 年 12 月正式发布。《原则公告》由引言和八章内容组成，涉及财务报表的目标、报告主体、财务信息的质量特征、财务报表的要素，财务报表的确认，财务报表的计量，财务信息的呈报和对在其他报告主体中的权益的会计处理。[①]

ASB 的概念框架与 FASB 的概念框架存在一定的差异，相比较而言，具有如下一些明显的特点：

第一，这份公告在每一项目下都是首先列示若干原则，然后再分别对每条原则进行解释和说明。这样，该框架既能够突出重点（重点就是原则），又能条理分明（对原则进行解释和说明）。

第二，与 FASB 的概念框架相比，在结构上还有两个特点：①在引言中提到产生于英国的重要会计概念——真实与公允（true and fair）；②增加了财务信息的列报和对在其他报告主体中的权益的会计处理（accounting for interests in other entities）。

第三，关于财务报表的目标。该框架从广大的财务报表信息使用者角度提出：①单个主体的受托责任；②判定经济决策。它要求将注意力集中于当前和潜在的投资者及其他使用者对信息的需求。

第四，报告主体（reporting entity）是 FASB 概念框架未涉及的内容。它涉及两个有关报告主体的问题：确认报告主体和确定一个报告主体的范围。

第五，在关于财务报表的质量中明确提出了 FASB 所一再回避的问题，即财务报表的信息必须相关和可靠，当两者互相排斥，需要对产生信息的方法进行选择时，所选择的方法应当是能使信息相关性最大化的方法。

第六，关于财务报表的要素具有两方面的特色：①资产、负债、所有者权益、利得（gains）、损失（losses）、业主投资和分派业主款共七项报表要素，其中收入和费用要素不见了，代之以利得和损失要素；②对要素的定义也不同。

第七，关于财务报表的确认：分别为资产、负债和利得、损失提出了确认的

---

① 详细内容参见：ASB. Statement of principles for financial reporting［S］. 1999.

标准。

第八，在计量问题上也有特色，且论述相当详细。

第九，相对 FASB 的概念框架而言，增加了一个重要的组成部分，即《财务信息的列报》(Presentation of Financial Information)。

(3) 国际会计准则委员会的概念框架

IASC 尝试制定概念框架的最早努力可以追溯到 1982 年 11 月，当时，IASC 在其工作计划中增加了一个研究财务报表目标的项目，但此项研究的范围相当窄，仅仅涉及具体某项国际会计准则的不同使用者的独立角色和需要。IASC 并没有任何制定完整的国际概念框架的打算，事实上，那时 FASB 也没有建立起完整的财务会计概念框架。1984 年 10 月，IASC 决定将研究财务报表目标的项目与对原 IAS 1《会计政策的披露》的评审工作合并加以考虑。1984—1985 年，IASC 在其工作计划中又增加了"负债""权益""资产和费用"三个对财务报表要素进行研究的项目。最初，IASC 对以上项目的研究都是分开进行的，并为这些研究项目分别发布了征求意见稿（与英国类似）。此后，IASC 逐渐感觉到，将以上研究项目加以合并考虑可以取得更好的成效。于是在 1986 年 11 月决定制定独立、完整的与具体国际会计准则内容相分离的财务报告概念框架，该框架将不再涉及具体会计问题的处理，只是讨论财务报表的目标，财务信息的质量特征和财务报表要素的确认、计量、报告等原则性问题。为了改进国际会计准则的质量，提高财务报表的可比性，IASC 从 1987 年开始启动了"可比性和改进项目"(The Comparability and Improvements Project)，其目标是：①减少或消除已有国际会计准则中过多的备选会计处理方法；②确保国际会计准则足够详细和完整，具有充分的解释，并且保证各项准则之间可以保持协调一致；③按照 IASC 制定的财务报告概念框架对每一项准则进行评审；④对披露方面的要求进行评审；⑤对每一项准则的格式作出修订。由此，IASC 加快了制定概念框架的步伐，并于 1988 年 5 月发布了《编报财务报表的框架》(The Framework for Preparation and Presentation of Financial Statements) 的征求意见稿。1989 年 7 月，IASC 正式发布了《编报财务报表的框架》。十多年来，IASC 从未对概念框架进行过任何修订。IASC 改组为 IASB 后，IASB 有意在近期内重新考虑该框架的有关方面，在 IASB 的"在研项目"中，计划包括对会计基本要素进行战略性评价、对确认过程加以设计，并考虑对概念框架作出修订。

(4) 加拿大财务报表概念框架

除美国、英国外，其他一些国家也制定了类似于财务会计概念框架的文件。例如，加拿大制定了《公司报告的未来演变》和《年度报告的概念框架》，虽然有些像仿制品，但也有一些不同之处，主要体现在：

第一，加拿大财务报表概念框架主要是归纳（或描述）的产物，在各个部分之间并不存在非常清晰的逻辑关系，各部分的内容之间也缺少内在一致性。

第二，加拿大财务报表概念框架主要针对财务报表，而不涉及其他财务报告，这也反映了加拿大会计界的务实态度。

第三，加拿大财务报表概念框架将财务报表的目标界定为：提供对资源配置决策和（或）评估管理当局受托责任的信息。在具体说明应当提供的信息时，它也没有强调现金流量信息，这是与美国财务会计概念公告的主要差异之处。

第四，加拿大财务报表概念框架将信息质量特征分为可理解性、相关性（包括预测价值、反馈价值和及时性）、可靠性（含如实表述、可验证性、中立性、稳健性）、可比性，列举的质量要求也少于美国第 2 号概念公告。

第五，财务报表要素包括资产、负债、权益（净资产）、收入、费用、利得和损失等七项。

第六，确认标准包括具有适当的计量基础、数额能合理地估计、风险或报酬的转移行为已经发生。这比美国第 5 号概念公告更具体，特别是风险与报酬的转移，对于收入的确认非常重要，目前已经成为各国收入确认标准的主要标准之一。

第七，可作为计量属性的有历史成本、重置成本、可变现净值、现行价值，但强调现行财务报表主要是以历史成本作为基础进行编报。

（5）澳大利亚的会计概念公告

澳大利亚的会计概念公告是美国思想的再版，主要体现在：第一，名称上与美国财务会计概念公告相比只少“财务”一词，只是术语上的差异；第二，在基本结构和基本内容上，与美国模式也不存在根本性差异；第三，在行文和工作方式上，借鉴了 FASB 在财务会计概念公告中的做法，如通过一些图表直观、形象地说明抽象的理论问题。

澳大利亚的概念公告与 FASB 的概念公告还是有一些不同之处，体现在澳大利亚的概念公告并不单纯是用来指导会计准则制定的理论，它同时也可对实务进行直接的指导，并要求实务中遵守会计概念公告。同时，澳大利亚的概念公告还因会计准则的要求而变更。此外，澳大利亚的概念公告首先讨论的是报告主体的概念，而不是财务报告的目标，它既将决策有用性作为通用财务报告的目标，同时也强调受托责任是目标的另一部分。至于它将要素的定义和确认合并在一起讨论，是为了有助问题的明确化和提高概念结构的可操作性，使之更好地作为准则的一部分发挥作用。

（6）中国关于财务会计概念框架的尝试

我国至今还没有制定自己的财务会计概念框架，但为了适应经济改革和对外开放的需要，我国于 1992 年颁布了《企业会计准则——基本准则》，划分了财务报表的六大要素，并确定了会计核算的一些基本准则。《企业会计准则——基本准则》虽然还不够完善，但也部分地起到了财务会计概念框架的作用。2006 年 2 月，修订的《企业会计准则——基本准则》颁布，修订的基本准则较 1992 年的基本准则发生了较大变化，在很大程度上将起到概念框架的作用。在这次修订中，第一个涉及的问题是会计的基本目标是什么，是相关性还是可靠性？会计基本准则中明确的目标为规范会计行为，进一步提高会计信息的质量，满足投资者、债权人、政府管理部门、监管机构、企业等有关报表使用者的需要；第二个涉及的问题是会计信息的质量要求，即原来基本准则中的一般原则，原来的一般原则较为笼统，这次修改为会计信息的质量要求，与会计准则的目标相呼应。我国目前强调真实性，真实性第一位，相关性第二位；第三个涉及的问题是会计要素的确认、计量。六大会计要素不变，增加了利得和损失的概念。利得是构成企业利润总额的一部分，但不是收入取得的；费用与损失的确认原则不同，费用是正常情况下都要发生的，损失虽不是正常的成本和支出，但要减少利润。会计要素的确认是与会计目标相协调的，会计要素的定义是整个概念框架的基石。关于会计计量，长期以来，我国一直主要采用历史成本计量模式，原因是考虑我国市场体制尚不完善，公允价值难以取得。但随着我国市场经济的发展，也为了适应国际化的需要，这次修订后的会计准则规定，仍采用历史成本计量基础，在公允价值能够取得的情况下，将运用公允价值计量。

2014 年 7 月，财政部再次修改《企业会计准则——基本准则》，将会计计量属性中的公允价值界定为“在公允价值计量下，资产和负债按照市场参与者在计量日发生的有序交易中，出售资产所能收到或者转移负债所需支付的价格计量”。

4.1.3 概念框架的构成

以下比较主要国家及机构所制定的概念框架的构成。

（1）美国概念框架的构成

美国 FASB 在发表的第 2 号概念框架公告《会计信息的质量特征》（Qualitative Characteristics of Accounting Information）的前言中写道：概念框架是由互相关联的目标和基本概念所组成的逻辑一致的体系，这些目标和基本概念可用来引导首尾一贯的准则，并对财务会计和报告的性质、作用和局限性作出规定。[①] 美国 FASB 的概念框架，所讨论的基本概念主要有会计目标、信息质量、会计要素的定义与特征、会计要素的确认与计量。加拿大特许会计师协会发布了一份名为《财务报表概念》的文告，认为财务报表的概念框架目的是描述那些指导建立和使用通用目的会计原则的概念。它所讨论的概念主要有财务报表的目标、效益与成本约束、重要性、信息质量、财务报表要素、确认标准、计量、公认会计原则等。

（2）英国概念框架的构成

英国 ASB 的概念框架称为《财务报告原则公告》（Statement of Principles for Financial Reporting）。《财务报告原则报告》中指出，确立指导对外财务报表编报的概念，主要目的是为会计准则委员会制定与审查会计准则提供一个内在一致的参考框架。它还可在特殊情况下为选择不同的会计处理方法提供依据，所讨论的概念分别是财务报表的目标、信息质量、报表要素、确认、计量、财务信息提供、报告主体。[②]

（3）澳大利亚概念框架的构成

澳大利亚 AASB 的概念框架称为《会计概念公告》（Statements of Accounting

---

① FASB. SFAC No. 2：Qualitative characteristics of accounting information［S］. 1980.
② ASB. Statement of principles for financial reporting［S］. 1999.

Concepts, SACs), 共 4 份, 也简称为《概念框架》(Conceptual Framework)。澳大利亚 AASB 发布的《会计概念公告》中明确说明：会计概念公告确定了通用目的财务报告的编报所必须遵守的基本概念，即它们直接被财务报告实务所遵守，通过评估、指引会计准则来间接影响会计实务，而不像其他国家，概念公告只是理论。这份概念公告讨论的内容包括财务报告的目标、信息质量、要素的定义与确认、计量、财务信息的列报。

(4) IASB 概念框架的构成

IASB 的概念框架称为《编制财务报表的框架》(Framework for the Preparation and Presentation of Financial Statements, IASB Framework)。IASB 在《编制财务报表的框架》(Framework for the Preparation and Presentation of Financial Statements) 中指出：该框架确立了为外部使用者编报的财务报表所依据的概念，讨论了财务报表的目标，决定了财务报表信息有用性的质量特征，构建了财务报表要素的定义、确认和计量以及资本和资本保全的概念等。[①] 但它并没有对财务会计概念框架进行明确的定义。

虽然各国财务会计概念框架的名称不尽一致，但其实质是相同的，即都是对财务会计和会计准则制定过程中涉及的一些基本概念进行研究，以便更好地指导会计准则的制定或会计实务，为其提供一个更一致的概念基础，并作为评估既有会计准则质量的一个重要标准，指导发展新的会计准则[②]。具体而言，这些概念框架在如下方面存在着共性：

第一，在概念框架的名称上，美国等国家把概念框架称为《财务会计概念框架》，加拿大称其为《财务报告概念框架》，国际会计准则委员会称其为《编报财务报表的框架》，英国则称其为《财务报告的概念》。名称虽然不同，但这些概念框架都与企业财务报告信息的确认、计量与披露有关。

第二，各国会计界对财务信息使用者及其所需要的信息等问题的认识虽然不完全相同，但大部分国家或会计组织都把投资者、债权人及其投资、信贷决策的信息需要作为财务报告的主要目标。

第三，在“安然事件”之后，似乎越来越多的国家或会计组织对财务信息质量特征的要求从“真实和公允”转向“决策有用性”。这一概念的转变将导致对传统单一的会计模式的修正。在未来的财务报告中，不同的计量尺度和计量属性可能互相结合。

第四，许多国家和会计组织都把概念框架作为一份（或一系列）单独的会计文件而与会计准则分开。概念框架主要评价现有的准则并指导新准则的制定。在一般情况下，它并不用来直接规范会计实务。因此，绝大部分国家或会计组织都把概念框架置于会计准则体系之外，以便在发挥对会计准则的指导作用时，保持概念框

---

① 国际会计准则委员会．国际会计准则 2000 [M]．财政部会计准则委员会，组织翻译．北京：中国财政经济出版社，2000。

② 薛云奎，谢芳．财务会计概念框架与我国会计准则评析 [J]．财经科学，1994 (4)．

架本身的独立性和灵活性。

然而必须承认，迄今为止，尽管美国的概念框架有相当的权威性，但世界上至今未形成一份能够充分地指导财务会计和财务信息披露准则的制定工作的概念框架，相反，受各国社会、政治、经济情况不同的影响，许多财务会计与财务信息披露的问题只能就事论事地加以解决。人们往往依据自己的概念框架对有关会计问题进行评论，而无法就许多基本问题达成共识。由于财务会计信息的使用者和他们所需要的信息还存在着较大的不确定性，虽然所有的概念框架都列示了许多现有的和潜在的使用者及其所需要的信息，但对于财务会计报告应满足哪些特定使用者的需要或哪些方面的信息需要，还未达成一致意见。有关会计报表要素的确认、计量和披露问题等也悬而未决。总之，概念框架虽然在指导会计准则的制定、促进财务报告理论与会计实务的发展方面起着积极的作用，但它本身还有待进一步完善。

国际会计准则理事会发布的概念框架的内容主要包括：①财务报表的目标；②决定财务报表信息有用性的质量特征；③构成财务报表的要素的定义、确认和计量；④资本和资本保全的概念。值得注意的是，国际会计准则理事会还明确指出，该概念框架并不是一份国际会计准则，因此不对任何特定的计量和列报问题确立标准。此外，国际会计准则理事会的概念框架的地位并非优先于所有的国际会计准则，相反，在该概念框架和某项国际会计准则之间产生抵触的情况下，应当以国际会计准则而不是该概念框架的要求为准。①

4.2 基本内容介绍

4.2.1 财务报表的目标

（1）财务报表的使用者

财务报表的使用者包括现有的和潜在的投资者、雇员、贷款人、供应商和其他商业债权人、顾客、政府及其机构和公众。他们利用财务报表来满足其各种不同的信息需要。② 这些信息需要包括：企业内在风险和投资回报的信息、企业支付股利能力的信息、企业稳定性和获利能力的信息、企业偿债能力的信息、企业延续性的信息、企业资源的分配的信息等。

（2）财务报表所反映信息的内容

财务报表所反映信息的内容一般包括如下三个方面：

①关于企业财务状况的信息。企业的财务状况受到企业所控制的经济资源、企业的资金结构、变现能力和偿债能力以及企业适应其所处环境变化的能力的影响。关于企业所控制的经济资源和企业过去改造资源能力的信息，有助于预测企业今后产生现金和现金等价物的能力。关于资金结构的信息，有助于预测今后对借款的需

① 山田辰己．国际会计准则理事会、2005及协调［R］．中国会计改革与发展国际研讨会，2003.

② 国际会计准则委员会．国际会计准则2000［M］．财政部会计准则委员会，组织翻译．北京：中国财政经济出版社，2000.

要、今后的利润和现金流量将如何在那些拥有对企业的权利的各方之间分配，还有助于预测企业进一步筹集资金的成功程度。关于变现能力和偿债能力的信息，有助于预测企业在其财务承诺到期时履行承诺的能力。

②关于企业经营业绩的信息。关于企业经营业绩尤其是获利能力的信息是评估企业今后有可能控制的经济资源的潜在变动所需要的，在这方面，关于经营业绩变化的信息是重要的。关于经营业绩的信息有助于预测企业在现有资源基础上产生现金流量的能力，还有助于判断企业利用新增资源可能取得的效果。

③关于企业财务状况变动的信息。这种信息有助于评价企业在报告期内投资、筹资和经营等活动。对于企业产生现金和现金等价物的能力和企业在运用这些现金流量方面的能力的信息可以为使用者提供评估的基础。此外，财务报表还包括附注、附表和其他信息。例如，其中可能包括与使用者需要有关的关于资产负债表和收益表项目的额外信息，还可能包括影响到企业的风险和不确定因素的情况以及资产负债表内未予确认的资源和义务（如矿藏）。关于地区分部和行业分部的信息和关于价格变动影响的信息，也可以以补充信息的形式提供。

（3）财务报表的目标

财务报表是为一系列使用者提供有助于经济决策的关于企业财务状况、经营业绩和财务状况变动的信息。为此目的编制的财务报表能够满足大多数使用者的共同需要。但财务报表并不能为使用者提供经济决策所需的全部信息，因为财务报表主要是描绘过去事件的财务影响，而且不一定提供非财务信息。

财务报表还反映企业管理层对交托给他们的资源的经管成果或受托责任。使用者之所以评估企业管理层的经管成果，是为了能够作出经济决策。例如，是持有还是出售其对企业的投资，是续聘还是调换管理者。

4.2.2 财务报表的质量特征

财务报表的质量特征是指使财务报表提供的信息对使用者有用的那些性质。IASC 概念框架中指出：财务报表的四项主要质量特征分别是可理解性、相关性、可靠性和可比性。

（1）可理解性

可理解性是财务报表所提供信息的基本质量特征之一，其含义就是便于使用者理解。值得注意的是，可理解性是建立在如下的前提假设基础上：假定使用者具有一定的工商经济活动和会计方面的知识，并且愿意相当努力地去研究信息。

（2）相关性

相关性是指信息要成为有用的信息，就必须与使用者的决策需要相关联。当信息能够帮助使用者评估过去、现在或未来的情况或者能够帮助使用者确认或纠正过去的评价，影响到使用者的经济决策时，信息就具有相关性。信息的预测作用和确证作用是相互联系的。有关过去交易和事项的编报形式本身就能够提高根据财务报表进行预测的能力。信息的相关性受到其性质和重要性的影响。

几乎所有的使用者都要作出经济决策，这些决策包括：①决定何时购入、持有或出售权益性投资；②评价企业管理层的受托责任或经管责任；③评价企业向其职工支付工资和提供其他利益的能力；④确定对企业贷款的安全程度；⑤决定税务政策；⑥确定可供分配的利润和股利；⑦编制和使用国民收入统计指标；⑧监管企业的活动等。

（3）可靠性

当没有重要差错或偏向，并能如实地反映其所拟反映或理当反映的情况且能作为使用者的决策依据时，信息就具备了可靠性。具体来说，可靠性还包含了真实反映、实质重于形式、中立性、审慎、完整性等含义，主要包括：第一，财务报表内包含的信息要具有可靠性，就必须真实地反映其所拟反映或理当反映的交易或事项；第二，财务报表内包含的信息要想如实反映其所拟反映的交易或其他事项，那就必须根据交易或其他事项的实质和经济现实，而不是仅仅根据其法律形式进行核算和反映；第三，财务报表内包含的信息要具有可靠性，就必须是中立的，也就是不带偏向的；第四，在有不确定因素的情况下作出所要求的估计时，在判断中要加入一定程度的谨慎，以便不虚计资产或收益，也不少计负债或费用；第五，财务报表内包含的信息要具有可靠性，就必须在重要性和成本允许的范围内做到完整。

此外，可靠性与相关性之间存在需要平衡的关系。信息可能会具有相关性，而在性质或反映上却不可靠，致使确认这种信息有可能使人发生误解。例如，如果有一项法律诉讼，对损失的赔偿要求是否成立及其金额都处于争议当中，虽然企业披露赔偿要求的金额和情况可能是适宜的，却可能不宜在资产负债表内确认索偿的全部金额。

（4）可比性

可比性包括两个层面的含义：企业不同时期的财务报表和不同企业的财务报表的可比性。对整个企业的不同时点以及对不同的企业而言，同类交易或事项的计量和列报都必须采用一致的方法。

此外，财务报表的质量特征还涉及及时性与效益和成本之间的平衡。在实务中，常常需要在各质量特征之间进行权衡或取舍。其目的一般是为了达到质量特征之间的适当平衡，以便满足财务报表使用者决策的需要。质量特征在不同情况下的相对重要程度属于职业判断的问题。

4.2.3 财务报表的要素

（1）FASB 关于财务报表要素的规定

FASB 提出了资产、负债、所有者权益、业主投资、分派业主款、全面收益、收入、费用、利得和损失共 10 项要素，其中：资产、负债和所有者权益是资产负债表的基本要素；收入和费用是收益表的基本要素；业主投资和分派业主款是所有者权益变动表的要素；全面收益则是全面收益表的要素（当然包括收入、费用、利得、损失在内）。[①] 由于企业普遍采用权责发生制（应计制）为确认基础，通过转换，可以产生另一个重要报表——现金流量表，因此，FASB 没有为现金流量表

---

① FASB. SFAC No. 3：Elements of financial statements of business enterprises［S］. 1980.

规定其特有的要素。

FASB 对会计要素的定义具有如下几个特点：①它不是为定义要素而下定义，对要素下定义的目的很明确，是为在记录上和报表中确认各要素提供一项最基本的标准。②FASB 的要素定义是由要素的若干特点合成的。换言之，把定义拆开来就是该要素的特点；而把若干特点组合起来，就是要素的定义。这样，在确认某一项目是否属于某项要素时，不是抽象地说它符合某项要素的定义与否，而应检验其符合某项要素的所有特点与否。③FASB 在给要素定义时仍充分考虑财务会计是以提供历史信息为主的基本属性，但又密切地关注未来。所以它认为，一切要素特别明显地指出资产、负债、所有者权益三个要素都来自过去的交易和事项，但却代表着面向未来的一系列可能的、未来经济利益的不同变化。

（2）IASC 关于财务报表要素的规定

IASC 发布的概念框架对会计要素作出了如下定义：资产是指由于过去事项而由企业控制的、预期会导致未来经济利益流入企业的资源；负债是指企业由于过去事项而承担的现时义务，该义务的履行预期会导致含有经济利益的资源流出企业；权益是指企业资产扣除企业全部负债以后的剩余利益；收益是指会计期间内经济利益的增加，其形式表现为因资产流入、资产增值或是负债减少而引起的权益增加，但不包括与权益参与者出资有关的权益增加；费用是指会计期间内经济利益的减少，其形式表现为因资产流出、资产消耗或是发生负债而引起的权益减少，但不包括与对权益参与者分配有关的权益减少。[①]

4.2.4 财务报表要素的确认和计量

（1）财务报表要素的确认

FASB 发布的第 5 号公告将确认定义为“是将某一项目，作为一项资产、负债、营业收入、费用等正式地记入或列入某一主体的财务报表的过程。它同时包括用文字和数字表述某一项目，其金额包括在财务报表的合计数中。对于一项资产或负债，确认不仅要记录该项目的取得或发生，而且要记录其随后的变动，包括导致该项目从财务报表上予以剔除的变动”[②]。该公告还确定了确认的四项基本标准：可定义性、可计量性、相关性、可靠性。显然，按照 FASB 的定义和解释，确认包括以下几层含义：第一，从会计记录和编报报表来看，它分为初始确认和再确认两个步骤；第二，确认的最终目标是要进入财务报表，从而对报表的合计数产生影响；第三，任何一个项目的确认都需要满足四项标准。

IASC 将确认定义为“是将符合要素的定义并满足确认标准的某一项目列入资产负债表和收益表的过程。它包括对该项目的文字与货币金额的表述，其货币金额需列入资产负债表或收益表的合计数中……一个符合要素定义的项目，如果：①与该项目有关的任何未来经济利益极有可能流入或流出企业；②该项目的成本或价值

---

① 国际会计准则委员会．国际会计准则 2000［M］．财政部会计准则委员会，组织翻译．北京：中国财政经济出版社，2000.

② FASB. SFAC No. 5：Recognition and measurement in financial statements of business enterprises［S］. 1984.

能够可靠地被计量，这一项目就应予确认”。

在联合国经济和社会理事会跨国公司委员会秘书长的报告《财务报告的主要目标与概念》中，将确认定义为“是正式地把一个项目载入公司报告的程序。它也包括用文字和数据对一个项目进行描述以及把它纳入与之相关联要素的总额之中”。在该报告中，其认为确认的标准包括：“①一项未来利益与其相关，并且该公司获得或失去这一利益较为确定；②它具有某一特定属性，这种属性可以足够可靠地加以计量；③提供的信息将导致使用者的决策差异。”

该报告中对财务报表要素的确认标准具体表述如下。

资产的确认：如果一项资产的未来经济利益很可能流入企业，其成本和价值也能够可靠地加以计量，就应当在资产负债表内确认其为资产。

负债的确认：如果由于一项现时义务的履行，含有经济利益的资源很可能流出企业，结算金额也能可靠地加以计量，就应当在资产负债表内确认为负债。

收益的确认：如果未来经济利益的增加与资产的增加或负债的减少相关，并且能够可靠地加以计量，就应当在收益表内确认收益。即在确认收益的同时，也要确认资产的增加或负债的减少（例如，在出售资产或劳务时发生的资产净增加或者由于免除应付债务而使负债的减少）。

费用的确认：如果未来经济利益的减少与一项资产的减少或一项负债的增加相联系，并且能够可靠地加以计量，就应当在收益表内确认费用。

（2）财务报表要素的计量

FASB 对计量单位和计量属性的采用，运用了描述当前实务而非规范当前实务的方法，它列举了历史成本、现行市价、可实现净值和公允价值等计量属性。FASB 主张：在财务报表中确认各个项目，要根据不同项目的性质以及计量属性的相关性和可靠性而选用。FASB 赞成不同计量属性继续同时使用，但在第 7 号概念公告中，则又明显地倾向于推广公允价值这一计量属性。也就是说，FASB 主张根据项目的性质和计量属性的相关性和可靠性的不同，各种计量属性同时使用。但第 7 号概念公告则鲜明地倾向于采用公允价值这一计量属性。

FASB 把计量属性分为两类：一类是着眼于初始确认及后续期间的新起点计量（包括现行成本、现行市价、应用现值估计的公允价值）；另一类是着眼于初始确认及后续期间的成本分摊，这仅指历史成本[①]。FASB 在第 7 号概念公告中作了更正：可变现净值不是一项可提升到概念框架地位的计量属性，它只是一种摊配的方法，并且是在一项资产或负债缺乏可观察到的市场价格时，它同现金流量相结合（即现金流量结合恰当的折现率）可以有资格作为一项计量属性的公允价值的选择金额。由于现金流量同利率的任何组合都可算出一个现值，所以现值计算不是最终目的，把任何一个现值作为计量属性都是不恰当的。现值是捕捉最能反映并凑成公允价值各项要素的手段。

① FASB. SFAC No. 5：Recognition and measurement in financial statements of business enterprises［S］. 1984.

IASC 认为，计量是指为了在资产负债表和收益表内确认和列示财务报表的要素而确定其金额的过程，这一过程涉及选择具体的计量基础。这些计量基础包括：①历史成本。资产按照其购置时支付的现金或现金等价物的金额，或者是按照为了购置资产而付出的对价的公允价值记录。负债按照承担义务而收到的实得款项的金额，或者是在某些情况下（如所得税），按照在正常经营中为偿还负债预期支付的现金或现金等价物的金额记录。②现行成本。资产按照现在购买同一资产或类似资产所需支付的现金或现金等价物的金额列报。负债按照现在偿还该项负债所需支付的现金或现金等价物的不予折现的金额列报。③可变现价值（结算价值）。资产按照现在正常变卖所能得到的现金或现金等价物的金额列报。负债按照其结算价值，即在正常经营中为偿还该项负债所需支付的现金或现金等价物的不予折现的金额列报。④现值。资产按照其在正常经营中所能产生的、未来现金流入净额的折现价值列报。负债按照其在正常经营中为偿还该项负债所需的、未来现金流出净额的折现值列报。企业编制财务报表最常用的计量基础是历史成本。应用历史成本时常常结合其他计量基础。有时可采用现行成本基础来弥补历史成本会计模式的不足。

4.2.5　资本保全问题

资本保全问题涉及财务资本保全和实物资本保全。

（1）财务资本保全

财务资本保全是指在扣除本期内对业主的分配和业主的出资以后，期末净资产的财务（或货币）金额必须大于期初净资产的财务（或货币）金额，才算赚得利润。财务资本保全的计量，可以用名义货币单位或固定购买力单位。

（2）实物资本保全

实物资本保全是指在扣除本期内对业主的分配和业主的出资以后，企业的期末实物生产能力（或营运能力），或企业期末达到上述实物生产能力所需的资源或资金，必须大于期初实物生产能力，才算赚得利润。

4.3　概念框架的国际比较

概念框架是由目标及相关的基本概念组成的逻辑严密的体系。FASB 在 SFAC No. 2《会计信息质量特征》的前言中写道：概念框架是由互相关联的目标和基本概念所组成的逻辑一致的体系，这些目标和基本概念可用来引导首尾一贯的准则，并对财务会计和报告的性质、作用和局限性作出规定。FASB 的概念结构所讨论的基本概念主要有会计目标、信息质量、要素的定义与特征、要素的确认与计量。因此，对财务会计概念框架的比较，主要是会计目标、会计要素、会计信息质量特征、财务报告要素的确认和计量以及财务报告等方面的比较。

各国概念框架结构体系的比较见表 4-1。

从表 4-1 可以看到以下几点：

表 4-1 **各国概念框架结构体系的比较**

章节内容	美　国	ISAC	英　国	澳大利亚
财务报表的目标	√	√	√	√
基本假设		√		
报告主体			√	√
财务报表（会计信息）的质量特征	√	√	√	√
财务报表的要素	√	√	√	√
财务报表的确认	√	√	√	√
财务报表的计量	√	√	√	√
资本和资本保全的概念		√	√	
财务报表的呈报			√	
对在其他报告主体中的权益的会计处理			√	
在会计计量中使用现金流量的信息和现值	√			

（1）概念框架所具有的共同内容包括：财务报表的目标、财务报表（美国称为会计信息）的质量特征、财务报表的要素、财务报表的确认和计量（美国将确认和计量合并在一份概念公告中讨论，而英国和 IASC 将确认和计量分成不同的章节进行讨论）。

（2）IASC 单独讨论了权责发生制和持续经营等会计基本假设问题，而各国的概念框架都没有为会计假设设立专门的章节，但是在有关上下文中却渗透了会计假设的要求。例如，英国关于财务报表的确认和计量都涉及确认和计量与持续经营的关系问题。

（3）英国和澳大利亚的概念框架为报告主体设立了专门的章节，对报告主体的定义以及报告主体的范围进行了讨论，而在美国和 IASC 的概念框架中对此问题几乎没有涉及。

（4）IASC 与英国的概念框架都讨论了资本保全的问题，所不同的是，IASC 将它作为一个单独的章节，而英国则放在财务报表的计量中进行讨论。

（5）英国专门设立有关章节讨论了财务报表的呈报原则以及对在其他报告主体中的权益的会计处理等问题，这两部分内容是英国的特色，也是其他概念框架不具有的内容。

（6）美国在 2000 年新发布了 SFAC No. 7《在会计计量中使用现金流量信息和现值》，有关内容在其他国家和 IASC 的概念框架中都还没有体现。英国虽然曾在 1997 年 4 月发布过一份题为“财务报告中的贴现”的工作文件，但是文件中的内容至今还没有被写入《财务报告原则公告》。

4.3.1 会计目标

根据系统论的观点，会计目标是会计系统运行所期望达到的目的或境界[1]，它的内容受到人们（主要是信息使用者）主观期望的影响。会计目标研究始于 20 世纪 30 年代，经过半个世纪的发展，到 20 世纪的 70—80 年代，形成了两个具有代表性的流派：受托责任学派和决策有用学派。受托责任学派以委托代理理论为基础，强调反映过去的经营业绩，以评价资源受托者对受托责任的履行情况；决策有用学派则以投资理论为基础，强调反映未来的财务和非财务信息，以有助于企业的利益相关者进行决策。受托责任的含义大致可确定为以下三个方面：第一，资源的受托方接受委托，管理委托方所交付的资源，受托方因此承担了合理、有效地管理与应用受托资源，使其尽可能地能够保值、增值的责任；第二，作为资源的受托方，承担了如实地向资源的委托方报告其受托责任的履行过程与结果（即资源的管理情况与成果）的义务，而这种报告，主要以财务报告为手段；第三，作为资源受托方的企业管理当局，还负有重要的社会责任：最大限度地保持并改善企业所处的社区环境、有效地利用并培养人力资源等。决策有用学派的财务报告目标就是向信息使用者提供对决策有用的信息，其中关于经济资源的信息又包括了引起这些资源变动的交易、事项和情况的信息。这样的界定除了能为现有财务报告生存的合理性提供理论基础外，还涉及这样一个问题：财务报告应当能向使用者提供关于企业经营活动中的交易、事项和情况的信息。

现行世界各国会计理论体系中的会计目标一般都可以归纳于上述两个流派，并以决策有用学派为主流。[2] 一些有代表性的观点包括：财务报告的目标广泛集中于对投资者决策有用的信息，财务报告在整个经济中的作用是提供对经营和经济决策有用的信息，而不是确定这些决策应该是什么样的信息[3]；财务报表的目标是提供在经济决策中有助于一系列使用者关于企业财务状况、经营业绩和财务状况变动的信息，财务报表还反映某时期管理当局对交付给他们的资源的经营成果或受托责任，使用者之所以要评估企业管理层的经营情况，是为了能够作出经济决策。例如，是持有还是出售其对企业的投资，是续聘还是调换管理者（IASB，1989）；通用目的的财务报告的目标是向信息使用者提供对制定并评价稀缺资源配置有用的信息，它还可以作为管理当局免除向报告使用者所承担的受托管理责任的手段（AARF，1987）；财务报表的目的是提供有关企业的财务状况、业绩和财务适应能力，以便为一系列广泛的使用者提供进行经济决策时有用的信息（ASB，1991）。

按照 FASB 对 SFAC 的解读可以看出，目标是指引方向的，但目标也不是凭空产生的，而是：①依赖于美国环境（经济、法律、政治和社会）的影响（to be affected by the environment in the United States）；②受企业财务报告信息的性质与局限性的影响（to be affected by the characteristics and limitations of information of the

---

① 吴联生．上市公司会计报告研究［M］．大连：东北财经大学出版社，2001.
② 梁爽．关于财务会计概念框架的思考［J］．财经问题研究，1999（5）．
③ FASB. SFAC No. 1：Objective of financial reporting by business enterprise［S］．1978.

financial reporting of business enterprises)。总括①和②两个方面，包含了财务会计的基本假设、基本特征（包括它的局限性）。在上述环境下产生的目标视为概念框架的第一个基本概念并列于第一个层次。根据美国市场经济的主要融资方式——通过资本市场按股份公开募集资金——的特点，财务报告总的来说是以提供有助于投资、信贷和其他类似决策有用的信息为目标。

ASB 认为，财务报表的目标是提供关于报告主体财务业绩和财务状况的信息，从而有助于广大使用者评价报告主体管理当局的受托责任以及制定经济决策。ASB 对广大的财务报表信息使用者提出单个主体的受托责任和判定经济决策的问题，要求将注意力集中于当前的和潜在的投资者及其他使用者对信息需求上。而当前的和潜在的投资者需要的是一个关于报告主体的财务业绩、财务状况并借以评估报告主体生产现金的潜力，以便帮助他们评价其财务适应能力（in assessing the entity's financial adaptability）。

IASC 认为，财务报表的目标是为一系列使用者提供有助于经济决策的关于企业财务状况、经营业绩和财务状况变动的信息。为此目的编制的财务报表，能够满足大多数使用者的共同需要。不过，财务报表并不能为使用者提供经济决策所需的全部信息，因为财务报表主要是描绘过去事件的财务影响，而且不一定提供非财务信息。财务报表还反映企业管理层对交托给他们的资源的经管成果或受托责任。使用者之所以评估企业管理层的经管情况，是为了能够作出经济决策。例如，是持有还是出售其对企业的投资，是续聘还是调换管理者等。

澳大利亚在其发布的《会计概念公告第 2 号——通用目的财务报告的目标》中指出，通用目的财务报告的目标主要是提供有助于使用者作出经济决策并评估有关稀缺资源分配的信息，同时可用来解除管理当局和管理团体的受托责任。同时，通用目的财务报告应披露与业绩评价、财务状况、筹资和投资有关的信息，以及其他信息。该公告还指出了通用目的财务报告的使用者及其共同信息需求，以及通用目的财务报告应该提供的与使用者需求一致的信息的类型。通用目的财务报告的使用者主要包括：资源提供者、货物和服务的接收者、实施审查或监督功能的团体、管理当局和管理机构。

财务报告目的的国际比较见表 4-2。

4.3.2　会计信息质量特征

1）美国会计信息质量特征

早在 1966 年，美国会计学会（AAA）就已经开始研究会计信息质量特征。而后，美国会计原则委员会和美国注册会计师协会（AICPA）也对会计信息质量做过深入研究，并取得了可喜的研究成果。在这些研究成果的基础上，FASB 在其 1980 年发布的 SFAC No. 2 中提出了新的会计信息质量特征，将信息对决策有用界定为两个主要质量特性：相关性和可靠性，并将相关性排列在可靠性之前①，这与其相

---

①　FASB. SFAC No. 2：Qualitative characteristics of accounting information［S］. 1980.

表 4-2 **财务报告目的的国际比较**

国 家	财务报告的目的
美 国	财务报告应该提供对现在的和潜在的投资者、债权人以及其他使用者作出合理的投资、信贷及类似决策所需的有用信息 财务报告应该提供有助于现在的和潜在的投资者、债权人以及其他使用者评估来自股利或利息及来自销售、偿付到期债券或贷款等的实得收入和预期收入的金额、时间分布和不确定性的信息 财务报告应该提供关于企业的经济资源、对这些资源的要求权（企业把资源转移给其他主体的责任和业主权益），以及使资源和对这些资源的要求权发生变动的交易、事项和情况的影响的信息 财务报告应该提供关于企业如何获得并花费现金的信息；关于企业的举债和偿还债款的信息；关于资本交易的信息（包括分配给业主的现金股利和其他企业资源的信息）；关于可能影响企业的变现能力或偿债能力的信息 财务报告应该提供关于企业管理当局在使用业主委托给他们的企业资源时是怎样履行对业主（股东）的受托责任的信息 财务报告应该提供对企业经理和董事们在按照业主利益进行决策时有用的信息
IASC	财务报表应提供在经济决策中有助于一系列使用者的关于企业财务状况、经营业绩和财务状况变动的信息 财务报表还应反映企业管理层对交托给他们的资源的经管成果或受托责任
英 国	财务报告的目标是向广大报告使用者提供评价管理层的受托责任和做出经济决策所需的企业财务业绩与财务状况方面的信息
澳大利亚	对使用者在制定和评价稀有资源的配置决策时提供有用的信息 当编制的通用财务报告满足这一目的时，它同时也成为管理层解除其对财务报告的使用者的受托责任的手段

应的法律制度环境能有效保障财务报表信息的可靠性有关。1933 年的《证券法》将注册会计师的法律责任扩大到所有推定的财务报表信息使用者，同时要求注册会计师承担举证责任，再加上美国数额高昂的惩罚性赔偿制度，从而可有效地保证财务报表信息的可靠性。

可理解性是指财务报告所提供的信息，对于那些愿意花费合理的精力去研究信息的使用者来说，应当是可以理解的。信息如果不能被使用者所理解，不管质量多好，也是没有用的信息。信息是否对决策人的决策有用，决定于决策人是否能理解该信息。因此，可理解性可以看作是决策人和决策有用性的连接点。信息是否能被使用人所理解，决定于信息本身是否易懂，及决策人的能力。因此，可理解性不仅是信息的一项质量特征，也是一个与使用者有关的质量特征。会计人员应尽可能使会计信息易于被人理解，而使用者也应对商业与经济活动有合理的了解，并愿意用心去研读会计信息，会计信息才能发挥最大功能。

在会计信息能被使用者所理解的基础上，会计信息的最高质量特征是决策有用性。如果信息对决策无所帮助，就不值得提供该项信息。但决策有用性是一个笼统而宽泛的名词或概念，在评估信息的效用时，仍应对其主要质量特征及次要质量特征加以考察。

（1）会计信息的主要质量特征

①相关性，是指信息能够帮助使用者评价过去，预测现在和将来的事项的可能结果，或者证实、纠正以往的预测结果，并能在作出决策之前提供给使用者，从而影响其决策。相关性由三方面的因素构成，即预测价值、反馈价值、及时性。

A. 预测价值，当信息能帮助使用者评价过去，预测现在和将来的事项的可能结果时，该项信息就具有预测价值；决策人可根据预测的可能结果，作最佳的选择。因此，预测价值为相关性的重要因素，具有改变决策的能力。

B. 反馈价值，当信息能帮助决策人证实、纠正以往的预测结果时，即具有反馈价值。把过去决策所产生的实际结果反馈给决策人，使其与当初作决策时所预测的结果相比较，即知道过去的预测是否有误，将来再作同样的决策时就不会再犯错。

C. 及时性，是指信息应当在其失去影响决策的能力之前提供给决策者。及时提供的信息不一定具有相关性，但过时提供的信息则必定不具有相关性。

②可靠性，是指确保信息能免于错误及偏差，并能忠实表达其所要表达的现象或状况。信息如果不可靠，不仅对决策没有帮助，反而可能造成错误的决策。因此，可靠性也是会计信息的主要质量特征。一项信息的可靠性，可以从三个方面加以衡量：忠实表达、可验证性、中立性。

A. 忠实表达，是指一项衡量或说明，与其所要表达的现象或状况一致或吻合。就会计而言，忠实表达是指会计衡量与经济事项完全一致或吻合。会计衡量如不能忠实表达其所要衡量的经济事项，即不具有可靠性。要想忠实表达，必须选用正确的衡量方法或衡量制度。如果所用的方法不适当，不论会计人员如何审慎无误的衡量，所得结果仍不正确。忠实表达的质量特征，旨在减少衡量方法的偏差，使会计信息更能表达经济活动的真实情况，更具可靠性。

B. 可验证性，是指由独立的会计人员采用相同的计量方法，对同一事项加以计量，会得出高度一致的结果。可验证性能够确保会计人员正确而无偏差地使用其所选择的方法加以计量，不论该方法是否恰当，会计人员要正确地运用，不能加入其个人偏见。

C. 中立性，是指在制定或实行各种新规则时，应当主要关心所得信息的相关性和可靠性，而不是偏重新规则对特定利益者的影响。也就是说，会计人员不能为了得到想要得到的结果，或诱使特定行为的发生，而将信息加以歪曲或选用不适当的会计准则，也不能选择对特定人有利的信息加以报告，或是仅因为报告之后可能导致负面的经济后果，就不加以报告。

（2）会计信息的次要质量特征

①可比性，是指能使信息使用者从两组经济情况中区别其异同点。当经济情况

相同时，会计信息应能显示相同的情况；当经济情况不同时，会计信息也能反映其差异。为了达到可比性，相同的经济事项应该采用相同的会计方法或原则处理，而不同的经济事项则应采用不同的会计方法或原则处理。公司间的财务报表若不具有可比性，则使用者将无从辨别公司间财务报表所显示的差异，不能辨别究竟是经济实质的差异，还是因选用不同的会计方法所造成的差异。

②一致性，为了使同一公司不同年度的财务报表能够比较，会计人员在衡量及报道经济事项时，所采用的会计原则、方法或程序，应前后各年一致。如果企业间财务报表的编制基础一致，就能对其前后各期的财务报表中的数字加以比较，分析其变动趋势，则对企业未来的获利能力及财务状况的预测更有利。因此，会计上要求公司对会计方法或原则的选择，应当慎重，一旦选用之后，除非有正当理由，否则不得任意变更，以防止公司以会计方法操纵损益，并确保前后各年财务报表的一致性，以提高其使用价值。

一致性并不表示公司绝对不能变更会计原则或方法，但是变更时需要有正当理由，如经济情况改变，或采用新的会计方法比原来的方法更能公正衡量及表达经济实况等，应在报表中将变动的性质及其理由，连同此项变动对损益的影响进行披露。

（3）提供信息的限制条件

①成本收益关系，具备相关性和可靠性的信息可能会很多（不同的使用者有不同的理解），但提供信息是要花费一定成本的。成本收益关系是指只有当会计信息所产生的收益高于其成本时，才值得提供该信息。

②重要性，是指当某项会计信息被遗漏或错误地表达时，可能使依赖该信息的使用者所作的判断受到影响或改变。也就是说，该项信息的重要性已足以影响决策。重要性和相关性非常相似，都可以影响决策，但相关性往往是一种质的衡量，而重要性则是一种量的衡量。一项信息是否重要，应否单独提供或披露，应视其本身的性质及相关情况而定。通常，在性质上如属不寻常、不适当，或有为未来情况改变的预兆，则为重要事项；在数量上若与同类或相关项目的金额比较，其比例大者，则为重要。

重要性是会计信息应否提供的关口，通过重要性的考验，才去考虑相关性及可靠性，也才需要单独表达此项信息，故称重要性为“会计确认的门槛”。利特尔顿在《会计理论结构》中提出，“正因为财务报表能够以通俗易懂的方式反映企业的大量经济活动，所以人们通过财务报表就有可能了解企业经营活动的基本情况。充分披露所有重要和重大的会计信息是财务报表的一个最重要规则[①]”。所以，企业应披露所有符合重要性标准的信息。

2）英国会计信息质量特征

ASB 于 20 世纪 90 年代发布的《原则公告》，将信息质量分为三大部分：

（1）与报表内容有关的质量，主要是相关性和可靠性，相关性又包括预测价

① LITTLETON A C. Structure of accounting theory [J]. American Accounting Association, 1985.

值和证实价值，可靠性又包括如实表述、实质性、中立性、谨慎性、完整性等；

（2）与（报表）表述有关的质量，分为可比性和可理解性，其中，可比性包括一致性和（会计政策等的充分）披露，可理解性包括汇总与分类、使用者能力要求；

（3）对信息质量的约束，具体内容包括在质量标准间权衡、及时性、收益大于成本等。

英国对会计信息质量特征的解释包括以下这些方面①：

（1）财务报表提供的信息必须相关和可靠，当相关性与可靠性相互排斥而需要对产生信息的方法作出选择时，所选择的方法应该是能使信息相关性最大化的方法。

（2）如果信息具有影响使用者经济决策的能力，那么它就是相关的，并且它应在影响决策之前加以提供。

（3）在以下情况下，信息被认为是可靠的：①使用者相信该信息已如实反映了它要反映的内容，或能够合理地预期该信息能够反映已发生的交易和其他事项的实质；②该信息已排除了故意或系统的偏见和重大错误，并且是完整的；③在不确定条件下编制该信息时，已谨慎地实施了必要的判断。

（4）财务报表的信息必须可比。

（5）作为提高可比性的一种手段，财务报表的信息可以采用这样一种方式加以编制和呈报，通过该方式，使用者可以辨别和评价一个报告主体在不同的时间，或者在不同的报告主体之间，交易和其他事项的性质与影响的异同之处。

（6）财务报表提供的信息应易于理解，但仅仅因为某些使用者不能理解信息并不需要将信息排除在财务报表之外。如果信息的重要含义能够被对商业和经济活动以及会计具有一定的认识，并且愿意对提供的信息进行比较勤奋的研究的使用者所理解，那么该信息就具有了可理解性。

（7）财务报表只需要提供重要的信息，而不需要提供不重要的信息。

（8）如果信息的错报或漏报可能会导致影响使用者的经济决策时，那么，该信息就是重要的。

英国的概念框架关于会计信息的质量特征主要有四项：相关性、可靠性、可比性、可理解性。相关性是指会计信息与决策有关，具有改变决策的能力，并且被及时地提供以影响这些决策。可靠性是指必须真实反映其所拟反映或理当反映的交易或其他已发生的事项要反映已发生的交易或事项的经济实质。可比性是指会计信息要能使信息的使用者辨别和评价同一报告实体不同时期交易或其他事项的实质及经济影响的异同，以及不同报告实体的交易和其他事项的实质及经济影响的异同。可理解性指对于那些具有一定的贸易经济活动和会计方面的知识，并且愿意相当努力地去研究所提供的信息的使用者来说，会计信息应当是可以理解的。同时，中立性是使会计信息是完整的，不存在有意的偏颇或系统性的偏颇以及重大性的错误。

---

① ASB. Statement of principles for financial reporting ［S］. 1999.

谨慎性原则要求在财务报表的编制面临不确定性因素的情况下，需要作出所要求的估计时，应当在判断中加入一定程度的谨慎，以便不虚增资产或收益，也不少计负债或费用。具备以上特征的会计信息可能会很多，重要性测试则是提供有用会计信息的一个分界点或取舍点。如果信息的省略或误报会影响使用者根据财务报表作出的经济决策，信息就具有重要性。

3）国际会计准则会计信息质量特征

IASC 概念框架中指出，财务报表的四项主要质量特征分别是可理解性、作为相关性、可靠性和可比性。[①] ①可理解性，作为财务报表内所提供信息的基本质量特征之一，其含义就是便于使用者理解。②相关性，指的是信息要成为有用的信息，就必须与使用者的决策需要相关联。当信息能够帮助使用者评价过去，预测现在或未来，或者通过确认或纠正使用者过去的评价，影响到使用者的经济决策时，信息就具有相关性。③可靠性，当信息没有重要差错或偏向，并能如实反映其所拟反映或理当反映的情况而能供使用者做依据时，信息就具有可靠性。具体来说，可靠性还包含了真实反映、实质重于形式、中立性、审慎、完整性等含义。④可比性，可比性包括两个层面的含义：企业不同时期的财务报表和不同企业的财务报表的可比性。对同一企业不同时点以及对不同的企业而言，同类交易或其他事项的计量和列报，都必须采用一致的方法。

信息可能会具有相关性，而在性质上或反映上却不可靠，致使确认这种信息时有可能使人产生误解。相关与可靠的信息受以下因素制约：

（1）及时性。信息的报告如果不适当的拖延，就可能失去其相关性。管理层可能需要权衡及时报告与提供可靠信息的相对优点。为了在及时的基础上提供信息，在了解某一交易或其他事项的所有方面之前，就可能有必要作出报告，这就会影响可靠性。相反，如果推迟到了解所有方面以后再报告，信息可能会极为可靠，但是对于必须在事中决策的使用者来说，用处可能会很小。要在相关性和可靠性之间达到平衡，决定性的问题是如何最佳地满足使用者的经济决策需要。

（2）对于统一性的需要。对于统一性的需要不应当混同于单一的统一性，并且不应当允许其成为引入经过改进的会计准则的障碍。如果采用的会计政策不符合相关性和可靠性等质量特征，企业就不宜继续以相同的方式核算某一交易或其他事项。在存在更为相关和可靠的选择时，企业不宜保持其会计政策不变。

如果信息的省略或误报会影响使用者根据财务报表作出的经济决策，信息就具有重要性。重要性取决于需作判断的项目的大小或在出现省略或发生误报的特定情况下，所导致差错的大小。因此，重要性与其说是信息要成为有用信息所必须具备的基本质量特征，倒不如说是提供会计信息的一个分界点或取舍点。同时，还要求关注成本与收益之间的平衡，即信息所产生的收益，应当超过提供信息的成本。各

---

① 国际会计准则委员会．国际会计准则 2000［M］．财政部会计准则委员会，组织翻译．北京：中国财政经济出版社，2000.

质量特征之间的平衡，体现在实务中，往往要在各质量特征之间权衡或取舍，以最好地满足财务报表的目的。

4）澳大利亚会计信息质量特征

澳大利亚的《会计概念公告第 3 号——财务信息的质量特征》指出，为了实现《会计概念公告第 2 号——通用目的财务报告的目标》中所述的目标，财务信息应该具有质量特征，并且这些质量特征将为报表编制者、审计师、参与准则制定过程的人员、监管者或其他人在报告的政策间作出选择时提供帮助。其中，将财务信息的质量特征按财务信息生成的不同阶段进行区分，区分为财务信息的选择和财务信息的列报，前者指的是对要包括在通用目的财务报告中的财务信息进行选择，后者指的是对这些信息的列报。具体来说：①财务信息的选择的质量特征，包括相关性、可靠性、重要性；②财务报表的列报的质量特征，包括可比性和可理解性。同时，该公告还指出，相关性和可靠性的约束条件为及时性和成本收益关系。总的来说，财务报表应包括全部信息，这些信息必须满足相关性和可靠性的概念并且要经过重要性测试。通用目的财务报告应在及时性的基础上表述，并应满足可比性和可理解性的概念。

综上所述，我们可以通过表 4-3 进行会计信息质量的国际比较。

表 4-3 **会计信息质量的国际比较**

国　家	会计信息质量特征	提供信息的限制条件
美　国	最高质量特征：决策有用性 可理解性 相关性：预测价值、反馈价值、及时性 可靠性：忠实表达、可验证性、中立性 可比性和一致性	成本收益关系 重要性
英　国	相关性 可靠性：真实反映、中立性、稳健原则 可比性 可理解性	各质量特征之间的权衡 重要性
澳大利亚	相关性 可靠性：实质重于形式、稳健原则 重要性 可比性 可理解性	及时性 成本收益关系

4.3.3 会计要素

1）财务报表会计要素的设置差异

英国 ASB 将财务报表的要素划分为七项：资产、负债、所有者权益、利得、损失、业主投资、分派业主款。这体现了两个方面的特色：第一，它推出资产、负债、所有者权益、利得（gains）、损失（losses）、业主投资和分派业主款共七项报表要素，其中与众不同的是收入和费用不见了，而代之以利得和损失。利得代表主体所有者权益除业主投资以外的本期净增加，包括收入和美国 FASB 所指的“利得”。损失代表主体所有者权益除分派业主款以外的本期净减少，包括费用和美国 FASB 所指的“损失”。在英国，尽管“利润表”也还是目前许多企业编报的业绩报表，但更重要、更全面的企业财务业绩是反映在另一份业绩报告中，即全部已确认利得和损失表中。这就是利得和损失被提升为财务报表中两个反映业绩报表要素的原因。第二，它对要素特别是资产要素给出的定义与美国 FASB 的资产定义有明确的区别：①它也承认资产的本质是未来的经济利益，但其认为资产不等于未来的经济利益，也不等于含有未来经济利益的资源，而是具有未来经济利益的权利或其他利益的增长；②权利一般是法定权利，如主体拥有资产，就对该资产的未来经济利益拥有所有权、使用权、流通权、处置权、租赁权等；③其他经济利益的增长一般指非法定的使用权，如租入资产的使用权，对未注册专利的使用权等。资产是一个经济学的概念，所以把它的本质定义为未来的经济利益，但它又是法学上的概念，未来的经济利益要由某个企业控制，因而拥有对它的使用权、处置权等和其他能使此种经济利益增长的权利，才是某企业的资产。未来的经济利益最终表现为现金流入，但也可表现在投资、债权和其他对现金流入产生要求权的其他事物上。

澳大利亚在《会计概念公告第 4 号——财务报表要素的定义和确认》中对财务报表要素给出了定义。我们可以通过表 4-4 对财务报表要素的组成进行比较。

对比各国财务报表要素的划分，我们发现：

(1) 资产负债表要素。从要素的名称到所界定的范围，再到要素的项数基本上是一致的，只是美国和英国有些不同，十分重视业主（投资者）权益的变动，针对企业与业主之间交易所导致的“权益增加”与“权益减少”，单独设立了业主投资和分派业主款要素加以反映。

(2) 利润表要素。从要素的项数、要素的名称到要素所界定的范围都有很大的区别。IASC 对利润表要素的定义比较广泛，它收入和利得纳入收益的定义，将损失和企业在正常活动中发生的费用纳入费用的定义；而 FASB 则将收入与利得、费用与损失划分成不同的要素，并且增加了全面收益这一要素；ASB 将业绩表要素划分为利得和损失，但是它所定义的利得和损失与 FASB 不同，相反却类似于 IASC 对收益和费用的定义，不同的是，ASB 的利得包括了收入和其他利得，损失包括了费用和其他损失。

与美国比较，我国没有利得和损失要素。美国的利得和损失虽然有些类似于我国的营业外收入和营业外支出，但是美国的利得和损失定义的范围更广一些，它包括了一些诸如已确认未实现的损益等。我国的“利润”与美国的“综合收益”是两个相近的概念，但它们又有所不同，有些项目属于“综合收益”，但不计入“利润”，比如，报告期内某些前期会计调整项目影响和发生在资产上的一些未实现损益等。

表 4-4 **财务报表要素的组成及比较**

国 家	会计要素
美 国	资产（assets）：是指可能的未来经济利益，它是特定主体从已经发生的交易或事项所取得的或加以控制的 负债（liabilities）：是指将来可能要放弃的经济利益，它是特定主体由于已经发生的交易或事项，将来要向其他主体转交资产或提供劳务的现时义务 权益（净资产）（equity/net assets）：是以某一主体的资产减除其负债后的剩余部分。在企业，权益就是业主权益。非营利组织与企业不同，不存在业主权益，其净资产根据是否存在出资人限定的用途分为三类：永久限定用途净资产、暂时限定用途净资产和未限定用途净资产 业主投资（investments by owners）：是在特定企业里权益的增加，它是由于其他主体转入有价值的东西以便在其中取得或增加业主利益（或权益）的结果。业主投资最常见的形式是投入资产，但投入的标的物也可以包括劳务，或者抵偿（或转换）本企业的负债 分派业主款（distributions to owners）：是在特定企业里权益的减少，它是企业向业主转交资产、提供劳务或承担债务的结果。分派业主款减少了一家企业的业主权益 综合收益（comprehensive income）：是企业报告期内，从与业主以外的交易中，以及其他事项或情况中所产生的权益变化。它包括报告期内除业主投资和分派业主款以外的一切权益上的变化 收入（revenues）：是某一主体在其持续的、主要的或核心的业务中，因交付或生产了货品，提供了劳务，或进行了其他活动，而获得的或增加的资产，或因而清偿的负债（或者兼而有之） 费用（expenses）：是某一主体在其持续的、主要的或核心的业务中，因交付或生产了货品，提供了劳务，或进行了其他活动，而付出的或耗用的资产，或因而承担的负债（或者兼而有之） 利得（gains）：或称溢余，是某一主体自营业收入或业主投资以外的边缘性或偶发性交易中，以及来自一切其他交易或其他事项与情况中获得的权益（净资产）增加 损失（losses）：是某一主体来自费用或分派业主款以外的边缘性或偶发性交易中，以及来自一切其他交易或其他事项与情况中获得的权益（净资产）减少
IASB	资产（assets）：指企业由于过去事项而由企业控制的、预期会导致未来经济利益流入企业的资源 负债（liabilities）：企业由于过去事项而承担的现时义务，该义务的履行预期会导致含有经济利益的资源流出企业 权益（equity）：指企业全部资产扣除企业全部负债以后的剩余利益 收益（income）：指会计期间内经济利益的增加，其形式表现为因资产流入、资产增值或是负债减少而引起的权益增加，但不包括与权益参与者出资有关的权益增加 费用（expenses）：指会计期间内经济利益的减少，其形式表现为因资产流出、资产消耗或是发生负债而引起的权益减少，但不包括与对权益参与者分配有关的权益减少

续表

国　家	会计要素
英　国	资产（assets）：指企业由于过去的交易或事项引起的，并且由企业控制的、获得未来经济利益的权利或其他未来经济利益的增长 负债（liabilities）：指企业由于过去的交易或事项而承担的转移经济利益的义务 所有者权益（ownership interests）：企业全部资产扣除企业全部负债以后的剩余利益 利得（gains）：指会计期间内所有者权益的增加，但不包括与权益参与者出资有关的权益增加，相当于收益（revenue）的概念 损失（losses）：指会计期间内所有者权益的减少，但不包括与对权益参与者分配有关的权益减少，相当于费用（expense）的概念 业主投资（investments by owners）：指所有者以所有者身份向报告主体提供资金而导致的所有者权益增加 分派业主款（distributions to owners）：指所有者以所有者身份从报告主体转移资金而导致的所有者权益减少
澳大利亚	资产（assets）：指企业由于过去的交易或其他事项所获得或控制的可能的未来经济利益 负债（liabilities）：指企业由于过去的交易或其他事项而承担的现时义务，该义务的履行会使企业牺牲未来的经济利益 权益（equities）：指企业全部资产扣除全部负债后的剩余利益 收益（revenues）：指未来经济利益的流入或增加，其形式表现为因资产增加或是负债减少而引起的权益增加，但不包括会计期间内与权益参与者出资有关的权益增加 费用（expenses）：指未来经济利益的消耗或减少，其形式表现为因资产减少或是负债增加而引起的权益减少，但不包括会计期间内与对权益参与者分配有关的权益减少
加拿大	资产（assets）：指企业由于过去的交易或事项而由企业所控制的，预期会导致未来经济利益流入企业的资源 负债（liabilities）：指企业由于过去的交易或事项而承担的现时义务，该义务的履行将导致企业向其他企业转交资产、提供劳务或放弃其他经济利益 权益/净资产（equity/net assets）：营利企业指业主权益，即企业全部资产扣除全部负债以后的剩余利益；非营利企业指权益，是企业全部资产扣除全部负债后的剩余利益 收益（revenues）：指企业在其日常活动中所产生的经济资源的增加，其形式通常表现为资产的流入、资产的增加或是负债的减少 费用（expenses）：指企业在其日常活动中由于获取收益、提供劳务等活动，所导致的经济资源的减少，其形式通常表现为资产的流出、资产的减少或是负债的增加 利得（gains）：指企业来自营业收入或业主投资以外的边缘性或偶发性交易和事项中，以及来自一切其他交易和其他事项与情况下的权益（净资产）增加 损失（losses）：指企业来自费用或分派业主款以外的边缘性或偶发性交易和事项中，以及来自一切其他交易和其他事项与情况下的权益（净资产）减少

与英国进行比较，英国的利得和损失包含的范围比我国更广。英国 FRS 3 的“利得”和“损失”取代了利润表中的“收入”和“费用”，不仅包括了本期已确认已实现的收入、费用、利得和损失，也包括了已确认而未实现的部分。

（3）现金流量表要素。各国都没有现金流量表要素，这使得现金流量表成为没有要素的财务报表。ASB 认为，现金流量表只是反映了现金流动这一种财务影响，对财务报表要素的分析与该报表基本上没有什么关系。[①] FASB 认为财务概念公告所公布的财务报表要素都是常见的，财务报表要素并非除此之外就别无其他了，委员会视需要可能还会增加财务报表要素。[②]

2）财务报表要素设置的差异分析

我们认为，各国对会计要素的划分不同，主要是基于以下几方面的原因：

（1）不同收益观点的影响

由于所持的收益观点不同直接影响了对利润表要素的定义。经济收益观认为，收益是随着未来服务的现时价值的增加而同时产生的，收益的计量与资产的计量是密不可分的，资产是依据企业使用这些资产所带来的未来预期收益的现值来计价的，而收益则是企业在某一期间净资产现时价值变动的结果。因此，收益确定的问题在于会计期初与期末预计未来经济利益的资本化价值的对比，体现的是以现行价值或公允价值为基础的“资产—负债观”。这种观点将资产负债表要素作为利润表要素定义的基础，利润表中的收入（利得）和费用（损失）均来自于资产和负债的变化。收入（利得）是净资产的增加，费用（损失）则是净资产的减少。美国 FASB、英国 ASB 都倾向于采用此种观点。[③] 具体体现在全面收益的范围界定上，对于以确认未实现损益（持有利得和损失），西方经历了绕过利润表到正式纳入全面收益的过程，这是一个从会计收益观向经济收益观转变的过程。

传统的会计收益观所持的是以历史成本与实现原则为基础的“收入—费用观”，认为收入（利得）和费用（损失）来自于适当配比的需要。收益仅仅是一定期间内的收入（利得）与为取得这些收入（利得）而发生的费用（损失）之间的差额。因此，与“资产—负债观”不同的是，“收入—费用观”主要强调计量企业的收益，而不是净资产的增减。我国目前采用这种观点，将大量持有利得和损失排斥在利润表的范围之外。

（2）不同会计环境的制约

美国的证券市场比较发达，企业不仅可以从金融机构和小型的个人集团为其生产和经营活动筹集到资金，而且还可以通过发行权益证券和债务证券在社会上公开筹资，证券在高度发达的证券市场上广泛地进行买卖。生产资金一般是私人所有，而非政府所有。市场是经济中分配资源的重要因素。[④] 美国高度发达的市场经济环

---

① 汪祥耀．英国会计准则的概念框架及其国际比较［R］．中国会计教授会 2002 年年会论文，2002.
② 参见 FASB 第 6 号概念公告《财务报表的各种要素》（Elements of Financial Statements）绪论。
③ 汪祥耀．英国会计准则的概念框架及其国际比较［R］．中国会计教授会 2002 年年会论文，2002.
④ 参见 FASB 第 1 号概念公告《企业编制财务报告的目的》（Objectives of Financial Reporting by Business Enterprises）第 13 段和第 14 段。

境下，权益项目不仅数量多而且变化复杂，报表使用者需要了解权益变动的情况。因此，美国设立了业主投资和分派业主款要素。并且，由于企业投资及筹资活动较频繁，美国也把利得与损失作为两个单独的要素从收入和费用中列出。

1992 年 11 月我国发布《企业会计准则——基本准则》时国内经济还处于转型阶段，当时国内经济的主要特点是：市场分配资源，特别是分配要素资源的作用小于政府；证券市场还处于起步阶段，企业资金来源单一，资金主要来源于政府及银行；所有制结构单一，国有大中型企业是我国的经济支柱，占我国企业的绝大多数，合伙与私营独资企业不仅数量少，而且在国民经济中的比重也较小；企业的投资及权益性交易发生的频率很低，大部分收益主要来自企业的生产及经营活动。因此，我国没有设立业主投资和分派业主款要素，并且没有单独设立利得与损失要素，而是将有关事项在收入和费用中列出。

此外，由于美国金融工具创新较多，对于金融工具及金融衍生工具的计量较为关注，其按照公允价值计量所获得的相关性远超过可能降低的可靠性，为了在总体上提高信息的有用性，美国采用公允价值计量，引入了综合收益要素。而我国金融市场很不发达，金融工具和金融衍生工具的披露没有引起特别关注，因此没有引入公允价值，我国的营业外收入和营业外支出与美国利得和损失的定义相比，没有包括已确认未实现的损益；我国也没有设立综合收益要素，利润表要素不包括已确认未实现的损益。

4.3.4　会计确认

英国的《原则公告》认为，确认是同时用文字和货币数量对要素加以描述，并将其数量列入报表汇总。确认分为三个阶段：（1）初始确认，即某个项目首次进入财务报表。其标准包括：第一，有充分证据表明，资产或负债的变化已经发生或未来经济利益的流入或流出将要发生；第二，能用货币数量进行充分、可靠地计量。（2）后续再计量，即改变账簿上已经记录的以前所确认项目的货币数量，其标准包括：第一，有足够证据表明，资产或负债的金额已经发生变化；第二，资产或负债的新金额能充分、可靠地计量。（3）中止确认，即将一个已确认项目从财务报表上剔除，其前提是已没有充足的证据表明主体有（取得）未来经济利益的权利或转移经济利益的义务。

加拿大特许会计师协会的《财务报表概念》报告将确认定义为“将某一项目纳入某主体的财务报表的过程，它包括在报表中对该项目的文字叙述和将金额计入报表合计数中。出于披露的目的，在财务报表中应将类似的项目归为一类”。“确认不是指财务报表附注中的披露。附注既可以提供财务报表所确认项目的进一步的信息，也可以提供那些不满足确认标准、不在报表中予以确认的有关项目的信息。”确认的标准包括：第一，该项目具有恰当的计量基础，其金额能合理地予以估计；第二，对那些涉及获取或放弃未来经济利益的项目而言，这些利益的获取或放弃将极有可能会发生。

综上所述，我们可以通过表 4-5 对会计要素的确认进行比较。

表 4-5 **会计要素的确认及比较**

国家	会计要素的确认
美国	基本的确认原则有四条： 可定义性：应予确认的项目必须符合某个财务报表要素的定义 可计量性：应予确认的项目应具有相关性并具有充分、可靠的计量属性 相关性：项目的有关信息应能在使用者的决策中导致差别 可靠性：信息应如实反映、可验证和不偏不倚 收益和利得确认的进一步指南： 已实现或可实现：指通过交换，商品或劳务已经转换为现金或对现金的要求权时，收益已实现；可实现指商品或劳务有公开活跃的市场及明确的市价，随时可以出售变现，而无需支付重大的摊销费用或蒙受重大的价格损失 已赚得：指赚取收益的活动全部或大部分已完成，所需投入的成本也已全部或大部分投入 费用和损失确认的进一步指南： 利益的消耗：当某一个体的经济利益，在取得营业收入时或在别的活动中消耗时，通常确认为费用 因果关系直接配比确认：费用于确认营业收入时予以确认，也就是于产生它们的相同交易或其他事项中直接地、共同地产生的营业收入被确认时，与营业收入相配比 立即确认为费用：对于那些与收入的发生无直接因果关系的费用，以及不能带来预期的未来经济利益以作为分摊该项费用的依据的费用而言，应当在该费用发生的期间就立即确认为费用 通过系统而合理的分摊确认：当发生的费用与收益无直接的因果关系，但能确知该项费用会产生未来收益时，就应当以合理而系统地方法，将费用分摊于各受益期间 利益的丧失或短少：如果以前确认的资产的未来经济利益，已明显减少或消逝，或者发生了或增加了负债而无相应的经济利益，应确认为费用或损失
IASC	该项目符合财务报表要素的定义 未来经济利益很可能流入或流出企业 该项目的成本或价值能可靠地计量
英国	该项目符合财务报表要素的定义 如果有足够的证据表明该项目所包含的资产或负债的变化已经发生（也包括有恰当的证据表明经济利益的流入或流出必将发生） 其成本或价值可以通过货币进行可靠的计量
澳大利亚	该项目符合财务报告要素的定义 未来的经济利益很可能流入或流出企业或经济利益的改变已经发生 该项目能够可靠地计量
加拿大	对那些将取得或放弃未来经济利益的项目来说，这种经济利益的获得或放弃将很可能发生 该项目有一个恰当的计价基础，并且能对其金额作一个合理的估计

综观以上各国会计要素的确认标准，我们可以发现如下共同点：一项会计要素要加以确认，通常应满足可定义性和可计量性，同时还要根据未来事件发生的概率大小进行确认。

4.3.5 会计计量

英国的《原则公告》提出两种计量基础，即历史成本与现行价值。可以对所有的资产和负债采用历史成本计量，称为历史成本制度（historical cost system）；也可以对所有的资产和负债采用现行价值计量，称为现行价值制度（current value system)；也可以对某些类别的资产和负债采用历史成本计量而对另一些类别的资产和负债采用现行价值计量，称为混合计量制度（mixed measurement system)。如同 FASB 的立场，ASB 主张采用混合计量制度，即不同计量属性同时并用。历史成本基本上是交易成本，即一次交易事项发生时的交换价值，当时的市价是双方一致接受的公允价值。现行价值至少可以表现为三种形式（或三种方法)：入账价值(entry value)、脱手价值（exit value）和在用价值（value in use)。

我们可以通过表 4-6 对会计要素的计量方法进行比较。

表 4-6　　会计要素的计量方法比较表

国　家	会计要素的计量方法
美　国	原始成本：指取得一项资产时所付出的现金或现金等价物的金额，通常按取得后的摊销或其他分配额加以调整。涉及向顾客提供产品或劳务的责任的负债，一般按原始收入列报。原始收入为责任发生时所收到的现金或现金等价物的金额，可于取得收入后按摊销额或其他分配额予以调整 现行（重置）成本：如果现在取得相同的资产或与其相当的资产将会支付的现金或现金等价物的金额 现行市价：指在正常的清理情况下，出售一项资产所能获得的现金或现金等价物的金额 可实现（结清）净值：可实现净值是在正常的业务中，一项资产可望换得的、未经贴现的现金或现金等价物的金额，要扣除转换时可能发生的直接成本。可结清净值是在正常的业务中，为清偿一笔债务可望付出的，未经贴现的现金或现金等价物，包括偿付时可能发生的直接成本 现值：对资产而言，现值是在正常的业务中，一项资产可望换得的未来现金流入量的现值或贴现值，减去为取得现金流入量所需的现金流出量的现值后的差额；对负债而言，现值是在正常的业务中，为清偿一笔负债需要发生的未来现金流出量的现值或贴现值 计量单位：名义货币计量单位
IASC	历史成本：资产按照其购置时支付的现金或现金等价物的金额，或者是按照为了购置资产而付出的对价的公允价值记录。负债按照承担义务而收到的实得款项的金额记录，在某些情况下（如所得税）按照在正常经营中为偿还负债预期支付的现金或现金等价物的金额记录 现行成本：资产按照现在购买同一或类似资产所需支付的现金或现金等价物的金额列报。负债按照现在偿还该项债务所需支付的现金或现金等价物的不予折现的金额列报 可变现价值：资产按照现在正常变卖资产所能得到的现金或现金等价物的金额列报。负债按照其结算价值，即在正常经营中为偿还负债将会支付的现金或现金等价物的不予折现的金额列报 现值：资产按照其在正常经营中所能产生的、未来现金流入净额的折现价值列报。负债按照其在正常经营中予以偿还所需的、未来现金流出净额的折现价值列报
英　国	历史成本：成本与可实现净值中的较小者 现行价值：重置成本与可实现净值中的较小者 同时指出，企业计量基础的选择将由财务报告的目的、所涉及的资产或负债的实质，以及特定的环境来决定
澳大利亚	未明确指出具体的计量模式，将通过另一关于财务报告要素计量方面的概念框架来说明一些基本的计量模式方面的问题

续表

国　家	会计要素的计量方法
加拿大	主要的计量基础： 历史成本：交易或事项在资产负债表中确认时，按照当初交易或事项发生时支付的或收到的现金或现金等价物的金额，或者其公允价值进行记录 其他的一些计量基础（仅在有限情况下使用）： 重置成本：按照现在购买同一或类似资产所需支付的现金或现金等价物的金额列报 可实现价值：按照现在正常变卖资产所能得到的现金或现金等价物的金额列报。当某项资产存在活跃的市场时，其市场价值可以当作其可实现价值的估计值 现值：资产按照预期将会从资产中获得的未来现金流入净额的折现价值列报。负债按照其预期要求偿还的未来现金流出净额的折现价值列报

通过以上比较，我们可以发现，各国对报表要素计量的基础主要是历史成本，不过在实务上，往往存在多种计量属性的应用。各国除历史成本外，使用的其他的计量属性是类似的，但英国同时指出企业计量基础的选择将由财务报告的目的、所涉及的资产或负债的实质，以及特定的环境来决定。澳大利亚关于会计要素计量的概念框架报告尚未出台。实际上，任何国家或地区都不存在纯粹的历史成本计量，而是或多或少的在应用历史成本时加入某种形式的重估价或现行市场成本估价的方法。

练习题

★ 讨论题

1. 会计准则的概念框架是如何发展起来的？
2. 简述会计准则概念框架的性质。
3. 简述国际会计准则概念框架的主要内容。
4. 比较 IASC、美国和英国关于会计准则概念框架的共同点和不同点（会计目标、信息质量、要素的定义与特征、要素的确认与计量等方面）。

第5章

现行有效的国际财务报告准则（上）
——报告和披露准则

［学习目标］

1. 财务报表的列报。
2. 分部报告。
3. 中期财务报告。
4. 现金流量表。
5. 合并财务报表和单独财务报表。
6. 首次采用国际财务报告准则。
7. 其他财务报告准则。

5.1 财务报表的列报

5.1.1 概述

目前有效的财务报表列报准则是2016年1月1日生效的IAS 1《财务报表的列报》。IAS 1《财务报表的列报》的目的是规范通用财务报表的列报基础，以确保其可比性，主要涉及列报的总体要求、结构指南、列报内容的最低要求、遵从国际财务报告准则情况的指南以及背离国际财务报告准则情况的指南等内容。相关的解释公告主要是解释公告第27号《评价涉及租赁法律形式的交易的实质》、解释公告第29号《披露：特许权服务协议》等。根据其使命公告（mission statement），国际会计准则理事会本着公众利益，致力于制定一套要求在通用目的财务报表中披露透明、可比信息的高质量的、可理解的并可实施的全球性会计准则。

(1) IAS 1 的出台背景及理论基础

1974 年 3 月，IASC 公布了征求意见稿 E 1《会计政策的披露》。1975 年 1 月，IAS 1《会计政策的披露》(Disclosure of Accounting Policies) 公布，这是 IASC 制定的最早涉及财务报表列报的准则。1975 年 6 月，IASC 公布了征求意见稿 E 1《财务报表中应披露的信息》(Information to be Disclosed in Financial Statements)，1976 年 10 月，IAS 5《财务报表中应披露的信息》正式公布。1979 年 11 月，IASC 又正式公布了 IAS 13《流动资产和流动负债的列报》(Presentation of Current Assets and Current Liabilities)。1994 年，IASC 对 IAS 1、IAS 5 和 IAS 13 进行了重排 (reformat)。此后，IAS 1、IAS 5 与 IAS 13 并入一个会计准则的列报项目 (Presentation Project) 部分 (Cairns，1999)。1995 年，原理公告草案 (Draft Statement of Principles，DSOP)《财务报表的列报》公布。1996 年 7 月，《财务报表的列报》征求意见稿 (Exposure Draft E 53) 公布。1997 年 8 月，IAS 1《财务报表的列报》正式公布，该准则于 1998 年 7 月生效，并取代了 IAS 5 和 IAS 13。1997 年，IASC 公布的 IAS 1《财务报表的列报》(修订)，与以前相比，该准则更强调"公允列报"(fair presentation)。另外，它还包括了运用该准则的某项要求可能导致令人误解的财务报表时允许背离该准则的条款。2003 年 12 月 18 日，IASB 公布了 IAS 1 的修订版，并于 2005 年 1 月 1 日生效。2005 年 8 月 18 日，IASB 再次对 IAS 1 进行了修订，增加了关于资本披露的规定。2014 年 12 月。IASB 根据披露项目对 IAS1 作出有限范围的修订，有关修订自 2016 年 1 月 1 日生效。

研究财务报表列报准则的发展使我们注意到，自 20 世纪 90 年代中后期，"公允列报"的概念开始出现。在 1995 年的原理公告草案中还没有出现"公允列报"的概念，在收到的大多数评议信中也没有提及这一概念。在 1996 年 7 月的 E 53 中，"公允列报"被作为一项要求提出。然而，与 IASC 的框架不同，E 53 用了"present fairly"，而没有使用"true and fair view"。Roberts Weetman 和 Gordon (2002) 认为，这一改变可以认为是强化美国影响的间接证据。1997 年 4 月，关于背离的规定被引入。1997 年 7 月，IAS 1 获得通过并取代了原来的 IAS 1、IAS 5 和 IAS 13。Hulle (1997) 指出，澳大利亚、加拿大和美国曾强烈反对背离的规定，加拿大和美国担心背离的规定会被滥用，澳大利亚则基于"true and fair view"被滥用的切身经历反对这样的规定。然而，欧洲委员会则极力游说采用关于背离的规定，以避免与欧盟第 4 号和第 7 号指令相冲突。这样，在北京召开的理事会会议上经过激烈地争论后，于 1997 年 7 月 IAS 1 采纳了背离的规定。可是，美国 SEC 认为，背离的规定不可接受 (Tighe&Grey，1997；Cairns，1999)。2002 年 5 月，IAS 1征求意见稿公布，包括了对"公允列报"的详细说明、增加的披露要求和对背离的规定运用的进一步限制。Lisa Evans（2003）[①] 指出，IASB 要达到自己的目标，“公允列报”的概念在世界范围内的解释必须比欧盟第 4 号指令中的“真实与公允观”（true and fair view，TFV）原理更为统一，并且应避免 IAS 1 中背离的规定的滥用。IAS 1 中背离的规定与第 4 号指令中的背离的规定不同，应用范围更窄一些，实际上它是一个法定剩余条款（legal residual clause）[②]（Walton，1991），与“根据一般公认会计原则（GAAP）公允列报”在美国会计规范中所起的作用接近。

IAS 1《财务报表的列报》不涉及具体交易和事项的确认、计量和披露问题，只是对财务报表列报的总体要求作了规定，提出了为满足信息使用者的共同需要，财务报表应列报内容的最低要求，并提供了有关财务报表结构的指南。IAS 1 的目的在于规定通用财务报表编制的基础，以确保主体自身的财务报表与其前期的财务报表以及其他主体的财务报表相互可比。

（2）IAS 1 的适用范围

IAS 1 适用于包括银行和保险等金融机构在内的所有类型的主体。由于该准则的术语适用于以营利为目的的主体，运用本准则的非营利组织、政府和其他公共部门主体，可能需要补充对财务报表中某些特定项目的说明，这类主体也可能需要提供一些财务报表的额外信息。另外，与本准则的要求一致，针对银行和类似金融机构的附加披露要求，在 IAS 30《银行和类似金融机构财务报表中的披露》中规定[③]。

IAS 1 适用于单个主体的财务报表和企业集团的合并财务报表。该准则允许同一份财务报告中同时依据国际财务报告准则列报合并财务报表和依据国家会计准则列报母公司财务报表，前提是要在会计政策说明中清楚地披露合并财务报表和母公司财务报表各自的编制基础。原来 IAS 1 所作的规定只适用于主体列报的年度财务报表[④]，对于简化的中期财务报表不适用，中期财务报表的披露另有 IAS 34《中期财务报告》来规范。并且，该准则只适用于根据国际财务报告准则编制和列报的所有通用财务报表的列报，不涉及使用者对特定信息的需求。2003 年修订后 IAS1 这一规定没有变动，在“范围”部分明确指出，“本准则不适用于根据 IAS 34《中期财务报告》编制的简化的中期财务报表的结构和内容”。

5.1.2　IAS 1 的基本内容

1）关于财务报表概念的说明

财务报表是对主体财务状况和经济业务的结构性的财务描述，在国际财务报告

---

① EVANS L. The true and fair view and the ‘fair presentation’ override of IAS 1［J］. Accounting and Business Research，2003.

② WALTON P. The true and fair view：A shifting concept［J］. ACCA Occasional Paper No. 7，The Chartered Association of Certified Accountants，1991.

③ 可参考 IFRS 7（2005-08-18）。

④ 在 IAS 1 的“结构和内容”部分，对报告期间作了规定，指出财务报表至少应按年提供。但 IAS 1 还就例外情况作了规定，如果企业的资产负债表日变更，年度财务报表涵盖的期间长于或短于一年，除了财务报表涵盖的期间外，企业还应披露：（1）使用非一年期间的原因；（2）收益表、权益变动表、现金流量表和相关附注的比较金额不可比的事实。另外，在例外情况下，企业可能被要求或决定变更其资产负债表日。例如，企业被另一个具有不同资产负债表日的企业购置后，就是如此。出现这种情况时，重要的是使用者应知道当期反映的金额与比较金额是不可比的，且变更资产负债表日的原因应予披露。通常应一贯地编制涵盖一年期间的财务报表。但是，由于现实的原因，有些企业倾向于不是一年（例如 52 周）期间的报告。IAS 1 并不阻止这种做法，因为由此生成的财务报表不可能与那些一年期间的财务报表形成重大不同。

准则的相关规定中，财务报表的概念主要是指通用财务报表，不涉及专用财务报表的问题。在IASC制定的《编制财务报表的框架》以及IAS 1《财务报表的列报》中，都仅涉及通用财务报表。《编制财务报表的框架》中指出："本框架涉及通用财务报表……专用财务报告，例如招股说明书和为税务目的而编制的计算表，不属于本框架所涉及的范围。"IAS 1《财务报表的列报》中也指出："本准则适用于根据国际财务报告准则编报的所有通用财务报表的列报。"因此，在本节内容中，如不加说明，财务报表就是指通用财务报表。通用财务报表，是指意在满足那些不能要求报表符合其特定信息需求的使用者需要的那类财务报表。通用财务报表包括单独提供的和含在公开文件（如年度报告或招股说明书）中的财务报表，其目的是提供有助于广大使用者进行经济决策的有关主体财务状况、经营成果和现金流量的信息。财务报表还反映主体管理部门对受托资源保管工作的结果。一套完整的财务报表应包括：①资产负债表；②利润表；③一份反映权益的所有变动，或不是由业主资本交易和对业主的分派所引起的权益变动的报表；④现金流量表；⑤会计政策和说明性注释。这些报表基本上可以提供有关主体资产、负债、权益、收益和费用（包括利得和损失）、现金流量等方面的信息，加上财务报表附注中的其他信息，有助于使用者预测主体未来的现金流量，尤其是产生现金等价物的时间和确定性。

IAS 1《财务报表的列报》中明确指出，主体的董事会和（或）其他管理机构对其财务报表的编制负责。《编制财务报表的框架》也规定，主体的管理当局对主体财务报表的编制和呈报负首要责任，二者的规定显然一致。IAS 1《财务报表的列报》鼓励主体在财务报表之外披露管理部门提供的财务评述和诸如环境报告、增值表等附表，以有助于使用者进行经济决策。财务评述应描述和解释主体财务业绩和财务状况的主要特征及其面临的主要不确定事项，主要涉及：①决定财务业绩的主要因素和影响，包括主体经营所处环境的变化、主体对这些变化的反应和这些变化产生的影响、主体为维持和提高财务业绩而采取的投资政策（包括股利政策）；②主体的筹资来源及其目标负债权益比率；③主体根据国际财务报告准则未在资产负债表内确认的资源。

2）IAS 1的总体要求

（1）公允列报和遵从国际财务报告准则

公允列报要求主体的财务报表应公允地反映主体的财务状况、经营业绩和现金流量。遵从国际财务报告准则是实现公允列报的条件。IAS 1指出，恰当地运用国际财务报告准则，并在必要时提供附加披露，则可在几乎所有情况下都将形成公允列报的财务报表。但是，遵从国际财务报告准则并非指主体遵从某一项或某几项国际财务报告准则就可以表述为遵从了国际财务报告准则，而是只有当财务报表遵从了每项适用的国际财务报告准则和每项适用的常设解释委员会的解释公告的全部要求时，该财务报表才可以称为是遵从了国际财务报告准则。公允列报要求主体会计政策的选择和运用要使其编制财务报表遵从每项适用的国际财务报告准则和常设解释委员会的解释公告的所有要求，按提供相关的、可靠的、可比的和可理解的信息[①]的方式列报信息（包括会计政策），并且当国际财务报告准则的要求不足以让使用者理解特定交易或事项对主体财务状况和财务业绩的影响时，提供附加信息。

当然，遵从国际财务报告准则并不是指不允许存在与国际财务报告准则相背离的情形。在极少数情况下，某项国际财务报告准则的某项特定要求的运用可能导致使人误解的财务报表，即该准则所要求的处理方法很明显不恰当，因而使公允列报不能够通过运用该准则或单独地通过附加披露来实现时，允许主体背离国际财务报告准则。显然，背离的前提是准则的有关规定不适当，主体不能因为另一种处理方法也能达到公允列报的要求而背离国际财务报告准则。国际会计准则委员会将监测那些由主体、主体的审计人员和监管结构等提请其注意的那些“不遵从”的实例，并考虑是否需要通过解释或修订国际财务报告准则（如果恰当的话）的形式来明确某些规定，以确保背离只在极少数情况下才是必要的。另外，当主体根据一项国际财务报告准则的特别条款规定，在该准则生效日期以前采用时，需要披露这一事实。

由于是否需要背离是一个极富争议和主观判断的问题，因而使用者能意识到该主体没有在所有重要方面遵从国际会计准则是重要的，并使其能对主体是否有必要背离作出有依据的判断，以及计算如果主体被要求遵守该准则而产生的调整数。为此，就需要为使用者提供足够的信息。IAS 1 规定，在主体背离国际财务报告准则的某项特定要求的情况下，应披露如下的信息：

① 管理部门已断定这样编制的财务报表公允地反映了主体的财务状况、财务业绩和现金流量；

② 除为实现公允列报而背离了某项特定要求外，主体已遵从了适用的准则和解释公告；

③ 主体背离的那项准则或解释公告的名称、背离的性质，包括该项准则或解释公告要求的处理方法、该种处理方法在那种情况下导致误解的原因和现在采用的处理方法；

④ 该种背离对主体每个列报期间本应遵从该要求编制的财务报表中各项目所产生的财务影响。

这些信息的披露将有助于信息使用者更好地进行经济决策。另外，需要注意的是，这里提到的背离显然是在某一重要方面背离国际财务报告准则，因为根据重要性的要求，如果生成的信息不重要，则不必符合国际财务报告准则的特定披露要求（参见 para. 32），自然也就谈不上背离的问题。

综上所述，公允列报通常是通过国际财务报告准则来实现的，只有在运用某项

① 相关性、可靠性、可比性和可理解性是财务报表的四项主要的质量特征，具体可以参见《编报财务报表的框架》中的解释。

会计准则将引起财务报表误解时，才允许背离国际财务报告准则。关于主体遵从国际财务报告准则的情况，应披露的内容包括：遵从国际财务报告准则的事实；自愿遵从每项准则要求的事实；采用不恰当的会计处理方法不能以已披露为借口；提前采用国际财务报告准则的事实；为实现公允列报而背离国际财务报告准则的详细情况。

（2）会计政策

会计政策指主体在编制财务报表时采用的特定原则、基础、惯例、规则和实务。主体在选择和运用会计政策时，应当遵从国际财务报告准则，以确保向财务报表的使用者提供决策有用的信息，即信息对于使用者的决策需求是相关的、可靠的。可靠性要求信息：真实地反映主体的经营成果和财务状况；反映交易和事项的经济实质而不只是法律形式；是中立的，要不偏不倚；是审慎的；在所有重要方面是完整的。

在缺乏特定的国际财务报告准则和常设解释委员会的解释时，主体管理层应运用其判断来制定会计政策，所制定的会计政策应能为主体财务报表的使用者提供最有用的信息。管理层应考虑的因素包括：处理类似和相关问题的国际财务报告准则中的规定和指南；国际会计准则委员会的概念框架中设定的资产、负债、收益和费用的定义及相关的计量标准；其他准则制定团体的公告和认可的行业惯例（当且仅当这些公告和惯例与本段中的要求一致时）。

综上所述，主体运用的会计政策应是国际会计准则所规定的会计政策。在缺乏国际财务报告准则时，主体应制定适合其自身的、相关的和可靠的会计政策。

（3）编制财务报表的基础假定

① 关于持续经营的假定。IAS 1 规定，在编制财务报表时，管理层应对主体是否仍能持续经营进行评估。财务报表应以持续经营为基础编制，除非管理层打算清算该主体，或打算终止经营，或别无选择时才能不以持续经营为基础编制财务报表。当管理层在对主体是否仍能持续经营评估时，意识到有关某些事项或条件的高度不确定因素可能引起人们对主体是否仍能持续经营产生重大怀疑时，则这些不确定因素应予以披露。如果财务报表不是以持续经营为基础编制的则应披露这个事实，并披露财务报表编制的基础和主体不被认为是持续经营的原因。

② 关于权责发生制会计的假定。IAS 1 规定，除现金流量表外，主体应按权责发生制会计编制财务报表。在权责发生制会计下，交易和事项应在其发生时确认，在其相关期间进行会计记录和在财务报表内报告。费用的确认应遵从配比原则。但是，配比概念的运用不允许在资产负债表内确认那些不符合资产或负债定义的项目。

综合上述两项假定可知，财务报表应在持续经营的基础上编制，除非主体很可能破产或终止经营。如果财务报表不是以持续经营为基础编制的，则应披露这个事实及其原因。有关持续经营的不确定性应予披露。除现金流量表外，主体应以权责发生制作为编制财务报表的基础。

（4）列报的一致性

财务报表内项目的列报和分类，应在各期之间保持一致，除非主体的经营性质发生重大变化或对其财务报表列报的审议表明这种变动能使列报更为恰当，或由于国际财务报告准则或常设解释委员会的解释要求改变列报方式。

（5）重要性和汇总

IAS 1 规定，每个重要项目都应在财务报表内单独列报，不重要的金额应与具有类似性质或功能的金额汇总，不必单独列报。换言之，具有类似性质或功能的不重要项目应予以合并，重要的项目不能合并。这样，关于重要性的认定就显得非常重要。在决定一个项目或一个汇总项目是否重要时，应综合评价项目的性质和规模。依情况的不同，项目的性质或项目的规模都有可能是决定性因素。

（6）抵销

除非国际财务报告准则或解释公告要求或允许，否则资产和负债、收益和费用不能相互抵销。另外，当同样或类似交易和事项形成的利得、损失和相关的费用不重要时，可以抵销。需要注意的是，报告扣除计价准备（如存货折旧准备和应收账款坏账准备等）后的资产净额不是抵销。

（7）比较信息

为体现可比性，IAS 1 规定，除非国际财务报告准则或解释公告允许或另有要求，否则应披露财务报表内所有数字信息的前期可比信息。当可比信息与理解当期财务报表相关时，可比信息应包括在叙述性和说明性信息中。基于同样的原因，当修订财务报表内项目的列报或分类时，只要可行，比较金额应予以重新分类以确保与当期可比，而重新分类的性质、金额和原因应予以披露；如果无法将比较金额重新分类时，主体就应披露不能重新分类的原因以及假设金额重新分类可能引起的变化的性质。概括起来，相关的信息包括：前期的数量信息；相关的叙述性和说明性信息；重新分类的比较信息（包括重新分类的性质、金额以及原因等）。

3）IAS 1 的结构和内容[①]

（1）财务报表的界定和期间

财务报表的界定涉及两个方面的内容：首先，财务报表本身应明确地予以界定[②]，它应与公布的同一文件中的其他信息相区分，国际会计准则只适用于财务报表，而不适用于年度报告或其他文件中列报的其他信息。对财务报表本身进行界定有助于使用者区分按国际财务报告准则编制的报表与不按国际财务报告准则编制的报表。其次，财务报表的每个组成部分都应予以明确地界定。为了使所列报的信息得到恰当的理解，下述内容必须按照显著的方式列报，必要时可加以重复：报告主体的名称或其他辨认方式；财务报表是涵盖单个主体还是主体集团；资产负债表日或财务报表涵盖的期间；报告货币；财务报表所列报数字的精确度。

---

① 对于现金流量表，已有专门的国际会计准则（IAS 7）规范，IAS 1 中未作过多的说明。本书这里也不作详细介绍，相关内容参见本书后面的章节。

② 关于财务报表的界定，可以参考前面关于财务报表的说明部分。

财务报表的报告期间至少按年度提供，在例外情况下，如果主体的资产负债表日发生变更，或者年度财务报表涵盖的期间长于或短于1年，除了披露财务报表的涵盖期间外，主体还应披露：①使用非1年会计期间的原因；②由此引起的收益表、权益变动表、现金流量表和相关附注的比较金额不可比的事实。另外，主体应及时向使用者提供财务报表，通常主体应能在资产负债表日后6个月内公布其财务报表。

（2）资产负债表

资产负债表披露有关主体财务状况方面的信息。每个主体均应依据其经营的性质，确定是否在资产负债表内将流动资产和非流动资产、流动负债和非流动负债作为独立的类别列报。当主体选择不做这种分类时，则资产和负债应大致按其流动性顺序列报。不论采用哪种列报方法，对于每个资产和负债项目，如果其含有自资产负债表日起12个月内和12个月外预期将收回或清偿的金额，则主体应披露12个月后预期将收回或清偿的那部分金额。

流动资产包括：

① 预期能在主体经营周期的正常过程中实现，或持有以待出售或消耗的资产；

② 主要为交易的目的或短期持有，且预期在资产负债表日后12个月内变现的资产；

③ 用途不受限制的现金和现金等价物。

除此之外，所有的其他资产应划归为非流动资产。

流动负债包括：

① 预期能在主体经营周期的正常过程中清偿的负债；

② 在资产负债表日后12个月内到期清偿的负债。

除此之外，所有的其他负债应划归为非流动负债。另外，如果长期附息负债符合下列条件，即使其在资产负债表日后12个月内到期，主体也应将其持续地划归为非流动负债：原定期限超过12个月；主体打算得到再融资协议或重新安排支付协议的支持，且在财务报表批准报出前已完成。企业应在资产负债表附注中披露被排除在流动负债之外的任何负债金额，以及排除的理由。

资产负债表内至少应列报如下信息：①不动产、厂场和设备；②无形资产；③金融资产（不包括在④、⑥和⑦项下的金额）；④用权益法核算的投资；⑤存货；⑥应收账款和其他应收款；⑦现金和现金等价物；⑧应付账款和其他应付款；⑨IAS 12《所得税》要求的所得税负债和所得税资产；⑩准备；⑪非流动附息负债；⑫少数股权；⑬资本公积。此外，如果某项国际会计准则要求，或者对公允反映企业的财务状况显得必要时，应在资产负债表中列报追加的单列项目、标题和小计金额。

其他应在资产负债表或附注中披露的信息包括：主体根据经营方式对报表单列项目所作的二级分类。如果条件允许，每个项目应按其性质进行二级分类；应付或应收母公司、集团内的其他子公司、联营主体和其他关联方的款项应单独披露。主体还应在资产负债表或附注中披露下列内容：①每类股数，包括核定的股数、已发行且已收到全额股款的股数及已发行但尚未收到全额股款的股数、每股面值或无面值股票、年初和年末发行在外股数的调节、附于各类股本上的各种权利以及优惠和限制、主体自身持有的或主体的子公司或联营主体持有的本公司的股数、为以期权和销售合约（包括条件和金额）方式发售而储备的股数；②股东权益中每项公积的性质和用途的说明；③在资产负债表日后、批准报出财务报表前已提议或宣告的股利金额；④未确认的累积优先股的股利金额。IAS 1 同时规定，没有股本的主体（如合伙企业），应披露与以上要求的信息对等的信息，以反映当期每一类别的权益和权利。以及附于每一类别权益上的优惠和限制条件的变化情况。

表 5-1 是 ABC 公司按照国际财务报告准则编制的资产负债表示例。

表 5-1　　**ABC 公司合并资产负债表**

20×1 年 12 月 31 日　　单位：千美元

	注释	31/12/20×1	31/12/20×0
资　产			
非流动资产：			
不动产、厂场和设备	15	657 905	566 842
投资性房地产	16	12 000	11 409
商誉	17	2 423	2 538
其他无形资产	18	26 985	21 294
负商誉		—	(2 465)
对联营企业投资	20	45 060	12 274
可出售投资	22	23 543	25 602
金融租赁应收款项	23	114 937	104 489
递延所得税资产	35	5 006	3 291
衍生金融工具	34	2 602	1 307
非流动资产合计		890 461	746 581
流动资产：			
存货	24	117 693	108 698
金融租赁应收款项	23	54 713	49 674
贸易和其他应收款项	25	127 916	123 656
持有的拟出售投资	22	37 243	29 730
衍生金融工具	34	2 436	4 817
现金和现金等价物		12 339	1 175
划分的为出售持有的资产	11	1 192	—
流动资产合计		353 532	317 750
资产总计		1 243 993	1 064 331
权益和负债			
资本和资本公积：			
股本	27	121 650	120 000
资本公积	28	41 331	33 300
重估公积金	29	95 248	34 591

续表

	注释	31/12/20×1	31/12/20×0
套利和折算公积金	30	(11 700)	508
留存收益	31	252 268	155 086
可归于母公司权益持有者的权益		498 797	343 485
少数股权		3 185	2 576
权益合计		501 982	346 061
非流动负债:			
银行贷款	32	356 353	448 753
可转换债券	33	24 327	—
退休福利债务	46	33 928	38 474
递延所得税负债	35	15 447	5 772
金融租赁负债	36	923	1 244
以股份为基础的支付	45	6 528	3 516
准备	38	2 118	—
非流动负债合计		439 624	497 759
流动负债:			
贸易和其他应付款	37	141 429	84 412
流动税收负债		8 229	1 986
金融租赁负债	36	1 470	1 483
银行透支和贷款	32	144 307	128 685
准备	38	6 432	2 066
衍生金融工具	34	273	1 879
与划分的为出售持有的资产直接联系的负债	11	247	—
流动负债合计		302 387	220 511
负债合计		742 011	718 270
权益和负债总计		1 243 993	1 064 331

（3）收益表

收益表提供有关主体经营成果方面的信息。一般而言，在一个会计期间确认的所有收益和费用项目都应包括在损益中，除非准则与解释公告另有要求。在收益表内至少应包括反映下列金额的单列项目：①收入；②融资成本；③用权益法核算的对联营企业和合营企业投资所享有的损益份额；④所得税费用；⑤包括下列项目的合计金额：终止经营的税后损益、构成终止经营的资产或处置组按公允价值减去预计至销售将发生的费用的税后损益；⑥损益。并且，当期损益应按归属于少数股东权益的部分以及归属于母公司权益持有者的权益的部分进行分配，在收益表内披露。不论是在收益表内还是附注中，主体都不应将任何收益和费用项目作为非常项目进行列报。另外，如果对于理解主体的财务业绩具有相关性，则应在收益表内列报追加的单列项目、标题和小计金额。

在收益表内或附注中应列示的其他信息包括：①对重要的收益和费用的单独披露，涉及处置不动产、厂场和设备，处置投资，终止经营以及诉讼清偿等；②基于费用的性质或其在主体中的功能对费用进行的分类分析，以及关于费用性质的附加信息，如折旧费、摊销费和雇员福利费等；③当期已确认为向权益持有者分配的股利金额以及相应的每股金额，这些信息也可以在收益表内或权益变动表内进行披露。如果是将费用按功能划分的，主体则应披露关于费用性质的附加信息，包括折旧费、摊销费和雇员费用等。

表 5-2 和表 5-3 是 ABC 公司合并收益表示例。

① 费用按性质分类的情形：

表 5-2　　ABC 公司合并收益表

20×1 年度　　单位：千美元

	注释	20×1	20×0
持续经营			
收入	5	1 064 660	728 250
其他经营收益		9 892	6 745
产品和在产品的变动		4 022	4 432
耗用的原材料和易耗品		(667 794)	(460 961)
雇员费用		(220 299)	(188 809)
折旧和摊销费用		(35 304)	(17 238)
其他经营费用		(28 835)	(22 645)
经营利润		126 342	49 774
对联营企业投资收益		12 763	983
投资收益	7	3 501	717
其他利得和损失		(563)	(44)
财务费用	8	(36 187)	(32 165)
税前利润		105 856	19 265
所得税费用	9	(16 166)	(3 810)
持续经营活动利润		89 690	15 455
终止经营			
本期终止经营活动利润		10 676	4 171
本期净利润		100 366	19 626

② 费用按功能分类的情形：

表 5-3 **ABC 公司合并收益表**

20×1 年度 单位：千美元

	注释	20×1	20×0
持续经营			
收入	5	1 064 660	728 250
销售成本		(697 027)	(552 343)
毛利		367 633	175 907
其他经营收益		9 892	6 745
销售费用		(96 298)	(45 609)
管理费用		(131 485)	(69 545)
其他经营费用		(23 400)	(17 724)
经营利润		126 342	49 774
对联营企业投资收益		12 763	983
投资收益	7	3 501	717
其他利得和损失		(563)	(44)
财务费用	8	(36 187)	(32 165)
税前利润		105 856	19 265
所得税费用	9	(16 166)	(3 810)
持续经营活动利润		89 690	15 455
终止经营			
本期终止经营活动利润		10 676	4 171
本期净利润		100 366	19 626

（4）权益变动表

权益变动表反映主体净资产增加或减少的信息，它是主体一整套财务报表的单独组成部分。权益变动表内至少应列报如下信息：①当期净损益；②按其他国际会计准则要求直接计入权益中的每项收益和费用、利得或损失项目，以及这些项目的总额；③按 IAS 8 的基准处理方法处理的会计政策变更和重大差错更正的累积影响。此外，权益变动表内或附注中还应列报的其他信息包括：①与业主的资本交易和对业主的分配；②期初和资产负债表日累计损益余额，以及当期变动额；③期初和期末每类权益资本、资本溢价和每项公积的账面金额之间的调节情况，各项目在期初和期末之间的变动应单独披露。

此外，IAS 1 还规定：“由于在评估两个资产负债表日之间的财务状况时考虑所有的利得和损失是重要的，本准则要求主体提供单独的财务报表要着重反映主体的总损益，包括权益中直接确认的那些利得和损失。”

表 5-4 是 ABC 公司合并权益变动表示例。

表 5-4　　ABC 公司合并权益变动表

20×0 年度　　单位：千美元

	股本	资本公积	重估公积	套利和折算公积	留存收益	可归于母公司权益持有者的权益	少数股权	总额
20×0 年 1 月 1 日余额	120 000	32 098	38 439	(1 853)	143 507	332 191	2 479	334 670
会计政策变动的影响					90	90		90
重新表述后的余额	120 000	32 098	38 439	(1 853)	143 597	332 281	2 479	334 760
资产重估损失			(4 369)			(4 369)		(4 369)
土地和建筑物重估的递延所得税负债反转			320			320		320
现金流套利利得				550		550		550
可销售投资利得			201			201		201
外币折算差额				2 706		2 706		2 706
权益中可直接识别的净收益			(3 848)	3 256		(592)		(592)
现金流套利的损益结转				(895)		(895)		(895)
本年利润					19 529	19 529	97	19 626
本年确认的收入和费用总额			(3 848)	2 361	19 529	18 042	97	18 139
确认的以股份为基础的支付		1 202				1 202		1 202
股利					(8 040)	(8 040)		(8 040)
20×0 年 12 月 31 日余额	120 000	33 300	34 591	508	155 086	343 485	2 576	346 061

（5）财务报表附注

主体应在财务报表附注中披露的信息包括：①财务报表的编制基础以及选择并运用于重要交易和事项的特定会计政策的信息；②国际财务报告准则要求的但没有在财务报表内提供的信息；③不在财务报表内列报，但对于公允表述必要的附加信息。在结构方面，财务报表附注应按系统的方式列报，并且财务报表的项目与附注中的信息应交叉参照。另外，IAS 1 还规定了财务报表附注中会计政策部分应表述的内容，包括：①编制财务报表时使用的计量基础；②对于恰当地理解财务报表所必需的各项特定会计政策。主体可以考虑列报的会计政策包括（但不限于）收入确认、合并原则、主体合并等 20 项内容（参见 IAS 1 第 99 段），这些内容由其他国际财务报告准则作出具体的要求。

应特别注意改进后的 IAS 1 新增加的披露要求："主体应当在附注信息中披露在资产负债表日有关未来的关键假设和估计不确定的其他关键来源，这些信息对引起下一个财务年度内资产和负债账面金额的重大调整具有重要影响。附注应当披露有关这些资产和负债的下述详细情况：①性质；②在资产负债表日的账面金额。"

具体参见 IAS 1 第 116 段。

此外，其他应披露的内容包括：①主体所在地和法定形式、公司总部注册的地址（或主要营业地点，如果其与注册总部不在同一地点的话）；②主体经营的性质及其主要活动的说明；③母公司以及集团最高的母公司的名称；④当期期末或者当期平均雇员数量。

5.1.3 IAS 1 的主要变化及修订

1）IAS 1（2003）的主要变化

2002 年 5 月，IASB 就 IAS 1（1997）中的“背离”“非常项目”等一些争论性的问题征求意见，在综合各方意见的基础上，于 2003 年 12 月 18 日公布了 IAS 1 的修订稿。IAS 1（2003）与 IAS 1（1997）相比，主要变化见表 5-5。

表 5-5 **IAS 1（2003）与 IAS 1（1997）的比较**

项　目	IAS 1（2003）	IAS 1（1997）
范围	对一些方面的指南适用于简化的中期财务报表	声明不适用于简化的中期财务报表
财务报表的责任	未涉及	董事会或其他管理机构对其财务报表的编制负责
不切实可行	当主体在作出所有合理努力后仍然无法采用某项规定，那么采用该项规定是不切实可行的	没有任何的定义
IFRS——定义	国际会计准则理事会采用的准则和解释公告。包括：（1）国际财务报告准则；（2）国际会计准则；（3）国际财务报告解释委员会或其前身常设解释委员会制定的公告	没有涉及相关的定义
附注——定义	包含除在资产负债表、收益表、权益变动表和现金流量表中列报的信息以外的信息。附注提供了对在这些报表内披露的项目的描述性说明或分解，以及不符合在这些报表内确认的那些项目的信息	没有涉及相关的定义
重要性——定义	如果项目的省略或误报会单独或共同地影响使用者根据财务报表作出正确的经济决策，则该项目是重要的。重要性取决于在所处环境下判断的省略或误报的金额大小和性质。项目的金额大小或性质，或者两者结合起来，都可能是决定性的因素	没有涉及相关的定义

续表

项　目	IAS 1（2003）	IAS 1（1997）
遵从国际财务报告准则	如果遵从国际财务报告准则编制财务报表，应在附注中明确，无保留地予以说明	企业应该披露这一事实
公允列报	明确指出公允列报要求按照《框架》规定的资产、负债、收益和费用的定义和确认标准，如实地反映交易、其他事项和情况的影响	没有特定说明
符合公允列报	运用国际财务报告准则，并在必要时提供附加披露，则被认为会形成公允列报的财务报表	恰当地运用国际会计准则，并在必要时提供附加披露，则可在几乎所有情况下都形成公允列报的财务报表
披露的一致性	明确了只有当财务报表列报的改变能提供可靠的，与财务报表使用者更相关的信息，并且改变后的结构可能持续而且不损害可比性时，主体才改变其财务报表的列报	只有当修改过的结构可能持续，或者当另外的列报方式的好处明显时，企业才应改变其财务报表的列报方式（稍有区别）
背离	在极少数情况下，管理层断定遵从某项准则或解释公告的要求将导致误导，从而与《框架》中规定的财务报表的目标相矛盾，主体从两种处理方法中选择一种 两种处理方法取决于监管当局是允许还是禁止这种背离 评估遵从准则或解释公告中的具体规定会导致误导，从而与《框架》中财务报表的目标相矛盾时，对管理层应考虑的因素作了说明	指出遵从准则或解释公告将导致误导以及背离对于取得公允列报是必要的这一事实 没有涉及背离可能会被监管当局禁止的情形 没有为评估公允列报无法取得的情形提供任何说明
在以后财务报表中的披露	当主体在以前期间已背离准则或解释公告的某项要求，并且背离影响到当期财务报表中确认的金额时，则应就有关内容进行披露	没有涉及在以后财务报表中的披露问题
重要性和汇总	相似项目的每个重要类别应在财务报表内单独列报	用的是“重要项目”，而不是“相似项目的每个重要类别”
抵销	除非准则或解释公告要求或允许，否则资产和负债、收益和费用不能相互抵销	如果收入和费用来自相同或相似的交易或事项，并且不重要时，允许抵销

续表

项　目	IAS 1（2003）	IAS 1（1997）
报表的认定	报告主体的名称或其他认定方式，以及从前一资产负债表日开始该项信息的任何变动	不要求披露前期以来的任何变动
权益变动表	披露当期总收益和总费用，单独列示归属于母公司权益和归属于少数股权的收益和费用总额	没有要求这一披露
流动与非流动	必须在资产负债表内将流动资产和非流动资产、流动负债和非流动负债作为单独的类别列报，除非按流动性列报提供的信息是可靠的，并且更为相关	允许一种不划分流动和非流动项目的选择
资产负债表——至少应包括的项目	要求披露投资性房地产、生物资产和金融负债 明确了少数股权在权益中列报，以及归属于母公司权益持有者的已发行资本和公积	没有要求披露投资性房地产、生物资产和金融负债。对 IAS 1 的修订明确了少数股权应在权益中列报，以及归属于母公司权益持有者的已发行资本和公积
流动负债的划分	当在 12 个月内到期时，即使满足下列条件，主体仍然应当将其划分为流动负债：（1）原定的期限超过 12 个月；（2）在资产负债表日后、财务报表批准报出前，已完成了长期再融资协议或重新安排支付协议 如果主体在资产负债表日或之前违反了长期贷款协议中的保证条款，导致负债成为可随时要求清偿的负债，该负债应划分为流动负债，即使在资产负债表日后、财务报表批准报出前放款人已经同意不因违反条款而随时要求清偿。但是，如果放款人在资产负债表日或之前同意提供资产负债表日后至少 12 个月的宽限期，主体能够在此期间内纠正违约行为并且放款人不能要求立即清偿时，则该项负债被划分为非流动负债	要求在一定情况下被作为非流动负债处理 如果协议在财务报表授权公布以前完成，允许划分为流动负债。一个主要的修订在于强调在资产负债表日以前解决这些事情 如果放款人在财务报表授权公布以前同意不要求支付（违反条款引起的），并且如果在以后 12 个月内进一步的违反行为不可能发生，以前的 IAS 1 允许将之划分为非流动负债。一个主要的修订在于强调在资产负债表日以前解决这些事情
非常项目	无论在收益表内还是附注中，都不允许将任何收益和费用项目作为非常项目进行列报	允许在例外的情况下将项目划分为非常项目

续表

项 目	IAS 1（2003）	IAS 1（1997）
收益表 ——至少应披露的项目	未涉及 要求披露当期损益的分配，包括归属于少数股权的损益、归属于母公司权益持有者的损益	要求披露经营活动收益 没有这样的要求
新增披露 ——判断	除了涉及的估计以外，披露管理层在采用会计政策过程中所作的、对财务报表中确认的金额具有重大影响的判断。例如，金融资产和租赁资产所有权上的所有重大风险和报酬何时已实质性地转移给其他主体，特定商品的销售是否实质上是一种融资安排，从而并不产生收入	没有这一披露要求
新增披露 ——估计不确定的主要来源	披露关于在资产负债表日有关未来的关键假设和估计不确定的其他关键来源的信息，这对引起狭义财务年度内资产和负债账面金额的重要调整具有重大风险。披露必须包括它们的性质及其在资产负债表日的金额	没有这一披露要求
删减的披露	不适用	要求披露雇员的数量

2）IAS 1 的修订

2005 年 8 月，IASB 对 IAS 1 作了补充和修订，主要涉及资本披露问题。这次修订版要求所有的实体披露下列信息：

（1）实体管理资本的目标、政策和程序；

（2）实体视为资本的东西的数量化信息；

（3）实体是否遵从了资本方面的要求；

（4）如果没有遵从，要披露不遵从要求造成的影响。

这些披露提供了关于实体资本水平方面的信息，以及其如何管理资本的信息，这些都是使用者评估一个实体的风险以及它抵抗不利事项的能力时需要考虑的重要因素。

2007 年 9 月，IASB 修订了 IAS 1。修订后的 IAS 1 对整个国际财务提高准则的术语作了介绍。

IASB 于 2011 年 6 月 16 日发布了《其他综合收益项目的列报（对 IAS 1 的修订）》。对 IAS 1 的修订是 IASB 与美国财务会计准则委员会（FASB）联合项目的成果，以就其他综合收益所包含的项目的列报及此类项目在其他综合收益中的分类提供指引。该项准则的修订主要包括：

（1）保留了可在一份单一连续报表中或者在两份单独的连续报表中列报损益和其他综合收益的选择。

（2）要求将其他综合收益项目划分为后续将重分类至损益以及后续不会重分类至损益两个类别。

（3）其他综合收益项目所产生的所得税必须按照上述基础进行分摊。

（4）有关修订并未对损益和其他综合收益项目的计量和确认构成影响。

该修订适用于自 2012 年 7 月 1 日或以后日期开始的年度期间，且应予以全面追溯应用。

其他综合收益的划分包括：①在后续期间有可能将重分类至损益的项目；②在后续期间不会重分类至损益的项目。

列报其他综合收益项目的方式为：①按扣除相关所得税影响后的净额列报；②按包含相关所得税影响的税前基础列报，并同时列示一项反映与此类项目相关的所得税的总金额。

如果主体按税前基础列报其他综合收益，所得税将需要在后续有可能重分类至损益的项目，以及后续不会重分类至损益的项目之间进行分摊。

2014 年 12 月，IASB 根据披露项目对 IAS 1 作出修订：

（1）重要性和汇总：澄清主体不应通过汇总或分解信息致使有用的信息变得模糊；对重要性的考虑适用于主报表、附注及国际财务报告准则的任何特定披露要求（仅当信息重要时才需提供国际财务报告准则特别规定的披露）。

（2）财务状况表和损益及其他综合收益表：澄清 IAS 1 针对该等报表所规定的单列项目清单可予以分解或汇总（如相关）；新增关于该等报表中小计项目列报的额外指引。

（3）其他综合收益项目的列报：澄清主体在以权益法核算的联营企业和合营企业的其他综合收益中所占的份额，应当根据其后续是否将重分类至损益而汇总为一项单列项目进行列报。

（4）附注：澄清主体可灵活设计附注的结构，并就如何确定附注的系统顺序提供了指引。

5.1.4 财务报表列报准则的国际比较

1）IAS 1 与美国相关准则的比较

为了消除 IFRS 和美国 GAAP 之间的差异，FASB 和 IASB 根据其 2002 年 9 月的协议共同进行了一个短期的准则“趋同项目”。该项目中考虑的某些差异来自于新颁布的国际财务报告准则和最近对国际会计准则的修订，其中包括负债的分类、资产交换、会计变更和金融工具等；另一些需要考虑的差异则来自于 FASB 最近发布的准则，包括终止经营、准备和持有待售资产等；还有一些差异是长期存在的，但有望在短期内得到解决，这些差异包括存货、会计政策和会计估计的变更与会计差错、持有待处置资产、所得税、建造合同、合资经营、中期财务报告和研究与开发成本等。两个理事会也合作进行其他较长期的趋同项目，这些项目包括主体合并中购买法会计处理的应用、收入确认的概念、雇员福利和综合收益等。

截至 2004 年 6 月，关于财务报表列报的准则，IASB 的 IAS 1 和美国 GAAP 的不同主要体现在：①关于以前年度的比较财务报表，IAS 1 要求提供 1 年的比较财务信息，而美国 SEC 通常要求提供 3 年的比较财务信息（资产负债表信息为 2 年）。这一差异目前尚未解决。②关于综合收益方面，IAS 1 要求编制权益变动表，在该表中可以选择列报综合收益的合计数，但不是强制要求。综合收益包括净收益与不计入净收益而直接计入权益中的利得和损失之和。美国 GAAP 要求必须提供综合收益的合计数的信息，但可以选择在收益表、综合收益表或权益变动表中提供。目前，IASB 正在进行的综合收益项目可能会采用多栏式的业绩报表，将当期收益与来自前期项目重新计量产生的收益分开列示。综合收益的合计数将会与 FASB 要求列报的综合收益类似。③关于再融资负债的分类，IAS 1 规定，如果在资产负债表日之前完成再融资，则作为非流动负债。目前，FASB 的征求意见稿建议采用 IASB 的方法。④关于因违反债务合约而被要求及时偿还的负债的分类，IAS 1 规定，如果债权人在资产负债表日之前提供了 12 个月的展期，则作为非流动负债。美国 GAAP 要求，如果债权人在财务报表发出日之前提供了 12 个月的展期，则作为非流动负债。目前，FASB 的征求意见稿建议采用 IASB 的方法。⑤关于非常项目，IAS 1 规定禁止使用。美国 GAAP 规定可以采用，但只适用于不经常发生、非正常的和罕有的，且影响利润和损失的项目。目前，IASB 在其 2003 年的改进项目中取消了这种分类。

另外，在其他一些方面也存在差异。例如，在遵从国际财务报告准则将发生误导时的背离问题。IAS 1 允许在极少见的情况下，为了实现公允列报可以允许背离，但要进行具体的披露。美国 GAAP 中没有提及，尽管根据公认审计原则（GAAS），审计师可以报告由于应用某一 GAAP 导致财务报表的误导，但允许背离。

2）IAS 1 与我国相关准则的比较

规范企业财务报表的列报是为了使同一企业不同期间和同一期间不同企业的财务报表之间相互可比，提高财务信息的质量。从制定准则的目标来看，我国《企业会计准则第 30 号——财务报表列报》与 IAS 1 是一致的，都是为了确保财务报表与其前期的财务报表以及其他企业的财务报表可比。但就具体内容而言，两者还是存在很多不同之处，主要体现在以下方面：①《企业会计准则第 30 号——财务报表列报》中没有涉及对财务报表目的的表述；而在 IAS 1 中，明确了财务报表的目的是提供有助于报表使用者进行经济决策的有关主体的财务状况、财务业绩和现金流量的信息，这些信息有助于报表使用者预测主体未来的现金流量，尤其是其时间和确定性。②在财务报表的组成方面，《企业会计准则第 30 号——财务报表列报》规定，财务报表至少应当包括：资产负债表；利润表；所有者权益（或股东权益，下同）变动表；现金流量表；附注。而 IAS 1 认为，一套完整的报表应包括一份反映权益的所有变动的报表，或者不是由权益所有者之间的交易所引起的权益变动的报表。这显然类似于美国的综合收益表概念。③IAS 1 明确提出了公允列报的概念；《企业会计准则第 30 号——财务报表列报》没有提出这一概念，强调企业应按照《企业会计准则——基本准则》和其他具体准则的规定编制财务报表，这在一定程度上包含了公允列报的含义。公允列报，即要求按照准则规定的对资产、负债、收益和费用的定义和确认标准，如实反映交易以及其他情况的影响，必要时提供附注说明，使财务报表的列报包含公允内容。值得注意的是，IAS 1 对背离准则的情况作了详细的规定。我国准则中没有这一规定，显然，这在操作上有一定的难度。④在资产负债表披露的内容方面，二者的规定基本一致。但 IAS 1 要求反映准备项目，同时要求主体在资产负债表内或附注中披露关于每类股本的相关信息、股东权益中每项公积的性质和目的，以及重分类的金额、时间和原因的说明。这些内容在我国准则中都没有涉及。⑤在利润表（收益表）方面，我国准则规定费用按功能分类，划分为营业成本、管理费用、销售费用和财务费用等。IAS 1 规定费用可以按性质分类，也可以按功能分类，但强调按功能分类的主体应当披露关于费用性质的附注信息，包括折旧费、摊销费和雇员福利费等。在表内项目列示方面，我国准则要求财务费用、税金及附加等项目单独列示，这与IAS 1有所不同。另外，IAS 1 规定主体应在收益表、权益变动表内或附注中披露当期已确认为向权益持有者分配的股利金额以及相关的每股金额。⑥在权益变动表方面，二者的要求基本相同，但我国准则对按规定提取的盈余公积以及所有者权益各组成部分的期初和期末余额及其调整情况提出了更具体的要求。⑦有关附注，IAS 1 对附注信息的披露要求更为详细，如主体的财务风险管理目标与政策等。另外，IAS 1明确指出“本准则不适用于中期财务报告”，我国准则规定本准则适用于中期财务报告。

5.2 分部报告

5.2.1 分部报告准则的发展动因

（1）合并财务报表具有缺陷

在企业跨行业、跨国界（地区）经营的情况下，由于其经营活动是由处于不同行业或地区的经营单位所构成，客观上存在着社会、经济、政治、技术的差异，导致了企业集团的各个经营单位在获利能力、投资风险及发展前景等诸多方面的不同。财务分析家和其他一些致力于多元化企业集团研究的专家发现，合并财务报表并不能够提供足够的信息来比较特定行业中多元化经营企业的经营活动。[①] 合并财务报表的局限性主要体现在这样几个方面：首先，合并财务报表将母公司报表与受其控制的子公司报表进行合并，抵销了企业集团内部企业间的交易，主要反映了企

① 拉森. 现代高级会计［M］. 张文贤，译. 大连：东北财经大学出版社，1999.

业集团作为一个整体对外交易的情况，缺乏关于母公司和子公司个体的详细信息。其次，合并财务报表所披露的财务信息的可比性降低。汤姆·科普兰在《价值评估》一书中指出，在多元化经营的企业的价值评估过程中，由于企业经营的复杂性，很难获得与公司整体可比的信息，将企业划分为不同的行业经营单位，就比较容易获得可比的数据。另外，不同国家或地区的政治风险、经济风险等不确定性因素也存在很大差异。信息使用者通过合并财务报表了解整个企业集团的财务状况和经营成果，但却无法了解企业集团在不同行业、不同地区的经营情况，因为合并财务报表提供的是涵盖整个企业集团的聚合信息，虽然可以展示企业集团的全貌，但却隐匿了企业集团在不同行业、不同地区的经营情况，不利于信息使用者作出正确的判断和决策。因此，通过披露分部信息来反映企业在不同行业、不同地区的经营情况就显得非常必要了。

（2）企业经营方式的转变

迈克尔·查特菲尔德（1989）指出，会计是反应性的，即会计主要是适应一定时期商业的需要而发展的，并与经济的发展密切相关。随着客观社会经济环境的转变，企业的经营方式发生了重大变化，多元化经营和跨国经营日益普遍。通过研究分部报告准则产生、发展的历史可以看出，企业的多元化经营和跨国经营是其产生、发展的重要推动因素。1893—1903年，美国发生了第一次收购兼并浪潮，以水平兼并为主，产生了一些在本行业中处于领导地位的大企业，如美国钢铁公司等。由于企业跨行业经营的程度不高，分部信息披露问题尚未引起理论界和实务界的注意。1925—1933年，美国发生了第二次购并浪潮，购并形式开始多样化，导致了企业多元化经营的一定发展，分部信息需求问题开始引起人们的注意。1939年，美国开始鼓励企业进行分部信息披露。[①] 1960—1970年，美国发生了第三次购并浪潮，紧接着是70年代后期至80年代后期的第四次购并浪潮，两次购并浪潮中企业兼并数量增多、规模加大，仅1967—1969年，美国就完成兼并10 858起，其中，1968年有173家资产在1 000万美元以上的大公司被兼并[②]，并且混合兼并占据主要地位，产生了很多规模庞大的跨行业公司。另外，在此期间，由于国际局势的缓和、世界经济环境的改善以及交通、通讯条件的不断改善，也为跨国公司的成长和发展提供了有利的条件。1960年，美国成为当时世界上最大的投资国，累计对外投资319亿美元，占世界投资总额的49%。[③] 鉴于这一时期企业多元化经营和跨国经营的发展，分部信息披露问题被高度重视，美国理论界和实务界对披露分部信息的必要性和可行性进行了广泛、深入的讨论。1969年，SEC要求公司发行新股时在登记说明书中披露行业分部信息。1970年，SEC又将这一要求扩大到10-K报表。美国会计原则委员会1967年发布了《多元化公司的补充财务信息的披露》。美国财务会计准则委员会1976年发布了第14号财务会计准则公告《企业分部的财

① 课题组．试论我国上市公司的分部财务报告[J]．财经论丛，2000（1）．
② 丁向阳，等．企业兼并——政策、理论、实务[M]．北京：中国社会科学出版社，1996.
③ 原毅军．跨国公司管理［M］．大连：大连理工大学出版社，1999.

务报告》。此后，FASB 又发布了一系列的准则公告。国际会计准则委员会 1981 年 8 月发布了 IAS 14《按分部报告财务信息》。另有一些国家也对分部信息披露作了规定。20 世纪 90 年代中后期，美国爆发了第五次购并浪潮，并迅速扩展到全球，此次购并浪潮在数量上和规模上均达到历史最高水平，跨国公司的发展也进入了一个全新的阶段。根据联合国贸发会议的最新统计，1999 年全球企业购并规模达 3.4 万亿元。在 1999 年 5 000 多起的全球企业购并活动中，欧洲公司占 2 785 起，美国和加拿大公司占 1 808 起。① 在这一背景下，如何规范企业的分部信息披露问题开始在全球范围内引起普遍关注，一些国家的准则制定机构和国际组织纷纷着手相关准则的制定和修订工作。

（3）财务报告目标理论的发展

关于财务报告目标理论有两种主流观点：受托责任观和决策有用观。受托责任观的思想萌芽于会计的产生阶段，但作为一种系统的理论却是在公司制和现代产权理论的基础上发展起来的。社会经济资源所有者的有限理性和管理社会经济资源所需知识的日趋复杂使得财产所有权和经营权出现分离，分离的结果在两权的各自拥有者之间产生了一种社会经济资源的委托代理关系，受托经济责任关系由此产生。会计学家凯姆曾指出，会计只有在与受托责任结合起来时，才成为必要的。公司制下，财产所有者将财产委托给管理当局，并要求管理当局对财产进行妥善的保管并使其增值；管理当局接受委托人的委托，获得财产的自主经营权和处置权，并负有向委托人报告受托责任履行情况的义务。于是，受托责任观认为，财务报告的目标是反映管理当局对受托责任的履行情况。决策有用观是在市场经济条件下，资本市场日益扩大化和规范化的历史背景下形成的。信息使用者进行经济决策时需要有大量可靠而相关的财务信息，而财务信息的提供又必须借助于会计系统。因此，会计系统必须以提供信息、服务于决策为目标取向。随着资本市场的加速发展，投资者对会计信息的能动反映以及信息论和决策论的出现，极大地强化了决策有用观的现实基础和理论基础。决策有用观认为，财务报告的目标是提供对经济决策有用的信息。1973 年 10 月，美国 AICPA 下属的 Trueblood 委员会发表了《财务报告的目标（Objectives of Financial Statements）》（简称“Trueblood Report”），着重研究信息使用者需要什么样的信息以及提供信息的保证机制等，认为投资者是财务信息的主要使用者，提出财务报告的基本目标是“提供据以进行经济决策的信息”。财务信息的“决策有用论”开始被普遍接受和引用，“并作为构建财务会计理论结构的逻辑起点。”② 1978 年，FASB 发表了第 1 号财务会计概念公告，认为财务报告的目标是“……提供有用的信息给当前的或潜在的投资者、债权人以及其他财务报告使用者，帮助他们作出理性的投资和借款决策”③，它提供的信息“……应该有助于当

① 至 2001 年，全球跨国公司总数已达 6.3 万家，共有约 70 万家国外分公司，跨国公司的产值占全球总产值的 25%，详细内容可参见 2001 年 2 月 16 日《人民日报》第 7 版。
② 张为国．会计目的与会计改革［M］．北京：中国财政经济出版社，1991.
③ 米勒．高质量财务报告［M］．阎达五，等，译．北京：机械工业出版社，2004.

前的或潜在的投资者、债权人以及其他财务报告使用者评估未来现金流入的数量、收款期以及不确定的风险。这些现金收入包括股息、利息以及来源于销售或因股票、债券到期而收到的收入”。FASB 对财务报告的目标——决策有用性所作的阐述，受到理论界和实务界的普遍重视，并在世界各国产生了广泛的影响。当前各国的准则制定机构在认定财务报告目标时，更倾向于决策有用观。当然，决策有用观所强调的决策有用性，也要考虑管理当局经营业绩及受托管理资源责任的履行，否则信息使用者的决策基础将受到极大的影响。向投资者提供决策有用的信息有利于分部信息披露的发展，这与分部信息披露的目标相吻合。实践证明，分部信息有利于提高投资者对企业当前风险的评价和对企业未来盈利能力的评估。另外，以行业分部和地区分部为表述基础的财务信息，以其真实性和相关性的优势，比合并信息更便于投资者评价管理者对受托资产的经管情况。因此，在新的财务报告目标理论的指导下，人们更加重视分部信息的披露。

（4）信息使用者的需求

经济的全球化、企业的多元化和跨国（地区）经营等改变了传统的商业运营方式，同时也改变了企业会计信息的披露和信息使用者对会计信息的需求。在企业跨行业、跨国（地区）经营的情况下，信息使用者所面临的不确定因素大大增加。为了降低各种不确定因素带来的影响，信息使用者在决策过程中必然要求更多的信息，他们不但关注企业作为一个整体的经营情况，也关注企业各个分部的情况，甚至“在信息使用者希望获得更多信息的领域中，最重要的是分部信息”①。美国投资管理与研究协会在一份研究报告中指出，“分部信息在投资分析过程中是非常关键、非常重要和必不可少的，投资分析师需要知道一个公司各个组成部分是否有效地运作，缺少这种分解的信息，将使分析师无法正确地预测整个公司未来的现金流量数额、时间和风险”②。Mautz 也指出，“多元化企业的业绩是由它的各个分部的进步和成功所形成的，分析者一定要了解每一个分部作为预测企业未来的基础”③。分部信息可以使信息使用者对企业跨国经营和多元化经营的情况有一个更为详实地了解，正确评价企业过去的经营情况，合理地预测企业未来收益，作出更有效的决策。当然，不同的信息使用者对分部信息的需求各有侧重。例如，投资者进行投资决策时，需要评价投资风险和报酬，关心被投资企业未来的利润和现金流量，因此分部信息应提供不同地区、不同行业的生产经营对企业过去和将来经营业绩的影响，使其资源配置更为理性；债权人要求分部报告提供企业集团各个分部的资产额、利润额和现金流量等指标，以便合理地判断各个分部的偿债能力、财务状况和经营成果，有助于综合评价企业集团的相关指标，以确定信贷决策；国家职能部门需要通过分部信息了解各个行业、各个地区的发展情况，采取正确的政策导向，促

① AICPA. Improving business reporting：A customer focus［R］. Report of the AICPA Special Committee on Financial Reporting，1994.

② 张鸣. 上市公司分部信息披露［J］. 财经研究，2001（5）.

③ 桑士俊. 关于企业分部财务报告［J］. 会计研究，2000（2）.

进地区、行业间的有益竞争，加强宏观经济管理。另外，企业管理当局也可以通过分部信息及时了解各个行业、各个地区的获利能力、投资风险、业绩完成情况和发展前景，合理调节产业结构、区域分布和兼并决策。正是由于信息使用者对分部信息的客观需求才迫使监管机构制定并不断完善分部信息的披露准则。

5.2.2 IAS 14 的发展

1980 年 3 月，IASC 发布了征求意见稿 E 15《按分部报告财务信息》。1981 年 8 月，IASC 正式发布了 IAS 14《按分部报告财务信息》，该准则在很大程度上受到了美国有关分部报告准则的影响。在保持基本原则不变的情况下，IASC 又于 1994 年对 1981 年发布的 IAS 14 进行了改编，改编后仍沿用原来的名称。与此同时，为了适应形势的变化，IASC 开始考虑对该准则进行修订，并于 1994 年 3 月将修订工作纳入计划。需要对 IAS 14 进行修订的主要原因在于：第一，IAS 14 自公布以来，有关各方提出了很多改进建议，这些建议对于完善分部报告准则是必要的；第二，全球经济以及跨国公司的业务经营发生了重大变化，客观上要求对分部报告准则重新修订；第三，许多国家及国际组织的准则制定机构（如英国、日本、经合组织等）陆续制定了相应的准则，因此有必要通过修订来促进分部报告会计准则的国际协调。

1995 年 5 月，IASC 完成了分部报告准则修订的基础工作，并发布了一份文件——《原则公告：按分部报告财务信息》。在此基础上，IASC 于 1995 年 12 月发布了一份征求意见稿 ED 51《分部报告》（Segment Reporting）。在对分部报告准则进行深入研究和广泛征求意见的基础上，IASC 于 1997 年 7 月发布了新修订的 IAS 14《分部报告》，于 1998 年 7 月 1 日起生效。2006 年 1 月 19 日，IASB 发布了关于分部报告的趋同建议，这些建议体现在国际财务报告准则征求意见稿 ED 8《经营分部》中，该征求意见稿的内容源于 IAS 14 和美国 SFAS 131《关于企业分部和相关信息的披露》，将来的国际财务报告准则将取代 IAS 14 并与 SFAS 131 的要求保持一致。ED 8 要求主体采用管理法报告其经营分部的财务业绩，即报告的信息是管理当局内部使用的用于评价分部业绩和决定经营分部间资源分配的信息。这类信息可能与收益表和资产负债表解释的信息不同。因此，该建议要求说明分部信息编制的基础，以及调整至收益表和资产负债表的信息。

IASB 相信，采用管理法将改善财务报表的质量，这是因为：首先，它使得财务报表使用者从管理当局的角度评价主体经营情况；其次，由于信息原本就被管理当局内部使用，编制者的成本很低，信息的获得更及时。这意味着中期报告的分部信息能在当前要求的基础上扩展。

5.2.3 IAS 14 的基本内容

1）IAS 14 的适用范围

IAS 14《分部报告》（1997 年修订）只适用于其权益性或债务性证券公开交易，以及正处于在公开证券市场上发行权益性或债务性证券过程中的、按照国际会计准则编制财务报表的企业。对于证券不公开交易但按国际会计准则编制财务报表的企业，鼓励其自愿按分部披露信息，但是一旦企业选择了在按照国际会计准则编制的财务报表中自愿披露分部信息，那么就应完全遵从国际会计准则的要求。

与以前发布的相关准则比较，修订后的分部报告准则的适用范围有所缩小。以前分部信息披露准则的适用范围还包括“经济上重要的其他实体（包括子公司）”，主要指收入、利润、资产或雇员人数在其从事主要经营活动的国家显得重要的实体。IAS 14《分部报告》之所以缩小其适用范围，可能是因为那些非公开性企业的投资者通常有其他的途径可以获得所需要的信息。并且，由于非公开性企业不在证券市场筹集资金，要求这类企业披露分部信息将导致这些企业的信息披露成本增加。

在适用 IAS 14《分部报告》的过程中，可能会有一些比较复杂的情形。例如，一份财务报告可能既包括证券公开交易企业的合并财务报表，也包括母公司或子公司（一个或多个）的单独财务报表。在这种情况下，分部信息仅以合并报表为基础披露。当然，如果子公司本身就是证券公开交易的企业，则它应在本身的单独财务报告中披露分部信息。

2）报告分部的确定

（1）分部的界定

分部的界定是披露分部信息的基础。IAS 14《分部报告》以产品和劳务以及地区作为界定分部的基础，并采用了“business segment”和“geographical segment”的概念。国内的研究文献一般将其译为“业务分部”和“地区分部”。IASC 在对分部报告准则的修订过程中，对分部的概念作了相当大的调整，关于“业务分部”的定义，修订前使用“industry segment”，修订后使用“business segment”。比较而言，“industry segment”是一个外延很大的概念，以至于不同的企业在理解和运用“industry segment”时所得出的结论不一样。比如，有的企业将那些在风险和收益方面具有重大差异的经营活动纳入同一“industry segment”，并以此来披露分部信息，这显然有悖于按分部披露财务信息的初衷。正是因为“industry segment”概念所造成的对其理解的随意性，IASC 受到了多方的指责。FASB 原来发布的 SFAS 14 也受到过类似的指责。为此，IASC 对“业务分部”的用词及定义作了修改，使用“business segment”，在一定程度上解决了由于定义过于宽泛而造成的对准则理解的随意性。

IAS 14 在对“业务分部”和“地区分部”的定义中强调了风险和收益因素，规定：单个业务分部不包括风险和收益具有重大差异的产品或劳务；单个地区分部不包括风险和收益具有重大差异环境中的经营。由于在分部信息披露时要区分主要分部报告和次要分部报告，IAS 14 同时强调，企业风险和收益的主要来源和性质决定其主要报告形式是业务分部还是地区分部。

IAS 14 对“业务分部”和“地区分部”分别作出如下定义：

①业务分部，是指一个企业可以区分的组成部分，该组成部分提供单项产品或劳务或一组相关的产品或劳务，并且承担着不同于其他业务分部所承担的风险和

收益。

由上述定义可以看出，如果业务分部涉及一组相关的产品或劳务时，那么该组产品或劳务应具有相关性。这就为是否将一些产品或劳务归类于同一业务分部规定了标准。在确定产品或劳务是否相关时，IAS 14 指出，应考虑如下因素[①]：第一，产品或劳务的性质；第二，生产过程的性质；第三，产品或劳务对应的客户的类型或类别；第四，销售产品或提供劳务时所使用的方法；第五，管理环境的性质（如果适用）。由于单个业务分部不包括具有重大不同风险和收益的产品或劳务，因此，在上述因素中，可能某些因素会存在不相似之处，就单个业务分部中的产品或劳务而言，大多数因素应该是相似的。

②地区分部[②]，是指一个企业可以区分的组成部分，该组成部分在一个特定的经济环境内提供产品或劳务，并且承担着不同于在其他经济环境中经营的组成部分所承担的风险和收益。

IAS 14 指出，一个地区分部可以是一个国家，也可以是两个或多个国家的组合，还可以是一个国家内的一个区域。在具体确定地区分部时应考虑的因素包括[③]：第一，经济和政治情况的相似性；第二，在不同地区经营之间的关系；第三，经营的接近性；第四，某一特定地区与经营相关的风险；第五，外汇控制规定；第六，潜在的货币风险。地区分部可以以企业资产分部（其销售的源头）和客户分部（其销售的目的地）为基础确定。

在对分部的界定上，IAS 14 采用了以管理法为主，同时兼顾风险—收益法[④]，即以企业内部管理报告系统作为界定分部的起点，如果一个分部中包括在风险和收益方面具有较大差异的产品或劳务时，应将其分拆。就管理法而言，与 SFAS 131 所作的规定基本一致，即以企业的组织和管理结构及其内部财务报告系统为基础来确定分部。由于企业的内部组织和管理结构以及其对董事会和总经理的内部财务报告系统通常基于行业和地区，因此，通过观察企业的组织和管理结构及其内部财务报告系统就可以确定企业的业务分部和地区分部。如果企业的内部组织和管理结构及其内部财务报告系统并不是基于行业和地区，那么业务分部和地区分部就不能再以内部报告系统为基础确定，而应以业务分部和地区分部的定义中所建议的有关因素加以确定。IAS 14 主张：分部的确定应依赖于企业已存在的内部分部或依赖于对企业已存在的内部分部的进一步分解，而不赞成为外部报告目的而单独划分分部。这一规定有助于降低分部信息的披露成本。

（2）报告分部

根据 IAS 14 的规定，一个业务分部或地区分部若要确定为报告分部，其大部

---

① IASC. IAS 14：Segment reporting [S]. para. 9.
② IASC. IAS 14：Segment reporting [S]. para. 9.
③ IASC. IAS 14：Segment reporting [S]. para. 9.
④ 有些学者认为，IAS 14 采用的是管理法（朱海林，1999）。我们认为，IAS 14 主要采用管理法的同时也考虑了风险-收益法，因为在修订后的准则中反复强调了风险-收益的思想，这与修订前准则采用风险-收益法是类似的。

分收入必须通过对外部客户销售取得，并且至少要符合下述三个 10% 检验中的一个：①其通过对外部客户的销售和与企业内部其他分部的交易获得的收入至少占所有分部（内部和外部）总收入的 10%；②其分部成果（利润或亏损）的绝对值至少占各盈利分部的合并利润和各亏损分部的合并亏损两项绝对值中较大者的 10%；③其资产至少占所有分部总资产的 10%。另外，通过上述检验识别的分部还要接受 75% 检验，即各报告分部对外部客户的总收入至少占企业合并总收入的 75%，否则应增加报告分部，即使新增加的分部满足上述 10% 检验，也要满足 75% 检验。

值得注意的是，IAS 14 在确定报告分部时，强调分部的大部分收入来自于外部客户。这说明 IAS 14 不要求将垂直结合经营的不同层次确认为单独的业务分部。但是，IAS 14 鼓励企业将垂直结合经营的不同层次作为单独的分部加以报告，并附上适当的说明。如果一个企业的内部报告制度将垂直结合经营的不同层次作为独立的分部对待，并且该企业不准备将其作为业务分部对外报告时，销售分部应合并到采购分部；如果这样做缺乏合理的基础，则销售分部应作为一个未分配的调节项目包括进去。IAS 14 在确定报告分部时，规定两个或多个本质上相似的内部报告业务分部或地区分部可以合并为单独的产品或地区分部。所谓本质上相似，有两层含义：其一，这些分部呈报了相似的长期财务业绩；其二，这些分部在业务分部或地区分部定义的所有因素方面都是相似的。报告分部的确定具有一定的延续性，如果某分部在上期确定为报告分部，且企业管理人员认为该分部仍很重要，那么当期该分部仍应确定为报告分部，即使该分部当期不满足前述的 10% 检验。如果某分部当期大部分营业收入来自于外部客户，并且满足相关的 10% 检验而于当期被确定为报告分部时，出于比较目的，该分部前期数据在列报时应重述，以正确地反映新确定的报告分部当期和前期的经营业绩，即使这一报告分部在前期不满足前述的 10% 检验也是如此。当然，如果重述不可行，则不必重述。

3）分部信息披露

IAS 14 对分部信息的披露采取了两种形式，即主要分部报告形式和次要分部报告形式，两种形式披露信息的详细程度不同。在确定了业务分部和地区分部以后，企业应按照其风险和收益的主要来源和性质来确定其主要分部报告形式和次要分部报告形式。“对于大多数企业，风险和收益的主要来源决定了企业如何组织和管理，企业的组织和管理结构及其内部财务报告系统通常为其分部报告目的提供了其主要风险和收益来源的最好证据”①。因此，企业的组织和管理结构及其内部财务报告系统也就成为确定主要分部报告形式和次要分部报告形式的基础。企业风险和收益的主要来源就是其主要分部报告形式，次要来源就是其次要分部报告形式。一般来说，如果业务分部报告为主要分部报告形式，则地区分部报告就为次要分部报告形式；反之亦然。IAS 14 同时规定，如果企业的风险和收益同时强烈地受到其生产的产品或劳务的差异及地区差异的影响，则企业应使用业务分部作为其主要分部

① IASC. IAS 14：Segment reporting［S］. para. 28.

报告形式，将地区分部作为其次要分部报告形式。如果企业的组织和管理结构以及其内部财务报告系统既不以产品或劳务为基础，也不以地区为基础，则企业应决定其风险和收益与产品或劳务、地区的相关程度，从而确定主要和次要报告形式。

作为主要分部报告形式，通常应披露的内容包括：①分部收入，对外部客户的收入与分部间交易的收入分开列示；②分部经营成果；③分部资产、负债的账面金额；④购置固定资产、无形资产等而发生的总成本；⑤折旧费和摊销费用；⑥折旧费和摊销费用以外的非现金费用；⑦权益法核算的在联营或合营企业净损益中的份额及投资（如果属同一分部）；⑧分部收入、经营成果、资产和负债向合并数据调节的信息。次要分部报告形式是相对主要分部报告形式而言的。如果业务分部作为主要分部报告形式，则地区分部（按资产所在地或客户所在地）作为次要分部报告形式；反之亦然。在不同的情况下，次要分部报告形式披露的内容有所不同，但不论次要分部报告形式为何种分部，通常会包括以下三项内容：①来自外部客户的收入；②分部资产的账面金额；③购置固定资产、无形资产等发生的总成本。企业的分部信息除按主要分部报告形式和次要分部报告形式披露上述有关信息外，还应披露分部的会计政策及其变更、分部间转移定价的基础及其变更、每个报告业务分部产品或劳务的类型、每个报告地区分部的构成以及外部收入超过企业收入的10%但未作为报告分部的业务或地区分部的收入等。

国际会计准则是IASC为促进国际协调，在综合考虑世界各国经济发展的基础上制定的，在某种程度上是有关各方谈判妥协的结果。这一点可以从IAS 14《分部报告》准则中明显地看出来。在IAS 14中，一方面在界定分部时考虑采用管理法，另一方面又采用了世界上很多国家制定分部信息披露规范中使用的“业务分部”和“地区分部”概念，这样既采纳了美国、加拿大等国家以管理法界定分部的先进经验，又保留了其他国家在相关准则中的通常做法。另外值得一提的是，IASC在完成了对1981年发布的分部信息披露准则的修订，并正式批准了新修订的分部报告准则后，并没有急于发布。由于当时美国、加拿大等国家也在对其相关准则进行修订，IASC是等到美国分部信息披露准则修订完成后才发布了IAS 14（1997年修订），这也体现了IASC权衡各方利益，为提高国际会计准则在世界范围内广泛适用性的良苦用心。

5.2.4 IFRS 8 的基本内容

征求意见稿ED 8获得批准后产生了新的国际财务报告准则IFRS 8《经营分部》。2006年1月19日，IASB在公布征求意见稿时指出，在世界范围内实现会计准则的趋同是其主要目标。正是为了实现这一目标，IASB与美国FASB签署了一个短期合作项目，目的在于缩小IFRS与美国GAAP之间的差异。IASB比较研究了IAS 14与SFAS 131的异同，征求意见稿已实现了与SFAS 131的趋同，除为了保持与其他国际财务报告准则一致而有所改变的以外，所适用的术语与SFAS 131相同。

IFRS 8取代国际会计准则第14号《分部报告》后于2009年1月1日开始生效。

IFRS 8 要求主体报告其经营分部的财务信息和描述性信息。报告分部是达到一定标准的经营分部或合并经营分部。经营分部是主体的组成部分，该部分的单独财务信息能够获得，并且主体主要经营决策制定者能够据此进行业绩评估和资源分配。通常，要求以内部用来评价经营分部经营情况和决定分部间资源分配的信息为基础披露分部信息。IFRS 8 要求报告经营分部利润（或损失），特别是收益和费用项目，以及资产的情况。它要求对报告分部的总收入、总损益、总资产和其他报告分部披露的项目调整至主体财务报表中的相应项目。它要求主体报告有关的来自其产品或劳务方面的信息、其拥有资产并获得收入的信息，以及主要客户的信息，而不管这些信息是否被管理当局在决策中使用。如果信息没有为内部管理当局编制，并且编制的成本过高，不要求主体披露这类信息。同时它要求主体提供关于分部界定方面的描述性信息，分部提供的产品或劳务方面的信息、分部信息计量与主体财务报表计量的不同的信息，以及不同期间分部信息金额计量的不同。

IFRS 8 与 IAS 14 相比，主要的不同之处在于：（1）适用范围的不同。IAS 14 要求权益性或债务性证券公开交易，以及权益性或债务性证券正处于向公开证券市场发行过程中的主体披露分部信息。IFRS 8 将这一范围扩展到对广泛的外部人有受托责任、持有资产的主体。（2）分部界定的不同。IFRS 8 要求对分部的界定以主体管理当局对主体不同组成部分在经营事务中进行决策的信息为基础，要求以内部报告为基础界定分部。IAS 14 要求以产品或劳务、经营的地理区域为基础界定分部，并区分主要分部和次要分部。（3）主体的一个经营单位如果主要或排他性地向其他分部销售产品，并且主体按一个分部进行管理，在 IFRS 8 中可以界定为一个分部。但在 IAS 14 中，报告分部仅限于那些主要从外部客户获取收入的分部。（4）分部信息的计量。IFRS 8 要求每个经营分部项目的数额按照向主要经营决策者报告的方式进行计量。IAS 14 要求分部信息的编制和呈报要采用与编制和呈报合并主体财务报表一致的会计政策。IAS 14 界定了分部收入、分部费用、分部成果、分部资产和分部负债。IFRS 8 没有界定这些术语，但要求披露每一报告分部的分部损益和分部资产是如何计量的。（5）IFRS 8 要求主体披露有关识别主体经营分部的要素的信息，包括组织基础、分部获得收入的产品或劳务的类型。IAS 14 不要求披露这些信息。IAS 14 要求对主要分部披露特定项目信息。如果特定的数额包括在分部损益或资产的计量中被主要决策制定者使用，IFRS 8 要求披露这些数额，并要求单独披露利息收入和利息费用，除非分部收入的大部分来自于利息，并且主要决策制定者主要依赖净利息收入来评价分部经营情况。IAS 14 不要求披露利息收入和费用。根据 IFRS 8，即使当主体只有单一的报告分部，也需要按规定作出额外的主体范围的披露。此类披露包括关于每一产品和服务或者每一产品和服务组合的信息，并要求按地理区域对收入和某些非流动资产进行分析——且进一步要求无论经营分部如何识别，应单独披露个别外国的收入/资产（如重要）。IFRS 8 同时提出了一项披露与主要客户交易信息的要求。如果与某一外部客户交易产生的收入达到或超过主体收入的 10%，则必须披露来自每一此类客户的总收入和所报告的这些收入来源的分部。IAS 14 不要求单个报告分部主体披露主体整体的产品或劳务、地理区域和主要客户信息。

5.2.5 相关准则的国际比较与评价

1）IAS 14 与美国相关准则的比较

IASB 新发布的 IFRS 8 已经实现了与美国 SFAS 131 的趋同。现行有效的IFRS 8 与 SFAS 131 的趋同体现在：（1）关于报告分部的基础。不再根据业务和地区划分，而是根据公司内部高层管理人员的经营决策分部组成和进行划分，可以是也可以不是根据业务和地区划分。（2）关于分部披露的类型。不再要求披露主要和次要分部，虽然要求一些企业披露诸如来自主要客户的收入和不同国家的收入，但分部的基础只有一个，即基于公司内部报告系统。（3）关于报告分部的会计基础。不再根据财务报告计量的数字作为报告分部的会计基础，而是根据内部报告所得到的收入、费用和盈利数字作为报告分部业绩评价和资源分配的会计基础。

2）IAS 14 与我国相关准则的比较

在我国，财政部 1998 年 1 月 27 日颁布的《股份有限公司会计制度——会计科目和会计报表》中涉及到了分部信息披露问题，规定公司编制作为利润表附表 2 的分部营业利润和资产表，以反映公司各行业、各地区经营业务的收入、成本、费用、税金、营业利润、资产总额及现金流量的情况。从分部营业利润和资产表来看，《股份有限公司会计制度——会计科目和会计报表》对分部信息的披露要求相当高，既包括按照行业和地区分部的有关利润和资产信息，还包括分部现金流量的有关数据。但是，我们在对 1998—2000 年上市公司年报的研究中发现，所有披露分部信息的上市公司都是按照证监会的规定披露的，没有任何一家上市公司披露分部营业利润与资产表。造成这种现象的原因可能是，尽管财政部颁布的《股份有限公司会计制度——会计科目和会计报表》要求公司披露有关信息，但是证监会直接对上市公司进行监管，如果证监会没有相关要求，上市公司就缺乏对外披露信息的主动性。这也说明一个问题：在对上市公司信息披露进行规范时，各种规范之间应保持协调一致。

2000 年 12 月 29 日，财政部颁布了《企业会计制度》（新制度），取代了《股份有限公司会计制度——会计科目和会计报表》（旧制度），自 2001 年 1 月 1 日起暂在股份有限公司范围内实行。新制度在分部信息披露方面作了重大调整，与国际惯例更加靠近。

从分部的概念上讲，新制度首次提出了业务分部和地区分部的概念：（1）业务分部，“指企业内部可区分的组成部分，该组成部分提供单项产品或劳务，或一组相关的产品或劳务，并且承担着不同于其他业务分部所承担的风险和回报”①。旧制度要求披露分行业经营的情况，并指出行业是指工业、商业、施工、运输、旅游、房地产等。可以看出，旧制度的规定显得过于笼统，范围太大，据此一个生产

① 中华人民共和国财政部．企业会计制度［M］．北京：经济科学出版社，2001.

电视机、空调、冰箱、洗衣机的公司不必披露分部信息，因为这些产品都属于工业范畴。但是，这些产品的市场竞争程度、风险和收益等方面的差异是非常大的。相比之下，新制度的行业概念就小得多，具体得多。（2）地区分部，“指企业内可区分的组成部分，该组成部分在一个特定的经济环境内提供产品或劳务，并且承担着不同于在其他经济环境中经营的组成部分所承担的风险和回报”①。旧制度规定，地区是指公司所在的省、自治区、直辖市等。相比之下，旧制度中地区概念的范围较小。从分部信息披露的目的来考虑，旧制度中的地区概念是不合适的。对于一个国家而言，如果各地区之间的政治、经济差异性不甚明显，所面临的风险和收益会基本相同，也就没有披露地区分部信息的必要。因此，旧制度中有关地区的规定范围过窄，不但会增加企业的信息披露成本，而且会导致“信息超载”。从新制度对地区分部的定义来看，地区分部可以指一个国家或几个国家的组合，也可以是诸如我国香港、澳门、台湾等的一个地区，与国际会计准则一致。

新制度不但对业务分部和地区分部作了明确的定义，而且强调了分部间风险—收益的差异性，对于本质上相似的业务分部可以合并，体现了分部信息披露的初衷。而且，在界定业务分部和地区分部的过程中，新制度还强调“企业应根据本企业的具体情况，制定适合于其自身的业务分部和地区分部的分原则，并且一贯性地遵循这一原则。如果随着情况的变化而作出调整的，应在会计报表附注中予以说明”②，这使得新制度既体现了灵活性又体现了一贯性，有利于保证前后各期披露的分部信息具有可比性。从确定报告分部的角度讲，新制度采用了国际上通常采用的 10% 检验和 75% 检验。另外，支配性分部的 90% 检验也是适用的，即如果某一分部的对外营业收入总额占企业全部营业收入总额的 90% 以上，则该企业不需要编制分部报表。从披露的内容方面看，新制度去掉了旧制度中有关折扣与折让、税金及附加以及分部现金流量等方面的信息，增加了分部负债信息，同时将营业费用、管理费用、财务费用项目合并为期间费用项目。在披露的格式上也有所改变，旧制度首先将公司经营活动按行业划分，对不同行业再分地区反映。新制度将业务分部报表和地区分部报表分开编制，作为利润表的两张附表。

2001 年 11 月，财政部发布了《企业会计准则——分部报告（征求意见稿）》。2003 年 1 月 1 日，《企业会计准则——分部报告》正式实施。2006 年 2 月 15 日，《企业会计准则第 35 号——分部报告》正式发布，在该准则中，就企业分部信息披露作了详细规定。值得注意的是，在《企业会计准则第 35 号——分部报告》中没有明确适用范围，另外在《企业会计准则第 32 号——中期财务报告》中也涉及到了分部信息披露。

（1）关于分部的界定。我国《企业会计准则第 35 号——分部报告》明确规定，“……企业披露分部信息，应当区分业务分部和地区分部。业务分部，是指企

① 中华人民共和国财政部．企业会计制度［M］．北京：经济科学出版社，2001。
② 中华人民共和国财政部．企业会计制度［M］．北京：经济科学出版社，2001.

业内可区分的、能够提供单项或一组相关产品或劳务的组成部分。该组成部分承担了不同于其他组成部分的风险和报酬……地区分部，是指企业内可区分的、能够在一个特定的经济环境内提供产品或劳务的组成部分。该组成部分承担了不同于在其他经济环境内提供产品或劳务的组成部分的风险和报酬”。与 IAS 14 相比较可知，上述定义与 IAS 14 中所作的规定几乎完全一样，以产品或劳务以及地区为基础划分分部。另外，在确定产品或劳务是否相关时应考虑的因素也基本相同。

（2）关于报告分部的确定。我国《企业会计准则第 35 号——分部报告》采用的是国际上惯用的 10% 标准，即对分部收入、分部成果、分部资产等进行的，如规定“该分部的分部资产占所有分部资产合计额的 10% 以上”。这与 IAS 14《分部报告》中的规定完全一样。10% 检验作为一个约定俗成的标准，并没有一个客观的基础，只是因为大部分规范分部信息披露的国家都采用该标准。目前，证监会颁布的《公开发行股票公司信息披露的内容与格式准则第二号〈年度报告的内容与格式〉》也作了同样的规定。

（3）关于报告分部应披露的内容。我国《企业会计准则第 35 号——分部报告》要求划分主要报告形式和次要报告形式，分别披露详略不同的分部信息。这有助于通过强调主要报告形式突出企业的主要风险和报酬所在，有利于提高分部信息的价值，当然可能会因为强调主要报告形式而忽视某些风险的披露。

在披露分部信息时，企业应就主要报告形式披露：①分部收入，应分别披露对外交易收入和对其他分部交易收入；②分部利润（亏损），是指分部收入减去分部费用后的余额；③分部资产，分部资产的披露金额应当按照扣除相关累计折旧或摊销以及累计减值准备后的金额确定；④分部负债，是指分部经营活动形成的可归属于该分部的负债，不包括递延所得税负债；⑤分部费用，是指可归属于分部的对外交易费用和对其他分部交易费用。[①] 企业披露的分部信息，应当与合并财务报表或企业财务报表中的总额信息相衔接。在主要报告形式是业务分部或地区分部的不同情况下，次要报告形式披露的内容有所不同，但无论次要报告形式为何种分部，通常会包括以下两项内容：对外交易收入；分部资产总额，其中当期购置的固定资产和无形资产的成本总额应单独披露。除按主要报告形式和次要报告形式披露上述有关信息外，企业应披露分部会计政策及其变更、分部间转移定价等。如果母公司的财务报表和合并财务报表一并提供，则只需在合并财务报表的基础上披露分部信息。

中国证监会对上市公司分部信息披露从两个方面作了规定：业务报告中公司经营情况的回顾，“如果公司实行多元化经营，其业务涉及不同行业，则应对占公司主营业务 10%（含）的经营活动及其所在的行业分别作介绍。如果公司在不同地区或国家开展业务，还应按照不同地区或国家来反映公司主营业务的构成”；会计和业务数据摘要，“除会计数据和财务指标外，公司也可以采用数据列表方式或图

① 中华人民共和国财政部．企业会计准则第 35 号——分部报告［M］．北京：经济科学出版社，2006.

形表方式，提供与上述会计数据相同期间的业务数据和指标[①]。例如，产品销售量，市场份额，公司各主要业务占总收入的百分比，公司各地区业务占总收入的百分比等”。由上述规定可以看出，证券监管部门已经意识到了披露分部信息的必要性，但所作的规定是相当模糊的，如对“主要业务”的量的标准未作规定。并且，仅要求以百分比的形式披露分部信息。尽管如此，“……从这一时期的年报披露情况看，一些上市公司已经很会利用分部信息来传递对自己有利的信息了”[②]。

此后，中国证监会针对上市公司分部信息披露的规范和研究并没有结束，又颁布了几次相关准则的修订稿，其中披露的内容与要求发生了很大的变化。目前所涉及到的分部信息披露的内容主要有定性描述和定量描述两个方面，其中定性描述主要体现在董事会报告部分的“公司主营业务的范围及经营状况”规定：“①分别按行业、产品、地区说明报告期内公司主营业务收入、主营业务利润的构成情况；②对占公司主营业务收入或主营业务利润 10% 以上的业务经营活动及其所属行业，以及占主营业务收入或主营业务利润总额 10% 以上的主要产品应予介绍。主营业务及其结构较前一报告期发生较大变化的，应予以说明。”[③] 定量披露仅要求对公司分行业经营的情况予以披露，要求披露营业收入、营业成本、营业毛利及公司内、行业间抵减等分部信息。

5.2.6　IAS 14 运用示例

A 公司从事多元化跨国经营活动，共有 5 个业务分部和 4 个地区分部。表 5-6 和表 5-7 是该公司 20×1 年度的财务信息。

表 5-6　**业务分部数据**　单位：千美元

项　目	啤酒	饮料	酒店	零售	包装	合计
总的销售收入	2 249	1 244	4 894	3 815	7 552	19 754
外部销售	809	543	4 029	3 021	5 211	13 613
销售给其他分部	1 440	701	865	794	2 341	6 141
分部利润或亏损	631	(131)	714	(401)	1 510	2 323
资产	4 977	3 475	5 253	1 702	8 258	23 035

表 5-7　**地区分部数据**　单位：千美元

项　目	芬兰	法国	英国	澳大利亚	合计
总的销售收入	7 111	1 371	3 451	7 821	19 754
外部销售	6 841	1 000	2 164	3 608	13 613
销售给其他分部	270	371	1 287	4 213	6 141
分部利润或亏损	1 536	(478)	494	771	2 323
资产	9 231	5 001	3 667	5 136	23 035

① 中国证券监督管理委员会．公开发行股票公司信息披露的内容与格式准则第二号〈年度报告的内容与格式〉（试行）[S]．1994.

② 丁兆军，卢文彬．分部信息披露：制度比较与会计难点[J]．会计研究，1998（10）．

③ 中国证券监督管理委员会．公开发行股票公司信息披露的内容与格式准则第二号〈年度报告的内容与格式〉[S]．1999.

要识别该公司应报告业务分部还是地区分部，首先，应确定哪些分部的收入主要来自于外部销售（见表 5-8）。

表 5-8 **分部分析一** 单位：千美元

分　部	外部销售比例（%）	是否符合
业务分部：		
啤酒	36	否
饮料	44	否
酒店	82	是
零售	79	是
包装	69	是
地区分部：		
芬兰	96	是
法国	73	是
英国	63	是
澳大利亚	46	否

其次，应分析在上一步中符合标准的分部是否满足销售、利润或亏损、或资产达到 10% 的标准（见表 5-9）。

表 5-9 **分部分析二** 单位：千美元

项　目	金　额
销售（19 754×10%）	1 975
分部利润或亏损：	
业务（(631+714+1 510）×10%）	286
地区（(1 536+494+771）×10%）	280
资产（23 035×10%）	2 304

再次，进一步作出判断（见表 5-10）。

表 5-10 **分部分析三**

分　部	满足的标准	是否应报告
业务分部：		
酒店	销售、利润或亏损、资产	是
零售	销售、利润或亏损	是
包装	销售、利润或亏损、资产	是
地区分部：		
芬兰	销售、利润或亏损、资产	是
法国	销售、利润或亏损	是
英国	销售、利润或亏损、资产	是

最后，检查应报告分部的外部收入合计数是否超过公司总的外部销售收入的 75%。

（1）应报告业务分部的外部销售收入为 12 261 千美元（4 029+3 021+5 211），占总的外部销售收入的 90%；

（2）应报告地区分部的外部销售收入为 10 005 千美元（6 841+1 000+2 164），占总的外部销售收入的 73.5%，低于 75%。

根据 IAS 14 的规定，必须增加地区分部作为报告分部，即使这些分部不满足 10% 的检验标准。因此，根据规定，澳大利亚分部也应该作为地区分部。所以，最终确定的报告分部中，业务分部包括：酒店、零售、包装；地区分部包括：芬兰、法国、英国、澳大利亚。

5.3　中期财务报告

5.3.1　概述

中期财务报告是包括一套完整的或一套简明的财务报表的财务报告，财务报告涵盖的期间短于主体一个完整的财务年度。1997 年 8 月，IASC 公布了征求意见稿 E57《中期财务报告》。1998 年 6 月，IAS 34《中期财务报告》正式发布，并于 1999 年 7 月 1 日生效。该准则对 1999 年 1 月 1 日及以后日期开始的会计期间有效，迄今为止没有作过重大的修订。IAS 34 的目标是规定中期财务报告的最基本内容，并规定完整或简明的中期财务报表中应采用的确认和计量原则。及时和可靠的中期财务报告可以帮助投资者、债权人以及其他相关人士了解主体的获利能力、产生现金流量的能力及其财务状况和流动性。

1）IAS 34 的出台背景及理论基础

在资本市场的作用逐渐增强的经济环境中，信息使用者对于财务信息的及时性的要求更高，年度报告的缺陷日益凸现。加之信息技术的迅猛发展，则在一定程度上降低了信息披露的成本，为中期财务报告提供了技术基础。现代企业理论与信息经济学为中期财务报告提供了理论基础。从信息经济学的观点看，提供中期财务报告在时间上缩短了委托人与代理人之间的信息不对称[①]。

关于编制中期财务报告的目的，有两种不同的观点：一种观点认为，中报的目的与年报一样，是为了提供一个特定期间内企业的财务状况和经营成果，差别不过是缩短了期间，加快了报告的频率。在这种认识下，中期财务报告信息着眼于过去，重在如何真实反映企业过去的财务状况和经营成果，强调的是客观性、可靠性和反映经济现实。另外一种观点认为，中期财务报告的目的主要是为报表使用者提供决策有用的信息，帮助其预测企业年度内未来期间的财务状况和经营成果，因

① Kanto 和 Schadewitz（1997）的实证研究结果证明了中期财务报告提供的信息的确能减少管理层与外部投资者之间的信息不对称。

此，中期财务报告的信息应着眼于未来，重在如何帮助投资者和债权人对企业的未来做出正确的分析，强调的是相关性和提供预测信息。以上不同的观点主要基于不同的理论基础：一体观和独立观。所谓一体观，是指将每一个中间报告期视为整个会计年度的一部分，而不是独特的、独立的时期。每一个中期期末估计、递延分摊时应考虑该年度剩余期间的经营情况，会计年度内发生的成本、费用也应按其受益期、相对应的销售量和其他因素，在各个中期报告期之间分摊。所谓独立观，是指将每一个中间报告期视为一个基本的会计期间，是与年度会计期间相分离的独特的、独立的时期。编制年度财务报告适用的会计估计和会计政策同样适用于中期财务报告的编制。以这种方法编制的中期财务报告所提供的信息较为真实，不易受企业内部人的操纵。但同时它会导致收入与费用的不合理配比，使得各中期报告期间收益波动较大，从而不利于报表使用者对企业业绩的正确预测，误导投资与信贷决策。采用哪一种方法编制中期财务报告，在很大程度上与报告目的和所处环境有关。综观各国准则的实际内容，很少有纯粹采用一种观念的做法，大多是两种观念的融合，只不过是各有侧重。例如，FASB 名义上采用的是一体观，但它的所得税费用确认标准却与独立观相一致。因此，问题的关键在于哪些项目以独立观处理较为妥当，哪些项目以一体观处理较为妥当。

2）IAS 34 的适用范围

IAS 34 没有强制规定哪些主体应公布中期报告、间隔多长，或在中期期末后多久公布中期报告。但是，政府、证券监管机构、证券交易所和会计团体通常要求其债券或权益证券公开交易的主体公布中期报告。如果主体被要求或自行选择依据国际会计准则公布中期报告，应采用本准则。国际会计准则委员会鼓励那些公开交易的主体提供符合 IAS 34 规定的确认、计量和披露原则的财务报告。特别鼓励公开交易的主体在中期期末以后 60 天内提供中期报告，并至少提供截至其财务年度前半年末的中期财务报告。

IAS 34 规定，如果主体的中期财务报告与其保持一致，则应对此予以披露。只有中期财务报告符合每项适用的准则和每项适用的常设解释委员会解释公告的所有要求时，才能被认为是与国际会计准则保持一致。但同时规定，在一个特定的财务年度，可能出现主体没有提供中期财务报告，或提供的中期财务报告不符合 IAS 34 要求等情况，这并不妨碍主体的年度财务报告与国际会计准则保持一致，财务报告在评价其是否符合国际会计准则时具有独立性。

5.3.2　IAS 34 的基本内容

1）中期财务报告的基本内容和格式

按照 IAS 34 的规定，中期财务报告是指包括涵盖一个中期的一套完整的财务报表或一套简明的财务报表的财务报告。这表明主体在披露中期财务报告时可以有所选择。主体可以选择在中期报告中公布一套完整的财务报表，这些报表的格式和内容应符合 IAS 1 规定的一套完整的财务报表的要求，包括资产负债表、收益表、权益变动表、现金流量表以及报表附注，包括重大会计政策和其他说明性附注的概述。如果主体在中期财务报告中公布一套简明的财务报表，则应包括简明资产负债表、简明收益表、反映权益变动（或与业主的资本交易和业主的分派所引起的权益变动以外的权益变动的简明报表）、简明现金流量表和选择的说明性附注。IAS 34将中期财务报告的最基本内容界定为包括简明的财务报表和选择的说明性附注。虽然 IAS 1 要求反映权益变动的报表作为主体财务报表的单独组成部分列报，但是，IAS 34 允许有关资本交易和业主分派引起的权益变动的信息，或者在表内，或者在附注中反映，主体就反映权益变动的中期财务报表所采用的格式，应与其最近的年度财务报表所采用的格式一致。如果主体最近的年度财务报表是合并财务报表，则中期财务报表应按相同的合并基础来编制。母公司的单独财务报表与最近的年度财务报告中的合并报表不一致时，如果主体的年度财务报告除包括合并财务报表外，还包括母公司的单独财务报表，IAS 34 既不要求也不禁止将母公司单独的财务报表包括在主体的中期财务报告中。

2）有选择的说明性附注

IAS 34 假定中期财务报告的使用者也可以取得该主体最近的年度财务报告，因此，中期财务报告的附注中无需提供在最近的年度财务报告中已经报告的、相对来说不十分重要的更新信息。如果重要且未在中期财务报告以外的其他地方披露，则主体中期财务报表的附注中至少应包括下列信息：

（1）存货金额减记至可变现净值，以及这项减记的转回；

（2）不动产、厂场和设备以及无形资产或其他资产的减值损失的确认，以及减值损失的转回；

（3）重置成本准备的转回；

（4）不动产、厂场和设备的购买和处置；

（5）购买不动产、厂场和设备的承诺；

（6）诉讼了结；

（7）前期差错的更正；

（8）资产负债表日或以前纠正的贷款拖欠或贷款协议的违反；

（9）关联方交易。

这些信息通常应以“财务年度年初至今”为基础报告。但是，主体也应披露对于理解本期间具有重要性的如下交易或事项：

（1）中期财务报表沿用了与最近年度财务报表一致的会计政策和计算方法的声明，或者如果这些政策、方法已变更，对变更的性质和影响的评述；

（2）对中期经营的季节性或周期性的说明性评述；

（3）对资产、负债，权益、净收益或现金流量有影响的异常项目的性质和金额，这些项目由于其性质、金额或发生的频率而属异常；

（4）本财务年度的以前中期或以前财务年度已经报告过的估计金额变更的性质和金额（如果这些变更对本中期有重要影响的话）；

（5）债务性证券和权益性证券的发行、回购和偿还；

（6）为普通股和其他股份支付的股利（总额或每股股利）；

（7）业务分部或地区分部（取决于哪一部分是主体分部报告的主要基础）的分部收入和分部成果（仅当 IAS 14《分部报告》要求主体在其年度财务报表中披露分部数据时，才要求主体在中期财务报告中披露分部数据）；

（8）未在中期财务报表中反映的中期期末之后的重要事项；

（9）该中期内主体结构变化（包括企业合并、子公司和长期投资的购买或处置、重组和终止营业）的影响，在企业合并的情况下，主体应披露 IAS 3《企业合并》第 66～73 款要求披露的信息；

（10）自上一年财务度资产负债表日以来发生的或有负债、或有资产的变化。

3）要求列示中期财务报告的期间

IAS 34 规定中期财务报告应包括如下期间的相关中期财务报表（简明的或完整的）：（1）截至本中期期末的资产负债表和截至上一财务年度末的比较资产负债表；（2）本中期的收益表和本财务年度年初累计至今的收益表，并提供上一财务年度可比中期（相当于本中期和年初至今的期间）的收益表；（3）反映本财务年度年初累计至今权益变动的报表，以及上一财务年度相当于年初至今可比期间的比较报表；（4）本财务年度年初累计至今的现金流量表，以及上一财务年度年初至今可比期间的比较报表。另外，对于经营具有高度季节性的主体，截至中期财务报告日前 12 个月的信息以及在此之前 12 个月的比较信息可能是有用的。IAS 34 鼓励那些经营具有高度季节性的主体除提供上述信息外，还报告这一信息。

如果主体每半年公布一次中期财务报告，假定主体的财务年度截止日是 12 月 31 日，主体在截至 20×1 年 6 月 30 日的半年中期财务报告中应公布的财务报表如表 5-11 所示。

表 5-11　　**主体半年中期财务报告中应公布的财务报表**

报表类别	当时（期）报表时间	比较报表时间
资产负债表	20×1 年 6 月 30 日	20×0 年 12 月 31 日
收益表	20×1 年 1 月 1 日至 6 月 30 日	20×0 年 1 月 1 日至 6 月 30 日
现金流量表	20×1 年 1 月 1 日至 6 月 30 日	20×0 年 1 月 1 日至 6 月 30 日
权益变动表	20×1 年 1 月 1 日至 6 月 30 日	20×0 年 1 月 1 日至 6 月 30 日

如果主体每季度公布一次中期财务报告，那么截至 20×1 年 6 月 30 日的季度中期财务报告中应在上述报表的基础上，增加一份反映 3 个月（20×1 年 4 月 1 日至 6 月 30 日）经营成果的收益表，相应的比较报表期间为 20×0 年 4 月 1 日至 6 月 30 日。

IAS 34 规定，为编制中期财务报告而决定如何确认、计量、分类或披露某项目时，其重要性应相对中期财务数据进行评估①。在对重要性进行评估时，应与年度

① 国际会计准则强调重要性概念，“国际会计准则不打算运用于不重要项目”（国际会计准则前言）；“如果信息的省略或差错会影响使用者根据财务报表作出的经济决策，该信息就具有重要性”（概念框架）。

财务数据的计量相比，中期计量可能在更大程度上依靠估计。虽然为编制财务报表而对重要性进行评估时需要运用判断，但是，为便于理解中期数据，IAS 34 还是以中期数据本身为基础拟定确认和计量政策。因此，对异常项目、会计政策或估计变更以及差错等，应以与中期数据相关的重要性为基础予以确认和披露，以避免由于不披露而产生的误导。最重要的目标是确保中期财务报告囊括与理解主体中期财务状况和经营业绩相关的所有信息。

4）会计政策

主体应在中期财务报表中采用与其年度财务报表中相一致的会计政策，除非最近的年度财务报表日以后会计政策发生了变化，并且这种变化将在下一年度财务报表中反映出来。IAS 34 的规定要点在于强调主体在一个财务年度内应使用同样的会计政策。如果决定在年度中间变更某一会计政策，这项变更具有追溯性，即对以前报告的中期数据要重述。

5）计量

中期财务报告的计量应以年初至报告日为基础，这样，主体报告的频率（年报、半年报或季报）不应影响年报结果的计量。IAS 34 在计量方面强调以下要点：

（1）如果在财务年度末预计或递延不恰当，在财务年度内收到的季节性、周期性或偶然性的收入在中期财务报告日不应预计或递延。

（2）当且仅当在主体的财务年度末预计或递延年度中不均匀发生的费用是恰当的时，在编制中期财务报告时才能对这些费用进行预计或递延。

（3）所得税费用应基于整个财务年度，以年度所得税税率的最佳估计加权平均确认。

在 IAS 34 的附录中，对资产、负债、收入和费用的确认和计量给出了具体的指南。

6）年度报告中的披露

IAS 34 规定，如果中期财务报告的某项估计金额在财务年度的最后一个中期内发生了重大变化，而该最后一个中期的财务报告不单独公布，则该估计变更的性质和金额应在该年度财务报表的附注中披露。IAS 8 要求披露对本期有重大影响或对以后期间预计有重大影响的估计变更的性质和金额（如果可行话）。IAS 34 要求在中期财务报告中作类似的披露。这方面的例子包括在财务年度的以前中期已报告过的最后一个中期内发生的存货减值、重组或减值损失等方面估计变更。这与 IAS 8 的要求一致，但在范围上较窄，仅与估计变更有关。不要求主体在其年度财务报表中包括额外的中期财务信息。

5.3.3　IAS 34 疑难问题解释

1）中期资产减值损失

关于资产减值损失，各国和各地区的会计准则一般都规定应在年度财务报告中予以确认，而在中期财务报告中是否应予以估计和计量，独立观和一体观既有一些相似之处，也有一些区别。独立观认为，中期是与年度一样的独立会计期间，编制中期财务报告的确认和计量原则应与年度财务报告相同，因此在年度财务报告中要求确认资产减值产生的损失，在中期财务报告中也应予以确认。一体观则强调中期是年度的有机组成部分，主要应突出其对年度财务报告的预测价值和对投资者的决策相关性。对资产价值的重新审核和对相关损失的合理估计以及确认无疑将有助于提高期财务报告信息的预测价值，因此也要求在中期确认资产减值损失。IAS 34 规定，在中期确认和计量存货减记、重组或减值引起的损失的原则，应与企业只编制年度财务报表时采用的原则一致。但是，如果这些项目在一个中期确认和计量，且在该财务年度内后续中期发生估计变更，则最初的估计应在后续的中期通过加记一项额外的损失或转记一项以前已确认的金额来改变。IAS 34 要求在中期财务报告中对资产减值损失予以确认和计量侧重于采用以独立观为基础来编制。按照我国会计准则的规定，在每一中期期末，企业都应当按照应收款项的可收回性计提坏账准备，按照成本与可变现净值孰低原则计提存货跌价准备，按照账面价值与可收回金额孰低原则，对委托贷款、固定资产、在建工程、无形资产等资产计提减值准备，确认减值损失。中期末采用的资产减值测试、确认和转回的标准应当与会计年度末所采用的标准相一致。显然，我国侧重采用以独立观为基础来编制中期财务报告。但是，我国并不要求企业在每个中期期末都像会计年度末那样对各相关资产作全面、详细的减值测试和计算。企业在中期期末可以只对自上一会计年度末以来所发生的重大减值迹象进行测试，如果检查发现存在重大的资产减值情况，再进行相关测试与计算，确认减值损失。

2）中期所得税

IAS 34 规定，应在每个中期确认所得税，应依据对整个财务年度的所得税税率的最佳估计的加权平均数确认。如果年度所得税税率发生变化，在一个中期确认的所得税费用金额可能需要在该财务年度后续中期予以调整。可以看出，尽管 IASC 侧重于采用独立观，但在中期所得税的处理上，借鉴了一体观的处理方法。根据我国中期财务报告会计准则，中期所得税的确认和计量原则应当与年度会计报表所采用的所得税确认和计量原则相一致，即企业如果在年度会计报表中采用应付税款法核算所得税，则在中期会计报表中也应当按照应付税款法的核算原则预计中期所得税；企业如果在年度会计报表中采用纳税影响会计法核算所得税，则在中期会计报表中也应当按照纳税影响会计法的核算原则预计中期所得税。如果企业在年度会计报表中是采用递延法核算所得税的，则在中期会计报表中也应当按照递延法的核算原则预计中期所得税；如果企业在年度会计报表中采用债务法核算所得税的，则在中期会计报表中也应当按照债务法的核算原则预计所得税。企业既不得在中期随意变更所得税的核算方法，也不得采用与年度会计报表不相一致的所得税核算方法。与此同时，企业在具体确认和计量中期所得税时，应当以年初至本中期期末为基础。显然，与 IAS 34 不同，我国在中期所得税的会计处理上严格遵循了独立观的原则，这符合我国的实际情况。在我国目前上市公司虚假信息披露现象严重和会计人员素质不高的情况下，如果允许企业通过预计全年有效税率的方法来计算企业的所得税，极易出现企业所得税计算金额不准确和企业借所得税操纵损益的情况。而通过规定"中期所得税的计算应以中期会计利润总额乘以适用税率求得"，不但简化了会计人员的核算，也避免了运用过多的估计而降低中期财务报告的可靠性。

5.3.4　IAS 34 的主要变化和国际比较

1）理论观点的综合比较

前面提到，关于中期财务报告的编制目的有两种不同的理论。一种观点认为，在编制中期财务报告时，其会计估计、成本费用摊销，以及应计、递延项目都应与年报一样，只不过其时间短于一个会计年度，这就是所谓的独立观。其优点是能够对企业的经营业绩提供真实、可靠的信息，缺点则是会导致中期收入与费用的不配比，不利于报表使用者作出合理、正确的评价。另一种观点认为，中期财务报告的编制目的是为会计信息使用者提供有利于决策的信息，从而更好地对企业的未来状况作出估计和预测，这就是所谓的一体观。这种观点要求对有关的成本费用在各个中期按照适当的标准进行分摊。其优点是前一期间的非正常的利润波动可由后期来抵销，从而使收入与费用得到合理配比，其缺点是缺乏信息的可靠性，容易被人为地操纵利润。美国以及我国的台湾地区依据一体观，英国、加拿大、新西兰、澳大利亚，以及我国香港等国家和地区则是依据独立观对中期财务报告进行规范。IAS 34要求中期财务报告和年度财务报告采用相同的会计政策，实际上倾向于独立观。我国中期财务报告准则要求中期报告编制原则和方法与年度报告相一致，可见我国相关准则的理论依据是独立观。美国的财务报告的目的是为报表使用者提供决策有用的信息，帮助其预测未来，估计全年财务状况和经营业绩，因此，其中期财务报告强调相关性和提供预测信息，从而采用一体观。美国证券市场发展时间较长，也较完善，会计人员的职业判断水平较高，具备采用一体观的客观基础。我国目前条件尚不成熟，因此宜采用独立观，更强调可靠性。

2）IAS 34 与美国、澳大利亚等国家相关准则的比较

中期财务报告准则的比较分析见表 5-12。

从编制中期财务报告的时间要求来看，三者的规定不尽一致。美国（SEC）规定上市公司应按季度编制中期财务报告，并在该季度结束后 45 天内向该委员会提供 10-Q 报告。澳大利亚 AASB 非常强调成本效用，规定上市公司可以半年为单位编制中期财务报告。美国 IASC 对中期财务报告的编制频率未作强制性规定，但鼓励股票公开交易的企业至少提供截至财务年度前半年末的中期报告。

从中期财务报告的基本组成来看，三者的规定基本相同。美国会计原则委员会第 28 号意见书规定，中期财务报告应包括资产负债表、收益表、现金流量表和简略的会计报表附注，其重点是放在对中期收益数据的公开披露上。澳大利亚中期财务报告的组成和美国基本相似。IAS 34 规定，中期财务报告至少应包括资产负债表、收益表、反映权益变动（或与业主的资本交易和业主分派所引起的权益变动以外的权益变动表）、现金流量表和选择性的会计报表说明性附注。

表 5-12　　中期财务报告准则的比较分析

项　目	IASB	美　国	澳大利亚
相关规范	IAS 34	SEC Form10-Q，APB 28，FASB 18，FAS 3	AASB 1029 Corporate Law（1994）
编报期间	短于一年	季度	半年
报告主要内容	资产负债表，收益表，权益变动表，现金流量表，可选择的说明性附注	资产负债表，收益表，现金流量表，简化的会计报表附注	资产负债表，收益表，现金流量表
内容详略程度	均可	简化	简化
提供前期可比资料要求	比较资产负债表，比较收益表，比较权益变动表，比较现金流量表	比较资产负债表，比较收益表，比较现金流量表	比较资产负债表，比较收益表，比较现金流量表
适用范围	无强制规定，如果主体被政府、监管部门要求或自行依据 IFRS 披露中期报告，则应采用该准则	上市公司	应披露信息的企业

从中期财务报告的内容来看，三者的规定不尽相同。美国 SEC 只要求公司按 10-Q 提供有限的财务资料，中期报表项目可详可略，报表附注可以简化，认为资料的及时性可以弥补资料细节的不足。因而，美国上市公司通常只提供较为简单的中期财务报告。澳大利亚对中期财务报告内容详细程度的要求与美国基本接近，也是采用简化的会计报表。IASC 将中期财务报告的内容界定为包括简化的财务报表和有选择的说明性附注，但同时表明，决不禁止企业提供完整的财务报告。

在提供比较中期财务报表的要求方面，三者基本上没有太大的差别。美国 SEC 对提供比较中期会计报表的要求包括：本中期期末和上年年末的资产负债表，本中期及本年初至报告日和上年可比期间的收益表，本中期及本年年初至报告日和上年可比期间的现金流量表。如果管理当局认为提供上一会计年度可比期间的资产负债表有助于理解公司财务状况的季节性波动，可以提供这样的资产负债表；同时，可以提供离本中期期末最近的 12 个月的利润表和现金流量表。澳大利亚 AASB 和 IASC 的规定基本上与美国相同，不同的是 IASC 还要求提供本年年初至报告日和上年可比期间的权益变动表。

在中期会计政策变更披露的要求方面，三者相差较大，因为各国对会计政策变更披露的要求存在较大差异。美国 FASB 规定，如果会计政策的变更发生在企业会计年度的第一个中期内，则该变更的累计影响应包括在第一个中期报告的净收益中；如果会计政策的变更发生在企业会计年度的第一个中期以外的期间，应将变更会计年度中变更之前的中期报告改用新的会计政策加以重报；当不能确定会计政策变更的累计影响，也不能计算模拟金额时，可以忽略累计影响数和模拟金额，但应在报表的附注中披露采用新会计政策对各中期以及年初至报告日报表的每股净收益的影响数，并同时在附注中说明忽略累计影响数和模拟信息的理由。澳大利亚 AASB 规定，中期财务报告对会计政策变更的披露应视变更的影响程度而采取不同的披露方式。IASC 规定，企业应当披露中期会计政策变更的性质和影响数。

3）IAS 34 与中国相关准则的比较

在我国，1993 年以前上市公司中期财务报告披露是自愿的。1993 年 4 月，国务院证券委员会发布了《股票发行与交易管理暂行条例》，首次规定了我国上市公司必须编制中期报告。1994 年 6 月，证监会发布了《公开发行股票公司信息披露的内容与格式准则第三号〈中期报告的内容与格式〉》。后来证监会又在 1996 年、1998 年、2000 年和 2002 年对该准则进行了修订。已废止的 1998 年 1 月 1 日施行的《股份有限公司会计制度》中也涉及中期报告的披露，规定中期报告采用的会计政策和会计处理方法一般应与年度财务报告一致。2001 年 4 月 23 日，证监会发布了《公开发行股票公司信息披露的内容与格式准则第十三号〈季度报告的内容与格式〉》。2001 年 11 月，财政部发布了《企业会计准则——中期财务报告》，明确界定了“中期”的概念，并提出中期财务报告至少应包括资产负债表、利润表、现金流量表和会计报表附注，并要求所提供的资产负债表、利润表和现金流量表应当是完整的会计报表。另外，还规定企业应在中期报告中采用与年度报告相一致的会计政策，并就中期会计报表附注应披露的内容作了详细的规定。

（1）关于期间的界定

IAS 34 没有对企业应间隔多长时间公布中期报告（即中期的时间跨度）作出规定，也没有规定企业应在一个中期结束后多久公布其中期报告。但鼓励公开交易的企业：①至少提供截至其财务年度前半年末的中期财务报告；②在中期期末以后 60 天内提供其中期报告。我国会计准则也没有明确地规定中期财务报告是按半年还是按季度编报。证监会 2003 年 6 月修订时将《公开发行股票公司信息披露的内容与格式准则第三号〈中期财务报告的内容与格式〉（试行）》改为了《公开发行证券的公司信息披露内容与格式准则第 3 号〈半年度报告的内容与格式〉》，这是因为证监会 2001 年 4 月 6 日发布的《公开发行股票公司信息披露的内容与格式准则第 13 号〈季度报告内容与格式特别规定〉》中明确规定：2002 年第一季度起，所有上市公司必须编制并披露季度报告。同时规定，公司应在会计年度前 3 个月、9 个月结束后的一个月内编制季度报告。因此，自 2002 年以后，我国上市公司编制中期财务报告的频率已由半年缩短至 1 个季度。

（2）关于报告的格式

IAS 34 将中期财务报告的最基本内容界定为包括简明的财务报表和有选择的说明性附注，这主要是考虑了及时性和成本效益原则，也可避免重复以前已报告过的信息。但该准则同时表明决不禁止或阻拦企业提供完整报表。我国《企业会计准则——中期财务报告》要求提供详细、完整的中期报告，该准则第 5 条规定：在中期财务报告中根据本准则第 4 条的要求所提供的资产负债表、利润表和现金流量表应当是完整的会计报表，其格式和内容应当与上年度会计报表相一致。证监会2003年修订后的《公开发行证券的公司信息披露编报规则第13号〈季度报告内容与格式特别规定〉》要求公司的报表编制应当符合《企业会计准则——中期财务报告》的要求。因此，我国要求所有上市公司所提供的半年期的中期财务报表和季度的中期财务报表都是详尽的、完整的。

（3）关于报告的内容

在基本构成方面，IAS 34第5条规定：中期财务报告包括资产负债表、收益表、股东权益变动表、现金流量表与会计政策和说明性附注。我国《企业会计准则——中期财务报告》第4条规定：中期财务报告至少应包括资产负债表、利润表、现金流量表和会计报表附注。该准则并未要求编制股东权益变动表。证监会2002年修订后的半年度报告规定公司应当在半年度报告中披露利润及利润分配表、资产负债表、现金流量表及报表附注。证监会在2003年修订后的《公开发行证券的公司信息披露编报规则第13号〈季度报告内容与格式特别规定〉》中要求公司编制的季度报告的附录部分要包括现金流量表。

在附注信息披露方面，IAS 34和我国的会计准则都要求企业对中期会计报表附注以“年初至本中期期末”为基础编制。IAS 34规定，企业的中期会计报表附注中至少应包括10个方面的信息；我国会计准则规定，企业的中期会计报表附注中至少应包括14个方面的信息。对比这两个准则的相关规定，我国的会计准则要求在附注中披露的信息比IAS 34多了4项：①重大会计差错的内容及其更正金额。②存在控制关系的关联企业发生变化的情况；关联方之间发生交易的，应当披露关联方关系的性质、交易的类型和交易要素。③合并报表的合并范围发生变化的情况。④其他重大交易或者事项，如重大的长期资产转让及其出售情况、重大的固定资产和无形资产取得情况、重大的研究和开发支出、重大的非货币性交易事项、重大的债务重组事项、重大的资产减值损失及其减值损失的转回情况等。由此可见，我国会计准则对中期财务报告中附注信息的披露要求更为严格。

在母公司单独报表的提供方面，对于年度编报合并报表的企业，IAS 34要求中期财务报告按合并基础来编制，但该准则既不要求也不禁止其提供母公司的单独报表。我国中期财务报告准则规定：对于应当编制合并报表的企业而言，如果企业在上年度财务报告中除了提供合并会计报表之外，还提供了母公司会计报表，那么在其中期财务报告中除了应当提供合并会计报表之外，还应当提供母公司会计报表。也就是说，上市公司的中期财务报告中应当同时包括合并会计报表和母公司会计报表。证监会也规定，公司应当披露合并利润表及母公司的利润表、资产负债表和现金流量表。因为合并报表是根据母、子公司的个别报表编制的，但它并不能包括母、子公司的全部经营信息。我国要求中期财务报告中包括母公司报表，不仅有利于信息使用者了解母公司的情况，而且也没有过分增加披露成本，相比IAS 34来说更为合理。

结合在运用中提出的问题，IASB作为2010年度改进项目的一部分对IAS 34作出了修订，以澄清中期财务报告所披露的重大事项和交易。有关修订旨在强调：在中期有关重大事项和交易的披露应就最近期的年度财务报告列报的相关信息进行更新，并同时明确如何对金融工具及公允价值应用这一原则。该项修订自 2011 年 1 月 1 日生效。

5.4　现金流量表

5.4.1　概述

财务报表使用者在进行经济决策时需要评价主体产生现金和现金等价物的能力，以及主体产生现金和现金等价物的时间和确定性。现金流量表通过提供有关主体经营活动、投资活动和筹资活动方面的现金流量信息，有助于财务报表使用者对主体产生现金和现金等价物的能力进行评价，并了解现金流量的时间分配和确定性。1976 年 6 月，IASC 公布了征求意见稿 E 7《基金来源和应用表》（Statement of Source and Application of Funds）。1977 年 10 月，IASC 正式发布了 IAS 7《财务状况变动表》（Statement of Changes in Financial Position）。1991 年 7 月，IASC 公布了征求意见稿 E 36《现金流量表》（Cash Flow Statements），在综合各方意见的基础上，于 1992 年 12 月正式公布了 IAS 7《现金流量表》，并于 1994 年 1 月 1 日起开始生效。该准则的目标是要求主体通过现金流量表提供现金和现金等价物过去变动情况的信息，在表中将主体当期的现金流量划分为经营活动、投资活动和筹资活动三个来源。

1）IAS 7 的出台背景及理论基础

从国际上来看，现金流量表的产生最早可以追溯到 1862 年，当时英国出现了资金流量表，其可以看作是现金流量表的雏形。1863 年，在美国也出现了资金流量表。早期的资金流量表主要用于记录银行存款、现金等的变动情况。到 20 世纪初期，现金流量表已发展成四种不同的形式，分别用来揭示现金、流动资产、营运资金及某一期间全部财务活动的资金流量。其后一段时期，反映营运资金流量的资金流量表成为主要形式，即增加营运资金的项目作为资金的来源，减少营运资金的项目作为资金的运用。1963 年，美国会计原则委员会发表了第 3 号意见书，建议企业在编制资产负债表和利润表的同时，编制资金流量表，并说明了资金流量表的有关内容。在实务中，编制资金流量表主要有营运资金、现金和现金等价物两种基础，但营运资金基础占主导地位。1971 年，APB 又发表了第 19 号意见书《报告财务状况的变动》，建议把实务中普遍采用的资金来源和运用表改为财务状况变动表，以反映企业一切重大的筹资和投资活动，并将财务状况变动表纳入对外公布的基本财务报表中。但是，该意见书并没有对“现金”概念给予适当的定义，从而导致了对会计主体财务状况披露的多样化，在财务报表中强调的重点也各自不同，其结果是报表所提供的信息不可比。1973 年，美国 AICPA 所属研究组发表了一份关于财务报告目的的报告，认为财务报告的目的之一就是为投资者和债权人提供有用的信息，以便预测、比较和评估预期现金流量的金额、时间及其确定性。1978年，美国发表了概念框架第1辑SFAC 1《企业编制财务报告的目的》，指出，“编制财务报告应为现在的或潜在的投资者、债权人以及其他用户提供信息。所提供的信息要有助于他们对以下各种期望的现金收入来源估计其金额、时间和确定性：股利或利息、出售或赎买证券所得、到期证券或借款的清偿。因为投资者、债权人的现金流量和企业的现金流量有关，编制财务报表所提供的信息应该有助于投资者、债权人以及其他人士去估计有关会计主体期望的净现金流入量的数额、时间和确定性”。这表明了与AICPA基本相同的观点，认为人们从事投资、贷款及类似的活动，主要是谋求增加其现金来源，这些活动的成败最终要看其回收的现金大于（或小于）投入现金的程度。1982年12月，FASB发表了题为《报告资金流量、流动性和财务弹性》的讨论备忘录，建议采用现金基础的资金流量表。讨论备忘录指出，现金收入是投资者和债权人取得的主要补偿，若编制资金流量表是采用营运资金基础，应收账款、存货等流动资产项目与现金相混淆，则一个公司的现金流量就难以识别。1984年，FASB发表了概念框架第5辑SFAC 5《企业财务报表的确认与计量》，再次强调了现金流量的重要性。其中提到，现金流量表直接或间接地反映报告期内某一主体按主要来源分类的现金收入，以及按主要用途分类的现金支出；它提供的信息说明某一主体从经营活动中获得现金的各种活动，以偿付债务，分发股利或重新投资以维持或扩大经营能力；它还说明在债务和权益方面的各种理财活动，以及现金投资和现金消耗的情况。经过广泛的讨论，FASB于1987年12月正式发布了第95号财务会计准则公告，取代了APB的第19号意见书，并于1988年起开始生效，要求所有会计主体于1988年7月15日后都应编制现金流量表，并将其纳入主体对外公布的财务报表体系中。然而在实施该准则的过程中遇到了许多的问题，其中尤以对现金流量如何进行分类争议最多。为了指导现金流量表的编制，同时也为了弥补第95号准则的不足，FASB先后又发布了3个准则，SFAS 102《现金流量表：特定企业的豁免和出于再销售目的而获得的特定证券所产生的现金流量的分类》、SFAS 104《现金流量表：特定现金收支的净值报告及套期交易的现金流量》和SFAS 117《非营利组织的财务报表》。此外，英国和澳大利亚在1991年也分别发布了现金流量表会计准则，我国在1998年发布了《企业会计准则——现金流量表》，并从1998年1月1日起执行，并于2001年进行了修订。

1977年10月，IASC发布了IAS 7《财务状况变动表》，该准则要求准则范围内的会计主体将财务状况变动表纳入其对外公布的财务报表体系中。后来，随着经济的发展和人们认识的提高，财务信息的使用者越来越关心会计主体的现金流量信息。于是，IASC在1985年对IAS 7进行了审核，但并未作修改。1989年4月，IASC再次对IAS 7进行审核，并于1991年7月发布了准则草案E 36《现金流量表》。该草案对英国影响较大，这可以从英国会计准则委员会发布的FRS 1《现金流量表》中得到验证，两者有着广泛的联系。1992年，IASC在对准则草案E 36广泛征求意见的基础上，正式公布IAS 7《现金流量表》，并从1994年1月1日起生效。虽然该准则的序号未改，但内容已几乎已完全不同。在 IASB《国际财务报告准则 2004》版中，IAS 7 又有了某些微小删减，比如非常项目等。

2）IAS 7 的适用范围

现金流量信息是评价一个主体产生现金和现金等价物以及其使用情况的基础，所有遵循国际财务报告准则的企业，不论其规模大小和所属行业，都要提供现金流量表。即使在母公司披露合并现金流量表的情况下，子公司也必须提供现金流量表。

现金流量表分析了现金和现金等价物在一个期间的变动。现金和现金等价物包括库存现金和活期存款，以及期限短、流动性强、易于转换成已知金额的现金，价值变动风险很小的投资等。投资通常当且仅当其自取得之日起在 3 个月以内到期时才被认定为现金等价物。权益投资被排除在现金等价物之外，除非其本质上就属于现金等价物。例如，所取得的到期日很短并且规定了赎回日期的优先股。随时要求偿付的银行透支是主体现金管理的一部分，也属于现金等价物。

5.4.2　IAS 7 的基本内容

1）现金流量表的结构

现金流量表应当按经营活动、投资活动和筹资活动分类报告主体当期的现金流量。每一大类应当反映主体经营的本质特征，主体的业务性质将决定经营活动、投资活动和筹资活动现金流量的分类。虽然国际财务报告准则允许主体在分类方面有一定的自主性，但主体所采用的分类在各期之间应保持一致性。按活动分类来提供现金流量信息，有助于报表使用者评价这些活动对主体财务状况的影响，同时又有助于评价这些活动之间的相互关系。某一项交易可能包括归属于不同活动的现金流量，应当根据交易的性质合理地归于不同的项目。例如，偿还银行贷款时，既要偿还本金又要支付利息，支付利息属于经营活动，而偿还本金则属于筹资活动。

（1）经营活动现金流量

经营活动现金流量金额是一个重要的指标，通过它可以判断在不依靠外部资金的情况下，主体经营活动形成的现金流量是否足以偿还贷款、维持主体的经营能力、派发股利，以及进行新的投资。经营活动形成的现金流量主要来自主体产生收入的主要活动。因此，这些现金流量一般由进入主体损益确定的交易和其他事项形成，主要包括：①销售产品和提供劳务所获得的现金收入；②特许权使用费、服务费、佣金和其他现金收入；③支付给供应商和劳务提供者的现金；④向雇员或代雇员支付的现金；⑤保险主体涉及保险、保险索赔、年金和其他保险单利益条款的现金收入和现金支出；⑥缴纳所得税或税款退回，除非这些收支能具体确认为属于融资或投资业务；⑦为交易目的而持有的合同的现金收入或支出等。

IAS 7 规定，主体来自经营活动的现金流量，可以采用直接法报告，也可以采用间接法报告。IAS 7 鼓励主体采用直接法报告经营活动现金流量，因为这种方法提供的信息有助于评估主体未来的现金流量。但是，间接法的使用也非常广泛。直接法通过现金收入总额和现金支出总额的总括分类反映来自主体经营活动的现金流量，关于总括分类的信息可以根据主体的会计记录获得。间接法则是以净损益为基础，通过调整主体非现金交易、过去或者将来经营活动的现金收支的递延或应计项目，以及与投资或筹资现金流量相关的收益或费用项目的影响，来揭示主体经营活动所形成的现金流量。支付的利息通常归入经营活动，即使它是融资活动筹集资金引起的。利息成本可以通过经营活动的收益弥补并在计算净损益时扣除，所以应归为经营活动现金流量。

金融机构的日常商业活动应归为经营活动，即使其他主体可能会将同样的活动归为投资或融资活动。金融机构的贷款和预收款项应归为经营活动，这些款项涉及的利息收付也归为经营活动。类似的，分红收入也应归为经营活动现金流量。

（2）投资活动现金流量

投资活动是指长期资产以及不包括在现金等价物范围内的其他投资的购买和处置。投资活动现金流量代表着主体为了获得未来收益和现金流量而转出资源的程度，主体应单独地报告来自投资活动的总现金流入和总现金流出的总括分类，主要包括：①购置不动产、厂房和设备以及无形资产和其他长期资产的现金支出（包括与已资本化的开发费用以及自建不动产、厂房和设备有关的现金支出）；②出售不动产、厂房和设备以及无形资产和其他长期投资的现金收入；③购买其他主体的权益或债务性工具以及合营中的权益所导致的现金支出（不包括购买视同现金等价物的工具或出于交易目的而持有的工具所引起的现金支出）；④出售其他主体的权益性或债务性工具以及合营中的权益所带来的现金收入（不包括出售视同现金等价物的工具或出于交易目的而持有的工具所引起的现金收入）；⑤预付现金和贷款给其他主体（不包括金融机构的预付现金和贷款）；⑥给其他主体的预付现金和贷款的收回（不包括金融机构的预付现金和贷款的收回）；⑦根据期货合同、远期合同、期权合同和互换合同所支付的现金，但不包括出于交易目的的合同或归类为融资业务的现金支出；⑧期货合同、远期合同、期权合同和互换合同的现金收入，但不包括出于交易目的的合同或归类为融资业务的现金收入。

但是，对于一些投资活动的现金流量应以净额列报，主要涉及：①当现金流量反映客户而非主体的活动时，代客户收入和支出的现金，如银行活期存款的承兑和偿付、投资主体代客户持有的现金以及代财产所有者收取的租金和支付给财产所有者的租金；②周转快、金额大、期限短的项目的现金收入和现金支出，如与信用卡客户相关的本金金额、其他短期借款等。另外，对于金融机构，来自到期日固定的存款的存取所形成的现金收入和支出、向其他金融机构存放或提取的款项、给客户的现金预付款和贷款以及这些预付款和贷款的偿还等形成的现金流量也可以以其净额为基础报告。

（3）筹资活动现金流量

筹资活动是指导致主体资本及债务规模和构成发生变化的活动。筹资活动现金流量与资本的取得、提供和弥补有关，涉及到贷款、信用债券和股本等。单独披露来自筹资活动的现金流量是重要的，这有助于预测主体资本的提供者对主体未来现金流量的要求权。筹资活动现金流量包括：①发行股票或其他权益性工具所获取的实得现金收入；②因购买或赎回主体股票或其他权益性工具所导致的对所有者的现金支出；③发行公司债券、贷款、签发票据、发行一般债券、发行抵押债券以及其他短期或长期借款所获得的现金收入；④偿还借款所导致的现金支出；⑤融资租赁的承租方为减少与融资租赁相关的未清偿债务的现金支出。

与投资活动类似，对于一些筹资活动的现金流量应以净额基础列报，主要涉及：①当现金流量反映客户而非主体的活动时，代客户收入的现金和支出的现金，如银行活期存款的承兑和偿付、投资主体代客户持有的现金以及代财产所有者收取的租金和支付给财产所有者的租金；②周转快、金额大、期限短的项目的现金收入和现金支出，如与信用卡客户相关的本金金额、其他短期借款等。另外，对于金融机构，来自到期日固定的存款的存取所形成的现金收入和支出、向其他金融机构存放或提取的款项、给客户的现金预付款和贷款以及这些预付款和贷款的偿还等形成的现金流量也可以其净额为基础报告。

（4）其他活动现金流量

①纳税现金流量

纳税现金流量通常归为经营活动现金流量。然而，如果能够判明引起纳税现金流量的交易属于特定投资活动或筹资活动的现金流量，则将纳税现金流量归为投资活动或筹资活动现金流量更为恰当。在纳税现金流量归为投资活动或筹资活动现金流量时，应披露纳税总额。通常情况下，现金流量应以总额披露，当现金流量反映客户而非主体的活动时，代客户收入的现金和支出的现金以净额披露。周转快、金额大、期限短的项目的现金收入和现金支出也以净额披露。此外，以净额基础报告现金流量通常发生在银行或类似金融机构。

②外币现金流量

外币现金流量应当按照交易当日的汇率折算成主体的报告货币。这与包括在利润表内的交易的折算是一致的。国外子公司的现金流量也应当按照交易时的汇率折算。另外，与实际汇率接近的汇率如加权平均汇率也可以使用，不能使用期末汇率来折算。然而，外币折算产生的余额可以使用期末汇率列示在资产负债表上。这样，现金流量表中报告的现金和现金等价物的变动与通过资产负债表得到的同等项目之间就有了调整差异，这种调整差异不是现金流量，但是在现金流量表中单独列示。

③透支的处理

银行透支可能会被作为主体日常现金管理的工具，而非筹资安排。正常情况下，这种透支账户会在正负余额之间波动。如果透支用于现金管理目的，那么透支应包括在现金及现金等价物余额中。在其他情况下，透支余额作为权益筹资的一部分。

④购买和处置

来自购买和处置子公司及其他经营单位的现金流量总额应当单独列示并且归于投资活动现金流量。作为购买或出售的对价所发生的现金收付总额，在现金流量表中应当以减去处置或者购买所获得或转租出去的现金和现金等价物以后的净额列示。

2）其他相关问题

（1）非现金交易

不需要使用现金或者现金等价物的投资活动和筹资活动不应包括在现金流量表中。这些交易应在其他财务报表中披露，以提供这些投资活动和筹资活动的所有相关信息。

（2）其他披露

主体应当披露其持有的，但不能被集团使用的巨额现金和现金等价物余额，同时还要由管理层对此作出说明。另外，主体还应披露一些补充的信息，如行业分部和地区分部的经营活动、投资活动和筹资活动的现金流量金额，这可以使报表使用者更好地理解整个主体的现金流量与各个分部现金流量之间的关系以及各分部现金流量的可利用情况和可变性。

3）IAS 7《现金流量表》的修订——披露项目

2017 年 IASB 发布了 IAS 7《现金流量表》的修订——披露项目，要求披露筹资活动引起的负债变动，包括因现金流量和非现金产生的变动。

（1）修订的内容

IASB 认为，“筹资”的定义很难就满足不同财务报表使用者需求的通用定义达成共识，一旦主体断定特定交易在现金流量表中应当划归为筹资活动，则主体应将对该分类应用于筹资活动进行单独披露。

本次修订并未规定披露筹资活动的具体格式，IASB 认为筹资活动调节表并不有助于提供特定行业所有融资来源的完整信息（特别是银行业），因此主体可以通过提供财务状况表内筹资活动产生的负债期初与期末余额之间的调节来实现该披露目标。

（2）修订的生效日期和过渡性规定

本次修订应当采用未来适用法应用于自 2017 年 1 月 1 日或以后日期开始的年度期间，允许提前采用。主体无需列报较早期间的比较信息。

5.4.3 IAS 7 的国际比较

1）IAS 7 与美国相关准则的比较

FASB 于 1987 年 12 月正式发布了 SFAS 95，取代了 APB 的第 19 号意见书，并于 1988 年起开始生效，要求所有会计主体于 1988 年 7 月 15 日后编制现金流量表，并将其纳入主体对外公布的财务报表体系中。SFAS 95 将现金流量表界定为以现金为基础，通过现金流量的结果，分析现金流动的原因，反映企业财务变动的状况的报表。与 IAS 7 一样，SFAS 95 区分经营活动、投资活动和筹资活动的现金流量。

编制现金流量表的基本目的是帮助财务报表使用者对企业未来期间获得净现金流量的能力、以现金偿还债务及支付股利的能力作出合理的评价，了解企业获取利润的情况，了解营业活动所增加的现金流量和现金短缺或富裕的情况与原因，以及会计年度内筹资和投资活动影响现金收支的情况。IAS 7 指出，现金流量表的目的是帮助信息使用者评价主体产生现金和现金等价物的能力，以及主体产生现金和现金等价物的时间和确定性。可见，二者的基本内涵一样。SFAS 95 规定，现金包括库存货币、存在银行及其他金融机构的可随时提取的存款，以及具有可随时提取存款特征的其他类型户头。现金等价物是指符合以下两个条件的、流动性强、原始投资期限少于 3 个月的投资：①易于转换为已知金额的现金；②即将到期因而不存在因利率变动而导致价值变动的重大风险的投资。IAS 7 规定，现金包括库存现金和活期存款。现金等价物是指期限短、流动性强、易于转换为已知金额的现金，价值变动风险不大的投资，其持有目的在于满足短期现金需要而非投资或其他目的。作为现金等价物的投资很容易转换为已知金额的现金，而且价值变动的风险不大。因此，通常一项投资要符合现金等价物的标准，必须具有较短的到期时间（如 3 个月或更短)。权益性投资（除非在实质上是现金等价物）应当排除在现金等价物之外。另外，在现金流量的分类和列报方式上，IAS 7 和 SFAS 95 也基本一致。总体来说，二者的主要差异体现在以下两个方面：①关于现金流量表中收取和支付利息的分类，IAS 7 规定，可包括在来自经营活动、投资活动或筹资活动的现金流量中。SFAS 95 则规定，必须归类为经营活动的现金流量中。②关于现金等价物中是否包括银行透支，IAS 7 规定，如果银行透支是公司现金管理的一部分，则应包括在现金等价物中。SFAS 95 则规定，银行透支不可以包括在现金等价物中。目前，这些差异还没有出现协调的迹象。

2）IAS 7 与我国相关准则的比较

我国于 1993 年 7 月 1 日正式公布实施的《企业会计准则——基本准则》，要求企业编报财务状况变动表或现金流量表，同时实施的行业新会计制度根据《企业会计准则——基本准则》的要求，将财务状况变动表列入企业必须编报的主要会计报表之一，要求以营运资金为基础进行编制，并对其格式与内容作了统一的规定。随着市场经济和证券市场的发展，现金流量已经成为影响企业生存和发展的重要因素，因此，以现金流量表代替财务状况变动表，将更适应当前市场经济发展和企业管理的需要，基于这样的考虑，1995 年 4 月 21 日，财政部完成了《企业会计准则——现金流量表》的征求意见稿，公开征求意见后，1998 年 3 月 20 日正式公布了《企业会计准则——现金流量表》，于 1998 年 1 月 1 日起在全国范围内实施。之后，2001 年 1 月又进行了修订。该准则中包含了对关键名词的定义、现金流量表的编制基础、报告现金流量表的一般原则、特殊问题的披露要求等项内容。2006 年 2 月 15 日，财政部新公布了《企业会计准则第 31 号——现金流量表》，与 2001 年修订版相比较基本没有变化。

我国现金流量表准则与 IAS 7 相比较，二者之间的主要差异体现在以下方面：

（1）编制的基础。IAS 7 第 8 条规定："银行借款一般视为融资业务。但是，在有些国家，需要及时偿还的银行透支也属于企业现金管理的一部分。在这种情况下，银行透支也包括在现金和现金等价物之中。这种筹资举措的特点是银行往来余额经常在结存和透支之间波动。"也就是说，IAS 7 规定，对于一经要求即应偿还、构成主体现金管理中不可分割的一部分的银行透支应包含在现金和现金等价物的范围内，而我国现金流量表准则中定义的现金和现金等价物不包含银行透支。（2）经营活动现金流量的编制方法。IAS 7 第 18 条规定："企业应按下列方法中的一种报告源于经营业务的现金流量：①直接法，即揭示现金收入总额和现金支出总额的主要类别；②间接法，即在净损益的基础上，调整非现金性交易的影响，调整过去或未来经营业务现金收入或支出的任何递延或应计项目，以及与源于投资和融资的现金流量有关的收入或费用项目。"IAS 7 鼓励主体采用直接法报告经营活动现金流量，但也可以采用间接法；我国现金流量表准则规定，编制现金流量表时必须采用直接法，同时要求在附注中披露按间接法将净利润调节为经营活动现金流量的信息。（3）股利和利息。IAS 7 第 31 条规定："由已收取和已支付的利息和股利产生的现金流量应分项单独列示。每一项均应按各期一致的方法将其归类为经营、投资或融资业务。"IAS 7 第 33 条规定："就金融机构而言，已支付的利息和已收取的利息与股利，通常被归类为源于经营业务的现金流量。但是，就其他企业而言，如何对该现金流量分类尚未达成共识。已支付的利息和已收取的利息与股利可以归类为源于经营业务的现金流量，因为它们涉及净损益的确定。另外，已支付的利息和已收取的利息与股利也可以归类为源于筹资业务的现金流量和源于投资业务的现金流量，因为它们是获得资金来源或投资回报的成本。"IAS 7 第 34 条规定："已支付的股利可以归类为源于筹资业务的现金流量，因为它是获得资金来源的成本。另外，已支付的股利也可以归类为源于经营业务的现金流量的组成部分，以便帮助使用者确定企业用源于经营业务的现金流量支付股利的能力。"可见，IAS 7 规定对收到和支付的股利和利息可以归入经营活动、投资活动或筹资活动，但应保持一贯性。我国现金流量表准则第九条和第十二条规定，对支付的股利和利息归为筹资活动现金流量，对收到的股利和利息列为投资活动现金流量。（4）所得税。IAS 7 第 35 条规定："所得税的现金流量应单独披露，并应归类为源于经营业务的现金流量，除非能具体确认其源于筹资和投资业务。"我国现金流量表准则规定，经营活动流出的现金包括支付的各项税费，将与所得税有关的现金流量归为经营活动现金流量。（5）套期保值。IAS 7 第 16 条规定，"如果一项合同按对某一认定状况的套期保值进行核算，该合同的现金流量应以同样的方式归类为被套期保值状况的现金流量；如果签订的合同是对可辨认头寸的套期，由此而形成的现金流量应按照被套期头寸的分类方法加以归类"。我国会计准则中没有涉及此问题。

5.4.4 IAS 7 运用示例

根据表 5-13 和表 5-14 中 A 公司 20×1 年度的收益表和 20×1 年 12 月 31 日的资产负债表等相关信息编制该公司 20×1 年度的现金流量表。

表 5-13

A 公司收益表

20×1 年度　　单位：百万美元

收入	180
减：销售成本	35
毛利	145
减：净经营费用	36
经营利润	109
减：出售设备损失	5
息前利润	104
减：支付的利息	7
税前利润	97
减：所得税	32
税后利润	65
减：支付的红利	18
净利润	47

表 5-15 为资产负债表注释。

(1) 直接法

A 公司现金流量表见表 5-16。

表 5-14

A 公司资产负债表

20×1 年 12 月 31 日　　单位：百万美元

	注　释	20×0	20×1
非流动资产	1	336	305
流动资产：			
存货		36	20
应收票据		38	48
短期投资	2	5	3
银行存款		15	10
		94	81
流动负债：			
应付票据		12	8
所得税		15	32
		27	40
非流动负债：			
应付债券		50	60
		50	60
权益：			
普通股		100	80
留存收益		253	206
		353	286

表 5-15 **资产负债表注释** 单位：百万美元

非流动资产	20×1 年 12 月 31 日	20×0 年 12 月 31 日
成本（1 月 1 日）	358	358
成本增加	88	0
成本减少	13	0
成本（12 月 31 日）	433	358
折旧（1 月 1 日）	53	28
当年费用	50	25
减少的折旧	6	0
折旧（12 月 31 日）	97	53

表 5-16 **A 公司现金流量表**

20×1 年度 单位：百万美元

项 目	金 额
经营活动：	
从消费者收到的现金（W1）	190
向供应商和雇员支付的现金（W2）	(33)
经营活动产生的现金	157
支付的所得税（W3）	(49)
支付的利息	(7)
经营活动净现金流量	101
投资活动：	
出售固定资产收到的现金（W4）	2
购买固定资产支付的现金	(88)
投资活动净现金流量	(86)
融资活动：	
支付的红利	(18)
发行股票	20
支付到期债券	(10)
融资活动净现金流量	(8)
现金及现金等价物的净增加额	7
期初现金及现金等价物	13
期末现金及现金等价物	20

说明：

W1：收入 180+应收账款的减少 10＝190（百万美元）

W2，见表 5-17：

表 5-17　　说明一　　单位：百万美元

销售成本	35
经营费用	41
调整非现金项目：	
折旧	(50)
销售设备损失	(5)
存货的增加	16
应付账款的增加	(4)
	33

W3，见表 5-18：

表 5-18　　说明二　　单位：百万美元

所得税	
年初应付	32
收益表费用	32
年底应付	(15)
支付	49

W4，见表 5-19：

表 5-19　　说明三　　单位：百万美元

所得税	
设备 NPV	7
销售损失	(5)
销售利得	2

（2）间接法（略）

5.5　合并财务报表和单独财务报表

5.5.1　概述

涉及合并财务报表的国际会计准则主要包括 IAS 27《合并财务报表和单独财务报表》、IAS 28《联营中的投资》和 IAS 31《合营中的权益》，相关解释公告主要包括 SIC 12《合并：特殊目的主体》和 SIC 13《共同控制主体：合营者的非货币性收入》。

1987 年 9 月，IASC 公布了征求意见稿 E 30《合并财务报表和对子公司投资会计》。1989 年 4 月，IAS 27《合并财务报表和对子公司投资会计》正式公布，并自 1990 年 1 月 1 日起生效。1994 年，IASC 对 IAS 27 进行了格式重排。1998

年12月，IAS 27的部分内容通过IAS 39《金融工具：确认与计量》进行了重申（该准则自2001年1月1日起生效）。2003年12月18日，IASB对IAS 27进行了修订，名称改为IAS 27《合并财务报表和单独财务报表》，修订后的准则自2005年1月1日起生效，并取消了解释公告SIC 33《合并和权益法：潜在表决权和所有者权益的分摊》。目前与IAS 27相关的解释公告是SIC 12《合并：特殊目的主体》。

1986年7月，IASC公布了征求意见稿E 28《对联营和合资企业投资的会计处理》。1989年4月，IAS 28《对联营企业投资的会计处理》正式公布，自1990年1月1日起生效。1994年，IASC对IAS 28进行了格式重排。1998年12月，IAS 28的部分内容通过IAS 39《金融工具：确认与计量》进行了重申（该准则自2001年1月1日起生效）。2003年12月18日，IASB对IAS 28进行了修订，名称改为IAS 28《联营和合营企业中的投资》，修订后的准则自2005年1月1日起生效，并取消了解释公告SIC 3《消除与联营企业交易中的未实现利润和损失》、SIC 20《权益法：损失的确认》和SIC 33《合并和权益法：潜在表决权和所有者权益的分摊》。

1989年12月，IASC公布了征求意见稿E 35《合营企业中权益的财务报告》。1990年12月，IAS 31《合营企业中权益的财务报告》正式公布，并自1992年1月1日起正式生效。1994年，IASC对IAS 31进行了格式重排。1998年12月，IAS 31的部分内容通过IAS 39《金融工具：确认与计量》进行重申（该准则自2001年1月1日起生效）。2003年12月18日，IASB发布了IAS 31修订稿，并自2005年1月1日起生效。与IAS 31相关的解释公告是SIC 13《共同控制实体：合营者的非货币性收入》。

1）合并财务报表的理论基础

目前存在三种关于合并财务报表的理论，分别是母公司理论、实体理论和所有权理论。

（1）母公司理论

根据母公司理论，合并财务报表的基本编报目的是为了向母公司的股东反映其所控制的资源，子公司的少数股东为合并主体提供了不可分割的经济资源，少数股东对子公司净资产及净利润的相应权益也应予以明确体现。该理论的主要特征是：①母公司占子公司净资产的份额用公允价值计算，而少数股东享有子公司的份额则沿用子公司的账面价值计算。对于子公司在合并日资产、负债的升值或贬值，只按照母公司的持股比例确认属于母公司的部分，而不确认属于少数股东的部分。②商誉仅列示属于母公司的部分，而不推定和确认属于少数股东的部分。③在公司集团内部，由顺销形成的未实现利润予以100%抵销；由逆销和平销所形成的未实现利润，按照母公司所享有的份额抵销。属于少数股东的部分，视为已实现而不予抵销。④在合并资产负债表上，少数股东权益作为负债列示，在合并利润表上，少数股东收益视作一项费用予以扣除，合并净收益属于母公司股东的利益。由此，母公司理论将合并主体中的少数股东作为债权人看待。这种会计处理能够满足母公司的股东和债权人对合并财务报表信息的需求，但它混淆了合并整体中的股东权益和债权人权益，没有透过母子公司的法律关系公正地从合并整体的角度去揭示整个集团的财务信息。

（2）实体理论

根据实体理论，母子公司之间的关系是控制与被控制的关系，子公司虽然为母公司所购买，但是母子公司在资产的运用、经营和财务决策上依旧是一个独立于其终极所有者的统一体，这个统一体就应当是编制合并财务报表的主体。编制合并财务报表是为了满足合并主体所有股东的信息需求，而不仅仅是为了满足母公司股东的信息需求。该理论的主要特征是：①子公司净资产均按公允价值计量。在组建母子公司联合体的过程中因收购、兼并形成的资产、负债的升（贬）值及商誉，应全部予以合并或摊销。②母子公司之间的交易及其未实现损益，应全部予以抵销。③在合并资产负债表上，母公司未实际拥有的所有者权益反映为少数股东权益，作为合并所有者权益的一个项目单独列示。④少数股东在子公司应分享的损益，视为合并净收益在不同股东之间的利润分配，应通过合并利润分配表予以反映，而不作为合并净收益的一个减项。由此可知，实体理论将合并主体中的少数股东和多数股东同等看待，其合并财务报表反映的是母公司所控制的资源，而不是母公司所拥有的资源。这种合并方法与控制的经济实质相吻合，承认企业在并购过程中母公司通过产权控制而产生财务杠杆效应的客观事实。在这种理论下编制合并财务报表不需要对子公司资产负债表进行人为分割，克服了比例合并法的弊端。

（3）所有权理论

根据所有权理论，母子公司之间的关系是拥有与被拥有的关系，编制合并财务报表是为了向母公司的股东报告其所拥有的资源。这里所说的资源，是一种净资源的范畴，即正资源（资产）与负资源（负债）之间的差额。根据这一理论，当母公司合并非全资子公司的财务报表时，应当按照母公司实际拥有的股权比例，合并子公司的资产、负债、所有者权益和损益。也就是说，所有权理论主张采用比例合并法，它通常用于揭示合资企业的财务状况。

2）适用范围

IAS 27 适用于处于同一母公司控制下的主体所组成的企业集团的合并财务报表的编制和列报，也适用于主体选择或应当地监管部门要求报送单独财务报表时，对子公司、共同控制主体和联营企业投资的会计处理。IAS 28 适用于对联营企业投资的会计处理，但不适用于风险资本组织者或共同基金、信托公司以及包括投资连接保险基金在内的类似主体持有的联营企业中的投资。IAS 31 适用于合营企业中权益的会计处理，以及合营者和投资者在财务报表中对合营资产、负债、收益和费用的报告。与 IAS 28 类似，IAS 31 不适用于风险资本组织者或共同基金、信托公司以及包括投资连接保险基金在内的类似主体持有的共同控制主体中的合营者权益。

5.5.2 合并报表准则的基本内容

1）IAS 27 的基本内容

（1）IAS 27 的适用范围

IAS 27 适用于处于同一母公司控制下的主体所组成的企业集团的合并财务报表的编制和列报，也适用于主体选择或应当地监管部门要求报送单独财务报表时，对子公司、共同控制主体和联营企业投资的会计处理。在这里，合并财务报表是指将企业集团视作单一经济主体编制的财务报表，单独财务报表是指那些由母公司、联营企业的投资者或共同控制主体的合营者编制的财务报表，在这些财务报表中的投资是以直接权益为基础进行核算，而不是以投资者报告的经营成果和净资产为基础进行核算。需要注意的是，一个没有子公司、联营企业或者在共同控制主体中没有合营权益的主体的财务报表不是单独财务报表。

IAS 27 规定，一般情况下，母公司均应按照该准则列报合并财务报表，并把其对子公司的投资纳入合并财务报表。但是，对于满足一定条件的母公司，可以豁免列报合并财务报表。这些豁免的条件具体包括：

①该母公司本身是另一个主体的全资子公司，或者是由另一个主体部分拥有的子公司，并且该母公司的其他所有者，包括没有表决权者，均被告知且不反对该母公司不编制合并财务报表；

②该母公司的债务性或权益性工具未在公开市场上进行交易；

③该母公司没有为了达到在公开市场上发行证券的目的，向证券交易委员会或其他监管机构报送或正在报送其财务报表；

④该母公司的最终母公司或任何中间母公司按照国际财务报告准则编制对外公开的合并财务报表。

（2）合并范围

合并财务报表的合并范围包括母公司的所有子公司。子公司不能因为其投资者是风险资本组织、共同基金、信托公司或者类似主体而被排除在合并范围以外，也不能因为子公司所从事的经营活动与母公司的经营活动不同而被排除在合并范围以外。这里关于子公司的认定取决于是否对其拥有控制权，即是否能统驭其财务和经营决策。通常，如果母公司直接或间接地拥有一个主体超过半数以上的表决权，就认为存在控制关系。在个别情况下，即使母公司拥有半数或少于半数的表决权，如果满足以下的条件，也认为存在控制关系：①通过与其他投资者的协议，拥有半数以上的表决权；②根据章程或协议的规定，有权统驭主体的财务和经营决策；③有权任免董事会或类似权力机构的多数成员，且主体由该董事会或类似机构控制；④在董事会或类似权力机构的会议上占多数表决权，且主体由该董事会或类似机构控制。

（3）合并程序

在编制合并财务报表之前，首先应考虑母公司和子公司的财务报表的报告日是否相同，如果用于编制合并财务报表的子公司财务报表报告日与母公司财务报表报告日不同，则应对子公司财务报表报告日与母公司财务报表报告日之间发生的重大交易或事项的影响进行调整。在任何情况下，报告日之间的差距应不超过 3 个月。另外，还应考虑对在相似情况下相同的交易和其他事项，是否采用了统一的会计政策。如果集团内的某一成员，对在类似情况下相同的交易和其他事项，采用了不同于合并财务报表所采用的会计政策，其财务报表在用于编制合并财务报表时，应作适当的调整。

然后，在编制合并财务报表时，主体通过把资产、负债、权益、收入和费用等相同项目逐项相加的方式进行合并。为了使合并财务报表将集团视作单个经济主体来列报财务信息，应采取以下步骤：①母公司对各个附属公司投资的账面金额与其在各个子公司中所占的权益份额相抵销；②对纳入合并范围的子公司当期损益中属于少数股权的加以确定；③被合并子公司净资产中的少数股权应与母公司的股东权益分开确定。净资产中的少数股权包括按照 IAS 3 计算的原合并日的少数股权金额以及合并日后权益变动的少数股权金额。集团内往来金额、交易、收益和费用应全额抵销。

（4）单独财务报表中对子公司、共同控制主体和联营企业投资的会计处理

编制单独财务报表时，对子公司、共同控制主体和联营企业投资根据 IFRS 5 进行会计处理；没有被归类为持有待售（或包含在一个持有待售的处置组中）的，应按成本法或按照 IAS 39 的规定进行会计处理。每一种类的投资应采用相同的会计处理。并且，在合并财务报表中遵循 IAS 39 对共同控制主体和联营企业投资进行会计处理的，在投资者单独财务报表中也应以同样的方式进行会计处理。

（5）披露

在 IAS 27 中，针对不同的情况作了不同的披露要求。在主体的合并财务报表中，应披露的信息包括：①在母公司没有直接或通过子公司间接拥有子公司半数以上的表决权时，母公司和子公司之间关系的实质。②直接或通过子公司间接拥有被投资者半数以上表决权或潜在表决权而没有形成控制的原因。③当子公司财务报表要用于编制合并财务报表时，则应披露该子公司财务报表的报告日；如果子公司的报告日与母公司的不同，则应披露子公司的报告日和报告期间，并且披露采用与母公司不同报告日或报告期间的原因。④子公司以现金股利或偿还贷款或预付款形式向母公司转移资金的能力受到重大限制的性质和程度。

当母公司根据有关豁免的规定选择编制单独财务报表时，其单独财务报表中应披露：① 财务报表是单独财务报表这一事实；所使用的豁免编制合并财务报表的条款；已经根据国际财务报告准则编制对外公开的合并财务报表的公司的名称和所在国家或者主体的地址，以及可获取上述合并财务报表的地址。②对子公司、共同控制主体和联营企业的重大投资的清单。③上一项中所列投资的会计处理方法。

如果母公司（上述满足豁免条款的除外）在共同控制主体中有权益的合营者或者联营投资者编制单独财务报表，则其单独财务报表中应披露：①报表是单独财务报表这一事实，以及如果法律没有要求而编制这些报表的原因。②对子公司、共

同控制主体和联营企业的重大投资的清单。③上一项中所列投资的会计处理方法。

2）IAS 28 的基本要求

IAS 28 适用于投资者对其有重大影响的所有投资，除非投资者是风险投资公司、共同基金或信托公司，则其对外投资应按照 IAS 39 的规定进行核算。

（1）重大影响——判断是否具备重大影响

IAS 39 规定，凡是投资者对其具有重大影响的所有联营企业的投资，应采用权益法核算；当投资者直接或间接持有联营企业 20% 或 20% 以上的股权时，即认为具有重大影响，同时还应考虑存在的可转换债券、股票购入或卖出期权等潜在表决权的影响。

（2）权益法的运用

投资最初以投资成本核算，以后根据投资者享有被投资者（被投资后的）净资产份额的变动进行调整。在投资者的收益表中反映投资者享有被投资者（被投资后的）经营成果的份额；联营企业的会计政策必须与投资者相同；即使不编制合并财务报表（如在投资者没有子公司的情况下），投资者在其单独财务报表中也应使用权益法核算对联营企业的投资。然而，如果投资者根据 IAS 27 的规定编制单独财务报表，便不应使用权益法核算对联营企业的投资，而应采用成本法或按照 IAS 39 的规定进行核算，同时应按照 IAS 36《资产减值》的规定对联营企业的投资进行减值测试，并采用 IAS 39 中关于减值迹象的规定进行会计处理。

（3）2014—2016 年度改进周期中对 IAS 28 的修订——在联营企业和合营企业中的长期权益

在实务中，对于不适用权益法但构成主体在被投资者中净投资一部分的在联营企业或合营企业中的长期权益，并不确定 IFRS 9（尤其是其减值要求）是否适用。此类长期权益包括既没有计划予以偿还、在可预见的未来也很可能不偿还的长期贷款。

本次 IASB 对 IAS 28 的修订澄清，IFRS 9 适用于上述长期权益，包括其减值要求。此外，在对长期权益应用 IFRS 9 时，主体无需考虑 IAS 28 所要求的对其账面金额进行调整（即因按照 IAS 28 分摊被投资者损失或执行减值评估而导致的长期权益账面金额的调整）。随同该修订 IASB 发布的示例阐述了 IAS 28 与 IFRS 9 的要求之间的相互影响。

本次修订应对自 2019 年 1 月 1 日或以后日期开始的年度期间追溯应用，允许提前采用。具体适用的过渡性规定将取决于首次应用本修订的时间与首次采用 IFRS 9 的时间是否一致。

3）IAS 31 的基本要求

IAS 31 适用于投资者拥有共同控制权的所有投资，如果投资者是风险投资公司、共同基金或信托公司，则投资者必须按照 IAS 39 的规定进行会计处理。

IAS 31 旨在规范合营中的权益的会计核算，而不论合营活动是在怎样的结构或法律形式下发生的。合营的主要特点是有共同拥有控制权的合同约定。根据 IAS 31

的规定，合营可以分为共同控制经营、共同控制资产和共同控制实体三种类型，而每种类型的合营应采用不同的确认原则。对于共同控制经营，合营者在其独立及合并财务报表中确认其所控制的资产、所承担的费用和负债以及在收益中所占的份额。对于共同控制资产，合营者应确认其在共同控制资产中的份额、直接发生的任何负债、与其他合营者共同发生的负债的份额、从销售或使用合营项目产出的份额中取得的收入、合营项目发生的费用的份额，及与合营有关的、直接发生的任何费用。对于共同控制实体，允许选择按比例合并，即合营者的资产负债表中应包括其在共同控制的资产的份额以及共同承担的负债的份额，收益表中应包括其在共同控制实体中应享有的收入和费用的份额，或者采用 IAS 28 规定的权益法。在合营者的单独财务报表中，合营权益应采用成本法核算，或根据 IAS 39 的规定作为投资进行核算。另外，解释公告 SIC 13 规定，一般情况下，应按比例确认对共同控制实体投入的非货币性资产所产生的盈利或损失。

5.5.3 合并财务报表准则的国际比较

1）与美国相关准则的比较

在美国，最早规范企业合并会计方法的会计准则是 AICPIA 的会计程序委员会于 1950 年发布的第 40 号会计研究公告 ARB 40，它对购买法和权益集合法的区分标准作了原则性规定。后来发布的 ARB 43《会计研究公报的重述和修订》（1953）和 ARB 48《企业合并》（1957）沿用了 ARB 40 中的标准。ARB 51《合并财务报表》（1959）对合并财务报表的目的、合并政策、一般程序以及一些会计处理的方法作了规范。后来，会计原则委员会取代了会计程序委员会。APB 于 1970 年发布了第 16 号意见书 APB 16《企业合并》，对权益法的使用提出了严格的限制条件。1973 年，FASB 取代 APB 成为准则制定机构。FASB 于 1987 年发布了 SFAS 94《对拥有多数股权的子公司的合并》。1991 年 9 月，FASB 发布了讨论备忘录《合并政策和程序》。1994 年 8 月，FASB 又发布了预备书《合并政策》，在此基础上，1995 年 10 月发布了一份征求意见稿《合并财务报表：政策和程序》。1999 年 2 月，FASB 又发布了一份新的征求意见稿《合并财务报表：目的和政策》，同年 9 月，就企业合并问题又再次发布征求意见稿《企业合并和无形资产》，提出取消权益集合法。

IAS 27 与美国相关准则比较，差异主要体现在：（1）合并政策的基础。IAS 27 认为，合并政策的基础应当基于是否控制，控制的评价取决于控制权、风险和收益等；美国 GAAP 规定，除拥有大多数表决权，特定的“变动权益实体”（根据风险和收益的评估，其投资者是主要受益人）也必须被合并。（2）特殊目的主体。IAS 27规定，如果能控制则应合并，在决定控制是否存在时，通常与商业实体所遵循的原则相同。美国 GAAP 对不能满足作为“合格特殊目的实体”的，通常考虑其权益所承担的风险程度而定。目前，IASB 在其议程中已包括了特殊目的主体在内的合并项目。（3）母子公司的报告日。IAS 27 规定，报告日的差异不能超过 3 个月，在此期间的任何重大交易必须调整。美国 GAAP 规定报告日的差异不能超过

3 个月，在此期间的任何重大交易必须披露。(4) 母子公司的会计政策。IAS 27 规定，必须统一会计政策。美国 GAAP 对统一会计政策没有要求。(5) 母公司财务报表中对子公司投资的会计处理。IAS 27 规定，可以使用成本法或采用 IAS 39，而不是权益法。美国 GAAP 规定，可以使用权益法。(6) 少数股东权益的列报。IAS 27规定，少数股东权益在权益中列报。美国 GAAP 规定在权益之外，介于负债和权益之间列报。目前，FASB 正在重新考虑这个问题，并将其作为其趋同项目的一部分。

IAS 28 与美国 GAAP 的差异主要体现在：(1) 关于投资者和联营企业的报告日不同的处理。IAS 28 规定报告日的差异不能超过 3 个月，在此期间的任何重大交易必须调整。美国 GAAP 规定报告日的差异不能超过 3 个月，在此期间的任何重大交易必须披露。(2) 关于投资者和联营企业会计政策不同的处理。IAS 28 规定，必须统一会计政策。美国 GAAP 对统一会计政策没有要求。(3) 关于母公司财务报表中对联营企业投资的处理。IAS 28 规定，使用成本法或采用 IAS 39，而不是权益法。美国 GAAP 允许使用权益法。(4) 对于在合营企业的投资，IAS 31 允许使用权益法或比例合并法；美国 GAAP 则规定，除建造和油气行业外，通常使用权益法。

2）与中国相关准则的比较

1992 年 11 月，财政部发布了《企业会计准则》，规定："企业对外投资如占被投资企业资本总额半数以上，或者实质上拥有被投资企业控制权的，应当编制合并会计报表。"这是我国关于合并会计报表编制要求的最早规范性文件，于 1993 年 7 月 1 日开始实施。1995 年 2 月，财政部发布了《合并会计报表暂行规定》，填补了我国长期以来有关企业合并会计规范的空白，对合并范围、母子公司会计政策和会计期间的协调、公司间交易的抵销等都作了详细规定。后来，在 1998 年 1 月发布的《股份有限公司会计制度——会计科目和会计报表》和 2000 年 12 月发布的《企业会计制度》中都规定："公司对其他单位投资如占该单位资本总额 50% 以上（不含 50%），或虽然占该单位资本总额不足 50% 但具有实质控制权的，应当编制合并会计报表。"《股份有限公司会计制度——会计科目和会计报表》强调，"合并会计报表的合并范围、合并原则、编制程序和编制方法按照《合并会计报表暂行规定》执行"。随着资本市场的发展和会计准则国际趋同的加快，2006 年 2 月，财政部正式发布了《企业会计准则第 33 号——合并财务报表》，规范合并财务报表的编制和列报。为了进一步规范合并财务报表的编制和列报，并保持我国企业会计准则与国际财务报告准则的持续趋同，财政部借鉴国际会计准则，并结合我国实际情况，于 2014 年 2 月修订了《企业会计准则第 33 号——合并财务报表》。

IAS 27 旨在规范在母公司控制下的企业集团合并财务报表的编制和列报要求，以及在母公司单独财务报表中对子公司投资的会计核算。合并财务报表是将企业集团（包括母公司及子公司）视为一个经济实体而编制的财务报表。该准则要求：所有子公司都必须纳入合并范围。对于"暂时性控制"和"处于长期性资金转移限制条件下”的子公司亦不能豁免；集团内的所有企业必须使用相同的会计政策；子公司报告日与集团报告日的差异不可超过 3 个月；少数股东权益在资产负债表中作为权益列报，不得在计量集团盈亏时扣除。但是，集团的盈亏应按母公司权益及少数股东权益分配，并在收益表上披露；在母公司的单独财务报表中，所有对子公司的投资采用成本法或按照 IAS 39 的规定处理。另外，根据 SIC 12 的规定，当企业实质上控制了一个特殊目的实体时，应将该特殊目的实体纳入合并范围。

《企业会计准则第 33 号——合并财务报表》与 IAS 27 相比较，主要差异体现在：(1) 关于合并政策，二者都要求母公司编制合并财务报表，并且都规定了编制合并财务报表的例外情况。但在具体规定方面还是存在一定的差异，比如，我国准则规定，“根据法律、法规和制度需要对外提供合并财务报表的，投资者、债权人要求提供合并财务报表的，企业管理层为管理目的需要编制合并财务报表的，应当按照本准则规定编制合并财务报表”。(2) 关于合并报表报告日，一般都规定以母公司报表的报告日为基准，并要求子公司报表报告日应与母公司保持一致。但是，对于报告日不同的情形，IAS 27 要求子公司通常为合并需要应编制与母公司报表日相同的财务报表。此外还规定，若子公司资产负债表日与母公司资产负债表日相差在 3 个月以内的，也可以以 3 个月以内子公司编制的财务报表为基础编制合并财务报表，但应对子公司资产负债表日与母公司资产负债表日之间发生的重大交易或其他事项的影响作必要的调整。我国准则中指出，母公司应当统一子公司的财务报表决算日和会计期间，使子公司的财务报表决算日和会计期间与母公司保持一致。子公司的财务报表决算日和会计期间与母公司不一致的，母公司应当按照自身的决算日和会计期间对子公司财务报表进行调整；或者要求子公司按照母公司的决算日和会计期间另行编制财务报表。不过，我国没有规定两者报告日之间差别的最大值。(3) 关于会计政策，一般都要求子公司与母公司采用统一的会计政策。IAS 27规定，如果被合并的主体对类似交易或事项采用了与在合并财务报表中不同的会计政策，则在编制合并财务报表时必须加以调整。我国准则要求母公司应当统一子公司所采用的会计政策，使其与母公司保持一致。子公司所采用的会计政策与母公司不一致的，母公司应当按照自身的会计政策对子公司的财务报表进行必要的调整，或者要求子公司按照母公司的会计政策另行编制财务报表。(4) 关于少数股东权益的列报，两者要求基本一致，即少数股东权益应与负债、母公司股东权益分开列示。IAS 27 要求少数股东权益在资产负债表的权益类中单独列示，在收益表中，当期净损益分为归属于母公司股东及归属于少数股东两类分别列报。我国准则规定，子公司所有者权益中不属于母公司的份额应当作为非控制权益，非控制权益应当以子公司资产负债表日股本结构为基础确定，在合并资产负债表中所有者权益项目下以“非控制权益”项目单独列示。此外，子公司当期净损益中属于非控制权益的份额，应当以子公司资产负债表日股本结构为基础确定，在合并收益表“净利润”项目下以“非控制权益损益”项目列示。

5.5.4 IFRS 10《合并财务报表》

IASB 于 2011 年 5 月 12 日发布了国际财务报告准则第 10 号《合并财务报表》(IFRS 10)，取代了国际会计准则第 27 号《合并财务报表和单独财务报表》（IAS 27）有关合并的部分及解释公告第 12 号《合并：特殊目的主体》（SIC-12）。在发布 IFRS 10 的同时，IASB 还发布了：

①《合营安排》(IFRS 11)；

②《在其他主体中的权益的披露》(IFRS 12)；

③《单独财务报表》（IAS 27，2011 年修订版），根据 IFRS 10 的发布作出相应修订，但保留了针对单独财务报表的现行指引；

④《联营和合营企业中的投资》（IAS 28，2011 年修订版），基于 IFRS 10 和 IFRS 11 的发布作出相应修订。

上述“一套 5 项”准则的每一项均对自 2013 年 1 月 1 日或以后日期开始的年度期间生效，允许提前采用，前提是必须同时提前采用该“一套 5 项”准则的每一项。但是，允许在主体未实际提前采用 IFRS 12 的规定（从而尚未采用其他 4 项准则）的情况下，将 IFRS 12 的披露要求纳入其财务报表。

在 2015—2017 年度改进周期中，IASB 对 IFRS 11《合营安排》作了细微修订，规定“当一方取得对业务的共同控制权时，无需重新计量其之前在共同经营中持有的权益”。这一修订应对自 2019 年 1 月 1 日或以后日期开始的年度期间生效，允许提前采用。

1）IFRS 10 的基本内容

IFRS 10 的基本内容如下：

（1）合并基础。IFRS 10 的目标旨在提供针对所有主体的单一合并基础（即，控制），不论被投资者的性质如何。

（2）控制的定义。包括 3 个要素：其一，主导被投资者的权利；其二，面临被投资者可变回报的风险或取得可变回报的权利；其三，利用对被投资者的权利影响投资者回报的能力。

（3）控制的应用。IFRS 10 就一系列情况下如何应用控制原则提供了详细指引，包括代理关系和持有的潜在表决权。

如果上述 3 个要素中至少有一个发生变化，投资者需要重新评估其是否控制被投资者。

2）对控制要素的进一步解释

（1）控制的要素：权利

控制评估的第一项标准是权利。如果投资者拥有的现有权利使其在当前有能力主导对被投资者的回报构成重大影响的活动，则存在“权利”。权利最常见的产生方式是通过权益工具授予的表决权，但也可以通过其他合同安排产生。主导相关活动的权利不一定需要被行使才表明投资者拥有“权利”。如果两个或以上的投资者有权主导不同的相关活动，则投资者必须决定哪一项相关活动对被投资者的回报构成最大影响。这里相关活动通常是其经营活动和财务活动。相关活动包括：开发产品、购买和出售商品或服务、管理金融资产、购买和处置资产或者获得融资。涉及相关活动的决策的例子包括：确立被投资者经营和资本的决策、确定被投资者关键管理层人员或服务提供商的委任和报酬及终止其雇佣。

关于两个或以上的投资者有权主导主体不同相关活动的示例：

两个投资者成立一家被投资公司以开发和推销医疗产品。其中一个投资者负责开发医疗产品及获得监管部门的批准——该责任包括单方面作出所有关于产品开发及获得监管部门批准的决策的能力。一旦产品获得监管部门批准，另一投资者将制造并推销该产品——该投资者具有单方面作出所有关于产品制造和推销的决策的能力。如果所有活动——医疗产品的开发和获得监管部门批准以及制造和推销——均是相关活动，则每一投资者需要确定其是否有能力主导对被投资者回报构成最大影响的活动。因此，每一投资者均需确定其是否有能力主导对被投资者回报构成最大影响的活动。据此，每一投资者需要考虑对被投资者回报构成最大影响的活动是医疗产品的开发及获得监管部门批准、还是医疗产品的制造和推销，及其能否主导该活动。在确定哪一个投资者拥有主导的权利时，投资者将考虑：（a）被投资者的目的和设计；（b）确定被投资者利润率、收入和价值的因素以及医疗产品的价值；（c）每一投资者就（b）所述因素的决策权对于被投资者回报的影响；（d）投资者面临的可变回报的风险。

在该特定例子中，投资者同时需要考虑（e）获得监管部门批准的不确定性及所需的工作（考虑投资者以往成功开发医疗产品并获得监管部门批准的记录）；（f）哪一个投资者将在开发阶段取得成功后控制该医疗产品。

①表决权相关性

可能存在因为表决权仅与行政事务相关而导致表决权相关性较弱的情况。在这种情况下，有必要对投资者的合同和非合同权利及其关联方关系进行审慎分析。例如，投资者可能能够任命被投资者的关键管理层人员、否决重大交易或者选举被投资者的治理机构（无论是否存在相关的合同权利）。此外，被投资者的关键管理层人员或其治理机构可能是投资者的关联方。

投资者与被投资者可能存在特殊关系从而表明其具有主导被投资者的权利。

关于表明权利的投资者与被投资者之间特殊关系的示例：

- 被投资者的关键管理层人员现时或之前曾是投资者的雇员；
- 被投资者的经营依赖于投资者；
- 被投资者活动的重大部分涉及投资者或代表投资者实施；
- 投资者面临被投资者可变回报的风险或取得可变回报的权利大幅高于其拥有的表决权或类似权利的相应比例。

②保护性权利

IFRS 10 对实质性权利和保护性权利进行了区分。仅持有保护性权利的投资者并不具有主导被投资者的权利，并且无法阻止另一方拥有主导被投资者的权利。保护性权利与“被投资者活动的根本改变或在例外情况下的运用”相关。保护性权利的例子可能包括批准新的债务融资的权利、持有被投资者非控制性权益的一方批准被投资者发行额外权益工具的权利，或者放款人在违约时取得资产的权利。

③在未持有占多数的表决权的情况下获得控制

IFRS 10 明确了即使投资者并未持有占多数的表决权，亦可以拥有主导被投资者的权利。例如，投资者可以通过合同安排、持有表决权、持有潜在表决权或上述各项相结合而获得权利。

投资者与其他投资者之间的合同安排可能赋予投资者行使表决权的权利，即使该投资者本身并未拥有获得权利所需的充足表决权也足以使其能够获得权利。例如，合同安排可能赋予投资者指导足够数量的其他表决权持有人如何投票的能力，从而使投资者能够作出涉及相关活动的决策或使投资者在当前有能力主导被投资者的经营和财务活动。并未持有占多数的表决权的投资者同时应考虑其持有的表决权比例、相对于其他表决权持有人的表决权比例及表决权的分布情况，以及可能相关的任何额外的事实和情况（例如，之前股东大会的投票方式）。

对上述因素的评估在实务中可能颇具挑战性，因为其很可能涉及大量判断。

关于投资者未持有占多数的表决权的示例：

某投资者取得了被投资者 48% 的表决权。剩余的表决权由数千名股东持有，并无任何个人股东持有超过 1% 的表决权。股东之间不存在任何咨询其他股东或作出集体决策的安排。在评估所取得的表决权比例时，根据其他股东持股的相对比例，投资者确定 48% 的权益将足以使其获得对被投资者的控制。在该情况下，根据投资者持股的绝对比例及其他股东持股的相对比例，投资者得出结论认为其拥有充分的占主导地位的表决权权益，从而无需考虑任何其他权利的证据便能够满足权利的标准。

④委托人与代理关系

IFRS 10 还引入了评估具决策权的主体是委托人还是代理的指引。IFRS 10 规定，“代理”是受委托代表或另一方（委托人）或为其利益行事的一方。但是，IFRS 10 明确，投资者不会仅因为其他方可以从其决策中获益而成为代理。

关于投资经理人可被视为委托人的示例：

对决策者持有的其他权益的考虑可能影响委托人/代理的确定及总体结论。例如，对于收费安排规定收取 2% 标准管理费及 20% 奖金的、未持有所管理基金权益的投资经理人，以及对于拥有相同收费结构但持有 35% 权益的投资经理人，将可能得出不同的结论。类似地，其权益面临比其他投资者更高的波动性风险的决策者也可能被确定为委托人。抵押担保证券的信托的服务机构若同时对证券的“权益”份额进行投资，将可能被视为委托人；而仅基于未偿付的应收账款收取费用的服务机构则可能被视为代理。

其他构成“实际代理（de facto agent）”的例子包括：关联方；因贷款或出资而取得被投资者的权益的投资者；同意在未获得另一投资者的事先批准前，不会出售、转让或抵押其持有的被投资者权益的投资者；若没有投资者的从属性财务支持便无法为其经营筹资的一方；其大多数董事会成员或关键管理层人员均与投资者相同的被投资者；与投资者拥有紧密业务关系的一方（比如服务提供商和重大客户）。

（2）控制的要素：面临可变回报的风险或取得可变回报的权利

控制评估的第二项标准是投资者面临被投资者可变回报的风险或取得可变回报的权利。IFRS 10 采用术语“回报”（而非“利益”）以明确所面临的被投资者的经济风险可以是正面、负面或者两者兼有。涉入被投资者所取得的回报例子包括对主体投资的价值变动、结构化主体现金流量中的剩余权益、股利、利息、管理费或服务费安排、担保、税务利益或者其他权益持有人可能无法获得的任何其他回报。尽管只有一个投资者控制主体，但多个投资者可以共享被投资者的回报。IFRS 10 明确提出，尽管某些经济权益可能是固定的（例如，债务工具固定的票息或者基于所管理资产的固定的资产管理费），其仍可能会导致可变的回报，因为投资者仍然面临诸如债务工具信用风险和资产管理安排的不履约风险等的变动风险。

（3）控制的要素：利用权利影响回报的能力

控制评估的第三项标准考虑前两项控制要素之间的相互关系。为控制被投资者，投资者必须不仅具有主导被投资者的权利和因涉入被投资者而面临可变回报的风险或取得可变回报的权利，而且要有能力利用对被投资者的权利影响被投资者的回报。

（4）其他考虑事项：被投资者的一部分能否被认定为一个单独主体

在某些情况下，投资者可能通过法律和合同安排拥有对特定一组资产和负债（被投资者的一部分）的权益。此外，在某些司法管辖区，法人主体被划分为若干部分（通常被称为“分支（silo）”）。在这种情况下，产生了在进行合并评估时是否有可能仅将被投资者的个别分支或部分（而非整个法人主体）视为一个单独主体的问题。根据 IFRS 10，确定是否存在分支应基于个别分支实质上是否可以与被投资者整体单独区分开来或“划清界线”。如果被投资者的一部分在经济上可以与被投资者整体单独区分开来，并且投资者控制了被投资者的该部分，则该部分应被视为投资者的子公司。

持续评估：IFRS 10 要求持续评估对被投资者的控制。该持续评估将考虑投资者主导被投资者的权利的变化，以及投资者面临可变回报的风险或取得可变回报的权利的变化。该评估应当基于有关事实和情况的变化作出，但至少应在每一报告日进行。

3）IFRS 10 及 IAS 28 的修订

根据 IAS 28（2011），为换取在合营企业或联营企业中的权益而向该合营企业或联营企业出售或投入一项非货币性资产时，确认的利得或损失仅限于非关联投资者在该合营企业或联营企业中的权益。与之相反，IFRS 10 要求主体在丧失对子公司的控制权（包括将该子公司出售或投入合营企业或联营企业）时，全额确认相关损益。为解决上述冲突，IASB 在截至 2017 年的年度改进中发布了对 IFRS 10 和

IAS 28（2011）的修订。修订稿规定，在涉及合营企业或联营企业的交易中，主体向合营企业或联营企业出售或投入资产或丧失对子公司的控制权，但同时保留对该公司的共同控制权或重大影响时，相关利得或损失的确认金额取决于上述资产或子公司是否构成 IFRS 3《企业合并》所定义的业务。如果上述资产或子公司构成一项业务，相关的利得或损失应予全额确认；如果上述资产或子公司不构成一项业务，则主体在利得或损失中所占的份额应予抵销。2015 年 12 月，IASB 决定无限期推迟上述修订的生效日期，但在生效日期待定的情况下，IASB 继续允许提前采用上述修订以处理现行实务中的差异。

5.5.5 IFRS 12《在其他主体中的权益的披露》

IASB 于 2011 年 5 月 12 日发布了国际财务报告准则第 12 号《在其他主体中的权益的披露》（IFRS 12）。如前所述，"一套 5 项"准则每一项均对自 2013 年 1 月 1 日或以后日期开始的年度期间生效，允许提前采用，前提是必须同时提前采用该"一套 5 项"准则的每一项。但是，将允许在主体未实际提前采用 IFRS 12 的规定（从而尚未采用其他 4 项准则）的情况下，将 IFRS 12 的披露要求纳入其财务报表。

1）IFRS 12 的基本内容

IFRS 12 的基本内容如下：

IFRS 12 旨在整合现时包含在多项准则中的有关在其他主体中权益的披露要求，同时在若干领域内增加了额外的要求。这项准则适用于在子公司、合营安排、联营企业或未予合并的结构化主体中持有权益的主体，并规范了相关的披露目标，且可能需要实施大量工作来累积所需披露的信息。

依据 IFRS 12，主体应当披露在确定其是否对另一主体具有控制、共同控制或重大影响时所作出的重大判断和假设的有关信息，以及当合营安排结构涉及单独实体时合营安排的类型。在报告期内有关事实和情况的变化将影响主体的结论时，主体也应提供此类披露。

IFRS 12 同时提供了须披露的判断和假设的示例。此类示例（包括得出以下结论的基础：持有主体超过半数的表决权但并未导致控制，或相反，持有不到半数的表决权但却获得了控制）明确，如果背离了表决权与对主体影响水平之间的假定关联，在进行解释时应当特别审慎。

2）权益的披露要求

IFRS 12 对主体在子公司、合营安排和联营企业以及未予合并的结构化主体中的权益的披露要求包括：

（1）子公司中的权益

母公司主体应当披露有关下列各项的信息：①集团的构成；②非控制性权益（包括拥有重大非控制性权益的每家子公司的汇总财务信息）；③对母公司接触或使用其子公司资产及清偿其子公司负债的能力的重大限制；④纳入合并范围的结构化主体中权益的相关风险的性质及和变化；⑤在报告期内导致或并未导致丧失控制权的所有者权益变动的影响。

如果子公司财务报表采用不同于合并财务报表的报告日或报告期间，则同时需要作出披露。

（2）合营安排和联营企业中的权益

主体应当披露其在合营安排和联营企业中权益的性质、范围和财务影响的有关信息，包括与合营安排涉及的其他方或在联营企业中持有权益的其他投资者的合同关系的有关信息。主体同时应当披露其在合营企业和联营企业中权益相关风险的性质和变动。

（3）未予合并的结构化主体中的权益

IFRS 12 将结构化主体定义为："被设计为表决权或类似权利并非决定该主体控制方的主导因素的主体。"结构化主体的例子包括证券化载体、资产抵押融资及某些投资基金，这些均应当披露。

IFRS 12 要求提供广泛披露，以协助财务报表使用者了解主体在未予合并的结构化主体中权益的性质和范围及与此类权益相关的风险，包括：①结构化主体的性质、目的、规模和活动；②结构化主体如何筹资；③与未予合并的结构化主体中的权益相关的资产和负债的账面金额，及其与此类权益产生的损失的最大敞口的比较；④在不存在任何合同义务的情况下向未予合并的结构化主体提供的任何支持（包括提供此类支持的原因）。

关于信息的汇总，IFRS 12 要求提供若干领域内的明细信息（例如，每一重大的合营安排及对集团而言重大的拥有非控制性权益的每家子公司），并规定应当分别单独列报与子公司、合营企业、共同经营、联营企业及未予合并的结构化主体中权益相关的信息，但允许对该等主体类别中的信息进行某些汇总。

IFRS 12 要求通过披露提供的信息的详尽程度应当满足财务报表使用者的需求，但不应导致无助于使用者的过分详细的信息。仅当信息汇总不会令所提供的信息变得模糊时，主体才可以对信息进行汇总。在考虑适当的汇总水平时，IFRS 12 指出，应同时考虑有关每一主体的风险和回报的定量和定性信息，并且考虑主体的总体重要性。

3）IFRS 12 的修订

IASB 在 2014—2016 年度改进周期中发布了对 IFRS 12 的修订，澄清了 IFRS 12《在其他主体中的权益的披露》的适用范围。

（1）修订的内容

修订的 IFRS 12 规定，主体无需对根据 IFRS 5《持有待售的非流动资产和终止经营》划归为持有待售或包含在划归为持有待售的处置组中的子公司、联营企业或合营企业中的权益提供汇总财务信息。本次修订澄清，就此类权益无需提供汇总财务信息，但仍需遵循 IFRS 12 的其他披露要求。

（2）修订的生效日期和过渡性规定

本次修订对自 2017 年 1 月 1 日或以后日期开始的年度期间生效，须予以追溯应用。

5.5.6 合并财务报表准则运用示例

表 5-20 是 A 公司和 B 公司 20×1 年 12 月 31 日的资产负债表。A 公司资产负债表中的投资表示该公司在 20×1 年 1 月 1 日购买了 B 公司 960 000 股的股票。在购买日，B 公司的公积金为 600 000 美元。B 公司的资产是按照公允价值列示的。

表 5-20 A 公司和 B 公司的资产负债表

20×1 年 12 月 31 日 单位：千美元

项 目	A 公司	B 公司
非流动资产	3 640	2 680
投资	1 440	0
	5 080	2 680
流动资产	1 242	1 360
流动负债	1 074	520
净流动资产	168	840
总资产减流动负债	5 248	3 520
长期负债	0	600
净资产	5 248	2 920
权益：		
普通股	4 000	1 600
留存利润	1 248	1 320
	5 248	2 920

要求：编制 A 公司 20×1 年 12 月 31 日的合并资产负债表。

合并资产负债表见 5-21。

表 5-21 合并资产负债表

20×1 年 12 月 31 日 单位：千美元

项 目	注 释		
商誉（W1）	1	120	
非流动资产		6 320	6 440
流动资产		2 602	
总资产		9 042	
权益：			
股本		4 000	
公积金（W2）	2	1 680	
		5 680	
少数股东权益（W3）	3	1 168	
		6 848	
长期负债		600	
流动负债		1 594	
权益与负债合计			9 042

说明：

W1：		
支付的价款	1 440	
获得股本的 60%	1 600	
购并前利润	600	2 200
	1 320	
	120	
W2：		
母公司	1 248	
并购后的利润份额	432	（720×60%）
	1 680	
W3：	1 168	（2 920×40%）

5.6 首次采用国际财务报告准则

5.6.1 概述

2001 年 9 月，IASB 将首次采用国际财务报告准则的相关问题纳入议程。2002 年 7 月，征求意见稿 ED 1《首次采用国际财务报告准则》发布，征求意见的日期截止到 2002 年 10 月 31 日。2003 年 6 月，国际财务报告准则第 1 号 IFRS 1《首次采用国际财务报告准则》正式发布，生效日期是自 2004 年 1 月 1 日起或之后的期间，即当一个企业明确且无保留地声明其采用国际财务报告准则编制第一份年度财务报表时。该准则取代了解释公告 SIC 8《首次采用国际财务报告准则作为首要的会计基础》。2005 年 6 月 30 日，IASB 公布了对 IFRS 1 的一些修改。

1）IFRS 1 的出台背景及理论基础

早在 1998 年，IASC 就批准了解释公告 SIC 8《首次采用国际财务报告准则作为首要的会计基础》，为主体从国家会计准则过渡到国际会计准则提供了指南。根据 SIC 8 的规定，除非特定准则或解释公告要求或允许采用不同的过渡性条款，或者不能合理确定与以前各期有关的调整金额，主体要求全面追溯运用当期有效的国际会计准则和解释公告。但是，全面追溯运用的要求以及国际会计准则中越来越多的过渡性条款，大幅度增加了企业编制财务报告的成本，从而影响了国际会计准则的广泛运用。

随着近年来欧盟、澳大利亚等司法管辖区域相继同意采纳国际财务报告准则，有 90 多个国家被要求在未来 5 年内采用或允许采用国际财务报告准则。于是，很多企业面临逐步从本国会计准则过渡到国际财务报告准则的问题。为了有助于各国企业顺利实现过渡，IASB 于 2003 年 6 月发布了 IFRS 1。IFRS 1 与 SIC 8 的不同具体体现在：（1）IFRS 1 在追溯应用方面包含了 6 个豁免事项，以缓解主体编制国际财务报告的成本压力；（2）明确规定其他国际财务报告准则中的过渡性条款不适用首次采用者（金融工具的终止确认、套期会计和会计估计例外）；（3）要求过渡日首次采用者根据国际财务报告准则所作出的估计应与原采用国际会计准则所作出的估计一致；（4）披露因过渡到国际财务报告准则而对报告主体的财务状况、财务业绩和现金流量产生的影响。

IFRS 1 的目标是提供按照国际财务报告准则进行会计处理的合理起点，确保主体首份采用国际财务报告准则的财务报表，以及这些财务报表所涵盖的部分期间的中期财务报表包含高质量的信息，这些信息对使用者是透明的，并且在所有列报期间可比，编制成本不超过给使用者带来的收益。

2）IFRS 1 的适用范围

IFRS 1 适用于主体首份按照国际财务报告准则编制的财务报告，以及如果有中期财务报告的话，其所涵盖部分期间按照 IAS 34《中期财务报告》编制的中期财务报告。这里主体的首份国际财务报告准则财务报告是指其采用国际财务报告准则编制的首份年度财务报告，并在这些财务报告中明确且无保留地声明遵循国际财务报告准则。

IFRS 1 不适用于以下情况：（1）主体停止按照原所属国会计准则编制财务报表，先前已经在按照所属国会计准则列报财务报表的同时列报另一套包含了明确且无保留地遵循国际财务报告准则声明的财务报表；（2）主体在上一年度按照所属国会计准则列报财务报表，并且这些财务报表中包含了明确且无保留地遵循国际财务报告准则的声明；（3）主体在上一年度列报的财务报表中包含了明确且无保留地遵循国际财务报告准则的声明，即使审计师对这些财务报表出具了保留意见的审计报告。另外，不适用于已经采用国际财务报告准则的主体的会计政策变更，这些变更由 IAS 8《会计政策、会计估计变更和会计差错》以及其他国际财务报告准则中的具体过渡性条款规定。

国际财务报告准则的首次采用者是指第一次明确且无保留地表示其通用目的的财务报告将遵循国际财务报告准则的企业。如果企业在前一年度为内部管理需要已经按照国际财务报告准则编制财务报告，而且没有把这些财务报告提供给投资者、债权人等外部使用者，那么该企业仍是首次采用者。但是，不管什么原因，如果前一年度有部分按照国际财务报告准则要求编制的财务报告提供给了外部使用者，则该企业被视作已经采用国际财务报告准则，不再适用 IFRS 1。如果企业去年宣布遵循部分而不是全部的国际财务报告准则，或者在其以前编制的公认会计原则财务报告中将部分数字调整为国际财务报告准则数字，那它仍然可以作为首次采用者。

5.6.2 IFRS 1 的基本内容

1）期初国际财务报告准则资产负债表

编制期初国际财务报告准则资产负债表是主体按照国际财务报告准则进行会计处理的起点。主体应当在过渡日编制期初国际财务报告准则资产负债表，在该表中确认国际财务报告准则要求确认的所有资产和负债（如果国际财务报告准则不允许将某些项目确认为资产或负债，则应将其移出），并应当按照国际财务报告准则重新划分所有的资产、负债和所有者权益项目。主体不必在其首份国际财务报告准则财务报表中列报期初国际财务报告准则资产负债表。主体在其期初国际财务报告准则资产负债表以及首份国际财务报告准则财务报表列报的所有期间内，应当采用相同的会计政策。首次采用国际财务报告准则带来的调整应当列示在留存利润或其他权益项目中。

过渡日是指前一年对照国际财务报告准则财务报表的期初资产负债表的日期（如 2004 年 1 月 1 日，如果报告日是 2005 年 12 月 31 日）。

报告日是指第一份明确宣布采用国际财务报告准则的财务报表的资产负债表日期（如 2005 年 12 月 31 日）。

2）对其他国际财务报告准则规定的豁免（选择性例外）

（1）企业合并

对过渡日以前的企业合并不要求主体追溯。管理层可以选择遵循 IFRS 3《企业合并》追溯以前年度的任何一次企业合并，但是如果这样做，那么就必须追溯该次合并以后所有的企业合并。对于过渡到国际财务报告准则日之前已确认的企业合并，主体应当采用附录二的具体规定（附录二是 IFRS 3 的组成部分）。

在适用豁免时：①购买法或权益结合法的分类不变；②企业合并中获得和承担的资产和负债应在并购方的期初国际财务报告准则资产负债表中确认，除非 IFRS 不允许确认；③获得和承担的资产和负债的认定成本是企业合并后的即时账面金额；④根据 IFRS 按照公允价值计量的资产和负债应追溯至期初国际财务报告准则资产负债表的公允价值。

（2）以公允价值或重估价作为认定成本

在国际财务报告准则过渡日，主体可以选择以公允价值计量一项不动产、厂场和设备项目并以该公允价值作为当日的认定成本。如果重估价在重估日与公允价值或者按照国际财务报告准则确定的成本或折余成本大致可比，首次采用者可以选择使用按原公认会计原则确定的在国际财务报告准则过渡日或之前的一项不动产、厂场和设备项目的重估价作为重估日的认定成本。另外，首次采用者可能已经按照原公认会计原则，在某一特定日期，由于诸如私有化或首次公开发行等原因，通过以公允价值计量某些或全部资产和负债，为某些或全部资产和负债确立了认定成本。首次采用者可以将这种根据特定事项确定的公允价值作为过渡日国际财务报告准则下的认定成本。

（3）雇员福利

按照 IAS 19《雇员福利》的规定，主体可以选择使用对某些精算利得和损失不予确认的区间法。追溯应用该方法要求主体将自福利计划开始时至国际财务报告准则过渡日的累计精算利得和损失划分为已确认部分和未确认部分。但是，首次采用者可以选择在国际财务报告准则过渡日确认所有累计精算利得和损失，即使其对后来产生的精算利得和损失使用区间法进行会计处理。

（4）累计折算差额

IAS 21《汇率变动的影响》要求主体：①将某些折算差额划归为权益的单独组

成部分；并且在处置国外经营时，将该国外经营的累计折算差额（如果适用的话，包括相关套期的利得和损失）转入收益表作为处置利得或损失的一部分。但是，对于国际财务报告准则过渡日的累计折算差额，首次采用者不需要遵循这些要求。首次采用者应用该豁免，则在国际财务报告准则过渡日，将所有国外经营的累计折算差额认为零。②在后续处置任何国外经营时的利得和损失应不包括国际财务报告准则过渡日之前产生的折算差额，但应包括之后的折算差额。

（5）复合金融工具

IAS 32《金融工具：列报与披露》要求主体将复合金融工具自开始时就划分为单独的负债和权益部分。如果负债部分不需要再偿付，追溯应用 IAS 32 要求将权益划分为两部分的规定：一部分在留存收益中并且代表负债部分的累计孳息；另一部分代表初始权益部分。但是，按照 IFRS 1 的规定，如果负债部分在国际财务报告准则过渡日不需要再偿付，那么首次采用者不需要划分这两个部分。

（6）子公司、联营企业及合营企业的资产和负债

如果子公司成为首次采用者的时间比其母公司晚，该子公司应当在其财务报表中以下列任何一种方式计量其资产和负债：①如果并未对因合并程序及母公司取得子公司时的企业合并的影响进行调整，则应基于母公司国际财务报告准则过渡日以母公司合并财务报表中包含的账面金额计量；②基于子公司国际财务报告准则过渡日，IFRS 1 的其他部分要求的账面金额。这些账面金额可能不同于上述描述的账面金额：①当 IFRS 1 中的豁免导致了取决于国际财务报告准则过渡日的计量；②当子公司财务报表中使用的会计政策不同于合并财务报表中使用的会计政策。例如，子公司可能将 IAS 16《不动产、厂场和设备》中的成本模式作为其会计政策，但集团可能采用重估价模式。成为首次采用者的时间比对其具有重大影响或对其实施联合控制的主体晚的联营企业或合营企业，也可以进行类似的选择。

但是，如果主体成为首次采用者的时间比其子公司（或联营企业或合营企业）晚，那么主体在合并财务报表中对其子公司（或联营企业或合营企业）资产和负债的计量，应与子公司（或联营企业或合营企业）财务报表上的账面金额相同，该账面金额要对合并权益进行会计调整，以及考虑主体取得子公司的企业合并的影响调整以后的金额。类似地，如果母公司在其单独财务报表中成为首次采用者的时间早于或晚于其在合并财务报表中成为首次采用者的时间，除合并调整以外，应在两类财务报表中以相同的金额计量资产和负债。

（7）前期确认的金融工具的指定

IAS 39《金融工具：确认与计量》（2003 年修订）允许在初始确认时将金融工具指定为以公允价值计量并将公允价值变动计入损益的金融资产或金融负债，或者指定为可供出售的金融资产或金融负债。尽管有此要求，主体仍被允许在国际财务报告准则过渡日进行这种指定。

（8）以股份为基础的支付交易

IFRS1 鼓励但不要求首次采用者将 IFRS 2《以股份为基础的支付》应用于在

2002 年 11 月 7 日或该日期之前被许可的权益工具，也鼓励但不要求首次采用者将 IFRS 2 应用于在 2002 年 11 月 7 日之后被许可的、在以下两者中较迟者之前被授权的权益工具：国际财务报告准则过渡日及 2005 年 1 月 1 日。但是，如果首次采用者选择将 IFRS 2 应用于这类权益工具，当且仅当主体已经公开披露这些权益工具的公允价值时该主体才能这样做，这些权益工具在计量日按照 IFRS 2 的定义确定。对于所有没有应用 IFRS 2 的权益工具的许可（例如 2002 年 11 月 7 日或该日期之前被许可的权益工具），首次采用者仍然应披露 IFRS 2 第 44 段和第 45 段要求的信息。如果首次采用者修改了没有应用 IFRS 2 的权益工具的许可的条款或条件，且如果该修改发生在以下两者中较迟者之前：国际财务报告准则过渡日和 2005 年 1 月 1 日，则不要求该主体应用 IFRS 2 第 26 段至第 29 段。

IFRS 1 鼓励但不要求首次采用者将 IFRS 2 应用于在国际财务报告准则过渡日之前清偿的以股份为基础的支付交易所引起的负债，也鼓励但不要求首次采用者将 IFRS 2 应用于在 2005 年 1 月 1 日之前清偿的负债。对于应用 IFRS 2 的负债，在早于 2002 年 11 月 7 日的期间或日期相关的范围内，不要求首次采用者重述比较信息。

（9）保险合同

首次采用者可以应用 IFRS 4《保险合同》中的过渡性规定。IFRS 4 限制了保险合同的会计政策的变更，包括由首次采用者作出的变更。

3）对其他国际财务报告准则中追溯应用的例外处理

IFRS 1 对其他国际财务报告准则中涉及到的金融资产和金融负债的终止确认、套期会计、估计和划归为持有待售的资产及终止经营等方面禁止进行追溯调整，这是强制性的例外处理。

（1）金融资产和金融负债的终止确认

如果首次采用者按照原公认会计原则终止确认了由 2004 年 1 月 1 日之前发生的交易所导致的非衍生金融资产或非衍生金融负债，则不应按照国际财务报告准则确认这些资产和负债（除非后来的交易或事项导致其符合确认的标准），这样与 IAS 39 第 172（a）条过渡性规定保持一致。但是，如果是通过一个特殊目的实体来实现不确认金融工具，而且在国际财务报告准则期初资产负债表日已经控制了该特殊目的实体，那么应该将该特殊目的实体予以合并。

（2）套期会计

IFRS 1 规定，在国际财务报告准则过渡日，主体应当以公允价值计量所有的衍生工具，并且消除按照原公认会计原则报告的所有衍生工具引起的递延损失和利得，如同它们是资产或负债一样。这与 IAS 39《金融工具：确认与计量》中所要求的一样。

主体在其期初国际财务报告准则资产负债表中不应反映不符合 IAS 39 中套期会计规定的套期关系。但是，如果主体按原公认会计原则将净头寸指定为被套期项目，那么按照国际财务报告准则，它可以将该净头寸中的单个项目指定为被套期项目，前提是该行为不迟于国际财务报告准则过渡日。如果在国际财务报告准则过渡日之前，主体已经指定了一项交易作为套期，但是该套期不符合 IAS 39 中规定的套期会计的条件，主体应当应用 IAS 39 中第 91 段和第 101 段停止套期会计的处理。在国际财务报告准则过渡日之前的交易不应追溯指定为套期。

（3）估计

在进行国际财务报告准则追溯估计时，企业应使用以前期间按照原公认会计原则曾用来确定估计的输入信息和前提假设，并假定这些输入信息和前提假设与国际财务报告准则是一致的。除了更正错误之外，企业不允许使用按照以前公认会计原则确定估计之后才取得的信息。

（4）划归为持有待售的非流动资产和终止经营

IFRS 5《持有待售的非流动资产和终止经营》要求在 IFRS 1 生效日期后，对符合划归为持有待售标准的非流动资产（或者处置组）以及符合划归为终止标准的经营应用未来适用法。国际财务报告准则过渡日在 2005 年 1 月 1 日之前的主体，应采用 IFRS 5 的过渡性规定。国际财务报告准则过渡日在 2005 年 1 月 1 日或之后的主体，应追溯采用 IFRS 5。

4）披露

主体应当披露过渡到国际财务报告准则对其财务状况、财务业绩和现金流量的影响。

（1）调整

主体的首份国际财务报告准则财务报表应当包括这样的调整信息：①主体在国际财务报告准则过渡日，将按照原公认会计原则编制的最近年度财务报表中列报的权益于期末调节为按照国际财务报告准则报告的权益。②将按照原公认会计原则在最近期间主体年度财务报表中报告的损益调节为同一期间按照国际财务报告准则报告的净损益。另外，在编制期初国际财务报告准则资产负债表时，如果主体首次确认或转回了任何减值损失，并且如果主体在国际财务报告准则过渡日开始的期间内确认了减值损失或转回，需要提供 IAS 36《资产减值》规定的披露。上述大调整应能让使用者理解对资产负债表和收益表所作的重要调整。如果主体按照原公认会计原则列报了现金流量表，也应解释对现金流量表所作的重要调整。

（2）可比信息和历史摘要信息

IFRS 1 只要求提供 1 年的比较财务报告。如果首次采用者选择披露国际财务报告准则期初资产负债表日以前期间的部分财务信息，这些信息是否遵循国际财务报告准则可以由企业自己决定。如果企业选择按照原公认会计原则，而不是按照国际财务报告准则来列报前期的财务信息，它必须永久性地标识出该信息与国际财务报告准则不一致，并且披露使该信息与国际财务报告准则一致需要进行的主要调整的性质。该披露是描述性的，不必量化。当然，如果企业在转换到国际财务报告准则时选择提供超过 1 年的比较财务报告，那么其国际财务报告准则期初资产负债表日也会相应发生变化。

一些主体在按照国际财务报告准则全面提供比较信息的第一个会计期间以前的期间，列报选定数据的历史摘要信息。IFRS 1 不要求这些摘要信息遵循国际财务报告准则的确认和计量规定。此外，一些主体在按原公认会计原则提供比较信息的同时按 IAS 1 的规定提供比较信息。在包含按照原公认会计原则提供的历史摘要信息或比较信息的任何财务报表中，主体应当以明显的方式注明按照原公认会计原则而不是按照国际财务报告准则编制的信息，并且披露使之遵循国际财务报告准则的主要调整的性质，这些调整不必量化。

（3）中期财务信息

如果主体列报了上一财务年度比较中期财务报告，每一份这样的中期财务报告应当包括下列调节：①在比较中期期末按原公认会计原则报告的权益调节为当日按照国际财务报告准则报告的权益；②对比较中期按原公认会计原则报告的损益（当期和当年累计）调节为同一期间按照国际财务报告准则报告的损益。另外，如果首次采用者在其按照原公认会计原则列报的最近期年度财务报表中没有披露对理解本中期重要的信息，其中期财务报告应披露这一信息或包含指向另一包含该信息的已公布文件的参照条目。

5.6.3　IFRS 1 疑难问题解释

母公司或投资者与子公司、联营企业或合营企业可能不是同时开始采用国际财务报告准则。在这种情况下：

（1）如果子公司在其所属集团采用国际财务报告准则编制合并财务报表之前，已经采用国际财务报告准则编制其单独的财务报告，那么子公司首次采用国际财务报告准则的日期仍是它自己的首次采用日，而不是集团的首次采用日。然而，除了与企业合并选择有关的调整及遵守集团会计政策以外，集团必须使用子公司在其按照国际财务报告准则编制的财务报告中对资产和负债的计量数据。

（2）如果集团采用国际财务报告准则在子公司采用国际财务报告准则编制其单独的财务报告之前，那么子公司可以有所选择，或者以集团采用国际财务报告准则的日期，或者直接以编制其单独的财务报告的首次采用日为其转换日。

（3）如果集团采用国际财务报告准则在母公司采用国际财务报告准则编制其单独的财务报告之前，那么母公司的首次采用日就是集团首次采用国际财务报告准则的日期。

（4）如果集团采用国际财务报告准则在其联营或合营企业采用国际财务报告准则编制其单独的财务报告之前，那么联营或合营企业可以选择以集团采用国际财务报告准则的日期，或者直接以其编制单独的财务报告的首次采用日为其转换日。

5.6.4　相关准则的国际比较

在美国没有与 IFRS 1 类似的特别准则，在实务中，除非特别的准则有过渡性条款，否则通常会采用追溯调整法。

以下就 IFRS 1 与我国《企业会计准则第 38 号——首次执行企业会计准则》进行比较。

我国于2006年2月15日发布的企业会计准则体系中，《企业会计准则第38号——首次执行企业会计准则》规范了企业过渡到按照新准则体系编制财务报表，提供高质量信息的要求。该准则包括总则、确认和计量以及列报三大部分。总则中明确指出准则的目的是为了规范首次执行企业会计准则时的确认、计量和财务报表列报。这里，首次执行企业会计准则是指企业第一次执行2006年发布的企业会计准则体系，包括基本准则、各项具体准则和会计准则应用指南。首次执行企业会计准则后发生的会计政策变更，适用《企业会计准则第28号——会计政策、会计估计变更和差错更正》。

与IFRS 1相比，二者在以下方面存在差异：

（1）关于准则的适用范围。我国准则没有对适用范围作出明确规定，但是在总则部分隐含了适用范围是首次使用者。我国《企业会计准则——基本准则》中规定，“本准则适用于在中华人民共和国境内设立的企业（包括公司，下同）”。据此推断，可以认为第38号准则适用于初次采用企业会计准则的企业。IFRS 1则对准则的适用范围以及不适用的情况作了明确的说明，同时还对中期财务报告的使用问题作了规定。我国第38号准则也涉及了中期财务报告问题，体现在准则的列报部分。二者都规定企业在首份年度财务报表涵盖的期间内编制中期财务报表应遵循的规定。

（2）关于确认与计量。IFRS 1中明确指出，“主体在其期初国际财务报告准则资产负债表以及其首份国际财务报告准则财务报表列报的所有期间内，应采用相同的会计政策”，并规定除特别指明的一些情况外，这些会计政策应遵循其在首份国际财务报告准则财务报表的报告日有效的每项国际财务报告准则。我国第38号准则没有作出这样明确的说明。IFRS 1在对基本计量原则的规定中，涉及了可选择的例外规定（如企业合并等）和强制性的例外规定（如套期会计等）。我国第38号准则没有区分可选择的例外规定和强制性的例外规定，全部为强制性的例外规定。同时，强制性的例外规定涉及的项目比较多，如涉及到生物资产、财务费用、非货币性资产交换等，这些在IFRS 1中没有明确提及。

（3）关于列报问题。IFRS 1规定，主体应当披露至少1年的比较信息。我国第38号准则规定，企业至少应当包括上年度按照企业会计准则列报的比较信息，二者的规定基本一致。我国第38号准则规定，在首次执行日后，企业应当按照《企业会计准则第30号——财务报表列报》《企业会计准则第31号——现金流量表》《企业会计准则第33号——合并财务报表》的规定，列报资产负债表、利润表、所有者权益变动表和现金流量表以及附注。在IFRS 1中没有明确作出类似的说明，但根据IAS 1的规定，一份完整的财务报表应当包括资产负债表、收益表、权益变动表、现金流量表以及附注等。另外，在IFRS 1中，涉及了对过渡到国际财务报告准则的说明，要求主体说明从原有公认会计原则过渡到国际财务报告准则对其报告的财务状况、财务业绩和现金流量的影响，涉及到调整、金融资产或金融负债的指定、使用公允价值作为认定成本和中期财务报告等。我国第38号准则没有此方面明确的规定。

5.6.5　IFRS 1 的修订

自 2008 年以来，IASB 结合在实际应用中提出的问题，对 IFRS 1 主要作了 6 次修订。

1）对 IFRS 1 的修订：2008 年 12 月发布

该项修订的目标在于完善 IFRS 1 的结构（并未引入任何新的或经修订的技术内容），通过重新组织准则及将大量例外情况和豁免移至附录，令 IFRS 1 更加清晰和更容易遵循，更完善的结构亦使准则能够更好地适应未来的变更。该项修订于 2009 年 7 月 1 日生效。

2）对 IFRS 1 的修订：相关豁免

为首次采用者提供与石油和天然气资产及包含租赁的协议有关的额外豁免，该项修订于 2010 年 1 月 1 日生效。

（1）针对石油和天然气资产认定成本的豁免

该豁免适用于按照原公认会计原则采用“完全成本法”进行核算的石油和天然气主体。根据原公认会计原则，与石油和天然气田的勘探和开发相关的成本在包括较大地理区域内所有油气田的成本中心处理。

根据该豁免，主体可以选择在 IFRS 的过渡日按原公认会计原则确定的金额计量石油和天然气资产。按原公认会计原则确定的成本中心金额必须以过渡日的储备量或储备值按比例分摊到开发/生产阶段的基础资产。在过渡日必须进行减值测试，这可能导致在某些情况下需要对按原公认会计原则确定的账面金额进行减记。

（2）不动产、厂场和设备成本中包含的与处置相关的负债（石油和天然气资产）

如果主体对石油和天然气资产选择采用上述的认定成本豁免，必须同时对处置相关负债采用另一项针对首次采用的额外豁免。特别是，主体必须：①按照国际会计准则第 37 号（IAS 37）计量 IFRS 过渡日的处置、复原及类似的负债；②将上述负债金额与 IFRS 过渡日主体按原公认会计原则确定的负债账面金额之间的差额直接计入留存收益。

（3）对租赁的豁免

额外豁免的增加将进一步放宽对首次采用者的约束。新的豁免要求适用于某些首次采用者，其按原公认会计原则对一项协议是否包含租赁所作的评估，除日期与国际财务报告解释公告第 4 号（IFRIC 4）要求的日期不同外，其余与 IFRIC 4 一致。根据该豁免要求，如果按照原公认会计原则对一项协议是否包含租赁所作出的决定与应用国际会计准则第 17 号《租赁》（IAS 17）及 IFRIC 4 产生的结果相同，那么，首次采用者将无需按原公认会计原则重新对该确定作出评估。

3）作为年度改进项目的一部分对 IFRS 1 的修订

此类修订与采用 IFRS 当年的会计政策变更及新增的认定成本豁免相关，于 2011 年 1 月 1 日生效。

（1）采用IFRS当年的会计政策变更：有关修订明确，首次采用者可以在首份IFRS年度财务报表发布前变更其会计政策并选择IFRS 1提供的豁免。修订后的指引同时明确了首次采用者在采用IFRS当年发布的首份中期财务报表与首份年度财务报表之间的期间内变更其会计政策或应用有关豁免时需提供的披露。

（2）认定成本豁免——根据特定事项确定的公允价值计量：修订了认定成本豁免，以便能够对过渡日与首个IFRS年度报告期末之间发生的事项使用公允价值计量。此类事项的其中一个例子是首次公开发行（IPO）或私有化。如果应用有关豁免，主体将在计量日通过记入权益的分录调整认定成本。该项豁免并未规定主体无需遵守在IFRS的过渡日确定遵循IFRS的计量基础的要求。

（3）认定成本豁免——受费率管制的主体：该项新增的认定成本豁免与受费率管制的不动产、厂场和设备或无形资产有关，并允许首次采用者在过渡到IFRS时使用原公认会计原则下的账面金额作为认定成本。如果主体选择应用该项豁免，则同时需要在过渡日对相关的资产进行减值测试。

4）国际会计准则理事会发布对IFRS 1的修订：取消首次采用者的固定过渡日

该项修订为国际财务报告准则的首次采用者提供以下豁免：

（1）采用未来适用法终止确认金融资产和负债的日期，从“2004年1月1日”修订为“国际财务报告准则过渡日”，从而国际财务报告准则的首次采用者无需自较早的日期起追溯应用国际会计准则第39号（IAS 39）的终止确认要求；

（2）豁免首次采用者重新计算在国际财务报告准则过渡日前发生的交易所产生的“首日”利得和损失。

该项修订对自2011年7月1日或以后日期开始的年度期间生效，允许提前采用。

5）国际会计准则理事会发布对IFRS 1的修订：经历严重恶性通货膨胀时期后首次采用国际财务报告准则

该项修订就经历严重恶性通货膨胀后的主体恢复按照国际财务报告准则列报财务报表，或者首次按照国际财务报告准则列报财务报表提供了指引。

根据有关修订，如果主体的国际财务报告准则过渡日在其功能货币正常化日的当日或之后，主体可以选择在国际财务报告准则过渡日以公允价值计量在功能货币正常化日之前持有的所有资产和负债，并使用该公允价值作为此类资产和负债在期初国际财务报告准则财务状况表内的认定成本。

如果功能货币正常化日是在12个月的比较期间之内，比较期间可以短于12个月，前提是针对该较短的期间提供完整一套财务报表。

运用该豁免的主体应当说明其功能货币遭遇严重恶性通货膨胀的程度和原因，以及导致严重恶性通货膨胀终止的情况。

如果同时符合下列两个特征，则处于恶性通货膨胀经济中的货币遭遇“严重恶性通货膨胀”：

（1）以该货币对交易和余额进行计价的所有主体无法获得可靠的一般价格指数；

（2）该货币无法与相对稳定的外币相互兑换。

“功能货币正常化日”是指上述任一特征或两个特征不再存在并且货币不再遭受严重恶性通货膨胀之日，或者主体的功能货币变更为未遭受严重恶性通货膨胀的货币之日。

有关修订对国际财务报告准则第 1 号《首次采用国际财务报告准则》（IFRS 1）增加了一项豁免，从而如果主体的国际财务报告准则过渡日在其功能货币正常化日的当日或之后，主体可以选择在国际财务报告准则过渡日以公允价值计量在功能货币正常化日之前持有的所有资产和负债，并使用该公允价值作为此类资产和负债在期初国际财务报告准则财务状况表内的认定成本。

该项修订对自 2011 年 7 月 1 日或以后日期开始的年度期间生效，允许提前采用。

6）对 IFRS 1 和 IFRS 9 的修订：金融工具

该项修订仅当提前采用 IFRS 9 时才生效。引入的该项短期披露豁免适用于在 2012 年 1 月 1 日之前开始的会计期间采用 IFRS 并且选择提前采用 IFRS 9 的主体。该豁免规定主体无需重述属于 IFRS 9 范围之项目的比较信息并提供替代的披露要求。

7）2014—2016 年度改进周期中对 IFRS 1 和 IAS 28 的修订。

（1）对 IFRS 1 的主要修订包括：

①删除涉及金融工具的披露（IFRS 7）、雇员福利（IAS 19）、投资性主体（IFRS 12）和单独财务报表（IAS 27）的短期豁免。

②IFRS 1 的 E3 段 ~ E7 段因多余而被删除。由于适用该等豁免的报告期已过，因此该等豁免不再适用。

IFRS 1 的本次修订对自 2018 年 1 月 1 日或以后日期开始的年度期间生效。

（2）对 IAS 28 的主要修订包括：

①澄清了针对风险资本组织及其他类似主体提供的以公允价值计量且其变动计入损益的方式来计量在联营企业和合营企业中投资的选择权，可对每一个联营企业或合营企业分别应用，并且这一选择应在联营企业或合营企业初始确认时决定。

②对于不属于投资主体的，在采用权益法时，可保留属于投资主体的联营企业和合营企业所运用的公允价值计量的选择权，本次修订规定，该选择权可对每一个投资主体联营企业或投资主体合营企业分别应用。

IAS 28 的本次修订须予以追溯应用，并对自 2018 年 1 月 1 日或以后日期开始的年度期间生效，允许提前采用。

5.7　其他财务报告准则

5.7.1　关联方披露

1）关联方披露准则的发展

随着公司组织形式和治理结构的演变，企业集团内部的关联方交易成为各个国家和地区监管当局关注的焦点。在西方发达国家，跨国集团公司常常运用关联交易来规避税收。在美国，FASB 于 1982 年 3 月发布了 SFAS 57《关联方披露》，开始对关联方交易进行规范。1983 年 3 月，IASC 发布了征求意见稿 E 25《关联方交易的披露》。随后，1984 年 7 月正式发布了 IAS 24《关联方披露》，并于 1986 年 1 月 1 日起正式生效。1994 年，IASC 对 IAS 24 进行了格式重排。同年 6 月，证券委员会国际组织认为 IAS 24 可列入其核心准则体系，但是要求 IASC 考虑所得税分配的披露、向主要股东支付的费用和负债的核算与披露，以及对主要股东为企业利益而设立的持股计划的披露等问题。2001 年 7 月，IASB 宣布作为其技术项目初始议程的一部分，将启动一个项目对若干准则进行改进，其中包括了 IAS 24，目的在于减少或消除准则中现存的备选方法、重复和矛盾，解决一些趋同问题以及进行一些其他改进。2003 年 12 月 18 日，IASB 公布了修订后的 IAS 24，自 2005 年 1 月 1 日起生效，鼓励提前采用。与修订前的 IAS 24 相比，修订后的 IAS 24 的主要变动体现在以下几个方面：①在适用范围方面，要求披露关键管理人员的报酬，并且不再豁免利润导向的主体披露其与其他受国家控制的主体之间的交易。②在定义方面，扩展了“关联方”的定义：共同控制主体的各方；主体是其中一个合营者的合营企业；为主体或作为该主体的关联方的任何主体的雇员福利而设的离职后福利计划。增加了“与个人关系密切的家庭成员”的定义，并且明确了非执行董事是关键管理人员。③在披露方面作了改进，明确了与关联方的未结算余额及其条款与条件、给予或收到的所有担保的详细信息以及可疑债权准备的披露，并新增了关联方交易的金额和未结算余额的披露等。

2）IAS 24 的基本内容

主体的财务状况和损益可能受关联方的存在、关联方交易及其未结算余额的影响。IAS 24《关联方披露》的目标是确保主体的财务报表包含相关的信息，使信息使用者能够正确评价主体的经营活动。IAS 24 适用于以下情况：①识别关联方关系和交易；②识别主体和其他关联方之间的未结算余额；③识别要求披露①和②的情况；④确定对这些项目所作的披露。该准则要求在母公司、合营者或投资者根据 IAS 27《合并财务报表和单独财务报表》列报的单独财务报表中披露关联方交易和未结算余额。与集团内其他主体的关联方交易和未结算余额在主体的财务报表中进行披露。集团内的关联方交易和未结算余额在编制集团合并财务报表时应予消除。

（1）关联方的界定

如果具备下列条件，则一方与主体关联：①直接或者间接地通过一个或更多中介，对方：A. 控制了主体，或是受主体控制，或是与主体一起在同一控制之下；B. 在主体中拥有权益，使之对该主体有重大影响；C. 对主体具有共同控制。②对方是主体的联营企业。③对方是主体的合营企业，其中主体是该合营企业的合营者。④对方是主体或其母公司的关键管理人员中的一员。⑤对方是与①和④所提及的所有个人关系密切的家庭成员。⑥对方是受④或⑤项提及的所有个人直接或间接地控制、共同控制或重大影响的主体，或者这样一个主体的重大表决权，直接或间接地掌握在④或⑤项提及的所有个人手中。⑦对方为主体或作为主体关联方的任何主体的雇员福利而设离职后福利计划。在考虑各种可能的管理关系时，应当关注关系的实质而不仅仅是法律形式。

（2）披露

IAS 24 规定，主体应当披露如下的信息：

①母公司和子公司之间的关系。无论关联方之间是否曾发生交易[①]，都应当披露母公司和子公司之间的关系。主体应当披露其母公司的名称，如果最终控制方与母公司不同，还要披露最终控制方的名称。如果主体的母公司和最终控制方均不可提供可供公众使用的财务报表，则也要求提供可供公众使用财务报表的相邻最高级别的母公司的名称。

②关键管理人员的报酬。主体应当披露关键管理人员报酬的总额，并按不同的类别分别披露，具体包括短期雇员福利、离职后福利、其他长期福利、辞退福利和权益计酬福利。

③关联方关系的性质。如果关联方之间发生了交易，则主体应披露关联方关系的性质，以及为理解关联方关系对财务报表的潜在影响所必需的关于交易和未结算余额的信息。最低限度应当披露交易的金额、未结算余额及其条款和条件、给予或收到的所有担保的详细信息。这些信息的披露应当区分母公司，对主体具有共同控制或重大影响的主体、子公司、联营企业、主体为合营者的合营企业，主体或其母公司的关键管理人员以及其他关联方。

3）IAS 24 与中国相关准则的比较

中国的《企业会计准则第 36 号——关联方披露》因充分考虑了本国特殊的经济和会计环境，目前仍保留了一些与国际会计准则的差异，主要体现在：①IAS 24 规定，同受国家控制的企业属于关联方。我国准则规定，仅仅同受国家控制而不存在其他关联关系的企业不构成关联方；同受共同控制或重大影响的两方是关联方；企业与主要投资者个人之间的关系是关联方。但 IAS 24 并未有明确规定。②IAS 24 规定，主体及关联方的雇员离职后的福利计划构成关联方的内容。我国准则中无此规定。我国的社会福利体系还具有较大缺陷，该规定不具备可操作性。③IAS 24 修订后取消了关联方交易定价政策的披露要求。但在我国现阶段披露定价政策能提高关联方交易的透明度，因此准则保留该要求。值得一提的是，IASB 研究总监韦恩·厄普顿先生在接受新华社记者专访时说，在关联方披露方面，中国企业会计准则在实际操作中的成本效益比要高于现行的国际财务报告准则，因为现行国际财务报告准则要求详细披露所有政府控制企业之间所谓“关联方交易”的做法在实际操作中成本过高，而中国准则的规定避免了这种低效的弊端。[②]

① 关联方交易是指关联方之间相互转移资源、服务或义务，而不论是否收取价款。
② 马建国．从 IAS 24 修订突破　我会计准则规定获国际认可[J]．中国会计视野，2007（2）．

4）对 IAS 24《关联方披露》的修订

结合特别是包括中国在内的国家对运用 IAS 24 所提出的问题，IASB 于 2009 年对该项准则进行了修订，旨在简化受政府控制、共同控制或重大影响的主体（以下简称“与政府相关的主体”）的披露要求，并澄清关联方的定义。修订后的 IAS 24自 2011 年 1 月 1 日起生效。

（1）针对与政府相关的主体的特定豁免

由于在实务中难以识别所有与政府相关的主体并对所有涉及此类主体的关联方交易和余额加以量化，修订后的 IAS 24 部分豁免了与政府相关的主体的披露要求。特别是，对于报告主体与下述各关联方的交易和未结算余额（包括承诺），报告主体可豁免遵循 IAS 24 的总体披露要求：①对报告主体实施控制、共同控制或重大影响的政府；②另一关联方主体，而该主体是因报告主体与其均由同一政府控制、共同控制或实施重大影响而成为关联方。

但是，若报告主体豁免遵循总体披露要求，修订后的 IAS 24 要求报告主体披露下列与交易及相关未结算余额有关的信息：第一，政府的名称及其与报告主体关系的性质（即，控制、共同控制还是重大影响）。第二，足够详尽的下列信息：每一个别重大交易的性质和金额；每一类汇总而言重大（而非个别而言重大）的其他交易之范围的定性或定量披露。

（2）关联方的定义

修订后的 IAS 24 简化了关联方的定义，澄清了关联方的实际含义并消除了若干不一致性。汇总而言，修订后的关联方定义是基于以下原则的：①在评估关联方关系时，重大影响被视为等同于与关键管理人员的关系，因此该等关系并不如存在控制或共同控制时那样紧密。②受同一方控制或共同控制的两个主体互为关联方。③如果一方对某个主体实施控制或共同控制，并同时对另一主体实施重大影响，则（其实施重大影响的）联营企业及（其实施共同控制的）合营企业互为关联方。④如果两个主体受同一主体的重大影响，该两个主体并不互为关联方。⑤关联方关系的处理的对称性。如果修订后的关联方定义将某一主体视为另一主体的关联方，则该另一主体也应将该主体视为关联方。

5.7.2 每股收益

1）每股收益准则的发展

每股收益的计算是自 1960 年以后在美国逐渐发展起来的，该指标主要用于帮助投资者评价企业的获利能力。1960 年以前每股收益的报告是自由的，当时主要强调总收益而不是每股收益。后来，由于每股收益指标对证券市场、上市公司、公司管理层、投资者、潜在投资者及其他财务分析人员的作用和影响越来越大，另外由于存在公司内部与外部信息的不对称，这样就有可能导致公司内部管理人员有强烈的动机操纵每股收益的计算来实现其自身利益最大化。为了规范每股收益的计算，1969 年，美国 AICPA 发布了 APB 15《每股收益》，提供了非常特殊的，甚至是有些专制的程序来解决每股收益计算过程中的可靠性问题。APB 15 将公司的资本结构区分为简单的资本结构和复杂的资本结构两种。在简单的资本结构下，资本的构成包括普通股，没有或只有很少的可转换证券、约定购股权、购股权证以及其他一些一旦转换或行权就会稀释每股收益的权利。复杂的资本结构是指公司资本的构成除了普通股以外，还有大量的可转换债券、可转换优先股、股票选择权以及认股权证等，这些金融票据都有可能增加流通在外的普通股股数，因而都是潜在的普通股等价物，从而都有可能稀释每股收益。

当这种潜在的稀释作用很大时，APB 15 要求具有复杂资本结构的公司必须在收益表上列示两种计算基础下不同的每股收益数额，即主要每股收益和完全稀释后的每股收益。前者要求在分母中包括“普通股等同权益”的潜在稀释证券，后者则要求在计算中包括所有的潜在稀释证券。虽然在运用重要性原则时需要一个基本的每股收益，但 APB 15 并没有要求披露基本的每股收益。APB 15 由于注重稀释对每股收益的影响，而完全忽视了历史的、未被稀释的每股收益的影响。另外，由于计算主要每股收益的规则极端复杂，以及其属独断性的规定，因而使 APB 15 备受指责。

作为对 APB 15 批评的回应，FASB 于 1991 年发布了一个国际活动计划（1995 年更新），该计划的一个目的是通过改进会计准则的质量和提高其国际可比性，使财务报表对于投资者和债权人更为有用。该计划追求会计准则更高的国际可比性主要是通过设立能在短时间内建立国际广泛认同的项目和发起国际会计准则制定机构的合作项目来实现的。FASB 在 1993 年发布了一份题为“每股收益”的计划书，其中解释说，APB 15 经常因其复杂而独断的规定而备受批评，所以近年来 FASB 也被要求考虑每股收益问题。FASB 把每股收益项目提上了议事日程，这为 FASB 与国际组织共同合作，追求更高的国际可比性提供了一个机会。FASB 认为，每股收益项目应该是一个潜在成功的国际合作范例。1994 年 3 月，FASB 在其技术日程中加入了每股收益项目，与其他相似项目共同进行。其中包含了双重目的：①改进和简化美国公认会计原则；②发布与国际会计准则具有可比性的准则。

IASC 在 1989 年将每股收益项目列入其议事日程，并于 1993 年发布了一个题为“每股收益”的、公开讨论的原则公告书草案。1994 年 6 月，经 IASC 确认，原则公告书草案将作为 IASC 的征求意见稿。1995 年 11 月，国际会计准则《每股收益》征求意见稿获通过，1996 年 1 月正式发布。同年同月，FASB 发布了《每股收益和资本结构信息披露》征求意见稿，其中第一部分是为公众持有股份或潜在股份的实体确立每股收益计算、列报和披露的要求，该部分与 IASC 的征求意见稿几乎相同。

FASB 和 IASC 在各自的每股收益项目进行过程中通过商议和再商议交换了意见，而且 FASB 还在所有问题上考虑了 IASC 的暂时性结论。此外，IASC 每股收益指导委员会成员以及工作人员参加了 FASB 的会议，讨论了各自得出的暂时性结论之间的差异。同样，FASB 的成员和工作人员也参加了 IASC 讨论这些问题的会议。双方都同意在非尖锐问题上对各自的最初立场作一定修正。另外，FASB 在得出某些结论时也考虑了此类结论是否能够简化每股收益的计算。1997 年 2 月，IASC 发布了 IAS 33《每股收益》，并自 1999 年 1 月 1 日起生效。1997 年 2 月，FASB 发布了 SFAS 128《每股收益》。两个不同的会计准则制定机构几乎同时发布了实质内容基本相同的每股收益准则。

2001 年 7 月 IASB 宣布，作为其技术项目初始议程的一部分，将启动一个项目对若干准则进行改进，其中也涉及 IAS 33。2002 年 5 月，IASB 在《对国际会计准则改进（征求意见稿）》中公布了改进建议，建议对 IAS 33 进行修改，以使其与 SFAS 128 更为紧密地保持一致。2003 年 12 月 18 日，IASB 公布了 IAS 33 的修订稿，自 2005 年 1 月 1 日起生效，同时取代了 SIC 24《每股收益：可用股份结算的金融工具和其他合约》。IAS 33（2003 年修订）的目的在于规范每股收益的确定和列报原则，以便改进同一时期内不同主体之间，以及同一主体在不同会计期间的业绩比较。该准则主要是用于普通股或潜在普通股已公开交易的主体，以及正处于在公开市场上发行普通股或潜在普通股过程中的主体，这些主体应按照 IAS 33 的规定计算和披露每股收益。如果主体按照 IAS 27 的要求编制合并财务报表和单独财务报表，则其仅需在合并信息的基础上列报。对于选择在其单独财务报表中披露每股收益的主体，只需在其单独收益表中列报每股收益的信息。企业不需在其合并财务报表中列报每股收益信息的信息。

2）IAS 33 的基本内容

（1）基本每股收益的计量

企业应按归属于母公司普通股股东的损益，计算基本的每股收益。基本每股收益的计算公式如下：

$$\text{基本每股收益}=\frac{\text{归属于母公司普通股股东的损益}}{\text{当期发行在外的普通股加权平均数}}$$

其中，归属于母公司普通股股东的损益包括：①归属于母公司的持续经营收益；②归属于母公司的损益。这里的损益金额应当是调整了优先股股利、清算优先股的差额以及其他归类为权益的优先股的类似影响后的税后金额。本期发行在外的普通股加权平均数是对期初发行在外的普通股股数按照当期回购或发行的普通股股数乘以时间权重因子进行调整后的股数。

（2）稀释的每股收益的计量

稀释的每股收益与基本的每股收益目的是一致的，即在考虑当期所有稀释性潜在普通股的影响的同时，提供每股普通股在主体业绩中拥有权益的一个量度。为了计算稀释的每股收益，主体应考虑所有稀释性潜在普通股的影响，调整为归属于母公司普通股股东的损益和发行在外股份的加权平均数。损益的调整包括对当期股利、当期利息和股份转换时产生的收益或费用等其他变化的税后影响的调整。股份的加权平均数的调整应是在基本的每股收益的股份加权平均数的基础上，加上全部稀释性的潜在普通股转换的普通股股数的加权平均数。只有当潜在普通股转换成普通股会减少来自持续经营的每股净收益时，潜在普通股才能视为具有稀释性。这些股份应视为已在当期期初或股份发行日转换成普通股。

如果发行在外的普通股或潜在普通股数量因资本化股份、红利股发行、股票分割而增加，或者因反向股票分割而减少，则应追溯调整所有列报期间基本的和稀释的每股收益。另外，所有列报期间基本的和稀释的每股收益应就会计政策变更引起的差错和追溯的影响进行调整。

3）列报和披露

（1）列报

应在收益表内以同等显著的方式，列示各类具有不同权利普通股的基本的每股收益和稀释的每股收益，即使出现亏损，也要作同样处理。如果主体报告了终止经营，则应当在收益表内或是在财务报表附注中披露终止经营部分基本的每股收益和稀释的每股收益。

（2）披露

主体应当披露的信息包括：①计算基本的和稀释的每股收益时分子的金额，以及将这些金额调节为当期可归属于母公司损益的金额；②计算基本的和稀释的每股收益时，用来作分母的普通股加权平均数，以及这些分母之间的彼此调整；③可能未来会潜在地稀释基本的每股收益，但就列报期间而言具有反稀释性，因而未包括的稀释的每股收益计算中的工具（包括或有可发行的股份）；④对发生在资产负债表日后的，且如果发生在报告期期末之前，就会显著地改变期末发行在外普通股或潜在普通股数量的普通股交易或者潜在普通股交易。

如果除披露基本的每股收益和稀释的每股收益之外，还披露运用收益表中一个报告数字计算的每股收益，该数字不同于本准则规定的报告数字，则此每股收益应采用根据 IAS 33 确定的计算基本的和潜在的每股收益时所采用的相同的分母。

4）IAS 33 与中国相关准则的比较

对比 IAS 33，我国 2006 年 2 月发布的《企业会计准则第 34 号——每股收益》在整体计算方法和思路上与国际会计准则已趋于一致，但还存在一些不足之处，主要表现在：①没有考虑潜在普通股的影响，没有要求计算稀释的每股收益。近几年来，随着资本市场的完善和发展，我国出现了可转换公司债券、认股权、认股权证等潜在普通股。如果不考虑这些潜在普通股的影响，所提供的信息不能满足信息使用者的需要。②各期间的每股收益指标缺乏可比性。现行的关于提供每股收益信息的规定没有要求重新计算各列报期间的每股收益。在提供比较财务报表的情况下，当各期的有关数据发生变化时，不必重述列报期间的每股收益，这使得各期间每股收益指标缺乏可比性。③没有界定反稀释性以及稀释性影响程度的判断标准。IAS 33 规定了在计算稀释的每股收益时对具有反稀释性的潜在普通股的影响的处理；在考虑潜在普通股是具有稀释性还是反稀释性时，潜在普通股每次或系列发行应单独而不是汇总考虑其稀释性的影响，而且应按稀释性从大到小的顺序予以考虑，这样更具有操作性。[①]

5.7.3 金融工具列报（IFRS 7 和 IAS 32）

1）金融工具会计准则的发展

金融工具的迅速发展给会计理论和会计实务带来了新的挑战，它对于评价一个企业的财务状况和经营业绩至关重要。国际会计准则委员会意识到了规范金融工具披露的重要性，从 1988 年就开始金融工具项目。1991 年 9 月，国际会计准则委员会公布了征求意见稿 E 40《金融工具》，后来在收集各方意见的基础上，又在 1994 年 1 月公布了修订后的征求意见稿 E 48《金融工具》。1995 年 6 月，IAS 32《金融工具：列报与披露》作为正式准则公布，自 1996 年 1 月 1 日起生效。E 48 中关于金融工具披露和列报的内容均归入其中，E 48 中关于金融工具确认和计量的内容尚未完成。1998 年 12 月，IAS 39《金融工具：确认与计量》发布时涉及到了对 IAS 32 的修订，之后由 IASB 完成并于 2003 年 12 月 17 日发布了修订稿，IAS 32（2003 年修订）自 2005 年 1 月 1 日起生效，取代了解释公告 SIC 5、SIC 16、SIC 17 等。在此基础上，2004 年 7 月 22 日，IASB 发布了征求意见稿草案 ED 7《金融工具：披露》。2005 年 8 月 18 日，IFRS 7《金融工具：披露》正式发布，自 2007 年 1 月 1 日起生效，取代了 IAS 32 中“披露”部分的内容。

相关的国际会计准则还有 IAS 30《银行和类似金融机构财务报表中的披露》。银行在经济发展中扮演着非常重要的角色，银行的经营状况、偿债能力、变现能力，以及面临的风险程度都受到各方的普遍关注。IASC 早在 1987 年 4 月就发布了征求意见稿 E 29《银行财务报表中的披露》，寻求解决银行的特殊信息披露问题。1989 年 7 月，在对 E 29 修改的基础上，IASC 又重新发布了征求意见稿 E 34《银行和类似金融机构财务报表中的披露》。1990 年 8 月，IAS 30《银行和类似金融机构财务报表中的披露》正式发布，对自 1991 年 1 月 1 日或以后日期开始的银行财务报表有效。1994 年，IASC 对 IAS 30 进行了格式重排。1998 年 12 月，IAS 30 中的部分规定被新发布的 IAS 39《金融工具：确认与计量》修正，自 2001 年 1 月 1 日起生效。2005 年 8 月，随着 IFRS 7《金融工具：披露》的正式发布，IAS 30 被取代。

2）IFRS 7 和 IAS 32 的基本内容

（1）IFRS 7 关于金融工具披露的规定

相对于 IAS 32，IFRS 7 在金融工具披露方面增加了新的披露要求，并取代了 IAS 30 中的一些披露要求，IAS 32 中保留的主要是针对金融工具的列报（见下文）的部分。IFRS 7 要求主体在披露金融工具时要进行分类，把类似的金融工具归为一类披露。IFRS 7 要求披露的两类主要信息是关于金融工具重要性的信息和关于金融工具带来的风险的性质与程度的信息。

关于金融工具重要性的信息涉及资产负债表和收益表。①在资产负债表方面，

---

① 汪寿成．〈企业会计准则——每股收益〉解读[J]．财政监督，2006（7）．

IFRS 7 要求披露金融工具对主体财务状况和经营业绩的影响，包括按公允价值计量的金融资产、持有到期投资、贷款和应收款项、可用于销售的资产、按公允价值计量的金融负债以及按摊余成本计量的金融负债等。其中，对于按公允价值计量的金融资产和按公允价值计量的金融负债，要求披露其信用风险、市场风险和公允价值的变动情况。IFRS 7 还要求披露用于担保的金融资产、信用损失备抵账户的调整、贷款条款的变动等方面的信息。②在收益表方面，IFRS 7 要求披露收益、费用、利得和损失等项目，并且要求按公允价值计量的金融资产、持有到期投资、贷款和应收款项、可用于销售的资产、按公允价值计量的金融负债以及按摊余成本计量的金融负债等导致的利得和损失应单独披露。另外，IFRS 7 还要求披露金融工具的利息收入和费用、金融资产的减值损失等。除了披露有关资产负债表和收益表方面的信息外，IFRS 7 还要求披露金融工具的会计政策、套利会计信息（如套利工具及其公允价值）等。

关于金融工具的风险性质和程度信息的披露包括：①定性披露，主要是描述不同金融工具的风险暴露，管理者管理这些风险的目标、政策和过程，以及与前期相比的变动。②定量披露，主要是基于内部向关键管理人员提供的信息揭示主体风险暴露的程度，包括信用风险、流动性风险、市场风险以及风险的集中等。

（2）IAS 32 关于列报的规定

IAS 32 的目的在于使财务报表使用者更好地理解金融工具对主体财务状况、经营业绩和现金流量的重要性，列报要求适用于从发行人的角度将金融工具归类为金融资产、金融负债和权益工具，相关利息、股利、损失和利得，以及金融资产和金融负债应予抵销的情况。该准则适用于已确认和未确认的金融工具，已确认的金融工具包括主体发行的权益工具和属于 IAS 39 范围内的金融资产和金融负债。未确认的金融工具包括那些尽管不在 IAS 39 范围内但仍在 IAS 32 范围内的工具（如某些贷款承诺等）。IAS 32 不适用下述各项金融工具：①遵循 IAS 27、IAS 28、IAS 31进行核算的子公司、联营企业或合营企业中的权益；②适用 IAS 19《雇员福利》中的雇主权利和义务；③企业合并中的或有对价合同；④IFRS 4 中定义的保险合同；⑤因具有相机选择参与特征而属于 IFRS 4 范围内的金融工具；⑥适用 IFRS 2 的以股份为基础的支付交易中的金融工具、合同或义务，但是对于可以用现金或其他金融工具进行净额结算或通过交换金融工具进行结算的购买或出售非金融项目的合同，应当视同金融工具适用本准则，另外在雇员股票期权计划、雇员股票购买计划和所有其他以股份为基础的支付安排中购买、出售、发行或注销的库藏股也适用 IAS 32。

IAS 32 将金融工具界定为“形成一个主体的金融资产并形成另一个主体的金融负债或权益工具的合同”。其中，金融资产是指下列某项资产：①现金；②另一主体的权益工具；③合同权利，包括从另一主体收取现金或其他金融资产的合同权利，或者在对主体潜在有利的条件下，与另一主体交换金融资产或金融负债的合同权利；④将以或可以主体本身权益工具结算的合同，且该合同是一项非衍生工具，使主体必须或可能获取可变数量的主体本身的权益工具，或该衍生工具将通过或可能通过以固定金额的现金或其他金融资产换取固定数量的主体本身权益工具以外的其他方式结算。金融负债是指下列某项负债：①合同义务，包括向另一主体交付现金或其他金融资产的合同义务，或者在对主体潜在不利的条件下，与另一主体交换金融资产或金融负债的合同义务；②将以或可以主体本身权益工具结算的合同，且该合同是一项非衍生工具，是主体必须或可能交付可变数量的主体本身的权益工具，或者该衍生工具将通过或可能通过以固定金额的现金或其他金融资产换取固定数量的主体本身的权益工具以外的方式进行结算。在对金融资产和金融负债的界定中，都涉及到权益工具的概念，权益工具是指证明在扣除所有负债后的主体资产中拥有剩余权益的合同。

鉴于 IFRS 7 将取代 IAS 32 中关于金融工具披露的相关规定，这里仅就 IAS 32 中对金融工具的列报方面的内容作简要介绍。关于金融工具的列报，IAS 32 涉及的主要内容包括：负债和权益；复合金融工具；库存股；利息、股利、损失和利得；金融资产和金融负债的抵销等。负债和权益部分主要解决金融工具在主体资产负债表内的分类，IAS 32 要求金融工具的发行人应当在初始确认时按合同的实质以及金融负债、金融资产和权益工具的定义将该金融工具或其组成部分归类为金融资产、金融负债或权益工具。对于复合金融工具，发行人应当对金融工具的条款进行评估以确定其是否同时包含负债和权益部分。如果某一金融工具形成主体的一项金融负债，同时持有人被赋予将该工具转换成主体权益工具的选择权，主体应当对该金融工具的这两个部分分别予以确认。如果主体购回其本身的权益工具，则这些工具（库存股）应当从权益中扣除。不管这类库存股是由主体本身购回和持有，或是由合并集团内的其他成员购回和持有，在购回、出售、发行或注销主体本身的权益工具时，都不应当在损益中确认任何利得或损失，支付的对价应当直接在权益中确认。与归类为金融负债的金融工具或金融工具的组成部分相关的利息、股利、损失和利得，应当作为收益或费用在损益中确认。对于对权益持有人的分配，主体应当在扣除相关的所得税利益后直接借记权益项目。权益交易的交易费用应当在扣除相关的所得税利益后直接扣减权益。当主体拥有抵销已确认金额的法定权利，并且打算以净额为基础进行结算或同时变现资产和清偿负债时，金融资产和金融负债应当互相抵销并在资产负债表内以净额列示。

3）IFRS 7 和 IAS 32 与中国相关准则的比较

在全面借鉴 IAS 32 和 IAS 39 的基础上，财政部于 2006 年 2 月发布了金融工具会计准则。由于 IAS 39 过于复杂，我国准则将相关内容拆分为 3 个准则。2017 年，财政部又根据 IFRS 9 陆续发布了这 3 个准则的修订版，分别是：《企业会计准则第 22 号——金融工具确认和计量》《企业会计准则第 23 号——金融资产转移》《企业会计准则第 24 号——套期会计》。而《企业会计准则第 37 号——金融工具列报》则主要参考了 IFRS 7 的主要内容。IFRS 7 与 IAS 32 的差距主要体现在新增加的披露要求上。IFRS 7 的目标是要求企业披露的信息让使用者能够衡量金融工具对实体财务状况和经营业绩的重要性和金融工具风险影响的程度，并涉及了企业管理层管理这些风险的目标、政策和程序。所有这些披露都将从总体上体现出企业使用金融工具以及因此导致的风险情况。（1）披露金融工具对实体财务状况和经营业绩的重要性。对资产负债表的披露除了 IAS 32 原有的规定外，还要求对持有的各种金融资产和金融负债的数量进行披露，而 IAS 32 只对金融负债有要求，对收益表还要求披露持有至到期投资、可供出售的金融资产、以摊余成本计价的金融负债、交易型金融工具的净收入和净损失以及各种资产的净收入和净损失。（2）对金融工具风险性质和影响程度的披露。IFRS 7 对金融工具披露提出了更高的要求。对金融工具风险性质和影响程度的披露提出了数量上和质量上的双重要求。质量披露是指披露由金融工具产生的各种风险的性质和影响程度，包括风险敞口产生的原因，企业实体管理和衡量风险的目标、政策、方法以及程序。数量披露的细节层次水平取决于需要向内部关键管理人员提供的信息，同时数量的披露还要考虑信用风险、流动风险和市场风险。

5.7.4 IAS 29《恶性通货膨胀经济中的财务报告》

1）物价变动会计准则的发展

通货膨胀是国际会计准则委员会早期关注的主要研究议题之一。1977 年年初，IASC 发布了《物价变动会计处理的建议》讨论稿。同年 6 月，IASC 公布了 IAS 6《会计对物价变动的反应》，要求企业在财务报表中披露反映特定物价变动、一般物价水平或两者变动对财务报表影响所采取的程序。从 1978 年开始，IASC 开始着手研究物价变动对财务报表影响的补充信息披露问题。1981 年 11 月，IASC 发布了 IAS 15《反映物价变动影响的信息》，自 1983 年 1 月 1 日起生效，并取代了 IAS 6。1987 年 11 月，IASC 发布了征求意见稿草案 E 31《恶性通货膨胀经济中的财务报告》，在征求各方意见的基础上，于 1989 年 7 月正式发布了 IAS 29《恶性通货膨胀经济中的财务报告》，自 1990 年 1 月 1 日起生效。1994 年，IASC 对 IAS 29 进行了格式重排。

IAS 29 适用于功能货币为恶性通货膨胀经济中货币的任一主体的财务报表，包括合并财务报表。判断一国经济是否发生恶性通货膨胀，需要从以下几个方面（但不局限于）进行判断：（1）一般公众倾向于以非货币资产或相对稳定的外币来保存资金财富，所持有的当地货币立即用于投资以保持货币购买力；（2）一般公众以相对稳定的外币而不是以当地货币来考虑货币金额，报价时可能以该种外币为单位；（3）即使信用期很短，赊销、赊购交易仍按补偿信用期预计购买力损失的价格成交；（4）利率、工资和物价指数挂钩；（5）三年累计通货膨胀率接近或超过 100%。在恶性通货膨胀经济中，以当地货币报告经营成果和财务状况而不作重新表述是没有用处的。货币丧失购买力的速度，使得对在不同期间（甚至在同一会计期间）发生的交易和其他事项进行金额上的比较会使人产生误解。IAS 29 主要规定历史成本财务报表如何进行物价水平调整、现行成本财务报表如何进行物价水平调整等问题。

2）IAS 29 的基本内容

（1）财务报表的重述

在一段时期内，物价受特定或一般政治、经济和社会因素的影响而变动，从而导致货币一般购买力的变动。在多数国家，尽管有一些主体以反映持有资产特定价格变动影响的现行成本法为基础列报财务报表，更普遍的情况是在历史成本会计基础上编制财务报表。但是，在恶性通货膨胀经济中，不论是按历史成本法还是按现行成本法编制财务报表，只有以资产负债表日的计量单位重新表述才有用。因此，以恶性通货膨胀经济货币作为功能货币报告的主体的财务报表，不论是以历史成本法还是以现行成本法为基础编制，都应当按资产负债表日的计量单位重述，货币净头寸的利得或损失应计入损益并单独披露。

（2）历史成本财务报表

在恶性通货膨胀环境中，历史成本基础的财务报表基本上不能反映企业真实的财务状况和经营成果，甚至在同一个会计期间内，前后发生的相同业务，其金额也不具有可比性。因此，处于恶性通货膨胀经济中的主体，应当以资产负债表日当天的货币单位为基准，编制按物价水平调整后的财务报表。主体对历史成本财务报表进行调整，是将历史成本金额调整为期末物价水平的金额。调整的方法是根据有关经济业务发生时的一般物价指数与报告期期末一般物价指数的比例，乘以该项经济业务在报表中的历史成本金额。

在资产负债表中，货币性项目，如现金、应收账款、应付账款等长期与短期项目，虽然发生的时间不同，其金额均代表报告期期末的货币购买力水平，所以不需调整。非货币性项目大多数是按历史成本计价的，需要进行物价水平调整。半成品与产成品应以购入之日和发生加工成本之日的金额调整。非货币性项目如果是按可变现净值或市价列报的，就不需要调整，因为它们已经是期末物价水平的金额。对于在取得之后进行过重估价调整的固定资产和长期资产，从重估价之日起作物价水平调整。非货币性资产经过物价水平调整后的金额，如果超过该资产在未来使用或处理时可以收回的金额，应当予以扣减。一项资产如果是延期付款购进，但没有明显的利息因素，该资产的物价水平调整应当自付款日而非取得日起计算。对于订有协议与物价变动挂钩的资产和负债，按协议规定的方式调整物价水平。

在收益表中，所有收益与费用项目都要进行金额调整。原则上，收益与费用应按每项具体业务发生时的物价指数与报告期期末的物价指数进行调整。但是，对于大量反复发生的某些收益与费用，也可以采用当期平均物价水平变化情况进行金额调整。通货膨胀期间，在资产和负债没有与物价水平挂钩的情况下，持有货币性资产超过货币性负债的主体将导致主体产生购买力损失，而持有货币性负债超过货币性资产的主体将导致主体产生购买力收益。货币净头寸的利得或损失可以从非货币性资产、业主权益和收益项目的重述以及与物价指数挂钩的资产和负债调整所产生的差额中得出，也可以将一般物价指数变动运用于本期货币性资产与货币性负债之间差额的加权平均数来估计。货币净头寸的利得或损失计入净损益。

（3）现行成本财务报表

对于资产负债表，按现行成本表述的项目不作重述，因为这些项目已经按资产负债表日的计量单位表述。其他项目参照历史成本基础财务报表的调整方法进行调整。对于收益表，在重述前，按现行成本表述的收益表通常报告潜在交易或者事项发生当日的成本；销售成本和折旧按消耗时的现行成本入账；销售费用和其他费用按发生时的货币金额入账。因此，所有的金额都需要用一般物价指数调整为按资产负债表日的计量单位表述。货币净头寸的利得或损失计入净损益。

（4）其他规定

在现金流量表方面，IAS 29 要求现金流量表中的所有项目按资产负债表日的计量单位表述。在税务方面，如果根据 IAS 29 重述财务报表导致资产负债表中个别资产和负债项目的账面金额与应税收益之间产生差额，那么这些差额应按照 IAS 12《所得税》进行核算。在对应数字方面，IAS 29 要求对于前一报告期的对应数字，不论是以历史成本法还是以现行成本法为基础，都应按一般物价指数进行重述，以使比较财务报表按报告期期末的计量单位进行表述。在合并财务报表方面，IAS 29 规定，以恶性通货膨胀经济货币报告的母公司，可能也拥有以恶性通货膨胀经济货币报告的子公司。对于这类子公司的财务报表，在合并以前应先根据报告货币所属的一般物价指数进行重述。如果这类子公司是国外公司，则重述的财务报表应根据期末汇率进行折算。当恶性通货膨胀经济停止，主体不再根据 IAS 29 的要求编报财务报表时，主体应将上一个报告期期末的计量单位表述的金额作为后续财务报表账面金额的基础。

根据 IAS 29 的规定，主体应当披露以下情况：①财务报表和以前各期的对应数字已经根据功能货币一般购买力的变化作了重述，从而已经是按资产负债表日的计量单位进行表述这一事实；②财务报表是按历史成本法还是现行成本法编制；③资产负债表日物价指数的特征和水平，以及本期和前期物价指数的变动情况。

3）中国会计准则相关规定的不同处理

IAS 29 规定了恶性通货膨胀经济中的财务报告要求。由于中国在宏观调控的市场经济条件下预期不会发生恶性通货膨胀的情况，故没有制定这一准则项目。IASB 赞同中国不制定该项准则，但提出在中国准则中，应当明确境外经营所在国家或者地区发生恶性通货膨胀时的会计处理。财政部采纳了 IASB 的建议，在外币折算准则及其应用指南中规定了恶性通货膨胀的基本特征，要求在发生恶性通货膨胀的国家或地区境外经营的财务报表，应当按照一般物价指数进行重述，再按重述后的报表进行折算。[①]

5.7.5 IAS 20《政府补助会计和政府援助的披露》

1）政府补助会计准则的发展

关于政府补助和政府援助的会计处理，最早进行规范的是英国，其在 1974 年

---

① 刘玉廷．中国企业会计准则体系：架构、趋同与等效［N］．中国财经报，2007-04-20.

就制定了具体会计准则 SSAP 4《政府补助会计》。国际会计准则委员会则是在 1981 年 9 月发布了征求意见草案 E 21《政府补助的会计和政府援助的披露》。在征求各方意见的基础上，于 1983 年 4 月正式发布了 IAS 20《政府补助的会计和政府援助的披露》，该准则自 1984 年 1 月 1 日起正式生效。1994 年，IASC 对 IAS 20 进行了格式重排。与该准则相关的解释公告是 SIC 20《政府援助：与经营活动没有特定联系的政府援助》。1999 年 5 月，IAS 10《资产负债表日后事项》对 IAS 20 的第 11 段作了修订，与政府补助相关的或有资产和或有负债改按 IAS 37《准备、或有负债和或有资产》的规定进行处理。2001 年 1 月，IAS 41《农业》对 IAS 20 第 2 段的使用范围作了修订。

IAS 20 适用于政府补助的会计处理和披露，以及对其他形式政府援助的披露。IAS 20 不涉及下列内容：在反映物价变动影响的财务报表或类似性质的补充信息中，关于政府补助会计的特殊问题；向企业提供的所得税利益援助；政府参股企业；IAS 41 所涵盖的政府援助。在 IAS 20 中，政府指政府、政府机构以及地方、国家或国际的类似组织。

2）IAS 20 的基本内容

（1）政府补助及其确认条件

政府补助是指政府以向一个企业转移资源的方式，来换取企业在过去或未来按照某项条件进行有关经营活动的援助。政府补助不包括那些无法合理作价的政府援助以及不能与正常交易分清的与政府之间的交易。政府补助按其关联情况进行分类，分为与资产相关的政府补助和与收益相关的政府补助。按公允价值计量的非货币性政府补助，应当在以下条件得到合理保证后才确认：①主体满足附加条件；②主体能够收到补助。一旦政府补助被确认，任何相关的或有负债和或有资产都应按 IAS 37《准备、或有负债和或有资产》的规定进行处理。

（2）政府补助的会计处理

政府补助的会计处理方法主要有两种：资本法和收益法。在资本法下，将政府补助直接贷记股东权益项目。在收益法下，将政府补助在一个或几个期间内确认为收益。IAS 20 允许采用的方法是收益法，规定政府补助应当在与其拟补偿的相关成本相配比的期间内，系统地确认为收益。政府补助不应当直接贷记“股东权益”。在大多数情况下，主体很容易确定与政府补助有关的成本或费用的确认期间，从而在确认相关成本或费用的同一期间内，将与确认特定费用相关的政府补助确认为收益。同样，对于与应折旧资产相关的政府补助，一般是按这些资产计提折旧的比例在相应期间内确认为收益。另外，对于与非折旧资产相关的政府补助，也可能要求主体履行某项义务，因此将在与完成这些义务有关的成本或费用发生期内确认为收益。成为主体应收款项的政府补助，可能是作为主体已发生费用或损失的补偿，也可能是为主体提供直接的财务支持，未来并不会发生相关成本，这种补助应在其成为应收款项的期间内，确认为收益。政府补助也可能采取向主体转移非货币性资产的形式，如提供土地或其他资源，在这种情况下，通常要对非货币性资产的公允价值作出估计，并且对政府补助的资产以其公允价值入账；有时也可采用另外的方式，即对政府补助的资产以名义金额入账。

（3）政府补助的列报

政府补助分为与资产相关的政府补助和与收益相关的政府补助，在列报方面有所不同。与资产相关的政府补助中按公允价值计价的非货币性补助，都应当在资产负债表内列报，要么将政府补助作为递延收益，要么在确定资产账面金额时将政府补助扣除；对于与收益相关的政府补助，有时作为贷项列示，有时单列，有时在“其他收益”的总标题下列示；也可以在报告有关费用项目时将其扣除。

（4）政府补助的返还

当政府补助需要返还时，应当作为会计估计的修正处理。返还与收益相关的政府补助，首先是冲减为政府补助所设置的递延贷项的未摊余金额。返还的政府补助超过相关递延贷项的部分，或者在不存在递延贷项的情况下，应当将这部分需要返还的政府补助立即确认为费用。返还与资产相关的政府补助，应根据偿还额，反映为资产账面金额的增加或递延收益余额的减少。在没有政府补助的情况下，本应提取并计入费用的那笔累计附加折旧，应立即确认为费用。

（5）政府援助

政府援助是指政府为了专门对符合一定标准的某一个或多个企业提供经济利益而采取的行为。IAS 20 所涉及的政府援助，不包括仅通过采取影响企业一般经营环境的行为而间接提供的利益，如在开发区内提供基础设施，或给竞争对手施加贸易限制等。政府援助是一个较大的概念，政府补助包含于政府援助之中。政府援助包括免费的技术和市场咨询、提供担保、负责包销企业部分产品的政府采购政策和无息或低息贷款等。

（6）披露

IAS 20 规定，主体应披露下列事项：①对政府补助所采用的会计政策，包括财务报表的列报方法；②财务报表中所确定的政府补助的性质和范围，对主体从中直接受益的其他形式政府援助的说明；③在政府援助已予以确认的情况下，尚未履行的附加条件及其他或有事项。

3）IAS 20 与中国相关准则的比较

我国《企业会计准则第 16 号——政府补助》的基本内容已与国际会计准则基本一致，但尚存在一定的差异，主要表现在：（1）有关定义与范围的差异。IAS 20 明确了“政府是指政府、政府机构以及地方、国家或国际的类似组织”；区分了两个名词概念“政府援助”和“政府补助”，“政府援助是指政府意在专门对符合一定标准的企业或行业提供某种经济利益的行为，不包括通过影响企业的一般经营环境来间接提供的援助，如在开发区提供基础设施，或者对竞争对手施加贸易限制”，“政府补助是指政府通过向企业转移资源，以换取企业在过去或未来按照某种条件进行有关经营活动的援助，这种援助不包括那些无法合理作价的援助，也不包括与企业正常交易无法分清的、与政府间的交易”。我国未规定过政府的范畴，对政府补助与政府援助也未作区分，仅对政府补助进行过定义，政府补助“是指企业从政府无偿取得货币性资产或非货币性资产”。（2）政府补助的确认、计量。IAS 20 规定：“政府补助，包括按公允价值计价的非货币性补助，应当在以下条件得到合理保证后才可确认：①企业满足附加条件；②企业能够收到补助。”“政府补助应当在与其拟补偿的相关成本相配比的期间内，系统地确认为收益，政府补助不应当直接贷记股东权益项目。”而我国准则未作具体规定。对于非货币性资产的计量，IAS 20 相对灵活些，可以用公允价值、名义价值及其他计价方法。我国准则规定，“政府补助为非货币性资产的，应当按照公允价值计量；公允价值不能可靠取得的，按照名义金额计量”。（3）IAS 20 允许政府补助按总额或净额列报。我国准则规定的处理方法与 IAS 20 基本相同。与资产相关的政府补助，应当冲减相关资产的账面价值或确认为递延收益并分期计入损益。与收益相关的政府补助，用于补偿企业以后期间的相关成本费用或损失的，确认为递延收益，并在确认相关成本费用或损失的期间，计入当期损益或冲减相关成本；用于补偿企业已发生的相关成本费用或损失的，直接计入当期损益或冲减相关成本。（4）IAS 20 要求主体披露：对政府补助所采用的会计政策，包括财务报表中的列报方法；财务报表中所确认的政府补助的性质、范围，企业从中直接受益的政府其他形式援助的说明；在政府援助已经确认的情况下，尚未履行的附加条件以及其他或有事项。我国准则要求：在附注中单独披露政府补助的种类、金额和列报项目；计入当期损益的政府补助金额；本期退回的政府补助金额及原因。可见，IAS 20 的披露要求相对更规范。

5.7.6 IAS 26《退休福利计划的会计和报告》

1）退休福利计划准则的发展

1985 年 7 月，IASC 发布了征求意见稿 ED 27《退休福利计划的会计和报告》。1987 年 1 月，在结合各方意见的基础上，IASC 正式发布了 IAS 26《退休福利计划的会计和报告》，该准则对报告期自 1988 年 1 月 1 日或以后日期开始的退休福利计划的财务报表有效。1994 年，IASC 对 IAS 26 作了格式重排。IAS 19《雇员福利》主要是关于建立退休福利计划的雇主的财务报表如何确定退休福利费用的问题，IAS 26 是对 IAS 19 的补充[①]。

IAS 26 的目的是明确退休福利计划的计量和披露原理，进而为计划成员和其他利益相关团体提供关于退休福利计划有用的、一致的信息。IAS 26 适用于为退休福利计划所编制的财务报告，不管该计划是否单独设立基金、是否设定提存计划或设定受益计划、是否由保险公司管理、是否得到除雇员以外的其他团体的资助以及是否有正式的协议。这意味着，虽然通常情况下退休福利计划作为一个单独的法律实体成立并由受托人管理，计划资产也可能由雇用计划成员的实体持有。两种情况下 IAS 26 均适用。在后一种情况下，IAS 26 仍将退休福利计划作为一个独立的报告实体。退休福利计划财务报告的编制，不仅应遵循 IAS 26，其他国际会计准则如果未

① IAS 19 的具体内容见第 6 章。

被该准则取代，也应遵循。

IAS 26 不适用于其他形式的雇员福利，如辞退补偿、延期劳动措施、长期服务于同一主体的带薪休假、特殊的提前退休或裁员计划、保健和福利计划或奖金计划等，政府的社会保障措施也不包括在 IAS 26 的范围内。

2）IAS 26 的基本内容

（1）设定提存计划

设定提存计划是指根据基金的提存额及其此后的投资收益来确定退休福利支付金额的退休福利计划。在设定提存计划的情况下，参与者的未来受益金额根据雇主和参与者中的一方或双方所支付的提存金额以及所形成基金的经营效率和投资收益确定。雇主通常以向该基金支付提存金的方式来履行其义务，一般不需要精算师的资讯，尽管有时为了根据目前的提存额以及以后的提存金和投资收益的变动水平来估计未来的受益金额，仍需要这类咨询。

设定提存计划的财务报告应当包括：①有关本期重要活动、与计划相关的变动影响以及该计划成员、条款和状况的说明；②报告本期交易、投资业绩和退休福利计划期末财务状况的报表；③关于注资政策的说明，即一份关于可用于福利的净资产的报表和一份关于注资政策的说明。在这里，注资是指为了履行将来的退休福利支付义务，将资产转移给与雇主的主体相独立的实体（基金）。设定提存计划的报告目标是定期提供有关退休福利计划及其投资业绩的信息。参与者可以通过设定提存计划的财务报告，了解提存金是否已收到，是否采取了适当的控制措施以保护受益人的权利。雇主可以了解退休福利计划是否有效地、公正地经营。在这里，参与者指的是退休福利计划的成员和有权从退休福利计划中受益的其他人员。

（2）设定受益计划

设定受益计划，是指参照通常以雇员的收入和（或）供职年限为基础的公式，来确定退休福利支付金额的退休福利计划。在设定受益计划的情况下，承诺退休福利的支付，取决于该计划的财务状况、注资人今后支付提存金的能力以及该计划的投资业绩和经营效率。设定受益计划需要向精算师进行定期咨询，以便评价计划的财务状况、复核各项精算假定，并就今后的提存金水平提出建议。雇主在福利计划出现赤字时，有责任恢复福利计划水平，以保证为当前的和以前的雇员提供既定福利，即根据退休福利计划的规定、不以连续供职为条件而享有的福利。退休福利计划的基本关系如图 5-1 所示。

设定受益计划报告的目标是：定期提供有关计划的财务资源和经营活动的信息，用以评价资源积累和受益金额之间在一定时期的相互关系。为此，设定受益计划应报告的信息包括以下内容：①关于本期重要活动、与计划相关的变动的影响，以及该计划的成员、条款和状况的说明；②关于本期内交易、投资业绩和计划期期末财务状况的报表；③作为报表的一部分或单独的报告精算信息；④有关投资政策的说明。

根据 IAS 26 的规定，设定受益计划的财务报表，应当包括列示以下内容的报

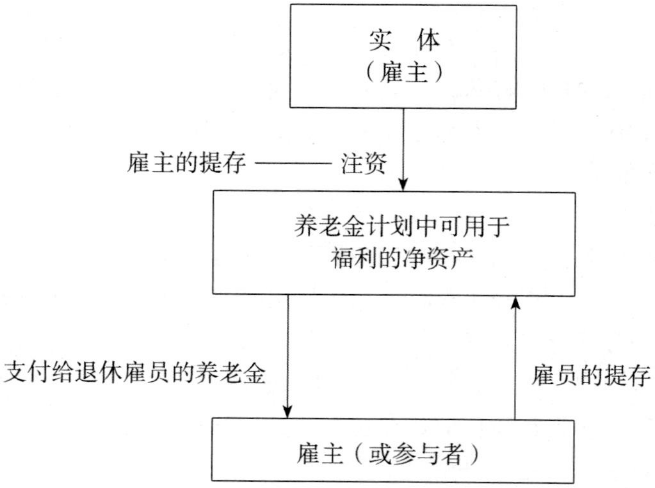

图 5-1 退休福利计划的基本关系

表：①可用于福利的净资产；②承诺退休福利的精算现值，其中分别反映既定福利和非既定福利；③根据①和②计算出的余缺金额。设定受益计划财务报表也可选择包括下述两项内容之一的可用于福利的净资产报表：①披露承诺退休福利的精算现值的附注，其中分别反映既定福利和非既定福利；②所附精算报告中关于这一信息的说明。如果在财务报表日尚未进行精算估价，应当以最近的估价为基础并披露该次估价的日期。在这里，可用于福利的净资产是指退休福利计划的资产减去除承诺退休福利的精算现值以外的各项负债后的余额。承诺退休福利的精算现值是指根据雇员已经提供的服务、由退休福利计划给予现有及过去雇员的预期支付额的现值，可以根据现行工资水平或参与者达到退休年龄时的预计工资水平进行计算和报告。披露以现有工资水平为基础的承诺退休福利的精算现值，是为了说明退休福利计划在财务报表日对参与者应得受益金额所承担的义务；披露以预计工资水平为基础的承诺退休福利的精算现值，是为了说明在持续经营基础上将会形成的潜在义务的大小。除了承诺退休福利的精算现值以外，可能还需要提供足够的说明，以指明应当阅读与承诺退休福利的精算现值有关的背景资料。

（3）计划资产的估价

退休福利计划所持投资应当以公允价值计价。在计划所持投资为有价证券的情况下，其公允价值即为市场价值。如果不可能对计划所持投资的公允价值进行估价，如完全拥有一家主体，则应披露未采用公允价值的理由。在采用市场价值或公允价值以外的金额作为投资的账面金额时，通常也要披露公允价值。对于基金营运中使用的资产，应根据适用的准则核算。

（4）信息披露

所有的退休福利计划（设定提存计划和设定受益计划）的财务报告，都应包括如下方面的信息：①计划的说明，通常包括：雇主的名称和所包括的雇员群体；

正在领取福利的参与者人数和其他参与者人数，根据情况作适当的分类；计划的性质和类型；雇员向退休福利计划交纳的提存金；计算预期受益的方法；计划的终止条款等。②会计政策，通常包括：重要会计政策的描述；投资政策的说明；注资政策的说明等。③可用于福利的净资产表，列示内容通常包括：作适当分类的期末资产；资产的估价基础；超过可用于福利的净资产的5%，或超过某一类别或类型证券金额的5%的单项投资的详细信息；所有雇主投资的详细信息；承诺退休福利的精算现值以外的各项负债等。④可用于福利的净资产变动表，列示内容通常包括：雇主提存金；雇员提存金；利息、股利等投资收益；其他收益；已付或应付福利；管理费用；其他费用；所得税；投资处置损益及投资价值的变动；与其他退休福利计划之间的相互划转等。⑤精算信息（仅适用于设定受益计划），通常包括：承诺退休福利的精算现值；主要精算假定的描述；计算承诺退休福利的精算现值所使用的方法；最近的精算估价日期等。

3）IAS 26 与中国相关准则的比较

由于中国现行的相关法律、法规没有类似设定受益计划方面的规定，《企业会计准则第 10 号——企业年金基金》在现有相关法律、法规的框架下，对基本养老保险和补充养老保险等类似于国际会计准则中设定提存计划的内容进行了规范。国际会计准则理事会认为，中国的规定与国际财务报告准则是趋同的。[①]

5.7.7　退休福利计划准则运用示例

［例 5-1］某公司 20×2 年年初有面值 1 美元的普通股 20 000 股，20×2 年 6 月 30 日又发行了面值 1 美元的普通股 10 000 股。如果该公司 20×2 年度的税后利润为 14 000 美元，试计算该公司的基本每股收益。

加权平均发行在外的普通股股数 = 20 000×0.5+30 000×0.5 = 25 000（股）

基本每股收益 = 14 000÷25 000 = 0.56（美元/股）

［例 5-2］某公司 20×2 年度的税后利润为 56 000 美元，年初该公司发行在外的普通股股数为 100 000 股，股票的市场价值为每股 5 美元。20×2 年 6 月 30 日，公司提供了 1∶1 的一种新股认购权，当日股票的市场价值为每股 4.8 美元。试确定该公司的每股收益。

不带新股认购权的理论价格是提供认购权后的平均每股成本，即：

不带新股认购权的理论价格 =（100 000×5+100 000×4.8）÷200 000

= 4.9（美元/股）

不带新股认购权的理论价格和市场价值之间的差额属于分红成分（0.1 美元）。为了达到不带新股认购权的理论价格，公司应发行 102 040 股（500 000÷4.9），与公司实际发行的股数的差额为分红股，即 2 040 股（102 040−100 000）。

加权平均发行在外的普通股股数 = 100 000+100 000×1/2+2 040×1/2

= 151 020（股）

① 刘玉廷．中国企业会计准则体系：架构、趋同与等效［N］．中国财经报，2007-04-20.

每股收益 = 56 000÷151 020 = 0. 37（美元/股）

[例5-3] 某公司将面值为1 000美元的金融资产划分为可出售金融资产，与该金融资产有关累计确认的利得为250美元，如果该公司以1 200美元的价格处置该资产，则在收益表中应确认的利得为多少？

该公司在资产负债表中应确认的利得为450美元，这包括处置收益与面值之间的差额200美元（1 200-1 000），以及以前在权益中确认的利得250美元。

[例5-4] 某公司在20×2年1月1日以200 000美元的价格购买了一台机器，该机器的经济适用年限为5年，预计残值为0，该公司采用年限平均法计提折旧。20×2年1月1日，该公司收到了对该机器20 000美元的政府补助。试确定在递延收益法和扣除法下公司在资产负债表和收益表中对这项政府补助的处理。

（1）递延法

收益表：

费用	折旧	40 000美元
收益	递延收益（20 000÷5）	4 000美元

资产负债表：

固定资产	成本	200 000美元
	折旧（200 000÷5）	40 000美元
	账面净值	160 000美元
	递延收益（20 000-4 000）	16 000美元

（2）扣除法

收益表：

费用	折旧（180 000÷5）	36 000美元

资产负债表：

固定资产	成本	180 000美元
	折旧（180 000÷5）	36 000美元
	账面净值	144 000美元

练习题

★ 思考题

1. 编制财务报表的基本假定有哪些？
2. IAS 1有哪些最新的变化？变化的背景是什么？
3. 财务报表如何体现符合“公允列报”的要求？
4. IAS 1新增加了“主体应当在附注信息中披露在资产负债表日有关未来的关键假设和估计不确定性的其他关键来源”的披露要求，请对此作评述。
5. 分析资产负债表中“流动负债”与“非流动负债”划分的影响。
6. IAS 1与我国相关准则比较有什么不同？
7. 与IAS 14相比较，IFRS 8关于应报告分部的确定有何变化？

8. IFRS 8 改变了 IAS 14 关于报告分部的依据是“主体风险和回报的主要来源和性质决定其主要分部报告的形式是业务分部还是地区分部”，请对此作评述。

9. 根据 IFRS 8 的规定，如何确定披露与主要客户的交易信息？

10. IFRS 8 与中国相关准则的主要区别有哪些？

11. IAS 34 阐述了哪三项基本的确认和计量原则？

12. 中期财务报告如何能提高预测盈利和股价的准确性？

13. IAS 34 与我国相关准则的主要区别有哪些？

14. 相对收益表，现金流量表提供了哪些补充信息？

15. 财务分析师以现金流量表为依据可以对企业的哪些方面进行评价？

16. IAS 7 与我国相关准则的主要区别有哪些？

17. 根据 IAS 27 的规定，如何界定合并财务报表的合并范围？

18. 根据 IAS 27 的规定，如何确定合并财务报表合并的程序？

19. IAS 27 与我国相关准则的主要区别有哪些？

20. 何谓单独财务报表？

21. IAS 28 规定对联营企业的投资采用权益法，试说明采用权益法的步骤与合并程序。

22. IAS 31 规定对合营企业的投资采用比例合并法，试说明采用比例合并法的程序。

23. 何谓首份国际财务报告准则财务报表？

24. 何谓期初国际财务报告准则资产负债表？

25. IFRS 1 中对其他国际财务报告准则规定的豁免有哪些？

26. IFRS 1 中对其他国际财务报告准则的哪些方面禁止追溯调整？

27. IFRS 1 关于比较信息有怎样的要求？

28. 根据 IAS 24 的规定，主体应披露的信息包括哪些内容？

29. 比较基本的每股收益与稀释的每股收益之间的区别及联系。

30. 根据 IAS 32 和 IFRS 7 的规定，金融工具应如何进行分类和披露？

31. 对以恶性通货膨胀经济中的货币报告的财务报表进行重述的规则有哪些？

32. 论述政府补助的确认条件和会计处理方法。

33. 退休福利计划中的设定提存计划和设定收益计划有何区别？

第 6 章

现行有效的国际财务报告准则（中）

——确认和计量准则

[学习目标]

1. 存货的确认与计量。
2. 建造合同收入与成本的确认。
3. 所得税的会计处理。
4. 不动产、厂场和设备的确认与计量。
5. 收入的确认与计量。
6. 借款费用的会计处理。
7. 其他一般业务准则。
8. 公允价值计量。

6.1 存货

6.1.1 概述

存货包括在正常经营过程中持有待售的产成品、为出售目的仍处于生产过程中的在产品，或者是在生产或提供劳务过程中将被消耗的材料或物料。存货是企业流动资产的一个重要组成项目，即使就企业全部资产而言，存货所占的比重通常也是较大的。存货核算的正确与否，将直接影响到资产负债表中资产价值的真实性，另外，由于存货成本与销售成本直接关联，存货核算是否合理势必会影响到收益表信息披露的真实性和可靠性。这样，规范企业存货核算显得非常重要。

1）IAS 2 的出台背景

国际会计准则委员会在其成立之初便开始着手制定存货的相关会计准则。1974 年 9 月，IASC 发布了国际会计准则征求意见稿 E 2《历史成本制度下存货的估价和列报》。在根据各方的反馈意见修改完善的基础上，IASC 在 1975 年 10 月正式发布了 IAS 2《历史成本制度下存货的估价和列报》。1991 年 8 月，IASC 在原 IAS 2 的基础上，公布了征求意见稿 E 32《存货》。作为财务报表可比性项目的一部分，IASC 在 E 32 的基础上，1993 年正式发布了 IAS 2《存货》，自 1995 年 1 月 1 日起生效。2001 年 7 月，改组后的 IASB 宣布设立"国际会计准则改进"项目，旨在解决现存的涉及存货、固定资产、借款费用、租赁、外币折算等 12 项国际会计准则中的会计政策选择等问题。这次对 IAS 2 进行的有限改进主要体现在以下几个方面：（1）删除了"按历史成本制度所持有存货"的措辞；（2）进一步明确了准则的范围，明确规定建造合同（包括直接相关的劳务合同）形成的在建工程、金融工具以及按特定行业已确立的惯例，以可变现净值计量的、生产者作为存货的牲畜、农林产品等，不适用 IAS 2；（3）不再允许将某些汇兑损益计入取得成本；（4）要求对类似存货采用同样的存货计价方法，并取消后进先出法；（5）删除了有关费用和收入分配的多余表述，同时阐明了导致以前确认的存货减记金额转回的情形；（6）增加了以公允价值扣除销售费用后的金额对存货计价的披露，并对存货减记披露提出了进一步的要求。此外，改进后的准则还要求披露本期确认为费用的存货的减记金额，并删除了"披露以可变现净值计价的期末存货账面金额"的要求。在此改进的基础上，IASB 于 2003 年 12 月 18 日发布了 IAS 2 的修订稿，取代了 IAS 2《存货》（1993 年修订）和解释公告 SIC 1《一致性：存货成本的不同计算方法》，自 2005 年 1 月 1 日起生效。

2）IAS 2 的适用范围

IAS 2 的目的是规范存货的会计处理，基本问题是确定一项存货为资产的金额，以及相关的收入确认时结转存货成本的金额。IAS 2 为确定存货成本和确认费用提供了指南，包括存货减值至可变现净值的确认，同时也为将总成本分配给各种存货的计算方法提供了指南。

根据 IAS 2 的规定，"除了建造合同（包括直接相关的劳务合同）形成的在建工程、金融工具、与农业活动相关的生物资产以及收获时的农产品以外，该准则适用于所有存货"。另外，在持有存货的计量方面，IAS 2 不适用于：（1）按行业已经确立的惯例，以可变现净值计量的农林产品、收割后的农产品、矿物和矿产品的生产者。如果这些存货按可变现净值计量，其价值的变动应在变动当期计入损益。（2）按公允价值减去出售费用后的余额计量其存货的商品经纪人。如果这些存货按公允价值减去出售费用后的余额计量，则公允价值减去出售费用后的余额变动应在变动当期计入损益。

可变现净值是指在正常经营过程中，以估计售价减去估计完工成本及销售所必需的估计费用后的价值。公允价值是指在公平交易中，熟悉情况的交易双方自愿进行资产交换或债务清偿的金额。二者的一个显著不同点在于：可变现净值是针对某一主体的价值，公允价值则不是。存货的可变现净值可能并不等于公允价值减去出售费用后的余额。

6.1.2 IAS 2 的基本内容

1）存货的计量

根据 IAS 2 的规定，存货应以成本与可变现净值两者中的较低者来计量。这里，存货的成本包括采购成本、加工成本和其他成本。

（1）采购成本

采购成本包括采购价格、进口关税和其他税金（主体日后可从税务部门退回的税金除外），以及运输费、装卸费和其他可直接归属于产成品、材料和劳务取得的费用。商业折扣、回扣和其他类似项目应从采购成本中扣除。

（2）加工成本

加工成本包括与生产量直接相关的成本（如直接人工）以及生产过程中的固定和变动间接生产费用的系统分配额。固定间接生产费用是指产量发生变化时仍保持相对不变的间接生产费用，如厂房和设备的折旧与维修费用、工厂管理费用、行政费用等。变动间接生产费用是指随产量直接或几乎直接变动的间接生产费用，如间接材料和间接人工等。固定间接生产费用应以生产设备的正常生产能力为基础分配计入加工成本，变动间接生产费用应以生产设备的实际使用程度为基础分配计入产品成本。不能分配的间接费用应在其发生的当期确认为费用。对于同一生产过程中同时生产一种以上的产品时，如果每种产品的加工成本不能单独地加以辨认，那么这些成本就应按合理的和一致的基础在产品之间进行分配。如果副产品的价值不高，其价值通常以可变现净值计量，从主产品的成本中扣除。

（3）其他成本

其他成本包括在存货成本中的其他成本仅限于使存货达到目前场所和状态而发生的成本。根据 IAS 23《借款费用》的规定，在某些情况下，借款费用应包括在存货成本中。下列项目应在发生的当期确认为费用，而不应包括在存货成本中：非正常浪费的材料、人工或其他生产费用；储存费用（生产过程中为达到下一个生产阶段必须储存的费用除外）；无助于使存货达到目前场所和状态的间接行政费用；销售费用。

在成本计算方面，IAS 2 规定，存货成本应当采用先进先出法或加权平均成本法计算。主体对于具备类似性质和用途的存货应采用相同的成本计算方法。对于那些具有不同性质或不同用途的存货，可以采用不同的成本计算方法。对于通常不能相互替代的存货项目，以及为特定计划生产和单独存放货物或提供劳务的成本，应采用个别辨认法来计算。但是，对于通常能够相互替代、数量较大的存货项目，成本的个别辨认法是不适当的。在这种情况下，择定那些保留在存货项目的方法，可用于预先确定对损益的影响。

如果存货遭受毁损、全部或部分陈旧过时或销售价格下降，则成本可能收不回来；如果存货的估计完工成本或估计销售成本增加，其成本也可能收不回来。在这些情况下，通常将存货成本减记至可变现净值。可变现净值是以对存货的可变现金额进行估计时所取得的最可靠的证据为基础，同时也应考虑持有存货的目的。例如，为满足主体的销售或劳务合同而持有的存货，其可变现净值应以合同价格为基础计算。在将存货减记至可变现净值时，通常是逐项进行的。在某些情况下，类似的或相关的项目可以合并处理。例如，与具有类似目的或最终用途并在同一地区生产和销售的同一产品系列相关，且实际上难以将其与该产品系列的其他项目区别开来进行估价的存货项目可以合并处理。在随后的每一个期间，均应对可变现净值重新估价。如果以前使存货减记至低于成本的条件不复存在，或者有确凿的证据表明因经济环境的变化而导致可变现净值增加，减记的金额应予转回（转回的金额以原减记的金额为限），新的账面金额应为成本与修正了的可变现净值两者中的较低者。

2）确认为费用

根据 IAS 2 的规定，在存货出售时，应在确认相关收入的当期，将存货的账面金额确认为费用。存货减记至可变现净值形成的成本的减记额和所有的存货损失，应在减记或损失发生的当期确认为费用。因可变现净值增加而转回的金额，应在转回的当期冲减已确认的费用。如果存货用作自建不动产、厂房或设备的组成部分，则存货的账面金额应资本化，并在该资产的寿命内确认为费用。

3）披露

根据 IAS 2 的规定，主体的财务报表应披露下列内容：

（1）计量存货所采用的会计政策，包括所使用的成本计算方法。

（2）存货的账面总金额以及按适合主体的方法分类的各类存货的账面金额。存货一般的分类是：商品、生产物料、材料、在产品和产成品。

（3）以公允价值减去出售费用后的余额反映的存货的账面金额。

（4）当期确认为费用的存货金额。

（5）当期确认为费用的存货减记金额。

（6）当期确认为费用的任何减记金额的转回金额。

（7）导致存货减记转回的情况或事项。

（8）作为债务担保的存货的账面金额。

6.1.3 IAS 2 的主要改进及国际比较

1）IAS 2 的主要改进

IASB 于 2001 年 7 月宣布，作为其技术项目初始议程的一部分，将启动一个项目对若干准则进行改进，其中就包括 IAS 2。对存货准则，IASB 的主要目标是进行有限的修订以减少存货计量中的备选方法，没有对存货的基本会计处理方法予以重新考虑。2002 年 5 月，IASB 在《对国际会计准则的改进（征求意见稿）》中发布了其改进建议，征求意见稿截止日期为 2002 年 9 月 16 日，共收到了 160 多份反馈意见。IASB 于 2003 年 12 月 18 日发布了 IAS 2（2003 年修订）。

IAS 2（2003 年修订）与原 IAS 2 相比，改进主要体现在以下方面：

（1）在目标和范围方面，删掉了“历史成本制度下存货”这一表述，表明 IAS 2（2003 年修订）适用于未被明确排除在其范围之外的所有存货。IAS 2（2003 年修订）第 3 段对完全排除在准则范围之外的存货和那些不适用于准则有关计量要求，但适用于准则其他要求的存货进行了明确区分。例如，IAS 2 规定，“该准则不适用于按行业已经确立的惯例以可变现净值计量的农林产品、收割后的农产品、矿物和矿产品的生产者对其存货的计量”。将以前版本存货准则中的“矿石”替换为“矿物和矿产品”，以表明此范围的豁免不仅限于矿石提炼的初级阶段。另外，IAS 2 也不适用于商品经纪人按公允价值减去出售费用后的余额计量的存货的计量。

（2）在存货成本方面，IAS 2（2003 年修订）不允许存货采购成本中包括由于最近购置以外币标价的存货而直接产生的汇兑差额。相对以前版本存货会计准则的变化源于 IAS 21《汇率变动的影响》中不再允许有关特定汇兑差额的资本化。该备选方法早在 SIC 11《外汇：严重货币贬值所导致的损失的资本化》中就曾有严格的限制。2003 年，IAS 21 的修订版已取代了 SIC 11。另外，在其他成本方面，明确了当存货按延期结算条款购买时，正常贷款条件下的购买价格与所付金额之间的差额应在融资期间确认为利息费用。

（3）在成本计算方面，IAS 2（2003 年修订）不允许采用后进先出法来计算存货的成本。另外还将原解释公告 SIC 1《一致性：存货成本的不同计算方法》中关于主体对于具备类似性质和用途的所有存货应采用相同的成本计算方法的要求纳入其中，并取代了 SIC 1。

（4）在确认为费用方面，IAS 2（2003 年修订）取消了配比原则的提法，另外还指出了可能导致前期已确认的存货减记予以转回的情况。

（5）在披露方面，IAS 2（2003 年修订）要求披露以公允价值减去出售费用后的余额反映的存货的账面金额，同时要求披露当期确认为费用的存货的减记金额，并取消了披露以可变现净值反映的存货金额的要求。

2）IAS 2 与中国相关准则的比较

我国财政部曾于 2001 年 11 月公布了《企业会计准则——存货》，自 2002 年 9 月 1 日起暂在股份有限公司实施。2006 年 2 月，财政部在原先颁布的准则的基础上，制定颁布了一套相对完整的会计准则体系，其中存货准则作为《企业会计准则第 1 号——存货》颁布。

与 IAS 2（2003 年修订）相比较，我国《企业会计准则第 1 号——存货》还有以下差别：

（1）在准则适用范围方面，IAS 2（2003 年修订）明确将金融工具排除在外，同时还明确规定其不适用于收获时的农产品。我国存货准则仅规定因建造合同形成的存货适用《企业会计准则第 15 号——建造合同》，与农业生产有关的生物资产适用《企业会计准则第 5 号——生物资产》，没有涉及金融工具。

（2）在存货确认方面，IAS 2 和我国存货准则都对存货的概念做了界定，二者所下定义基本相同。但 IAS 2（2003 年修订）中没有明确规定存货的确认条件。我国存货准则规定，存货同时满足下列条件才能予以确认：该存货包含的经济利益很可能流入企业；该存货的成本能够可靠计量。

（3）在存货计量方面，IAS 2（2003 年修订）和我国存货准则都规定应以成本与可变现净值两者中的较低者计量。但是二者关于存货成本和可变现净值的界定并不完全一致。IAS 2 规定，"可变现净值是指在正常经营过程中，以估计售价减去估计完工成本及销售所必需的估计费用后的价值"。而我国存货准则规定可变现净值的确定还要扣除相关的税费。对于存货成本的确定，二者都规定包括采购成本、加工成本和其他成本。IAS 2（2003 年修订）对于加工成本的间接费用区分了变动间接费用和固定间接费用，并规定了不同间接费用的分配基础。我国存货准则没有对间接费用作这样的区分，仅指出企业应当根据制造费用的性质合理地选择制造费用的分配方法。对于投资者投入的存货的成本，应当按照投资合同或协议约定的价值确定，但合同或协议约定价值不公允的除外。同时我国存货准则还就低值易耗品和包装物的摊销、存货毁损和盘亏的会计处理作了规定。IAS 2（2003 年修订）没有涉及这样的规定。另外，IAS 2（2003 年修订）对公允价值的概念作了界定，我国存货准则没有涉及这一概念。

（4）在披露方面，IAS 2（2003 年修订）和我国存货准则的规定基本相同，区别在于，IAS 2（2003 年修订）要求披露以公允价值减去出售费用后的余额反映的存货的账面金额，以及导致存货减记转回的情况或事项，我国存货准则没有涉及这样的规定。此外，IAS 2 还给出了存货的一般分类。

6.1.4 IAS 2 运用示例

［例 6-1］某企业的存货中包括三种产品，其相关资料如表 6-1 所示。根据 IAS 2 的规定，存货在资产负债表上应以何价值列示？

表 6-1 **企业存货的相关资料**

存　货	原始成本	可变现净值
A	10	12
B	11	15
C	12	9
总　计	33	36

根据 IAS 2 的规定，将存货减记至可变现净值是逐项进行的。因此，我们应对每一项存货分别进行估价。可以看到，每种产品较低的价值分别为 10、11、9。

A、B、C 存货的总价值为 30。因此，在资产负债表上，存货列示的价值为 30。

关于可变现净值要注意的要点有：（1）对于未完工产品，可变现净值的确定应考虑产品至完工时可能发生的成本。（2）在评价存货的原始成本和可变现净值孰低时，如果个别项目不能单独估价时，将项目进行分组是可行的。如果可变现净值低于原始成本，就要在大类的基础上，减记存货的账面价值。（3）在没有协议商定的售价时，最好的估价为可靠的售价减去适当的减免额；只有当待售的最终完工产品的估计售价低于总成本时，完工产品中所含的材料才应该减低账面价值。

［例 6-2］关于先进先出法和加权平均成本法的计算。

已知某企业关于 X 存货的记录如表 6-2 所示。

表 6-2　**某企业关于 X 存货的记录**

项　目	购入/销售（单位）	库存存货（单位）	单位成本（美元）	总成本（美元）
20×2 年 1 月 1 日库存	40	40	12	480
20×2 年 1 月 31 日购买	50	90	15	750
20×2 年 2 月 18 日销售	30	60		
20×2 年 3 月 1 日购买	20	80	18	360
20×2 年 3 月 20 日销售	15	65		
20×2 年 3 月 31 日库存		65		

要求：分别根据先进先出法和加权平均成本法确定 20×2 年 3 月 31 日存货的成本。

（1）先进先出法

根据先进先出法可知，20×2 年 3 月 31 日有 20×2 年 3 月 1 日购买的 20 单位的存货和 20×2 年 1 月 31 日购买的 45 单位的存货。因此，20×2 年 3 月 31 日的存货成本的计算如表 6-3 所示。

表 6-3　**先进先出法下计算存货的成本**　单位：美元

项　目	总成本	单位成本
20 单位单价为 18 美元的存货	360	18
45 单位单价为 15 美元的存货	675	15
总　计	1 035	15.92

（2）加权平均成本法

利用相同的信息，按照加权平均成本法，X 存货的成本计算如表 6-4 所示。

表 6-4　**加权平均成本法下计算 X 存货的成本**

项　目	购入/销售（单位）	库存存货（单位）	单位成本（美元）	总成本（美元）	加权平均单位成本（美元）
20×2 年 1 月 1 日库存	40	40	12	480	12.00
20×2 年 1 月 31 日购买	50	90	15	750	13.67
20×2 年 2 月 18 日销售	30	60			13.67
20×2 年 3 月 1 日购买	20	80	18	360	14.75
20×2 年 3 月 20 日销售	15	65			14.75
20×2 年 3 月 31 日库存		65			14.75

可以采用不同的方法确定加权平均单位成本。上述计算假定存货在每次购买时

被重新计算。因此，1 月 31 日持有的 90 单位存货包括 40 单位单价为 12 美元的存货和 50 单位单价为 15 美元的存货，加权平均单位成本为 13.67。3 月 1 日购入 20 单位存货，重新计算的加权平均单位成本为 14.75 美元。20×2 年 3 月 31 日，存货的加权平均成本为 959 美元。

6.2　所得税

6.2.1　概述

（1）所得税准则的发展

为了规范所得税的会计处理，IASC 在其成立的早期就开始研究制定相关的会计准则。1978 年 4 月，IASC 发布了征求意见稿 E 13《所得税会计》。在根据反馈意见修改完善的基础上，IASC 于 1979 年 7 月正式发布了 IAS 12《所得税会计》，自 1981 年 1 月 1 日起开始生效。1989 年 1 月，IASC 为修订 IAS 12 发布了征求意见稿 E 13《所得税会计》。1994 年，IASC 对 IAS 12《所得税会计》（1979）进行了格式重排。1994 年 10 月，IASC 发布了征求意见稿 E 49《所得税》。1996 年 10 月，经过不断地研究和修订，IASC 正式发布了新修订的所得税准则 IAS 12《所得税》，自 1998 年 1 月 1 日起生效。2000 年 4 月，由于 IAS 40《投资性房地产》的发布，出于相互参照和术语的原因，对 IAS 12 的若干段落进行了修改。2000 年 10 月，IASC 理事会批准了相应的修改，并增删了部分段落。这些修订规定了对股利引起的所得税后果的会计处理。IAS 12《所得税》（2000）自 2001 年 1 月 1 日起生效。目前，与 IAS 12《所得税》（2000）相关的解释公告包括 SIC 21《所得税：已重估非折旧资产的收回》和 SIC 25《所得税：主体或其他股东纳税状况的改变》。截至 2017 年 12 月 31 日，IASB 分两次发布了对 IAS 12 的再修订，其中 2010 年的修订是对 IAS 12 的一般原则的例外要求；2017 年的修订主要澄清了针对与以公允价值计量的债务工具相关的未实现损失的递延所得税资产的确认（具体内容见 6.3.4）。

（2）IAS 12 的适用范围

IAS 12（以下不作说明均指 IAS 12《所得税》（2000））的目的是规定所得税的会计处理。所得税会计的基本问题是如何核算以下所指事项的当期和未来纳税后果：①在主体资产负债表内确认的资产或负债账面金额的未来收回或清偿；②在主体的财务报表内确认的当期交易和其他事项。资产或负债的确认，意味着报告主体预期将收回或清偿该项资产或负债的账面金额。如果账面金额的收回或清偿很可能使未来税款支付额大于（小于）没有纳税后果的收回或清偿数额，那么IAS 12要求，除了少数例外，主体应确认一项递延所得税负债（递延所得税资产）。

IAS 12 要求主体采用与核算交易和其他事项本身一样的方法核算其纳税后果。因此，对在收益表上确认的交易和其他事项，任何相关的纳税影响也在收益表上确认。对直接在权益中确认的交易和其他事项，任何相关的纳税影响也直接在权益中确认。类似的，在主体合并中确认递延所得税资产或递延所得税负债会影响主体合并所产生的商誉或负商誉的金额。IAS 12 也涉及未利用可抵扣亏损和未利用税款抵减产生的递延所得税资产的确认、所得税在财务报表内的列报以及与所得税有关的披露信息。

IAS 12 适用于所得税会计。在 IAS 12 中，所得税包括各种以应税利润为基础的国内和国外税额。所得税也包括应由子公司、联营企业或合营企业支付的、对分配给报告主体的利润的征税，例如预扣所得税。本准则不涉及政府补助（参见 IAS 20《政府补助会计和政府援助的披露》）或投资税款抵减的核算方法。但 IAS 12涉及可能由政府补助或投资税款抵减产生的暂时性差异的核算。

6.2.2 IAS 12 的基本内容

1）主要术语

在 IAS 12 中，涉及到下列术语：

（1）会计利润，是指一个期间内扣除所得税前的净损益。

（2）应税利润（可抵扣亏损），是指一个期间内根据税务部门制定的规则确定的、据以交付（收回）所得税的利润（亏损）。

（3）所得税费用（收益），是指包括在本期净损益中的当期所得税和递延所得税的总金额，即所得税费用（所得税收益）由当期所得税费用（当期所得税收益）和递延所得税费用（递延所得税收益）组成。

（4）当期所得税，是指根据一个期间的应税利润（可抵扣亏损）计算的应付（可收回）所得税金额。

（5）递延所得税负债，是指根据应税暂时性差异计算的未来期间的应付所得税金额。

（6）递延所得税资产，是指根据以下各项计算的未来期间可收回的所得税金额：①可抵扣暂时性差异；②未利用的可抵扣亏损结转后期；③未利用的税款抵减结转后期。

（7）暂时性差异，是指在资产负债表内一项资产或负债的账面价值与其计税基础之间的差额。暂时性差异包括：①应税暂时性差异，是指在确定收回或清偿某项资产或负债的账面金额的未来期间的应税利润（可抵扣亏损）时，将导致应税金额的暂时性差异；②可抵扣暂时性差异，是指在确定收回或清偿某项资产或负债的账面金额的未来期间的应税利润（可抵扣亏损）时，将导致可抵扣金额的暂时性差异。

IAS 12 还对一项资产或负债的计税基础作了界定。一项资产的计税基础是当主体收回该项资产的账面金额时，就计税而言，可以从流入主体的任何应税经济利益中予以抵扣的金额，如果这些经济利益是不纳税的，那么该项资产的计税基础即为其账面金额。一项负债的计税基础是其账面金额减去该负债在未来期间计税时可抵扣的金额。对于预收收入，所产生负债的计税基础是其账面金额减去未来期间非应税收入的金额。如果资产或负债的计税基础不十分明显，基本原则是：只要资产或负债的账面金额的收回或清偿可能使未来税款支付额大于（小于）不产生纳税后果情况下的收回或清偿金额，那么除少数例外，主体应确认递延所得税负债（资产）。另外，有些项目有计税基础，但没有在资产负债表内确认为资产或负债。例如，研究费用在确定其发生当期的会计利润时，被确认为费用，但要到确定以后期间的应税利润（可抵扣亏损）时才允许作为抵扣项目。IAS 12 认为，该研究费用的计税基础，即税务部门允许在未来期间作为抵扣项目的金额，与其账面金额之间的差额，是会产生递延所得税资产的可抵扣暂时性差异。在合并财务报表中，暂时性差异应通过将合并财务报表中的资产和负债的账面金额与适当的计税基础进行比较来确定。在应报送合并纳税申报表的那些税收管辖区内，该计税基础应参照合并纳税申报表确定；在其他税收管辖区内，计税基础应参照集团内每个主体的纳税申报表确定。

2）确认

（1）所得税负债和所得税资产的确认

关于当期所得税负债和当期所得税资产的确认，IAS 12 规定，当期和以前期间的当期所得税，如果未支付，则应确认为一项负债；如果当期和以前期间已支付的金额超过那些期间应支付的金额，则超过的部分应确认为一项资产。与能够向前期结转以收回以前期间的当期所得税的可抵扣亏损相关的利益，应确认为一项资产。当可抵扣亏损用于收回以前期间的当期所得税时，企业应在亏损发生的当期将该利益确认为一项资产，因为该利益很可能流入企业，而且能够可靠地计量。

关于递延所得税负债和递延所得税资产的确认，IAS 12 规定，对于各种应税暂时性差异，均应据以确认为递延所得税负债，除非递延所得税负债是由以下情况之一所产生：①计税时其摊销金额不能抵扣的商誉。②具有以下特征的交易中的资产或负债的初始确认：不是企业合并；进行交易时，既不影响会计利润也不影响应税利润（可抵扣亏损）。对于可抵扣暂时性差异，如果很可能获得利用可抵扣暂时性差异来抵扣的应税利润，应将全部可抵扣暂时性差异确认为递延所得税资产，除非递延所得税资产是由以下交易中的资产或负债的初始确认产生的：企业合并；进行交易时，既不影响会计利润也不影响应税利润（可抵扣亏损）。但是，对于与子公司、分支机构及联营企业中的投资和合营企业中的权益相关的可抵扣暂时性差异，应根据第 44 段确认为递延所得税资产。

关于其他有关递延所得税负债和递延所得税资产的确认，IAS 12 规定：对于未利用可抵扣亏损和未利用税款抵减，如果很可能获得尚未利用的可抵扣亏损和未利用税款抵减的向后期结转，应确认为一项递延所得税资产；对于所有与子公司、分支机构及联营企业中的投资和合营企业中的权益相联系的应税暂时性差异，企业应确认为一项递延所得税负债，但满足以下两个条件的除外：母公司、投资者和合营者能够控制该暂时性差异转回的时间，该暂时性差异在可预见的未来很可能不会转回。只有当以下情况都很可能时，企业才能对所有子公司、分支机构及联营企业中的投资和合营企业中的权益产生的可抵扣暂时性差异，确认为一项递延所得税资产：暂时性差异在可预见的未来将转回；未来能够获得用暂时性差异抵扣的应税利润。

在每一个资产负债表日，主体都要对未确认的递延所得税资产重新估价。当未来应税利润很可能收回递延所得税资产时，主体应当确认该项以前未确认的递延所得税资产。

（2）当期所得税和递延所得税的确认

当期所得税和递延所得税，应确认为收益或费用并包括在该期的净损益中，但由以下情况产生的所得税除外：①在相同或另一个不同的期间直接在权益中确认的交易或事项；②企业合并。如果当期所得税和递延所得税与在相同或不同期间直接贷记或借记入权益的项目相关，那么它们应直接贷记或借记入权益的项目。

对于企业合并产生的递延所得税，由于企业合并，购买方认为它很可能收回自己在企业合并前没有确认的递延所得税资产。例如，购买方可用其未利用的可抵扣亏损的利益去抵扣被购买方的未来应税利润，在这种情况下，购买方应确认为一项递延所得税资产，并在确认购买时产生的商誉或负商誉时将其考虑进去。当购买方在购买日没有将被购买方的递延所得税资产确认为可辨认资产，但该递延所得税资产随后在购买方的合并财务报表中被确认时，产生的递延所得税收益应在收益表内予以确认。

3）计量

本期和以前期间形成的当期所得税负债（资产），应按已执行的或到资产负债表日实质上已执行的税率（和税法）计算的预期应付税务部门（从税务部门返还）的金额计量。

递延所得税资产和负债，按预期实现该资产或清偿该负债期间的税率计量，依据的是已执行的或到资产负债表日实质上已执行的税率（和税法）。在某些税收管辖区内，如政府对税率（和税法）的宣布对实际执行有重大影响，实际执行可能在宣布后几个月，在这种情况下，所得税资产和负债应采用已宣布的税率（和税法）计量。当不同税率适用于不同水平的应税收益时，递延所得税资产和负债应以预期适用于暂时性差异预计转回期间的应税利润（可抵扣亏损）的平均税率计量。递延所得税资产和负债的计量，应反映出在资产负债表日从主体预期收回或清偿其资产和负债账面金额的方式中推算出的纳税后果。递延所得税资产和负债不应折现。在每一个资产负债表日，都应对递延所得税资产的账面金额予以复核。如果不再是很可能获得足够的应税利润以允许利用递延所得税资产的部分或全部利益，主体应该减少该项递延所得税资产的账面金额；当又可能获得足够的应税利润时，减少的金额应当转回。

4）列报和披露

（1）列报

关于当期所得税资产和当期所得税负债，IAS 12 规定：主体应抵销当期所得税资产和当期所得税负债，当且仅当以下条件都满足时才能抵销：主体拥有抵销已确认金额的法定行使权；主体旨在以净值为基础结算，或同时变现资产和清偿负债。在合并财务报表中，集团中一个主体的当期所得税资产可以与该集团中另一个主体的当期所得税负债相互抵销，当且仅当所涉及的主体具有按单一的净额支付税款或接受返还的法定行使权，且主体旨在支付或接受这一净额，或同时收回资产和清偿负债。

关于递延所得税资产和递延所得税负债，IAS 12 规定：主体应抵销递延所得税资产和递延所得税负债，当且仅当以下条件都满足时才能抵销：①主体拥有以当期所得税负债抵销当期所得税资产的法定行使权。②递延所得税资产和递延所得税负债与同一税务部门对以下两种情形之一征收的所得税有关：同一纳税主体；或者不同纳税主体，旨在预期结算或收回递延所得税负债或资产的重大金额的每一个未来期间，以净值为基础结算当期所得税负债和资产，或者同时变现资产和清偿负债。

与正常经营活动产生的损益相关的所得税费用（收益）应在收益表内列报。如果被认为对财务报表使用者最为有用的话，递延国外所得税负债或资产的汇兑差额在收益表内确认时，上述差额可以归入递延所得税费用（收益）。

（2）披露

IAS 12 规定，所得税费用（收益）的主要组成部分应单独披露。单独披露的内容包括：

①当期所得税费用（收益）；

②在本期确认的、对以前期间的当期所得税所作的调整；

③与暂时性差异的产生和转回有关的递延所得税费用（收益）的金额；

④与税率改变或开征新税有关的递延所得税费用（收益）的金额；

⑤以前未确认的可抵扣亏损、税款抵减，或以前期间用于减少当期所得税费用的暂时性差异产生的利益的金额；

⑥以前未确认的可抵扣亏损、税款抵减，或以前期间用于减少递延所得税费用的暂时性差异所产生的利益的金额；

⑦由递延所得税资产的减记，或前期减记的转回所产生的递延所得税费用；

⑧与会计政策的变更和重大差错更正相关的所得税费用（收益）的金额。

IAS 12 还规定，主体以下内容也应单独披露：

①与借记或贷记入权益的项目有关的当期或递延所得税的总额。

②用以下一种或两种形式对所得税费用（收益）和会计利润之间的关系作出说明：在所得税费用（收益）与会计利润乘以适用税率的乘积之间进行数字调节，并披露计算适用税率的基础；在平均实际税率与适用税率之间进行数字调节，并披露计算适用税率的基础。

③与以前的会计期间相比，适用税率发生改变的说明。

④在资产负债表中未确认其递延所得税资产的可抵扣暂时性差异、未利用可抵扣亏损和未利用税款抵减的金额（以及期满日，如果存在）。

⑤与对子公司、分支机构及联营企业中的投资和合营企业中的权益相联系且未

确认递延所得税负债的暂时性差异的总额。

⑥就每一类暂时性差异以及每一类未利用可抵扣亏损和未利用税款抵减而言：在每一个报告期的资产负债表内确认的递延所得税资产和负债的金额；在收益表内确认的递延所得税收益或费用的金额（如果从资产负债表中已确认金额的变化看不明显）。

⑦与终止经营相关的所得税费用；终止经营的利得或损失；终止经营当期的正常经营活动形成的损益，以及每一个列报前期的对应金额。

⑧在财务报表批准公布前提议或宣布向主体股东分配的，但未在财务报表中确认为负债的股利的所得税后金额。

此外，根据 IAS 12 的规定，当满足以下条件时，主体应披露递延所得税资产的金额和支持其确认的证据的性质：①该递延所得税资产的利用取决于未来应税利润超过因转回现存应税暂时性差异所形成的利润的部分；②在与递延所得税资产相关的税收管辖区内，该主体在当期或前期发生了亏损。

6.2.3 IAS 12 与中国相关准则的比较

1994 年以前，我国会计准则与税法在收入、费用、利润、资产、负债等的确认和计量方面的规定基本一致，按会计准则规定计算的税前会计利润与按税法规定计算的应税所得基本一致。1994 年税制改革以后，会计准则与税法对有关收益、费用或损失等的确认方法产生了较大的差异。1994 年 6 月 29 日，财政部发布了《企业所得税会计处理暂行规定》。1995 年，财政部发布了《企业会计准则——所得税会计（征求意见稿）》。2000 年，财政部发布了《企业会计制度》，其中有些部分涉及到了所得税的处理。2006 年 2 月 15 日，财政部发布了新的会计准则体系，在新的会计准则体系中，包括《企业会计准则第 18 号——所得税》。《企业会计准则第 18 号——所得税》是本次企业会计准则体系中修订的一项重要内容，本准则和《企业所得税会计处理暂行规定》不同，没有将税前会计利润与应税所得之间的差异分为永久性差异和时间性差异，而是直接借鉴 IAS 12《所得税》，采用了暂时性差异的概念，据此计算递延所得税资产或递延所得税负债，由此确认的所得税费用包括了当期所得税费用和递延所得税费用，然后根据利润总额扣除所得税费用，就可得出税后利润即净利润。

自财政部 1994 年发布《企业所得税会计处理暂行规定》以来，我国企业的所得税会计基本上是应付税款法和纳税影响会计法（包括递延法和债务法）并存。绝大多数企业采用了应付税款法，而商业银行由于需要按照贷款五级分类结果计提贷款损失准备，较多地采用了纳税影响会计法。而《企业会计准则第 18 号——所得税》要求企业在取得资产、负债时，应当确定其计税基础。资产、负债的账面价值与其计税基础之间存在差异的，确认所产生的递延所得税资产或递延所得税负债；适用税率发生变化的，企业应对已确认的递延所得税资产和递延所得税负债进行重新计量。因此，《企业会计准则第 18 号——所得税》实际上只允许企业采用纳税影响会计法中的债务法，这是我国所得税会计处理的一个革命性变化。

IAS 12 与我国《企业会计准则第 18 号——所得税》相比，二者的区别主要表现在以下几个方面：

（1）关于准则的适用范围。我国《企业会计准则第 18 号——所得税》明确规定，制定准则的目的是规范企业所得税的确认、计量和相关信息的列报，所得税包括企业以应纳税所得额为基础的各种境内和境外税额。准则还明确规定，不涉及政府补助的确认和计量，但因政府补助产生暂时性差异的所得税影响，应当按照准则规定确认和计量。这基本上与 IAS 12 所作的规定一致。不同之处在于，IAS 12 明确指出了所得税也包括由子公司、联营企业或合营企业支付的，对分配给报告主体的利润的征税。我国的所得税准则在“总则”部分未作说明，但在“确认”部分，涉及了与子公司、联营企业及合营企业的投资的税收问题。

（2）关于计税基础。我国《企业会计准则第 18 号——所得税》规定，企业在取得资产、负债时，应当确定其计税基础。资产、负债的账面价值与其计税基础存在差异的，应当按照准则规定确认所产生的递延所得税资产或递延所得税负债。资产的计税基础，是指企业收回资产账面价值过程中，计算应纳税所得额时按照税法规定可以自应税经济利益中抵扣的金额。负债的计税基础，是指负债的账面价值减去未来期间计算应纳税所得额时按照税法规定可予抵扣的金额。这样的规定与 IAS 12是基本一致的。不过，IAS 12 的规定相对更详细一些，还有举例说明。另外，IAS 12 还对一些特殊情形作了说明。例如，资产或负债的计税基础不十分明显的情况以及合并财务报表中计税基础的确定等。我国的所得税准则没有作此规定。两者还都对未作为资产和负债确认的项目作了规定，按照税法规定可以确定其计税基础的，该计税基础与其账面价值之间的差额也属于暂时性差异。

（3）关于确认和计量。我国《企业会计准则第 18 号——所得税》的规定和国际会计准则 IAS 12 基本一致，但 IAS 12 的规定更为具体，如企业合并，以公允价值计价的资产、商誉、以股份为基础的支付等，都作了相对比较详细的说明。

（4）关于计量。我国《企业会计准则第 18 号——所得税》的规定和国际会计准则 IAS 12 基本一致，但部分细节存在差异。例如，我国《企业会计准则第 18 号——所得税》第二十一条规定，企业当期所得税和递延所得税应当作为所得税费用或收益计入当期损益，但不包括下列情况产生的所得税：①企业合并；②直接在所有者权益中确认的交易或者事项。IAS 12 也作了类似的规定，但相对应排除的第②种情况所作的规定是“在相同或不同的期间直接在权益中确认的交易或事项”。可见，二者在细节上有所不同。

（5）关于列报。我国《企业会计准则第 18 号——所得税》第二十三条规定，“递延所得税资产和递延所得税负债应当分别作为非流动资产和非流动负债在资产负债表中列示”。在我国的所得税会计准则中没有涉及所得税资产和所得税负债的抵销问题。IAS 12 则分别对当期所得税资产和所得税负债应抵销的情况与递延所得税资产和递延所得税负债应抵销的情况作了规定。我国《企业会计准则第 18 号——所得税》第二十四条规定，“所得税费用应当在利润表中单独列示”。

IAS 12规定，与正常经营活动产生的损益相关的所得税费用（收益）应在收益表内列报。可见二者的规定不同。另外，IAS 12 还就递延国外所得税资产或负债的汇兑差额的列报作了规定，指出递延国外所得税负债或资产的汇兑差额在收益表内确认时，上述差额可以归入递延所得税费用或收益（如果此种列报方式被认为对财务报表使用者最为有用）。我国的所得税会计准则没有涉及这样的规定。

（6）关于披露。我国《企业会计准则第 18 号——所得税》第二十五条规定，企业应当在附注中披露与所得税有关的下列信息：①所得税费用（收益）的主要组成部分；②所得税费用（收益）与会计利润关系的说明；③未确认递延所得税资产的可抵扣暂时性差异、可抵扣亏损的金额（如果存在到期日，还应披露到期日）；④对每一类暂时性差异和可抵扣亏损，在列报期间确认的递延所得税资产或递延所得税负债的金额作为确认递延所得税资产的依据；⑤未确认递延所得税负债的，与对子公司、联营企业及合营企业投资相关的暂时性差异金额。IAS 12 中关于披露的规定远比我国《企业会计准则第 18 号——所得税》详尽。例如，IAS 12 还要求披露与以前的会计期间相比适用税率发生改变的说明，并要求单独披露所得税费用（收益）的主要构成项目，并指出了可能的构成项目。另外，IAS 12 对终止经营的情形，以及每一类未利用可抵扣亏损和未利用税款抵减的情况作了规定，这些内容在我国《企业会计准则第 18 号——所得税》中都没有涉及。

另外，在格式方面。我国新会计准则体系的体例与国际会计准则也有较大的差异。我国是条法式的体例，语言表述更明确，更通俗易懂；而 IAS 12 中包括了一些举例说明和解释。

6.2.4 IAS 12 的修订

1）2010 年

IASB 于 2010 年 12 月 10 日发布了《递延所得税：相关资产的收回——对 IAS 12的修订》。该项修订对 IAS 12 的一般原则（即递延所得税资产及递延所得税负债的计量应当反映主体预计收回资产账面金额的方式所导致的纳税后果）作出了例外要求。

IAS 12 修订版的发布旨在回应与运用一般原则遇到的困难或涉及的主观因素有关的疑虑，特别是对于以公允价值计量的投资性房地产，因为主体可能打算在没有确定时限的期间内持有该资产并预计产生租金收入和资本增值。通过出售收回资产产生的利得和损失采用的税率可能不同于使用同一资产赚取的收入所适用的税率。此外，基于资产不同的收回方式，可能会对同一资产规定不同的计税基础。例如，某些税收管辖区可能规定成本基础加处置时通货膨胀的指数化扣除（但不允许扣除折旧），或者只允许对初始成本计提折旧。这些因素导致了该原则在实务应用中的混淆和潜在的不一致。

（1）IAS 12 修订的主要内容

①就 IAS 12 的一般原则，针对使用 IAS 40《投资性房地产》的公允价值模式计量的投资性房地产作出例外要求。

②在计量递延所得税时，引入了一项可推翻的假设，即投资性房地产的账面金额将全部通过出售收回。

③如果投资性房地产为应折旧资产并且在相应业务模式下的持有目标是随时间的推移（而不是通过出售）消耗实质上所有的经济利益，则该假设可被推翻。

④该豁免同时适用于在企业合并中取得的投资性房地产（如果购买方在企业合并后使用 IAS 40 的公允价值模式计量该投资性房地产）。

⑤有关修订同时将《解释公告第 21 号——所得税：已重估非折旧资产的收回》（SIC-21）中的要求纳入 IAS 12，即，使用 IAS 16 的重估价模式计量的非折旧资产所产生的递延所得税应当基于通过出售收回的税率计量。

⑥有关修订对自 2012 年 1 月 1 日或以后日期开始的年度期间生效，允许提前采用。

（2）过渡性规定

对 IAS 12 的修订应予追溯应用，要求对属于有关修订范围内的所有递延所得税资产或递延所得税负债进行追溯重述，包括在企业合并中初始确认的递延所得税资产或递延所得税负债。

在 2015—2017 年度改进周期中，IASB 对 IAS 12《所得税》作了细微修订，规定“企业应采用同样的方法核算所有因支付股利对所得税产生的影响”。这一修订应对自 2019 年 1 月 1 日或以后日期开始的年度期间生效，允许提前采用。

（3）IFRIC 23《所得税不确定性的会计处理》

2017 年 IASB 发布了 IFRIC 23《所得税不确定性的会计处理》。这项解释公告将用于在按 IAS 12 的规定核算所得税时存在不确定情况下确定应税利润（可抵扣亏损）、计税基础、未利用可抵扣亏损、未利用税款抵减和税率。

根据 IFRIC 23，确定应税利润（可抵扣亏损）、计税基础、未利用可抵扣亏损、未利用税款抵减和税率时，主体必须考虑相关的税务机关可能接受该主体在纳税申报表中采用或计划采用的每一项或每一组所得税的会计处理方法。

①如果主体得出结论认为税务机关可能接受某一特定的所得税的会计处理方法，则主体必须根据其在纳税申报表中提及的所得税会计处理方法一致地来确定应税利润（可抵扣亏损）、计税基础、未利用可抵扣亏损、未利用税款抵减和税率。

②如果主体得出结论认为税务机关不太可能接受某一特定的所得税的会计处理方法，则主体必须采用基于所得税的会计处理方法最可能发生的金额或期望值来确定应税利润（可抵扣亏损）、计税基础、未利用可抵扣亏损、未利用税款抵减和税率。

IFRIC 23 适用于自 2019 年 1 月 1 日或以后日期开始的年度期间生效，允许提前采用。在采用这些规定时，主体应在其首次采用的报告期间的期初将因首次采用此类规定而导致的累计影响计入未分配利润或其他适当的权益组成部分而无需调整比较信息。允许全面追溯采用这些规定，前提是主体不必采用事后观察。

2）2017 年

IASB 最近一次对 IAS 12 的修订主要澄清了针对与以公允价值计量的债务工具相关的未实现损失的递延所得税资产的确认。

（1）修订的主要内容

本次修订对下述情况产生的未实现损失形成可抵扣所得税差异，无论持有人预期将通过持有该债务工具至到期，还是通过出售该债务工具来收回账面金额：

①主体持有归类为可供出售的债务工具，因此该工具以公允价值计量，但计税基础是按成本计量；

②主体估计该债务工具的发行人很可能会支付全部合同付款额，但市场利率的变动导致债务工具的公允价值低于其成本；

③税法规定损失在其计税目的实现之前，不允许抵扣；

④主体有能力和意图持有该债务工具至未实现损失转回（可能持有至其到期日）；

⑤税法规定资本损失仅能抵扣资本利得，而一般损失则既能抵扣资本利得也能抵扣一般收益；

⑥主体并未拥有能利用可抵扣暂时性差异来抵扣的足够的应纳税暂时性差异或其他很可能的应税利润。

在税法对可抵扣亏损的利用进行限制、从而主体仅能利用可抵扣亏损抵扣指定类型的收益的情况下，主体应当结合相同类型的其他递延所得税资产来对递延所得税资产进行评估。

本次修订澄清，在估计未来期间的应税利润时，如果资产的账面金额很可能收回，并且该资产未发生减值，则主体可假设该资产以高于其账面金额的金额收回。在作这一评估时，应当考虑所有相关的事实和情况。

本次修订明确，在评估是否可获得足够的未来应税利润时，主体应将可抵扣暂时性差异与未来应税利润（不包括因转回该等可抵扣暂时性差异而导致的所得税递减）进行比较。

（2）修订的生效日期和过渡性规定

本次修订对自 2017 年 1 月 1 日或以后日期开始的年度期间生效，允许提前采用。主体必须按照 IFRS 8《会计政策、会计估计的变更和会计差错的更正》追溯应用本次修订。然而在首份期初财务状况表内应用本次修订时，主体无需将相关金额在留存收益与权益的其他组成部分之间进行转移，以重述之前计入损益、其他综合收益或直接计入权益的累积金额。如果主体并未进行上述转移，则应当披露这一事实。本次修订未包含任何针对首次采用者的特定过渡豁免。

6.2.5 IAS 12 运用示例

［例 6-3］某公司在 20×1 年 7 月 1 日以 120 000 美元的价格购入一项固定资产，估计使用寿命为 5 年，预计残值为 30 000 美元，该资产按年限平均法计提折旧，在使用寿命期满后该资产将以 30 000 美元卖出。出于纳税的目的，该资产每

年以 25% 的折旧率按余额递减法计提折旧。目前的所得税税率是 35%。估计 5 年中，主体每年扣除折旧前的利润均为 93 000 美元。

要求：计算每年年末的递延所得税负债，编制该公司每年的收益表，并按照 IAS 12 的要求计提递延税款准备。

该固定资产每年应计提的折旧 =（120 000－30 000）÷5 = 18 000（美元）

纳税折旧的计算见表 6-5。

表 6-5　　纳税折旧的计算　　单位：美元

项　目	金　额
成本	120 000
20×1 年折旧@ 25%	(30 000)
折余价值	90 000
20×2 年折旧@ 25%	(22 500)
折余价值	67 500
20×3 年折旧@ 25%	(16 875)
折余价值	50 625
20×4 年折旧@ 25%	(12 656)
折余价值	37 969
20×5 年出售	(30 000)
税收损失	7 969

当期所得税费用的计算见表 6-6。

表 6-6　　当期所得税费用的计算　　单位：美元

年　份	20×1	20×2	20×3	20×4	20×5
应税收益	93 000	93 000	93 000	93 000	93 000
税收目的折旧	(30 000)	(22 500)	(16 875)	(12 656)	(7 969)
应税利润	63 000	70 500	76 125	80 344	85 031
当期所得税费用@ 35%	22 050	24 675	26 644	28 120	29 761

与该项资产有关的暂时性差异导致的递延所得税资产和负债，以及递延所得税费用和收益见表 6-7。

表 6-7　　与该项资产有关的暂时性差异的影响　　单位：美元

年　份	20×1	20×2	20×3	20×4	20×5
净账面价值	102 000	84 000	66 000	48 000	—
计税基础	90 000	67 500	50 625	37 969	—
差异	12 000	16 500	15 375	10 031	—
期初递延所得税负债	0	4 200	5 775	5 381	3 511
期末递延所得税负债	4 200	5 775	5 381	3 511	0
递延所得税费用（收益）	4 200	1 575	(394)	(1 870)	(3 511)

该公司在20×1年和20×2年作为暂时性差异转回确认的递延所得税负债在以后的会计期间将产生应税收益。该公司的收益表账户金额见表6-8。

表6-8 **该公司的收益表账户金额** 单位：美元

年　份	20×1	20×2	20×3	20×4	20×5
收益	93 000	93 000	93 000	93 000	93 000
折旧	(18 000)	(18 000)	(18 000)	(18 000)	(18 000)
税前收益	75 000	75 000	75 000	75 000	75 000
当期所得税费用	22 050	24 675	26 644	28 120	29 761
递延所得税费用（收益）	4 200	1 575	(394)	(1 870)	(3 511)
总的所得税费用	26 250	26 250	26 250	26 250	26 250
净利润	48 750	48 750	48 750	48 750	48 750

[例6-4] 某公司20×4年12月31日拥有的不动产、厂场和设备的相关资料见表6-9。

表6-9 **不动产、厂场和设备的相关资料** 单位：千美元

项　目	成　本	累计折旧	账面金额	计税基础
机器	900	180	720	450
土地	500	—	500	不适用
建筑物	1 500	300	1 200	不适用

补充资料如下：

(1) 机器于20×4年1月1日购入，在5年内以年限平均法计提折旧。

(2) 土地不计提折旧。

(3) 包括公司的办公楼在内的建筑物，在25年内以年限平均法计提折旧。

(4) 税法不允许对土地和建筑物计提折旧。对机器而言，允许的折旧方法是在3年内以承包的50%、30%、20%的比例连续计提。

(5) 20×5年，税前会计利润为300 000美元，20×6年为400 000美元。这些数据包括非应税收入，20×5年为80 000美元，20×6年为100 000美元。

(6) 20×4年12月31日，该公司可抵扣亏损250 000美元。20×4年的所得税税率为35%，20×5年和20×6年的所得税税率为30%。

要求：试确定该公司20×5年和20×6年递延所得税余额的变动情况。

在公司的会计记录中，20×5年和20×6年递延所得税余额的变动见表6-10。

表 6-10　　**20×5 年和 20×6 年递延所得税余额的变动**　　单位：千美元

递延所得税负债	借项（贷项）
20×5 年 1 月 1 日余额	
机器	(94.5)
重估损失（250×35%）	87.5
	(7.0)
税率变动（7×5/35）	1.0
暂时性差异：	
机器（计算①）	(27.0)
利用的亏损（计算②，190×30%）	(57.0)
20×5 年 12 月 31 日余额	(90.0)
暂时性差异：机器（计算①）	
20×6 年 12 月 31 日利用的亏损（计算②，60×30%）	(18.0)
20×6 年 12 月 31 日余额	(108.0)

计算过程：

①机器的相关计算，见表 6-11。

表 6-11　　**机器的相关计算**　　单位：千美元

项　目	账面金额	计税基础	暂时性差异	递延所得税
20×4 年 1 月 1 日购买	900	900		
折旧	(180)	(450)	270	94.5
20×4 年 12 月 31 日余额	720	450	270	94.5
税率变动（94.5×5/35）				(13.5)
折旧	(180)	(270)	90	27.0
20×5 年 12 月 31 日余额	540	180	360	108.0
折旧	(180)	(180)		
20×6 年 12 月 31 日余额	360	0	360	108.0

②所得税费用的相关计算，见表6-12。

表6-12 **所得税费用的相关计算** 单位：千美元

年　份	20×6	20×5
税前会计利润	400	300
不可抵扣项目/应税项目的纳税影响：		
非应税收入	(100)	(80)
建筑物折旧（1 500÷25）	60	60
	360	280
	—	(90)
暂时性差异：		
折旧（会计）	180	180
折旧（税法）	(180)	(270)
	360	190
结转后期的估计亏损	(60)	(250)
应税利润（可抵扣亏损）	300	(60)
应付税款（利润）×30%	(90)	(18)

6.3 不动产、厂场和设备

6.3.1 概述

不动产、厂场和设备是指主体用于生产商品、提供劳务、出租或为了行政管理目的而拥有的，预计使用寿命超过一个会计期间的有形项目。对于企业来说，这些资产构成了企业收益性资产投资的绝大部分。这在诸如汽车、钢铁等资本密集型产业中体现得尤为突出。对于企业的债权人来说，不动产、厂场和设备是重要的担保资产；对于企业的投资者和管理者来说，它们是收入与现金流量的重要来源。鉴于这类资产的重要性，规范其会计处理也就显得非常必要。

1）不动产、厂场和设备准则的发展情况

在不动产、厂场和设备会计处理中涉及的主要问题包括这些资产的确认、账面金额及相关的折旧费用和减值损失的确定。国际会计准则委员会在其成立之初就着手制定规范不动产、厂场和设备会计处理的准则。IASC在不动产、厂场和设备会计处理方面制定的最早的准则是1976年10月发布的IAS 4《折旧会计》，要求包括不动产、厂场和设备在内的所有可折旧资产必须计提折旧。

1980 年 8 月，IASC 公布了征求意见稿 E 8《历史成本制度下的不动产、厂场和设备会计》。随后，在征求多方意见的基础上，IASC 于 1982 年 3 月正式发布了国际会计准则 IAS 4《不动产、厂场和设备会计》，自 1983 年 1 月 1 日起生效。1992 年 5 月，IASC 又发布了征求意见稿 E 43《不动产、厂场和设备》。1993 年 12 月，作为“财务报表可比性”项目的一部分，IASC 在 E 43 的基础上正式发布了 IAS 16《不动产、厂场和设备》（1993 年修订），修订后的准则自 1995 年 1 月 1 日起生效。1997 年 7 月，IAS 1《财务报表的列报》对 IAS 16 的第 66 段作了修订。1998 年 4 月和 7 月，为了与 IAS 22《企业合并》、IAS 36《资产减值》及 IAS 37《准备、或有负债和或有资产》保持一致，IAS 16 又有多个段落作了修订，修订后的 IAS 16 自 1999 年 7 月 1 日起生效。

2003 年 12 月 18 日，作为国际会计准则改进项目的一部分，IASB 又发布了修订稿。在这次修订中，IASB 的主要目标是作有限修订，以便为所挑选的问题提供进一步的指南并加以阐述，没有对原准则中关于不动产、厂场和设备的基本会计处理方法予以重新考虑。修订后的准则自 2005 年 1 月 1 日起生效。IAS 16《不动产、厂场和设备》（2003）取代了 IAS 16《不动产、厂场和设备》（1998 年修订），同时还取代了解释公告 SIC 6《修改现用软件的费用》、SIC 14《不动产、厂场和设备：项目减值或损失的补偿》、SIC 23《不动产、厂场和设备：大检修费用》。

2）IAS 16 的适用范围

IAS 16（以下如不作说明均指 IAS 16《不动产、厂场和设备》（2003））的目的是规范不动产、厂场和设备的会计处理，包括这些资产的确认、账面金额（即应确认的与之相关的折旧费用和减值损失）的确认，以便财务报表使用者能够掌握主体在其不动产、厂场和设备方面的投资及这些投资变动的信息。

IAS 16 适用于不动产、厂场和设备的会计处理，另一准则要求或允许采用不同的会计处理除外。以下情形不适用 IAS 16：①按照 IFRS 5《持有待售的非流动资产和终止经营》被划分为持有待售的不动产、厂场和设备；②由 IAS 41《农业》规范的与农业活动有关的资产；③矿产权和诸如石油、天然气以及类似的非再生资源等矿产储量。但是，IAS 16 适用于用以开发或维持上列②、③项所描述资产的不动产、厂场和设备。其他准则可能要求采用不同于 IAS 16 的方法来确认不动产、厂场和设备项目，但是在这种情况下，这些资产的其他方面（包括折旧）均应按 IAS 16 的要求进行会计处理。另外，对于正处于建造或开发过程、准备作为奖励使用的投资性房地产，如果其尚未满足 IAS 40《投资性房地产》中不动产的定义，也适用 IAS 16。在建造或开发过程结束后，该不动产即成为投资性房地产，主体应根据 IAS 40 进行核算。

6.3.2　IAS 16 的基本内容

1）确认

对于不动产、厂场和设备项目，如果与该项目有关的未来经济利益很可能流入企业，并且该项目的成本能够可靠地计量，那么该不动产、厂场和设备项目的成本应确认为一项资产。IAS 16 没有规定确认的计量单元，即构成不动产、厂场和设备项目的具体内容。因此，在将确认标准运用于某个特定主体时，需要运用判断。对于一些个别不重要的项目，诸如模具、工具和冲模等，应将其归并为一个总体，并将确认标准运用于该总体可能是恰当的。备件和维修设备通常作为存货处理，并在耗用时确认为损益。但是，对于主要设备和备用设备，如果主体预计其使用寿命超过一个会计期间，则应将其确认为不动产、厂场和设备。类似的，如果维修设备只能与个别不动产、厂场和设备项目一起使用，则应作为不动产、厂场和设备项目。主体应在不动产、厂场和设备成本发生时根据确认原则评估其成本，这些成本包括购置或建造不动产、厂场和设备而发生的初始成本，以及为添置、部分替换或维修该项目而发生的后续成本。

购置某些不动产、厂场和设备项目可能是出于安全和环保因素考虑，这虽然不能直接增加任何现有的不动产、厂场和设备项目的未来经济利益，但为了使主体能从其他资产获得未来经济利益，可能是必要的。这些不动产、厂场和设备项目应确认为资产，因为与没有购置相比，购置这些资产将能从相关的其他资产中获得更多的未来经济利益。

不动产、厂场和设备项目的日常维护费用应在其发生时确认为损益。日常维护费用主要包括人工成本和消耗的消耗品成本，可能还包括零星部件的成本。有些不动产、厂场和设备项目的部件需要定期更换，如果该项目替换部件的成本满足确认标准，主体应在其发生时将其计入不动产、厂场和设备项目的账面金额。被替换部件的账面金额应根据 IAS 16 的终止确认规定条件予以终止确认。有些不动产、厂场和设备项目持续运转的一个前提条件是定期进行故障大检查，而不论该项目的部件是否被更换。每次进行故障大检查时，如果其成本满足确认标准，则应将其在更换的不动产、厂场和设备项目的账面金额中确认，同时终止确认以前期间发生的检查费用的剩余账面金额。在购买或建造资产项目的交易中，不论以前期间发生的检查费用是否能认定，都应这样进行会计处理。如果必要的话，未来发生的类似检查的估计成本可作为该项目购买或建造时已含有的检查费用的参照。

2）确认时的计量

具备资产确认条件的不动产、厂场和设备项目，应按其成本计量。成本包括买价、进口关税和不能返还的购货税，以及为使这项资产达到预定使用状态所需要支付的直接可归属成本。计算买价时，应扣除一切商业折扣和回扣。直接可归属成本的项目包括：①场地整理费；②初始运输费和装卸费；③安装费用；④专业人员（如建筑师、工程师）服务费；⑤估计资产拆卸费、搬移费及场地清理费，这些费用的确认应以 IAS 37《准备、或有负债和或有资产》所确认的准备为限。

不动产、厂场和设备项目的成本等于确认的等值现金价格。如果付款延期支付超过正常赊销期，等值现金价格与总支付金额之间的差额，应确认为赊销期内的利息费用，除非根据 IAS 23 中允许选用的处理方法，将其确认为该项目的账面金额。

如果一项或多项不动产、厂场和设备项目通过与一项或多项非货币性资产或货币性资产与非货币性资产组合交换获得，该项目应以公允价值计量，除非：①交换交易不具有商业实质；②所收到和所放弃资产的公允价值均不能可靠地计量。如果所获得的资产项目不能采用公允价值计量，则其成本应以所放弃资产的账面金额计量。

3）确认后的计量

（1）计量模式

IAS 16 允许采用两种计量模式：成本模式和重估价模式。成本模式，是指确认为资产后，不动产、厂场和设备项目的账面金额应为其成本扣减累计折旧和累计减值损失后的余额。重估价模式，是指确认为资产后，如果不动产、厂场和设备项目的公允价值能够可靠地计量，则其账面金额应为重估金额，即该资产在重估日的公允价值减去随后发生的累计折旧和累计减值损失后的余额。

在重估价模式下，重估应当经常进行，以确保其账面金额不至于与资产负债表日以公允价值确定的该项资产的价值相差太大。如果对某项不动产、厂场和设备项目进行重估，则属于该类别的全部不动产、厂场和设备都应进行重估。如果重估引起资产账面金额增加，增值应直接贷记权益中的“重估价盈余”科目。但是，就同一项资产而言，该增值中相当于转回以前确认为损益的重估减值部分，应确认为损益。如果重估引起资产账面金额减少，减值应确认为损益。但是，就同一项资产而言，在现有“重估价盈余”科目贷方余额范围内的减值应直接借记“重估价盈余”科目。

当某项不动产、厂场和设备项目终止确认时，包括在权益中的重估价盈余可以直接转化为留存收益。在资产报废或处置时，可能会将全部重估价盈余直接转化为留存收益。但是，某些重估价盈余可能随着主体使用资产而逐渐转化。在这种情况下，已转化的重估价盈余金额是根据该资产重估价的账面金额计提的折旧额与根据初始成本计提的折旧额之间的差额。从重估价盈余向留存收益转化不通过损益。

（2）折旧

对于所有应计提折旧的资产，应折旧金额应当在其使用寿命内系统地摊销。如果不动产、厂场和设备项目每个部件的成本与该项目总成本相比是重大的，主体应将初始确认金额分摊至各个重要部件，并单独计提折旧。每一期间的折旧费用应确认为损益，除非将其包括在其他资产的账面金额中。主体至少应于每个财务年度结束时对资产的残值和使用寿命进行审核，并且，如果预期数不同于原先的估计数，这种改变应作为会计估计变更，并按照 IAS 8 的规定处理。

所使用的折旧方法应反映主体消耗该项资产所含未来经济利益的方式。如果资产所含未来经济利益的预期消耗方式有重大改变，折旧方法也应相应地改变以反映这种方式的改变。折旧方法改变应作为会计估计变更，按照 IAS 8 的规定进行会计处理。主体应于每个财务年度结束时，对资产的折旧方法进行审核。

（3）减值的补偿

主体应运用 IAS 36《资产减值》确定不动产、厂场和设备项目是否发生减值。

不动产、厂场和设备的减值或损失、向第三方的索赔或由第三方支付的补偿以及随后替代资产的购置或建造都是独立的经济事项，应按照以下方法单独地进行会计处理：①对于减值，按照 IAS 36 的规定进行确认；②已报废或处置的不动产、厂场和设备项目的终止确认，应根据 IAS 16 确认；③第三方对已减值、损失或放弃的不动产、厂场和设备项目的补偿，应在补偿可收到时计入损益；④作为替代而修复、购置或建造的不动产、厂场和设备项目的成本，应根据 IAS 16 的规定确定。

4）终止确认

IAS 16 规定，满足以下条件时，不动产、厂场和设备项目的账面金额应予以终止确认：①处于处置状态；②预期通过使用或处置不动产、厂场和设备项目不能产生未来经济利益。终止确认产生的利得或损失，应该在该项目终止确认时确认为损益（除非 IAS 17 对售后租回另有规定）。不动产、厂场和设备项目的终止确认产生的利得或损失，应根据处置净收入（如果有的话）和该项目账面金额之间的差额确定。利得不应归类为收入。

5）披露

根据 IAS 16 的规定，财务报表应对每类不动产、厂场和设备项目进行如下披露：(1) 确定账面总金额所使用的计量基础。(2) 所使用的折旧方法。(3) 使用寿命或使用的折旧率。(4) 账面总金额，以及期初和期末的累计折旧额（与累计减值损失相加）。(5) 期初和期末账面金额的调整，以表明不动产、厂场和设备的：①添置；②按照 IAS 5 的规定被归类为持有待售或被包括在一个归类为持有待售的处置组，以及其他处置；③通过企业合并而取得；④进行重估而产生的增值或减值，以及按照 IAS 36 的规定在权益中确认或转回的减值损失；⑤折旧；⑥将财务报表从功能货币折算成不同列报货币所产生的净汇兑差额；⑦其他变化。

财务报表还应披露：(1) 所有权限制的存在及其金额，以及用作债务担保的不动产、厂场和设备的金额；(2) 从处于建造过程中的不动产、厂场和设备项目账面金额中确认的支出金额；(3) 为取得不动产、厂场和设备的合约性承诺的金额；(4) 计入损益的，第三方对已减值、损失或放弃的不动产、厂场和设备项目的补偿金额，如果不在收益表内单独披露的话。

如果按重估金额列示不动产、厂场和设备项目，应披露以下内容：(1) 重估金额的生效日期；(2) 是否有独立的评估人员参与；(3) 估计该项目公允价值时所采用的方法和重要假设；(4) 该项目公允价值直接参照活跃市场或市场最近的公平交易中可观察的价格而确定的程度，或采用其他估价技术进行估计的程度；(5) 对各类重估不动产、厂场和设备，如果资产按成本模式计价将会确认的账面金额；(6) 重估价盈余，表明当期变化情况以及将该余额分配给股东的任何限制。

6.3.3　IAS 16 的主要变化及国际比较

1）IAS 16 的主要变化

在前面，我们对 IAS 16《不动产、厂场和设备》(2003) 的基本内容作了介绍。与上一版 IAS 16 (1998) 相比，主要变化体现在以下方面：

（1）在范围方面。IAS 16（2003）规定，主体"应将该准则规定的原则运用于用来开发或维持以下资产的不动产、厂场和设备项目：生物资产；矿产权和诸如石油、天然气以及类似非再生性资源等矿产储量"。

（2）在后续成本方面。IAS 16（2003）规定，主体应在不动产、厂场和设备费用发生时，根据一般确认原则进行评估。这些费用包括为购买或建造不动产、厂场和设备项目而发生的初始成本，以及为添置、部分替换或维修该项目而发生的后续成本。IAS 16（1998）包含两种确认原则，主体应将第二种确认原则运用于后续成本。

（3）在确认时的计量方面。IAS 16（2003）规定，不动产、厂场和设备项目的成本包括拆卸费、搬运费和场地清理费，以及主体由于安装该项目而产生的义务。IAS 16（1998）只将由于安装不动产、厂场和设备项目发生的费用包括在成本范围内。对资产交换交易，IAS 16（2003）规定主体应采用公允价值计量通过非货币性资产交换或货币性资产与非货币性资产组合交换获得的不动产、厂场和设备项目，除非交换交易不具有商业实质。IAS 16（1998）规定，主体应采用公允价值计量按上述方式获得的资产，除非被交换的是同类的资产。对于重估价模式，IAS 16（2003）规定，如果公允价值能够可靠地计量，主体可采用重估价金额计量某一类型的所有不动产、厂场和设备项目，其金额等于该项资产在重估日的公允价值减去随后发生的累计折旧和累计减值损失。而根据 IAS 16（1998）的规定，重估价金额的使用不取决于公允价值能否可靠地计量。

（4）在折旧方面。对于计量单元，IAS 16（2003）规定，对不动产、厂场和设备项目的每一个重要部件，主体都应单独地确定其折旧费用。IAS 16（1998）中没有这样明确地规定。对于应折旧金额，IAS 16（2003）规定，主体应以如果资产的预计使用寿命已满并处于使用寿命终了时的状态，主体目前将收到该资产的估计金额来计量不动产、厂场和设备项目的残值。IAS 16（1998）中没有明确指出残值是等于这一金额，还是等于主体在将来资产实际退废日预期将收到的、包括通货膨胀影响在内的金额。对于折旧期间，IAS 16（2003）规定，主体应在不动产、厂场和设备项目可使用时开始计提折旧，并持续计提折旧直到终止确认，即使在该项目处于闲置的时期亦如此。IAS 16（1998）中没有明确规定主体应于何时开始计提折旧，而是要求主体在该项目处于停用状态并切实为处置而持有时停止计提折旧。

（5）在终止确认方面。IAS 16（2003）规定，主体应在处置不动产、厂场和设备项目并满足 IAS 18《收入》有关商品销售的标准时，终止确认不动产、厂场和设备项目的账面价值。IAS 16（1998）中没有要求主体采用这些标准来确定终止确认已处置不动产、厂场和设备项目账面价值的日期。另外，IAS 16（2003）还规定，如果不动产、厂场和设备项目的某个组成部分已被替换并且主体已将替换成本包括在该项目的账面价值中，则主体应终止确认该组成部分的账面价值。IAS 16（1998）中未将终止确认原则扩展到这些组成部分，确切地说，其后续支出的确认原则有效地将替换成本排除在该项目的账面价值中。另外，对于利得的分类，新旧准则也有所不同。IAS 16（2003）规定，主体应将不动产、厂场和设备项目的处置利得归类为收入。IAS 16（1998）中没有包含这样的规定。

2）IAS 16 与我国相关准则的比较

2001 年 11 月 9 日，财政部发布了《企业会计准则——固定资产》（以下简称“旧准则”），并于 2002 年 1 月 1 日起暂在股份有限公司范围内施行，鼓励其他企业施行。这是我国最早制定的关于固定资产的会计准则。2006 年 2 月 15 日，财政部发布了新的会计准则体系，在新的会计准则体系中，规范固定资产会计处理的为《企业会计准则第 4 号——固定资产》（以下简称“新准则”）。与旧准则相比，新准则发生了很大的变化，主要体现在：

（1）固定资产概念方面的差异。旧准则从用途、使用期限、单位价值方面对固定资产进行定义；新准则仅从用途、使用寿命两方面对固定资产进行定义。在使用期限上，新准则引用了“使用寿命超过一个会计年度”的说法，比旧准则“使用年限超过一年”的说法更为妥当。另外，新准则规定，作为投资性房地产的建筑物，适用《企业会计准则第 3 号——投资性房地产》。

（2）固定资产初始计量方面的差异。首先，旧准则没有涉及对“购买价款超过正常信用条件延期支付”的固定资产的计量，而新准则指出：“购买固定资产的价款超过正常信用条件延期支付，实质上具有融资性质的，固定资产的成本以购买价款的现值为基础确定。实际支付的价款与购买价款的现值之间的差额，除按照《企业会计准则第 17 号——借款费用》应予资本化的以外，应当在信用期间内计入当期损益。”其次，新旧准则关于“非货币性资产交换、债务重组、融资租赁取得的固定资产的成本，应当分别按照《非货币性资产交换》、《债务重组》和《租赁》确定”的规定相同，但由于《非货币性资产交换》、《债务重组》和《租赁》三准则和旧准则相比，发生了较大变化，故而在固定资产的计量方面出入也很大。再次，新准则对企业合并取得的固定资产的计量按《企业会计准则第 20 号——企业合并》确定。而旧准则则指出，“本准则不涉及企业合并中取得的固定资产的初始计量”。最后，新准则规定，确定固定资产成本时，应当考虑预计弃置费用因素，而旧准则没有涉及。

（3）固定资产后续计量方面的差异。在折旧方面，新准则未对取得的固定资产从何时开始计提折旧进行规定，只规定固定资产应当按月计提折旧，并根据用途计入相关资产的成本或者当期损益。旧准则规定：固定资产应当按月计提折旧，并根据用途分别计入相关资产的成本或者当期费用。企业在实际计提固定资产折旧时，当月增加的固定资产，当月不计提折旧，从下月起计提折旧；当月减少的固定资产，当月仍计提折旧，从下月起停止计提折旧。在后续支出方面，新准则规定：“与固定资产有关的后续支出，符合本准则第四条规定的确认条件的，应当计入固定资产成本；不符合本准则第四条规定的确认条件的，应当在发生时计入当期损益。”“企业根据本准则第六条的规定，将发生的固定资产后续支出计入固定资产成本的，应当终止确认被替换部分的账面价值。”而旧准则规定，与固定资产有关的后续支出，如果使可能流入企业的经济利益超过了原先的估计，如延长了固定资产的使用寿命，或者使产品质量实质性提高，或者使产品成本实质性降低，则应当计入固定资产账面价值，其增计金额不应超过该固定资产的可收回金额。在减值准备的计提方面，新准则规定，固定资产的减值，应当按照《企业会计准则第 8 号——资产减值》处理。但《企业会计准则第 8 号——资产减值》明确规定："可收回金额的计量结果表明，资产的可收回金额低于其账面价值的，应当将资产的账面价值减记至可收回金额，减记的金额确认为资产减值损失，计入当期损益，同时计提相应的资产减值准备。资产减值损失一经确认，在以后会计期间不得转回。"而旧准则规定："如果固定资产的可收回金额低于其账面价值，企业应当按可收回金额低于账面价值的差额计提固定资产减值准备，并计入当期损益。已计提减值准备的固定资产，应当按照该固定资产的账面价值以及尚可使用寿命重新计算确定折旧率和折旧额；如果已计提减值准备的固定资产价值又得以恢复，应当按照固定资产价值恢复后的账面价值，以及尚可使用寿命重新计算确定折旧率和折旧额。因固定资产减值准备而调整固定资产折旧额时，对此前已计提的累计折旧不作调整。如果有迹象表明以前期间据以计提固定资产减值的各种因素发生变化，使得固定资产的可收回金额大于其账面价值，则以前期间已计提的减值损失应当转回，但转回的金额不应超过原已计提的固定资产减值准备。"

（4）固定资产处置方面的差异。新准则规定了固定资产终止确认的条件，即该固定资产处于处置状态或该固定资产预期通过使用或处置不能产生经济利益；同时还规定，企业持有待售的固定资产，应当对其预计净残值进行调整。而旧准则不涉及这方面的规定。

（5）固定资产披露方面的差异。旧准则规定，对已承诺将为购买固定资产支付的金额、暂时闲置的固定资产账面价值、已提足折旧仍继续使用的固定资产账面价值、已退废和准备处置的固定资产账面价值进行披露。新准则没有包括上述披露要求。

将我国《企业会计准则第 4 号——固定资产》与 IAS 16 相比较，二者的区别主要体现在以下方面：

（1）在适用范围方面。IAS 16 规定，"按照 IFRS 5《持有待售的非流动资产和终止经营》被划分为持有待售的不动产、厂场和设备不适用该准则"。我国《企业会计准则第 4 号——固定资产》没有排除持有待售的固定资产，而且在第二十二条还规定，"企业持有待售的固定资产，应当对其预计净残值进行调整"。另外，IAS 16还规定，"其他准则可能要求采用不同于本准则的方法来确认不动产、厂场和设备项目。在这种情况下，这些资产的其他方面（包括折旧）均应按本准则的要求进行会计处理"。另外，对于正处于建造或开发过程、准备作为奖励使用的投资性房地产，尚未满足 IAS 40《投资性房地产》中不动产定义的，也适用本准则。我国《企业会计准则第 4 号——固定资产》中没有相关的规定。

（2）在确认方面。我国《企业会计准则第 4 号——固定资产》规定："固定资产，是指同时具有下列特征的有形资产：①为生产商品、提供劳务、出租或经营管理而持有的；②使用寿命超过一个会计年度。”并指出，“固定资产同时满足下列条件的，才能予以确认：①该固定资产包含的经济利益很可能流入企业；②该固定资产的成本能够可靠计量”。这与 IAS 16 关于不动产、厂场和设备所作的相关规定基本一致。我国《企业会计准则第 4 号——固定资产》中第五条规定：“固定资产的各组成部分具有不同使用寿命或者以不同方式为企业提供经济利益，适用不同折旧率或折旧方法的，应当分别将各组成部分确认为单项固定资产。”IAS 16 在确认方面没有作这样的规定，但在计提折旧的第 43 段和 44 段规定，如果不动产、厂场和设备项目每个部件的成本与该项目总成本相比是重大的，主体应将初始确认金额分摊至各个重要部件，并单独计提折旧。可以看出，二者的规定明显不同，我国的准则要求确认单项资产，而 IAS 16 仅要求单独计提折旧，并未要求确认单项资产。而且，区分的标准也不一样，我国的准则规定的是各组成部分应具有不同使用寿命或者以不同方式为企业提供经济利益，适用不同折旧率或折旧方法；而 IAS 16 使用的是每个部件的成本与该项目总成本相比是否重大。另外，IAS 16 对固定资产确认的规定要比我国《企业会计准则第 4 号——固定资产》详细得多。

（3）在初始计量方面。在我国《企业会计准则第 4 号——固定资产》中，分别就不同方式取得的固定资产的成本的确定作了规定，就外购固定资产的成本来看，与 IAS 16 所作的规定基本一致。但是，我国《企业会计准则第 4 号——固定资产》中第八条和第十一条规定：“以一笔款项购入多项没有单独标价的固定资产，应当按照各项固定资产公允价值比例对总成本进行分配，分别确定各项固定资产的成本。”“投资者投入固定资产的成本，应当按照投资合同或协议约定的价值确定，但合同或协议约定价值不公允的除外。”在 IAS 16 中未作这样的规定。另外，我国《企业会计准则第 4 号——固定资产》规定，企业合并、非货币性资产交换、债务重组、融资租赁取得的固定资产的成本，应当分别按照《企业会计准则第 20 号——企业合并》、《企业会计准则第 7 号——非货币性资产交换》、《企业会计准则第 12 号——债务重组》和《企业会计准则第 21 号——租赁》确定，但是该准则本身并未作出进一步的说明。IAS 16 对相关的规定相对详细一些，例如，对通过资产交换取得的固定资产的成本计量所作的规定。

（4）在后续计量方面。IAS 16 与我国《企业会计准则第 4 号——固定资产》在后续计量方面存在重大差异，这也是二者区别最大的地方，差异主要体现在三个方面：第一，会计政策选择方面。在 IAS 16 中规定，主体应选择成本模式或重估价模式作为企业的会计政策并将其运用于整个不动产、厂场和设备类别，并对重估价模式作了详细的规定。重估价模式可以确保资产的账面金额与资产负债表日以公允价值确定的该项资产的价值相差不致太大。从我国《企业会计准则第 4 号——固定资产》所作的规定来看，所规定采用的会计政策相当于 IAS 16 中的成本模式，对于重估价模式未作规定。相比较而言，成本模式更强调信息的可靠性，重估价模式更强调信息的及时性。第二，应计折旧额概念的界定方面。两个准则都对应计折旧额的概念作了界定。我国《企业会计准则第 4 号——固定资产》第十四条规定："应计折旧额，是指应当计提折旧的固定资产的原价扣除其预计净残值后的金额。已计提减值准备的固定资产，还应当扣除已计提的固定资产减值准备累计金额。"IAS 16 在"定义"部分将应计折旧额界定为"资产的成本或者其他替代成本的金额减去残值后的余额"。可以明显看出，二者对同一概念所下的定义不同。第三，减值的补偿方面。IAS 16 规定，第三方对已减值、损失或放弃的不动产、厂场和设备项目的补偿，应在补偿可收到时计入损益。我国《企业会计准则第 4 号——固定资产》第二十条规定，固定资产的减值，应当按照《企业会计准则第 8 号——资产减值》处理。但是，在《企业会计准则第 8 号——资产减值》中也没有涉及减值的补偿问题。鉴于 IAS 16 与我国《企业会计准则第 4 号——固定资产》在后续计量方面存在的差异，可以预见，对于两家相同公司的资产，可能会因为分别适用不同的准则而导致相互之间会计信息不可比。除了上述主要差异以外，二者还有一些细节上的规定不同，例如，我国准则中规定固定资产应当按月计提折旧，IAS 16中没有这样的提法。

（5）在处置方面。IAS 16 与我国《企业会计准则第 4 号——固定资产》关于终止确认的认定完全一致。但是对于终止确认产生的利得或损失的确定有些不同。《企业会计准则第 4 号——固定资产》第二十三条规定："企业出售、转让、报废固定资产或发生固定资产毁损，应当将处置收入扣除账面价值和相关税费后的金额计入当期损益。固定资产盘亏造成的损失，应当计入当期损益。"IAS 16 第 71 段规定："不动产、厂场和设备项目的终止确认产生的利得或损失，应根据处置净收入（如果有的话）和该项目账面金额之间的差额确定。"显然，IAS 16 没有涉及税费的问题。另外一个不同之处是，IAS 16 就替换部件的终止确认作了规定，在我国《企业会计准则第 4 号——固定资产》中通篇都没有涉及替换部件方面的规定。

（6）在披露方面。IAS 16 与我国《企业会计准则第 4 号——固定资产》在信息披露方面也存在非常大的差异。我国《企业会计准则第 4 号——固定资产》规定，企业应当在附注中披露与固定资产有关的下列信息：A. 固定资产的确认条件、分类、计量基础和折旧方法；B. 各类固定资产的使用寿命、预计净残值和折旧率；C. 各类固定资产的期初和期末原价、累计折旧额及固定资产减值准备累计金额；D. 当期确认的折旧费用；E. 对固定资产所有权的限制及其金额和用于担保的固定资产账面价值；F. 准备处置的固定资产名称、账面价值、公允价值、预计处置费用和预计处置时间等。IAS 16 除了要求主体披露上述信息以外，还要求披露重估产生的增值或减值、第三方的减值补偿以及重估价模式下的相关信息等。另外，IAS 16还鼓励主体披露与财务报表使用者需求相关的信息，如采用成本模式时不动产、厂场和设备的公允价值等。

除了上述方面的差异以外，IAS 16 与我国《企业会计准则第 4 号——固定资产》在整个格式排列上也不尽相同。我国《企业会计准则第 4 号——固定资产》包括总则、确认、初始计量、后续计量、处置和披露。IAS 16 则包括目标、范围、定义、确认、确认时的计量、确认后的计量、终止确认、折旧、过渡性规定、生效日期、其他文告的撤销以及附录等。

6.3.4 IAS 16 运用示例

[例 6-5] 已知一项资产的成本为 12 000 美元，使用寿命为 4 年，预计残值为 2 000 美元，试采用年限平均法计算每年的折旧费用。

每年的折旧费用 = (12 000-2 000) ÷4 = 2 500 (美元)

[例 6-6] 继续使用 [例 6-7] 中的数据资料，确定年数总和法下每年应计提的折旧。

年数总和 = 4+3+2+1 = 10 (年)

应提折旧额 = 12 000-2 000 = 10 000 (美元)

第 1 年的折旧费用 = 10 000×4/10 = 4 000 (美元)

第 2 年的折旧费用 = 10 000×3/10 = 3 000 (美元)

第 3 年的折旧费用 = 10 000×2/10 = 2 000 (美元)

第 4 年的折旧费用 = 10 000×1/10 = 1 000 (美元)

[例 6-7] 某公司对公司的建筑物进行了价值重估，并决定将重估价值包括在财务报表中，相关信息如下：

(1) 20×3 年 12 月 31 日资产负债表的部分数据，见表 6-13。

表 6-13 资产负债表的部分数据 单位：美元

项 目	金 额
建筑物：	
成本	2 000 000
折旧	720 000
净值	1 280 000

(2) 折旧按年限平均法计算，折旧率为每年 3%。

(3) 建筑物在 20×4 年 6 月 30 日的重估价为 1 500 000 美元。在其将来的使用寿命内不会有其他费用。

要求：确定 20×4 年 12 月 31 日收益表和资产负债表内涉及的相关项目的数额。

(1) 收益表

折旧费用：

按原始成本	60 000
按重估增值	6 000
合计	66 000

(2) 资产负债表

建筑物：

20×4 年 6 月 30 日估值	1 500 000
累计折旧	66 000
净值	1 434 000

前半年折旧费用 = 0.5×3%×2 000 000 = 30 000（美元）

后半年折旧费用 = $0.5\times\left[1\,500\,000\div\left(\frac{1}{3\%}-12.5\right)\right]=36\,000$（美元）

全年折旧费用 = 30 000+36 000 = 66 000（美元）

6.4　收入

收入是指企业在正常经营活动中所产生的收益，它有多种来源，包括销售收入、服务费、利息、股利和使用费等。在《编报财务报表的框架》中，收益被定义为会计期间内经济利益的增加，其形式表现为由资产流入、资产增值或者负债减少而引起的权益增加，但不包括与权益参与者出资有关的权益增加。收益包括收入和利得。收入是企业收益的主要来源。制定、完善准则，规范收入的会计处理，是会计准则制定机构面临的必须认真考虑的问题。

6.4.1　IAS 18

1981 年 4 月，IASC 发布了征求意见稿 E 20《收入确认》，在此征求意见稿的基础上，根据各方的反馈意见进行修改、完善，IASC 于 1982 年 12 月正式发布了国际会计准则 IAS 18《收入确认》，该准则自 1984 年 1 月 1 日起生效。1992 年 5 月，IASC 又发布了征求意见稿 E 41《收入确认》。1993 年 12 月，作为“财务报表可比性”项目的一部分，在对 E 41 修改的基础上，IASC 发布了 IAS 18《收入》(1993 年修订)，并自 1995 年 1 月 1 日起生效。1998 年，IAS 39《金融工具：确认与计量》对 IAS l8 的第 11 段进行了修订。1999 年 5 月，IAS 10《资产负债表日后事项》的修订，相应地对 IAS 18 第 36 段进行了修订。2001 年 1 月，IAS 41《农业》发布后又修订了 IAS 18 的第 6 段。2002 年 6 月，IASB 决定启动一个收入确认项目，该项目由 IASB 与 FASB 联合进行。启动该项目的原因在于：（1）收入的定义与确认是实务中最困难也是最有争议的问题；（2）IAS 18《收入》中对收入的定义以及确认的基本标准与 IASB 的《编报财务报表的框架》中对资产和负债的定义不一致；（3）全球概念框架趋同的重要性。FASB 决定启动收入确认项目。IASB 认为，与 FASB 的合作项目的最终目的是制定一个全面的收入确认原则，以消除现存的权威文献与公认会计实务处理之间的不一致。从 2002 年 9 月至 2002 年 12 月间，IASB 在 4 次会议上讨论了收入确认的问题。IASB 计划进一步考虑以下问题：(1）收入的定义；（2）是否需要独立的利得的定义；（3）资产和负债的定义及其确认标准是否需要更改；（4）退货权；（5）相似资产以相似的公允价值的交换；(6）收入的计量；（7）披露的问题，包括是否以及何时以总价法或净价法报告收入及其相关费用。与 IAS 18 相关的解释公告包括 SIC 27《评价涉及租赁法律形式的交易的实质》和 SIC 31《收入：涉及广告服务的易货交易》。

1）IAS 18 的适用范围

IAS 18 目的是规范主体收入的会计处理。在收入的会计处理中，主要问题是决定何时确认收入。在未来经济利益很可能流入企业且这些经济利益可以可靠地计量时，才对收入进行确认。IAS 18 明确了何种情况下这些标准会被满足，即何时可以确认收入，并为应用这些标准提供了实务指南。

IAS 18 仅适用于主体通过销售商品、提供劳务以及提供他人使用本企业的资产所能产生的利息、使用费和股利的收入的会计处理。商品包括企业为销售而生产的商品和为转售而购入的商品，如零售商购进的商品，或持有的待售土地和其他不动产。IAS 18 不涉及与建造合同直接相关的劳务合同收入的确认，如那些由项目经理和建筑师提供劳务的合同，这类合同收入应根据 IAS 11《建造合同》的规定进行处理。另外，IAS 18 也不涉及以下方式产生的收入：①租赁协议；②按权益法核算的由投资产生的股利；③IFRS 4《保险合同》范围内的保险合同；④金融资产和金融负债公允价值的变动或其处置；⑤其他流动资产价值的变动；⑥与农业活动相关的生物资产的初始确认及其公允价值的变动；⑦农产品的初始确认；⑧矿产的开采。这些方式产生的收入按照相关的准则处理。

另外，IAS 18 的第 8 段还规定，收入只包括主体本身收到的和应收的经济利益的总流入。代第三方收取的销售税、产品税以及增值税之类的金额不是其所引起的经济利益，虽流入企业但不增加主体的权益，因此不包括在收入的范围之内。类似地，在代理关系中，经济利益的流入总额包括代委托人收取的款项，这部分流入并不引起主体权益的增加，因此，代委托人收取的款项也不是收入，收入只限于佣金的金额。

2）IAS 18 的基本内容

（1）收入的计量

收入应以已收或应收的对价的公允价值进行计量。交易所产生的收入额通常由主体与资产的购买方或使用方所达成的协议来确定，这项金额是以已收或应收的对价的公允价值为依据，并考虑了主体允诺的商业折扣和数量折扣进行计量的。

当现金或现金等价物的流入被延迟时，该对价的公允价值将低于已收或应收的现金的名义金额。例如，主体在销售商品时可能向买方提供无息信贷，或从买方手中接受利率低于市场利率水平的应收票据作为对价。当上述安排实际上构成一项融资交易时，该对价的公允价值应通过对所有的未来收入采用设定的贴现率进行贴现后来确定。该设定贴现率可以根据下列任何一种方式确定：①具有类似信用等级的公司发行类似票据所采用的通行利率；②将票据的名义金额贴现为商品或劳务的现行的现金销售价格所采用的贴现率。该对价的公允价值与名义金额之间的差额，应确认为利息收入。

有关非货币性交易，交换或互换具有类似性质和价值的商品或劳务时，这种交换不能视为产生收入的交易。只有当销售商品或提供劳务换取了不同的商品或劳务时，该交换才可认定为产生收入的交易。收入应按主体收到的商品或劳务的公允价值进行计量，并根据所转移的现金或现金等价物的金额进行调整。当收到的商品或劳务的公允价值不能可靠地予以计量时，收入就按所提供商品或劳务的公允价值进行计量，并根据所转移的现金或现金等价物的金额进行调整。

（2）交易的区分

收入的确认标准通常是可以单独地运用于各项交易。但是，在某些情况下，交易可以区分为不同的组成部分，为了反映交易的实质，将确认标准运用于单项交易中的可单独区分开来的各个组成部分是必要的。例如，当一个产品的售价中包括了一项可分割的售后服务金额，该金额应作递延处理，并在服务实际提供的期间再确认为收入。相反，当两项或两项以上的交易互相紧密联系，以至于如果不把这一系列交易视为一个整体考虑就不能理解其商业效果时，确认标准就应同时运用于上述两项或两项以上的交易。例如，企业可能在出售商品的同时，单独约定日后回购该商品，因此，上述交易的实质效果将被否定。在此情况下，这两项交易应合并处理。

（3）销售商品

根据 IAS 18 的规定，主体在销售商品时，只有在以下条件均得以满足时才能确认收入：

①主体已将与商品所有权有关的主要风险和报酬转移给买方。如果主体保留了与所有权有关的主要风险，该交易就不构成一项销售。因此，收入也不能予以确认。例如，主体保留了对正常保修条款未包括的效能缺陷仍然承担责任；从一项特定的销售中获得的收入取决于买方销售其商品的衍生收入时；发运的商品需要安装，并且该安装是主体尚未执行完毕的合同中的重要组成部分；合同中规定了买方有权撤销购货的原因，而主体又不能确定退货的可能性等。而如果主体仅仅保留了与所有权有关的一项不重要的风险，该交易即构成一项销售，其收入也可予以确认。例如，卖方仅仅是为了确保收到货款而保留了商品的所有权。在这种情况下，如果主体已将与所有权有关的主要风险和报酬转移，该交易便构成一项销售，其收入也应予以确认。又如，在零售交易中，卖方向顾客承诺“如果不满意可以退货”，这也是一个主体保留了与所有权有关的不重要风险的例子。在这种情况下，只要卖方能够可靠地预计未来的退货量，并根据历史经验和其他相关因素为退货损失确认一项负债，便可以确认该项销售的收入。

②主体既没有保留与所有权相联系的继续管理权，也没有对已售出商品实施实际的控制。

③收入的金额能够可靠地计量。

④与该交易有关的经济利益很可能流入企业。收入仅在与交易有关的经济利益很可能流入企业时，方可予以确认。在某些情况下，一直要到收到了对价或消除了不确定性，经济利益才有可能流进入企业。例如，可能无法确定外国政府当局是否会允许将在外国销售的款项汇回本国。一旦获准，这种不确定性即可得到消除，收入也就可以确认。但是，一旦已包括在收入中的一项金额能否收到变得不确定，这项无法收到的或很可能无法补偿的金额就应确认为一项费用，而不是作为对原已确认的收入的一项调整。

⑤与该交易有关的已发生或将要发生的费用能够可靠地计量。与同一交易或其他事项有关的收入和费用应同时加以确认，该过程通常被称为收入与费用的配比。当确认收入的其他条件已经满足时，对包括在货物发运后发生的保修费和其他费用在内的费用，通常可以可靠地计量。但是，当这些费用无法可靠地计量时，收入也不能确认。在此情况下，因销售商品而已经收到的任何对价均应作为负债予以确认。

（4）提供劳务

当涉及提供劳务的交易的结果能够可靠地预计时，与此项交易有关的收入应根据资产负债表日该交易完成的程度予以确认。当以下条件均得以满足时，交易的结果就能够可靠地预计：

①收入的金额能够可靠地计量。主体一旦就各方对于劳务的提供和获取具有强制执行权，交换的对价以及结算的方式和条件与交易的另一方达成一致意见，通常便能够作出可靠的预计。主体通常还需要建立有效的内部财务预算和报告制度。随着劳务的提供，主体应复核，并在必要时修订对收入的估计。

②与该交易有关的经济利益很可能流入企业。收入仅在与交易有关的经济利益很可能流入企业时才予以确认。但是，一旦已被确认的收入中的一项金额能否收到变得不确定时，该项无法收到的或很可能无法得到补偿的金额应确认为一项费用，而不是作为对原已确认的收入的一项调整。

③在资产负债表日，交易的完成程度能够可靠地计量。交易的完成程度可以用多种方法加以确定，主体应采用能够可靠计量所完成的劳务的方法。根据交易的性质，这些方法可能包括：已完成作业量测量法；迄今已提供的劳务量占应提供劳务总量的百分比法；迄今已发生成本占交易估计总成本的百分比法。只有反映迄今已完工或将要提供的劳务的成本才可计算在预计交易总成本内。从顾客处收取的进度付款和预付款通常并不反映已提供的劳务量。

④交易过程中已发生的成本和完成交易所需的成本能够可靠地计量。根据交易的完成程度确认收入的方法通常称为完成百分比法。根据这种方法，应将收入在提供劳务的会计期间予以确认。在实务中，如特定期间内劳务完成的作业量不确定，则应采用直线法在此特定期间内确认收入，除非有证据表明其他方法能更好地反映完成程度。如果某种特别的作业比其他任何作业更为重要，应推迟到该重要作业完成后才确认收入。

在交易的初期，通常无法可靠地预计交易的结果。然而，主体很可能使已发生的交易费用能够得到补偿。因此，收入的确认仅限于已发生并预计能够得到补偿的费用。如果交易的结果不能够可靠地预计，则不能确认利润。一旦导致合同结果难以可靠预计的不确定性消失，则可对收入进行确认。

（5）利息、使用费和股利

他人使用主体的资产所产生的利息、使用费和股利，只有在以下条件均得以满足时才能确认收入：①与交易有关的经济利益很可能流入主体；②收入的金额能够可靠地计量。在确认收入时，适用不同的基础：利息收入应按照实际利率法确认；

使用费收入应根据有关协议的性质，在权责发生制的基础上确认；股利收入应在股东的收款权利确立时确认。

如果在购入附息投资项目前，未付利息已作为应计项目，则随后收到的利息应在购入前与购入后的期间进行分配；只有购入后的部分被确认为收入。如果宣告发放的权益性证券的股利来自于购入前的利润，这部分股利应从证券的成本中扣除。如果只能在任意判断的基础上作出这种分配，则除非这部分股利明显地代表了权益性证券部分成本的补偿，否则应将其确认为收入。使用费应按相关协议的条款计提，并通常按这一基础予以确认，除非是就协议的实质而言，按其他系统和合理的基础确认收入更为恰当。

收入仅在与交易有关的经济利益很可能流入企业时方可予以确认。然而，一旦已包括在收入中的一项金额能否收到变得不确定，无法收到的或很可能无法得到补偿的金额就应确认为一项费用，而不是作为原已确认的收入的一项调整。

（6）披露

根据 IAS 18 的规定，企业应披露：①确认收入所采用的会计政策，其中包括确定涉及提供劳务的交易的完成程度所采用的方法；②在本期确认的每一重大收入类别形成的收入金额，包括销售商品、提供劳务、利息、使用费、股利以及包括在各重大收入类别中的由商品或劳务的交换所产生的收入金额。

此外，IAS 18 还规定，企业应根据 IAS 37《准备、或有负债和或有资产》披露或有负债和或有资产。或有负债和或有资产可能由诸如保修费用、索赔、罚款或可能的损失等项目所引起。

3）IAS 18 运用示例

[例 6-8] 某主体销售一项存货，收到的收入是 100 美元，其中包括按成本的 25% 计算的应交给税务当局的销售税。主体还以代理商的身份销售另一项存货，销售价格为 100 美元，对此项存货，主体仅按售价的 10% 收取 10 美元的佣金，另外 90 美元是代收的款项。试确定主体在两项存货上取得的收入。

销售第一项存货取得的收入 = 100×（1-25%）= 75（美元）

销售第二项存货取得的收入 = 10 美元

[例 6-9] 某主体签订了一项提供劳务的固定价格合同，合同价款为 150 000 美元，在第一个会计年度末，即 20×2 年年末，合同估计完工 1/3。已发生的成本为 22 000 美元，预计完成合同仍需成本 68 000 美元。合同预计是盈利的。试确定第一个会计年度应确认的收入和成本。

应确认的收入 = 150 000×1/3 = 50 000（美元）

应确认的成本 =（22 000+68 000）×1/3 = 30 000（美元）

[例 6-10] 某主体以 2 000 000 美元的价格将一项特许权赋予一个零售商在 4 年内、在一定的区域内排他性地经销自己的产品。请确定该主体在这 4 年内应确认的收入。

特许权使用费收入应在协议约定的期间内确认，每一年确认的收入应取决于双方签订的特许权协议。但是，如果简化问题，那么收入可以在4年内平均确认，这样每一年确认的收入应为500 000美元。

6.4.2　建造合同（IAS 11）

1）概述

建造合同是指为建造一项或数项在设计、技术、功能、最终目的、用途等方面密切相关或相互依存的资产而特别签订的合同。建造合同可以以多种方式签订，可以划分为固定造价合同和成本加成合同。固定造价合同是指承包商按固定的合同造价或固定的单位产出价格计算的建造合同，在某些情况下，附有可按成本调整造价的条款。成本加成合同是指承包商在合同认可的或以其他方式议定的成本的基础上，加上该成本的一定百分比或一定金额的费用来收取工程价款的建造合同。由于建造合同中在建工程的金额一般比较大，需较长的时间来完成，故建造合同的开工日期与完工日期通常分属于不同的会计年度。因此，如何将合同收入与合同成本进行配比，分配计入实施工程的各个会计年度，就成为一个非常重要的问题。

（1）IAS 11的出台背景

为了规范与建造合同有关的收入和成本的会计处理，IASC在成立的早期就开始着手制定相关的准则。1977年12月，IASC发布了征求意见稿E 11《建造合同会计》。1979年3月，IASC正式发布了IAS 11《建造合同会计》，自1980年1月1日起正式生效。随着经济的发展和经济业务的日趋复杂，以及报表使用者对会计信息质量要求的提高，IASC于1979年发布的IAS 11《建造合同会计》中有关的会计处理方法已经暴露出局限性，有必要加以改进。为此，IASC于1992年5月发布了征求意见稿E 42《建造合同》。1993年12月，作为“财务报表可比性”项目的一部分，在E 42的基础上，IASC正式发布了IAS 11《建造合同》，自1995年1月1日起正式生效，取代了1979年发布的IAS 11《建造合同会计》。

（2）IAS 11的适用范围

IAS 11（以下如不加说明，均指IAS 11《建造合同》（1993））的目的在于规定与建造合同有关的收入和成本的会计处理，为确定合同收入和合同成本何时确认为收益表中的收入和费用提供指南。IAS 11的内容包括目的、范围、定义、建造合同的合并与分立、合同收入、合同成本、合同收入和合同费用的确认、预计损失的确认、会计估计变更、披露、生效日期等。

IAS 11适用于承包商财务报表中建造合同的会计核算。这里，建造合同包括：①与建造资产直接相关的提供劳务的合同；②为拆除或复原资产，以及为拆除资产后进行的环境复原而订立的合同。该准则的要求通常单独地应用于各建造合同。但是，在某些情况下，为了反映一项合同或一组合同的实质，需要将该准则运用于单项合同中可单独辨认的组成部分，或者应用于组合在一起的一组合同。

2）IAS 11的基本内容

（1）建造合同的合并和分立

IAS 11规定，如果一项合同包括多项资产，在满足以下条件的前提下，每项资产的建造应作为一个单独的建造合同处理：①每项资产的单独方案已经提出；②对每项资产均单独进行洽谈，并且承包商和客户能够接受或拒绝合同与每项资产相关的部分；③可以辨明每项资产的收入和成本。另外，合同可能根据客户的意愿规定建造一项追加的资产，也可能进行补充以包括建造一项追加的资产。如果满足以下条件，追加资产的建造应作为一个单独的建造合同处理：①该资产在设计、技术或功能上与原合同中包括的资产相比有重大差异；②议定该资产的造价时，没有考虑原合同的造价。

无论是对应于单个客户还是多个客户，如果满足以下条件，那么一组合同应作为单一的建造合同处理：①该组合同按一揽子交易签订；②这些合同密切相关，从而实际上构成一个具有综合利润率的单一工程的组成部分；③这些合同被同时执行或依次执行。

（2）合同收入

合同收入应当包括合同议定的最初收入，合同工程变更、索赔以及奖励性支付。合同工程变更、索赔以及奖励性支付计入合同收入的前提是它们很可能形成收入，并能可靠地计量。合同工程变更是指客户为改变合同规定的作业范围而作出的指示；索赔是指承包商试图从客户或另一方获得的、不包括在合同造价内的成本补偿；奖励性支付是指达到或超过既定的完工标准时，支付给承包商的额外款项。

合同收入应以收到或应收对价的公允价值计量。合同收入的计量受到依未来事项而定的多种不确定因素的影响。随着事项的发生和不确定因素的消除，常常需要修改预计数，如合同变更或索赔、按成本调整价格、因承包商造成的工程耽搁所导致的罚款等。

（3）合同成本

合同成本包括：①与特定合同直接相关的费用；②一般可直接归属于合同业务并能分配于特定合同的费用；③根据合同条款，可特别向客户收取的其他费用。

与特定合同直接相关的费用包括：施工现场的人工费用（包括场地管理费用）；建筑材料费用；厂房和设备的折旧费、迁移费；租用厂房和设备的租金；与合同直接相关的设计和技术援助费用（包括预计的保修费用）；来自第三方的索赔款。不包括在合同收入中的偶然收益可以抵减这些费用，如施工结束时销售剩余的材料以及处置厂场和设备所得的收益。

一般可直接归属于合同业务并能分配于特定合同的费用包括：保险费；与特定合同直接相关的设计和技术援助费用；施工间接费用。如果承包商采用 IAS 23《借款费用》中允许选用的处理方法，则还应包括借款费用。这些费用的分配应以工程业务的正常水平为基础进行，并遵循一贯性原则。

不能计入合同业务或不能分配于合同的费用应排除在建造合同成本之外。这些费用包括：在合同中未明确规定可以收取的一般管理费用；销售费用；在合同中未明确规定可以收取的研究与开发费用；没有用于特定合同的闲置厂房和设备的折旧费。

合同成本包括从合同签订日到合同最后完成日的期间内可直接归属于合同的费用。但因签订合同而发生的、与合同直接相关的费用，也应作为合同成本的组成部分，前提是它们能单独地加以区分并能可靠地计量，同时很有可能获得合同。

（4）合同收入和合同费用的确认

如果建造合同的结果可以可靠地估计，则与其相关的合同收入和合同成本应根据合同业务的完工程度在资产负债表日确认为收入和费用。建造合同预计的损失应立即确认为费用。根据 IAS 11 的规定，所谓“建造合同的结果可以可靠地估计”，需要区分不同的情况进行判断。在固定造价合同方式下，如果符合下列条件，则建造合同的结果可以可靠地估计：①合同收入总额可以可靠地计量；与合同相关的经济利益很可能流入主体。②在资产负债表日，为完成合同将发生的合同成本以及合同完工进度可以可靠地计量。③可直接归属于该合同的合同成本能够清楚地区分和可靠地计量，从而实际发生的合同成本能够与预计成本相比较。在成本加成合同方式下，如果符合下列条件，则建造合同的结果可以可靠地估计：①与合同相关的经济利益很可能流入主体；②直接归属于该合同的合同成本，不论是否能得到补偿，均能清楚地区分并能可靠地计量。

合同收入和合同费用的确认一般采用完工百分比法。合同收入应与为达到完工进度而发生的合同成本相配比。合同收入应于工程量完成的会计期间，在收益表中确认为收入；合同成本通常在与其相关的工程量完成的会计期间，在收益表中确认为费用。如果对已经包括在合同收入中并已在收益表中确认的金额的可收回性有怀疑时，则不可收回的金额或补偿的可能性已不复存在的金额，应确认为费用。完工程度的确认方法包括：①至计算日止，已完成工程的合同成本占合同预计总成本的比例；②测定已完成工程量；③完成合同工程的实际比例。IAS 11 同时规定，从客户处取得的进度款和预收款通常不能反映已完成的工程量。

当建造合同的结果不能可靠地预计时，则：①只有在发生的合同成本将来很可能得到补偿的情况下才能确认收入；②合同成本应在其发生的当期确认为费用。IAS 11 同时还规定，只有在已发生的成本预计可得到补偿的限度内确认收入，不能确认利润；不能得到补偿的合同成本应立即确认为费用。如果阻碍可靠地估计合同结果的不确定因素已不复存在，与建造合同有关的收入和费用应按确认原则加以确认。

（5）预计损失的确认

根据 IAS 11 的规定，如果合同总成本很可能超过合同总收入，则预计的损失应立即确认为费用。在确认这种损失时，无须考虑下列因素：是否已按合同规定开始施工；合同业务的完工程度；按规定不作为单一建造合同处理的其他合同的预计利润。

（6）会计估计变更

IAS 11 规定，按完工百分比法对当期合同收入和合同成本的估计是以每个会计期间的累计金额为基础的。对合同收入和合同成本的估计变更的影响，或对合同结果的估计变更的影响，应作为会计估计变更处理。

（7）披露

根据 IAS 11 的规定，主体应当披露：①在当期确认为收入的合同收入；②当期确认合同收入的方法；③用于确定在建合同完工程度的方法。

主体应于资产负债表日披露与在建合同相关的下列内容：①迄今发生的成本总额以及已确认的利润（扣减已确认的损失）；②已收取的预收款金额；③预留金额。预留金额是指在开出工程进度账单时，扣下留待合同具体规定的条件已得到满足或工程缺陷已得到纠正之后才予以支付的那部分金额。

另外，主体应列示应向客户收取并确认为一项资产的合同工程款总额和应付给客户并确认为一项负债的合同工程款总额。

对于所有的在建合同，如果已发生的成本加上已确认的利润（减去已确认的损失）超过进度款，应向客户收取的合同工程款总额等于已发生的成本加上已确认的利润减去已确认的损失与进度款之和后的净额。如果进度款超过已发生的成本加上已确认的利润（减去已确认的损失），则应付给客户的合同工程款总额等于已发生的成本加上已确认的利润，减去已确认的损失与进度款之和的净额。此外，还应披露所有的或有负债和或有资产。

3）IAS 11 运用示例

［例 6-11］某股份有限公司开始一项为期 4 年的大坝建造合同，建造工作自 20×1年 2 月 1 日开始。合同总价格为 12 000 000 美元，估计为完成工作需发生的总成本为 9 500 000 美元。在建造协议中，客户同意承担合同总价格以外的工资项的增加额。其他相关资料如下：

（1）表 6-14 是与截至 20×1 年 12 月 31 日的会计年度的建造工作有关的资料。

表 6-14　**当年发生的成本**　单位：美元

项　目	金　额
材料	1 400 000
人工	800 000
间接经营费用	150 000
支付给分包商	180 000

（2）当期对合同总成本的估计如下：

①材料成本比预计高出 180 000 美元；

②人工总成本比预计高出 300 000 美元，其中，只有 240 000 美元是因工资、税金增加造成的，其余部分都是因效率低下造成的；

③间接经营费用预计可以节省 30 000 美元。

（3）当年客户要求对原合同作出变动，双方同意合同总价格增加 900 000 美元，此项额外工作的估计成本为 750 000 美元。

（4）20×1 年年末，根据工程测量的结果，完工进度为 25%。

要求：试确定 20×1 年 12 月 31 日确认的合同利润。

20×1 年 12 月 31 日确认的合同利润见表 6-15。

表 6-15　　**20×1 年 12 月 31 日确认的合同利润**　　单位：千美元

	方法 1	方法 2
合同收入（计算④）	3 107	3 285
合同成本（计算①）	(2 530)	(2 530)
利润	577	755

具体计算过程如下：

①合同成本，见表 6-16。

表 6-16　　**合同成本**　　单位：千美元

项　目	金　额
材料	1 400
人工	800
间接经营费用	150
支付给分包商	180
合　计	2 530

②修正后的预计合同总成本，见表 6-17。

表 6-17　　**修正后的预计合同总成本**　　单位：千美元

项　目	金　额
原预计	9 500
材料	180
人工	300
间接经营费用	(30)
支付给分包商	750
合　计	10 700

③修正后的合同价格，见表 6-18。

表 6-18　　**修正后的合同价格**　　单位：千美元

项　目	金　额
原金额	12 000
人工（工资、税金增加部分加到合同价格中）	240
变动	900
合　计	13 140

④合同收入，见表 6-19。

表 6-19　**合同收入**　单位：千美元

项　目	方法 1	方法 2
根据合同成本占预计合同总成本的比例： 2 530÷10 700×13 140	3 107	
根据工程测量结果： 13 140×25%		3 285

［例 6-12］下面的信息与某建造商截至 20×2 年 12 月 31 日承建的 4 个合同有关：

（1）根据各个合同的完工进度，年初 4 个合同都没有结转的余额，合同的预计结果可以合理地确定。

（2）据估计，合同 A、B 会获利，合同 C、D 分别会损失 32 000 美元和 10 000 美元。

（3）合同的其他相关资料见表 6-20。

表 6-20　**合同相关资料**　单位：千美元

合　同	A	B	C	D
20×2 年完成收入	250	350	200	100
20×2 年完工成本	180	170	220	135
20×2 年收到的进度支付	275	400	60	50
20×2 年发生的成本	240	210	230	155

要求：确定 20×2 年收益表和 20×2 年 12 月 31 日资产负债表应列示的有关信息。

（1）年度合同损益，见表 6-21。

表 6-21　**年度合同损益**　单位：千美元

合　同	A	B	C	D
收入	250	350	200	100
成本	（180）	（170）	（220）	（135）
损失准备	—	—	（32）	（10）
利润/亏损	70	180	（52）	（45）

（2）单个合同账户余额（长期合同账户余额），见表 6-22。

表 6-22　**单个合同账户余额**　单位：千美元

合　同	A	B	C	D
发生的成本	240	210	230	155
完工成本（在收益表中列入销售成本）	（180）	（170）	（220）	（135）
长期合同账户余额（未在收益表中确认的成本）	60	40	10	20

（3）可以根据合同获得的金额，见表6-23。

表6-23 **可以根据合同获得的金额** 单位：千美元

合　同	A	B	C	D
收入	250	350	200	100
减：收到的进度支付	275	400	60	50
可以根据合同获得的金额	（25）	（50）	140	50

（4）出于资产负债表列示的目的，合同A、B可以根据合同获得的金额的贷方余额列示，合同C、D可以根据损失准备抵减各合同的长期合同的账户余额列示，见表6-24。

表6-24 **相关列示资料** 单位：千美元

合　同	A	B	C	D
长期合同账户余额	60	40	10	20
预收款项	（25）	（50）	—	—
损失准备	—	—	（32）	（10）

资产负债表项目列示的项目如表6-25所示。

表6-25 **资产负债表列示的项目** 单位：千美元

项　目	A	B	C	D	合　计
资产：					
长期合同账户余额	35			10	45
可以根据合同获得的金额			140	50	190
负债：					
预收款项		（10）			（10）
合同损失准备			（22）		（22）

6.4.3　IFRS 15

2014年5月发布的IFRS 15《与客户之间的合同产生的收入》，正是国际会计准则理事会（IASB）和美国财务会计准则委员会（FASB）自2002年启动的联合趋同项目的成果。

新发布的IFRS 15使用统一的收入确认模型，并且以控制权转移替代风险报酬转移作为收入确认时点的判断标准。IFRS 15发布之后，将有两项国际财务报告准则和四项国际财务报告解释公告被取代：IAS 11《建造合同》、IAS 18《收入》、IFRIC 13《顾客忠诚度计划》、IFRIC 15《房地产建造协议》、IFRIC 18《有关客户转让资产会计处理指引》、SIC 31《收入：涉及广告服务的易货交易》。

1）IFRS 15 的适用范围

IFRS 15 只适用于与客户订立的合同，但属于其他国际财务报告准则范围的合同除外。此外，新收入模型的某些确认及计量要求也适用于与主体正常经营活动无关的资产的转让（例如，不动产、厂场和设备、房地产或者无形资产的出售）。

不属于 IFRS 15 适用范围的合同包括但不限于：租赁（适用 IAS 17）；保险合同（适用 IFRS 4）；金融工具（适用 IFRS 9，或对于尚未采用 IFRS 9 的主体适用 IAS 39）；同一业务的主体之间为促进客户或潜在客户的销售而进行的非货币交换（例如两家石油公司同意交换石油以及满足在不同特定地点的客户的需求的合同）。

主体与客户订立的合同包括履约义务中可能有一部分是属于 IFRS 15 的适用范围，而其他部分则属于另一准则范围的情况。在这种情况下，首先需要应用其他 IFRS 规定的单独区分及初始计量要求，并将剩余金额归属至收入模型的要素。如果该等其他 IFRS 并不存在任何区分或初始计量要求，则应用 IFRS 15 的要求。

由于 IFRS 15 只规范基于与客户签订合同而产生的收入，因此目前被 IAS 18 规范的股利收入便不属于 IFRS 15 的适用范围。股利收入将在 IAS 39 或 IFRS 9 中进行规范。

2）新收入准则的主要变化——IFRS 15 的核心原则与应用步骤

IFRS 15 关于收入确认的核心原则是，主体确认收入的方式应当反映向客户转让商品和服务的模式，而确认的金额应当反映主体预计因交付该等商品和服务而有权获得的金额。IFRS 15 的运用应以单项合同为基础。IFRS 15 允许运用组合法的前提是能够合理预期该做法与以单项合同为基础应用 IFRS 15 相比不会对财务报表构成重大影响。

IFRS 15 规范了主体在核算收入交易时应该遵循的 5 个步骤[①]（如图 6-1 所示）。

图 6-1 主体在核算收入交易时应该遵循的步骤

步骤 1：识别与客户订立的合同

应用新收入模型的第一步是识别与客户订立的合同。合同是双方或多方之间建立可强制执行的权利和义务的协议，可以采用书面形式、口头形式或依据主体商业惯例的其他形式，但必须具有商业实质，而且主体很可能收回其有权获得的对价。

每一项合同通常应当单独核算。但在现实中，主体可能会因为法律或商业理由等就其与客户的协议在形式上签订多份而实质上只是一份的合同。在这种情形下可以通过“合同合并”或“合同修改”处理。

① 自 2010 年第一份征求意见稿发布，收入确认的步骤一直保持不变，但是各步骤特定应用的具体要求有许多变更。主体应审慎考虑新收入模型的详情而不应仅仅依赖之前所作的分析，此前就收入模型对主体业务的影响得出的结论可能不再适用。

①合同合并（contract combination）

通常合同应当单独核算，但如果符合下列条件，则与同一客户（或客户的关联方）在同一时间或相近时间订立的一组合同应予合并：a. 是在单一商业目的下作为一揽子合同订立的；b. 其中一项合同的对价金额取决于另一项合同所交付的商品或服务；c. 多项合同所承诺的商品或服务被视为单一的履约义务。

②合同修改（contract modification）

合同的修改应作为对原合同的调整处理，除非：a. 修改新增了“可明确区分”的履约义务；b. 额外的对价反映了该单独履约义务的单独售价以及反映特定合同情形的适当的价格调整。如果上述两个条件均得到满足，则修改应作为一项新的单独合同进行处理。因此如果只是对合同价格的修改，由于没有新增明确可区分的履约义务，则只能作为对原合同的调整进行处理。

如果修改作为对原合同的调整处理，则适当的会计处理将取决于根据合同交付的剩余商品或服务：a. 如果剩余商品或服务可明确与合同修改前已交付的商品或服务区分，应通过将剩余交易价格分摊至合同中的剩余履约义务，采用未来适用法对修改进行核算。b. 如果剩余商品或服务不可明确区分，应通过同时更新交易价格和部分完成的履约义务的进度计量，采用累计追加调整法对修改进行核算。

步骤2：识别合同中单独的履约义务（如图6-2所示）

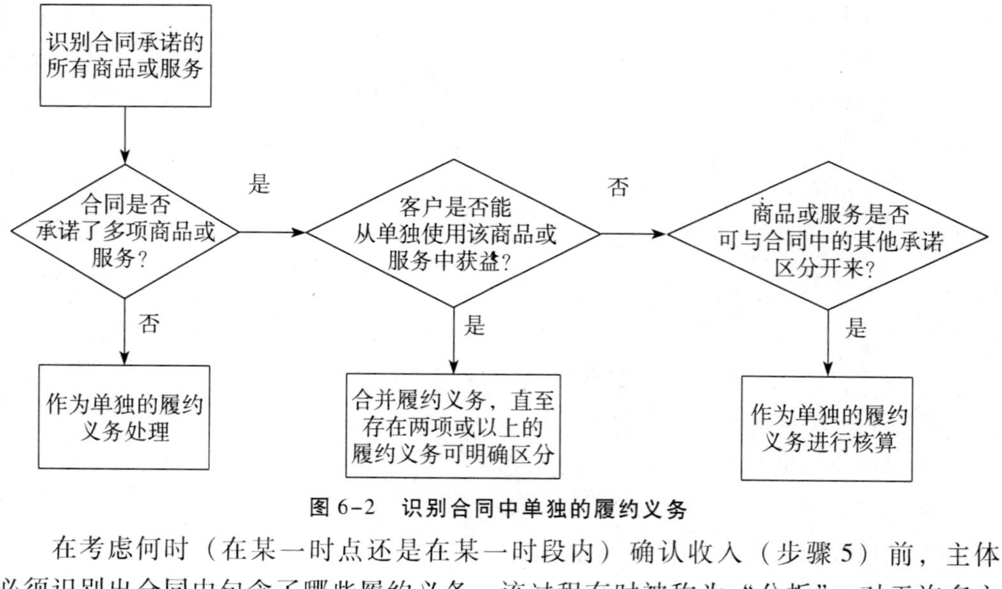

图6-2 识别合同中单独的履约义务

在考虑何时（在某一时点还是在某一时段内）确认收入（步骤5）前，主体必须识别出合同中包含了哪些履约义务。该过程有时被称为“分拆”。对于许多主体而言，这将是收入确认的关键判断。此前IAS 18并未就该领域提供任何指引，因此IFRS 15的要求可能导致某些主体实务上的重大变更（例如电信业）。

在这一过程中，主体通常首先识别合同所承诺的商品或服务或合同的交付内容（这可以是合同隐含或明确的承诺）。例如，与客户订立的合同可能同时包含基于主体惯常商业实务或已公布政策而隐含的承诺。因此，充分了解及分析合同的商业目标能帮助有效识别合同的交付内容。

随后，主体应确定哪些合同交付内容应当被作为可明确区分的履约义务予以核算。仅当同时符合下列两项标准时，商品或服务才是“可明确区分”的：①客户能够从单独使用该商品或服务或将其与客户可易于获得的其他资源一起使用中获益；②主体向客户转让商品或服务的承诺可与合同中的其他承诺区分开来。

此外，如果符合特定标准，IFRS 15 要求将一系列可明确区分的同类商品或服务视为单一的履约义务。如果商品或服务的使用、消耗和出售或者通过其他方式的持有将产生大于其残值的经济利益，则认为客户能够从该商品或服务中获益。

至于如何确定主体转让商品或服务的承诺是否可与合同中的其他承诺区分开来，这将取决于每一种情形下具体的事实和情况。表明已承诺的商品或服务可与其他承诺区分开来的因素包括但不限于：①主体并未利用该商品或服务作为投入以生产客户所列明的共同产出；②该商品或服务不会导致合同所承诺的其他商品或服务产生重大修改；③该商品或服务与所承诺的其他商品或服务并非高度相互依赖或高度关联。

步骤 3：确定交易价格

主体必须确定预计因交付合同所承诺的商品或服务而有权获得的对价金额。预计有权获得的金额指预期将收取的金额，而并非以主体预计最终收回的金额为基础。

主体将需要确定预计因交付已承诺的商品或服务而有权获得的对价金额。交易价格可以是固定金额，或是因应折扣、回扣、退款、信贷、激励措施、业绩奖金或其他类似项目而变动的可变金额。主体在确定其预计有权获得的金额时，应考虑导致客户形成主体将仅要求支付部分合同列明价格的有效预期的过往商业惯例、已公布政策或特定声明。例如，如果涉及特定客户的过往商业惯例表明主体通常仅要求支付合同列明价格的 90%（可免除支付余下的 10%），对于与同一客户订立的新合同而言，交易价格可确定为合同列明价格的 90%。

在确定交易价格时，关键考虑事项为可变对价、货币的时间价值（若有证据表明存在重大融资成分）、非现金对价及任何应付给客户的对价的影响。主体应采用下列两种方法中最能反映主体预计有权获得的金额的方法来估计交易价格：①概率加权法（预计价值）；②以最可能产生的单一金额为基础的方法。

①可变对价（variable consideration）

可变对价是合同规定的任何可变金额。仅在主体预期“高度肯定”估计金额的后续变动不会导致重大收入转回的情况下，可变对价才应纳入交易价格。该评估应同时考虑估计值发生变动的概率以及相应导致的任何收入转回的金额大小。如果主体无法将可变对价估计的金额纳入交易价格（因为其可能导致重大收入转回），则主体仅应确认不会导致重大收入转回的可变对价的最低金额。

但新准则引入了一项针对知识产权许可证出售或使用的特许使用费的单独规

则。在其客户已进行产生收入的相关出售或使用之前，主体不得确认源自此类特许使用费的收入，即使主体拥有证明客户持续出售或使用情况的以往证据。

②货币的时间价值（time value of money）

如果主体确定合同为客户或主体提供涉及向客户转让商品或服务的重大融资利益，则对价应针对货币的时间价值进行调整。这里 IFRS 15 提供了一个方便实务操作的方法，如果履行义务与付款之间的间隔期间小于 1 年，则主体可选择不对货币的时间价值进行核算。如果客户在控制权转移前为商品或服务支付预付款，这可能导致确认利息费用。而对于拖欠付款的商品或服务，则可能导致确认利息收入。

在确定合同是否包含重大融资成分时，除其他事项外，主体应考虑：a. 已承诺的对价金额与已承诺的商品或服务的现金售价之间的差额；b. 主体履行其履约义务与客户进行付款之间的间隔期间以及相关市场的现行利率的综合影响。所使用的折现率应为主体与客户在合同开始时进行单独融资交易所反映的利率，并应考虑信用特征。合同所产生的重大融资成分将遵循 IFRS 9 或 IAS 39 进行核算。

步骤 4：将交易价格分摊至单独的履约义务

收入模型步骤 3 对可变对价的估计将影响步骤 4 和步骤 5 的应用。此前，国际财务报告准则中有关收入如何在不同的履约义务之间进行分摊的要求极少，IFRS 15作出了合理、具体的规定。对于某些主体而言，这些规定可能是导致重大变更的领域，对于拥有大量不同合同的主体而言尤其会造成挑战，主体需要考虑其现有系统是否有能力遵循 IFRS 15 的要求对收入进行分摊。

依据 IFRS 15，如果在单项合同内识别出多项履约义务，交易价格应当基于单独售价的相对比例分摊至每一项单独的履约义务。单独售价应在合同开始时确定，并代表主体单独向客户出售已承诺的商品或服务时所采用的价格。单独售价的最佳证据是主体在类似情形下向相似客户出售类似商品或服务的可观察价格。如果单独售价无法直接观察，则主体必须通过运用最大限度利用可观察输入值的方法（例如，经调整的市场评估、预计成本加利润或（在特定有限的情形下）余值法来估计单独售价。如果单独售价超过与客户订立的合同中已承诺的对价，则客户应被视为取得一项折扣。除非该折扣符合 IFRS 15 所述的仅可分摊至某些履约义务的标准，否则该折扣应按比例分摊至合同的所有履约义务。同时，可变对价也应分摊至其可归属的各项合同履约义务。

步骤 5：履行每一项履约义务时确认收入

最后一个步骤是针对每一项履约义务确定何时确认收入。主体应在履约义务得到履行时确认收入。当特定履约义务涉及的相应商品或服务的控制权转移给客户时，履约义务得到履行。其中“控制”的定义为对于商品或服务相应的资产，能够“主导资产的使用及获得资产几乎所有剩余利益的能力”。这与 IAS 18 的收入确认方法不同，IAS 18 要求在将商品所有权上的重大风险和报酬转移给购买方时确认商品销售收入。

控制权可在一段时间内或在某一时点转移从而导致相应的收入确认。此前，

IAS 18 要求涉及服务的收入应在一段时间内确认，而涉及商品的收入则应在某一时点确认，但却并未包含具体指引说明如何出于此目的确定合同所提供的特定项目是应被视为商品还是服务。IFRS 15 并未区分商品和服务，取而代之的是，其包含关于收入何时应在一段时间内确认及何时应在某一时点确认的具体详尽的指引。某些主体可能发现其之前在某一时点确认的特定项目的收入现时须在一段时间内确认，反之亦然。

①在一段时间内确认收入

如果符合下列条件之一，则控制权被视为在同一时间内转移：a. 客户在主体履约的同时取得及消耗通过主体履约提供的所有利益。这意味着如果另一主体接手向客户提供剩余的履约义务，其无需实质上重新执行已由最初的供应商完成的工作。该标准适用于客户在提供服务的同时消耗服务所产生利益的服务合同。b. 主体的履约创造或改良了客户在资产被创造或改良时就控制的资产。控制是指主导资产的使用及获得资产几乎所有剩余利益的能力。因此，如果合同条款规定资产的控制权将在资产建造中转移给客户（客户控制在产品），则该标准得到满足。该资产可以是有形资产或无形资产。c. 主体的履约并未创造一项可被主体用于替代用途的资产，以及主体具有就迄今为止已完成的履约部分而获得客户付款的可执行权利。该标准可适用于控制指标并非显而易见的情况。主体将在合同开始时评估资产是否具有替代用处。不可被主体用于替代用途的资产是指主体无法主导（可能已部分或全部完成的）该资产用于另一用途。该限制可以是合同限制或实际限制。合同限制是指合同条款规定，如果主体试图主导资产用于另一用途，则客户能够执行其对该资产的权利；实际限制是指如果主体主导资产的使用则将发生重大经济损失（例如，重大返工成本或出售资产的重大损失）。

②在某一时点确认收入

如果履约义务不满足在一段时间内履行的标准，则主体在评价资产控制权转移给客户的时点时，应考虑下列指标：a. 主体是否已转移了对资产的实际占有。b. 主体是否具有收取针对资产的付款的现时权利。c. 客户是否已拥有资产的法定所有权。d. 客户是否已接受资产。e. 客户是否已承担资产所有权上的重大风险和报酬。

可见，IFRS 15 最主要的变更是收入确认的基础，是寻求识别控制权转移给客户的时点。而 IAS 18 则旨在识别风险和报酬转移的时点。由此，采用 IFRS 15 后，针对某些“特定时点”交易的收入确认时间可能会有所不同。

3）额外指引

除了收入的确认外，IFRS 15 对与“收入确认”相关的某些领域也提供了具体指引。

（1）与合同相关的成本

IFRS 15 包含确定哪些与合同相关的成本应予以资本化的特定标准，并对取得合同的成本与履行合同的成本加以区分。特别是对于取得合同的成本，当且仅当此类成本是取得合同的增量成本（如销售佣金）且预计将可收回的情况下，才应予以资本化。为了方便实务操作，如果预计的摊销期为1年或更短期间，则允许主体将符合条件的取得合同的成本在发生时确认为费用。对于履行合同的成本，当且仅当此类成本直接与合同相关，产生或改良将用于履行履约义务的资源且预计将可收回的情况下，才应予以资本化（除非此类成本属于其他IFRS的范围，在这种情况下适用其他IFRS的规定）。在上述两种情况下，已资本化的成本均应以与此类成本相关的商品或服务转让模式一致的方式进行摊销。在特定情况下，摊销期可能延伸至超出与客户订立的原合同期限（如预期的未来合同、预计的续约期）。

（2）质保

如果为客户提供质保，质保的性质将确定其会计影响。如果客户可选择是否购买质保或质保为客户提供额外服务，则质保应作为单独的履约义务核算。仅就所提供的项目符合议定规格提供保证的质保不应作为单独的履约义务进行核算。

（3）客户未行使的权利

在许多行业，主体针对未来商品或服务收取不可返还的预付款（如电信行业针对手机套餐通话分钟数收取的预付款）。在此情况下，客户并非总是会要求有权获得全部商品或服务。此类未行使的权利通常被称为“未使用的权利”（breakage）。主体应当根据预期客户行使权利的模式按比例将预计未使用权利金额确认为收入。否则主体应在客户行使其剩余权利的可能性极低时，将任何未使用的权利金额确认为收入。

（4）客户针对额外商品或服务的选择权

某些合同包含客户可按折扣购买额外商品或服务的选择权。如果这代表赋予了客户“重大权利”（如该选择权使客户有权以大幅折扣取得额外商品），主体必须将部分交易价格分摊至该选择权，并在与该选择权相关的额外商品或服务的控制权转移给客户或在选择权过期时确认收入。

（5）许可证（不包括基于销售或使用费的许可证）

如果主体出售其知识产权许可证，则收入确认的时间将部分取决于许可证的性质。如果许可证代表客户可使用知识产权的承诺，收入通常应在使用知识产权的期间内确认，而转让使用知识产权之权利的承诺则通常在转让发生的当时形成收入。

（6）回购协议

如果主体向客户销售商品且主体具有回购该资产的权利或义务，这将对会计处理产生影响。如果主体必须回购商品或具有回购选择权，该安排应作为融资安排或租赁进行核算。类似地，如果客户可选择是否将该项目回售给主体，且在合同开始时存在促使其这样做的重大经济激励措施，该安排应作为融资安排或租赁进行核算。如果客户可选择是否将项目回售给主体，但在合同开始时不存在促使其这样做的重大经济激励措施，则该安排应当作为具有退货权的销售进行核算。

（7）客户验收

合同中存在的客户验收条款并不会自动导致主体无法在客户正式验收之前确认收入。如果主体根据合同一定的具体规则能够客观地确定商品或服务的控制权已转移给客户，则客户的验收仅为一项例行程序，不会影响主体关于客户何时获得对商品或服务的控制权的决定。

除以上事项外，IFRS 15 还包括涉及下列主题的实施指南：

①附带退货权的销售；

②关于当事人（principal）与代理人（agent）的考虑事项；

③不可返还的预付费用（non-refundable upfront fees）；

④委托代销安排（consignment arrangements）；

⑤“开出账单但代管商品”的安排（bill-and-hold arrangement）；

⑥收入的分解的披露。

4）披露

与现行准则相比，IFRS 15 大幅增加了有关收入确认的披露。IASB 和 FASB 要求提供额外披露的目标旨在“使财务报表使用者能够了解因与客户订立合同而产生的收入和现金流量的性质、金额、时间和不确定性”。据此，主体不应仅通过基于“核对表”的方法来满足此类披露要求，而是应当考虑如何提供涉及其与客户订立的合同的定量和定性披露，并明确说明在针对相关合同应用 IFRS 15 时所运用的任何重大判断及针对获取或履行合同的成本所确认的任何资产。主体的系统可能必须作出大量更新或变更以确保其能够遵循此类披露要求。

要求提供的关键披露包括（但不限于）：

（1）与客户订立的合同信息

①将当期收入按不同类别进行分解，以描述经济因素如何影响收入和现金流量的性质、金额、时间和不确定性。同时，如果主体适用 IFRS 8《经营分部》，则必须提供有关信息以说明分解后的收入信息与分部收入披露之间的关系。

②披露有关主体合同资产和合同负债的信息，这包括涉及与客户订立合同的资产负债表项目的期初余额和期末余额。主体同时必须披露在本年度确认的、涉及在以往报告期间履约义务的履行的收入金额。对于剩余履约义务，主体应解释未来履行此类履约义务的模式将如何影响合同资产和合同负债余额。主体还需提供合同资产和合同负债在报告期间的重大变动的说明。

③披露有关主体剩余履约义务的信息。主体必须在每个报告期末披露分摊至剩余履约义务的总交易价格（剩余履约义务将在 1 年之内履行的除外）。此外，须提供的其他披露包括有关主体通常何时履行其履约义务的信息、重大付款条款、主体已承诺转让的商品或服务的性质，以及涉及质保、退款和退货义务的有关信息。

（2）重大判断

涉及履行履约义务的时间、分摊至履约义务之交易价格的判断，以及此类判断的任何变化的信息。

（3）针对获取或履行合同的成本所确认的资产的信息

①除必须披露在确定应予资本化的金额时所运用的判断外，还应披露针对为获取或履行合同而发生的成本所确认的任何资产的期末余额。

②披露针对计入当期损益的摊销金额及摊销方法。

5）生效日期及衔接规定[①]

IFRS 15《与客户之间的合同产生的收入》对自2018年1月1日或以后日期开始的报告期间生效，允许提前采用。IFRS 15适用于在生效日期当日或以后日期订立的新合同，并同时适用于在生效日期尚未完成的现有合同。因此，在采用IFRS 15的首年报告的本年度数据应视同为IFRS 15的要求一直被采用进行编制。

就比较期间而言，主体可选择在采用IFRS 15时予以追溯调整（存在特定方便实务操作的方法）或使用简化的过渡方法。这两种可选方式均提及首次采用日，即主体初次应用IFRS 15的报告期间的期初。例如，对于针对截至2018年12月31日年度的财务报表首次应用IFRS 15的主体，首次采用日将是2018年1月1日。

可选方式1：简化的过渡方法

主体可自首次采用日应用IFRS 15。如果主体选择该方式，将需要在首次采用日（2017年1月1日）调整权益的期初余额，但主体无需调整上一年度的比较数据。这意味着主体无需考虑在首次采用日前已完成的合同。实际上，自首次采用日起所报告的数据将与若IFRS 15一直被采用时所报告的数据相同，但针对可比期间的数据将仍采用此前的基础进行报告。

如果使用该方法，须披露因应用有关指引而导致在本期受到影响的每一财务报表单列项目的金额，并说明按照IFRS 15报告与遵循此前的收入指引进行报告的结果之间的重大变动。

可选方式2：完全追溯调整法

主体可针对列报的所有可比期间追溯应用IFRS 15。根据该可选方式，需重述上一年度的比较数据，并对最早可比期间的权益的期初余额进行相应调整。如果选择该方式，则可采用IFRS 15提供的一系列方便实务操作的方法，包括：

①对于已完成的合同，主体无需重述在同一年度报告期间内开始和结束的合同。例如，如果主体针对截至2017年12月31日的年度首次采用IFRS 15，并且在2016年订立并完成了一项合同，则该合同无需予以重述。

②对于具有可变对价的已完成合同，主体可使用合同完成日的交易价格而无需估计可比报告期内的可变对价金额。例如，主体针对截至2017年12月31日的年度首次采用IFRS 15，如果某项合同在2016年12月31日前已完成，则主体无需估计在较早日期的可变对价，而是可以根据最终应付的对价（包括任何可变对价）

---

① IFRS 15是第一项以原则为导向的综合收入准则，此前国际财务报告准则提供的指引相当有限，而原美国公认会计原则的指引则是以规则为导向并提供针对不同行业的特定指引。IASB和FASB意识到尽管双方均对该准则的制定投入了大量的时间并已考虑多方面的观点，主体在实务中开始实施该准则时仍会产生相应的问题。因此，IASB和FASB成立了一个工作小组以协助处理相关问题，并可能继续发布有关收入的额外指引或解释。

确定较早日期前的收入数据。

③对于在首次采用日前列报的所有期间，主体无需披露分摊至剩余履约义务的交易价格及说明主体预计该金额何时确认为收入。例如，主体针对截至 2017 年 12 月 31 日的年度首次采用 IFRS 15，如果某合同在 2016 年 1 月 1 日订立且在 2016 年 12 月 31 日尚未完成，则主体将无需披露截至 2016 年 12 月 31 日的合同剩余履约义务。

6.5　借款费用

6.5.1　概述

借款费用是指主体因借入资金而发生的利息和其他费用。借款费用可以包括：银行透支利息和长期与短期借款的利息；与借款相关的折价或溢价的摊销；安排借款时发生的辅助费用的摊销；融资租赁所形成的租赁费；作为外币借款利息费用调整的汇兑差额。借款费用是由于主体通过债务融资所产生的，只要主体存在债务融资行为，必然要发生借款费用。由于债务融资是目前企业的主要融资渠道之一，关于借款费用的会计处理也是企业日常会计处理的一个构成部分。

（1）借款费用准则的发展

1982 年 11 月，IASC 发布了征求意见稿 E 24《借款费用的资本化》。在根据反馈意见修改完善的基础上，IASC 于 1984 年 3 月正式发布了国际会计准则 IAS 23《借款费用的资本化》，并自 1986 年 1 月 1 日起生效。该准则允许企业在将借款费用作为期间费用和将符合资本化条件的借款费用进行资本化之间作出选择。1991 年 8 月，IASC 又发布了征求意见稿 E 39《借款费用的资本化》。1993 年 12 月，作为“财务报表可比性”项目的一部分，在对 E 39 修订的基础上，IASC 发布了 IAS 23《借款费用》（1993 年修订），并自 1995 年 1 月 1 日起生效。2003 年 12 月，与 IAS 23 相关的解释公告 SIC 2《一致性：借款费用的资本化》被纳入 IAS 8 中。

2001 年，改组后的国际会计准则理事会考虑第二次修订 IAS 23，并试图要求所有的借款费用在发生的会计期间就确认为期间费用，而不允许将借款费用资本化。但是这个建议遭到了普遍反对。

（2）IAS 23 的适用范围

IAS 23（以下如不作说明均指 IAS 23《借款费用》（1993））目的是规范借款费用的会计核算。一般情况下，借款费用应作为期间费用，但是，作为允许选用的处理方法，允许主体将那些可直接归属于符合条件的资产的购置、建造或生产的借款费用资本化。

IAS 23 适用于借款费用的会计核算，但不涉及权益（包括不属于负债的优先股）的实际成本或估计成本。

6.5.2　IAS 23 的基本内容

1）借款费用的基准处理方法

根据 IAS 23 所规定的基准处理方法，不管借款如何使用，借款费用均应在发生的当期确认为期间费用。主体在财务报表中应披露借款费用所采用的会计政策。

2）借款费用允许选用的处理方法

（1）确认

根据 IAS 23 所规定的允许选用的处理方法，可以直接归属于符合条件资产的购置、建造或生产的借款费用，应予以资本化而成为该资产成本的组成部分。如果借款费用很可能为主体带来未来经济利益，并且费用可以可靠地计量，则这些借款费用应作为资产成本的组成部分予以资本化。除要求进行资本化的借款费用以外，借款费用均应在发生的当期确认为期间费用。

①符合资本化条件的借款费用

关于符合资本化条件的借款费用，IAS 23 分别针对专门借入资金和一般性借入资金作了规定。对于为了获得某项符合条件的资产而专门借入的资金，其符合资本化条件而计入该资产成本组成部分的借款费用金额，应以本期发生在专门借款上的实际借款费用减去以该借款进行临时性投资而获得的投资收益来确定；对于一般性借入资金用于获取某项符合条件的资产，其符合资本化条件的借款费用的资本化金额应通过资本化比率乘以发生在该资产上的支出比例确定。资本化比率应是主体当期尚未偿付的所有借款（不包括为获得某项符合条件的资产而专门借入的款项）的借款费用的加权平均值。某一期间资本化的借款费用不应超过该期间实际发生的借款费用金额。

如果符合条件的资产的账面金额或其预期的最终成本超过其可收回的金额或可变现净值，应按其他准则的要求将账面金额减记或冲销。在某些情况下，减记或冲销的金额，应按其他准则的要求转回。

②开始资本化

IAS 23 规定，借款费用资本化为符合条件的资产成本的组成部分，应开始于：该资产的支出发生时；借款费用发生时；为使资产达到其预定可使用或可销售状态所必要的准备工作正在进行时。为使资产达到其预定可使用或可销售状态而必要的准备工作，除了资产的实体建造外，还包括实体建造前进行的技术性和管理性工作。但是，为了购置建筑用地而发生的借款费用，在持有土地，但没有进行任何相关的开发活动时，不具备资本化的条件。

③暂停资本化

如果现行开发活动发生较长的中断期，应暂停借款费用的资本化。但是，在大量的技术性和管理性工作仍在执行时，通常不暂停借款费用的资本化。另外，如果暂时的中断是使资产达到预定可使用或可销售状态所必要的程序，则借款费用资本化不应停止。

④停止资本化

为使符合条件的资产达到其预定的可使用或可销售状态而必要的所有准备活动实质上已完成时，借款费用的资本化应当停止。尽管日常管理性工作可能依然在进行，但如果资产的实体建造工作已完成，一般认为该企业资产的建造工作已完成。

如果只有少量工作尚未完成（如根据购买方或使用方的要求对房屋装修等），也表明所有工作实质上已完成。

如果符合条件的资产的各个部分分别完工，而每个部分在其他部分继续建造的过程中可供使用时，则在为使该部分达到预定可使用状态或可销售状态所必要的准备活动实质上已经完成时，应当停止对借款费用的资本化。

（2）披露

IAS 23 规定，主体的财务报表应披露以下内容：①为借款费用所采用的会计政策；②本期将借款费用资本化的金额；③用于确定符合资本化条件的借款费用金额的资本化比率。

6.5.3　IAS 23 与我国相关准则的比较

2001 年 8 月，我国首次发布了《企业会计准则——借款费用》（以下简称"旧准则"），2006 年 2 月 15 日，在旧准则的基础上，发布了《企业会计准则第 17 号——借款费用》（以下简称"新准则"）。新准则与旧准则相比较，差异主要体现在以下方面：

（1）可资本化资产的范围扩大了。旧准则第七条规定：资产支出只包括为购建固定资产而以支付现金、转移非现金资产或者承担带息债务形式发生的支出。新准则第四条规定：符合资本化条件的资产，是指需要经过相当长时间的购建或者生产活动才能达到预定可使用或者可销售状态的固定资产、投资性房地产和存货等资产。可见，新准则比旧准则对于可资本化的资产范围扩大了。

（2）资本化的借款范围扩大了。旧准则第三条定义中规定：专门借款是指为购建固定资产而专门借入的款项。新准则第六条对于借款的范围说明不仅包括专门借款，而且包括一般借款。可见，新准则比旧准则对于可资本化的借款范围扩大了。

（3）计算内容有所差别。新旧准则对借款利息资本化金额的计算方法基本上一致。所不同的是，新准则对借入专门借款和一般借款中可以资本化的金额进行了单独规定。

（4）计算借款费用的扣除项目不同。旧准则对于借款费用的扣除项目未作说明。新准则第六条对于借款费用中应予资本化的利息金额，扣除了尚未动用的借款资金存入银行取得的利息收入或者进行暂时性投资取得的投资收益。

（5）文字表述更加明确、洗练、规范。新准则在文字表述上更加规范，如新准则第四条和第五条中对于符合资本化条件的资产，不仅包括购建的资产，而且包括生产的资产，这样文字表述更加完整。另外，对于溢、折价的摊销，旧准则在第十一条规定：可以采取实际利率法，也可以采取直线法；而新准则第七条规定：溢、折价的摊销应当采取实际利率法。新准则文字表述更加明确、洗练、规范。

IAS 23 与我国《企业会计准则第 17 号——借款费用》相比较，二者的差别主要体现在：

（1）在适用范围方面。IAS 23 与我国《企业会计准则第 17 号——借款费用》

对借款费用概念的界定基本一致。不同的是，IAS 23 第 5 条明确规定，借款费用可以包括融资租赁所形成的租赁费；《企业会计准则第 17 号——借款费用》未明确说明这一点。

（2）在确认和计量方面。IAS 23 与我国《企业会计准则第 17 号——借款费用》的主要区别体现在：首先，IAS 23 对借款费用的处理方法区分了基准处理方法和允许选用的处理方法。我国《企业会计准则第 17 号——借款费用》没有作这样的划分，只是规定符合条件的借款费用予以资本化，不符合条件的计入当期损益。其次，我国《企业会计准则第 17 号——借款费用》第九条明确规定："在资本化期间内，外币专门借款本金及利息的汇兑差额，应当予以资本化，计入符合资本化条件的资产的成本。"IAS 23 中没有明确作出这样的说明。最后，在暂停资本化的规定方面，IAS 23 规定，如果现行开发活动发生较长的中断期，应暂停借款费用的资本化。但是，没有对所谓"较长的中断期"给出量化的标准。我国《企业会计准则第 17 号——借款费用》规定，符合资本化条件的资产在购建或者生产过程中发生非正常中断，且中断时间连续超过 3 个月的，应当暂停借款费用的资本化。另外，我国《企业会计准则第 17 号——借款费用》中规定了购建或生产的资产达到"预定可使用或者可销售状态"的判断标准：①符合资本化条件的资产的实体建造（包括安装）或者生产工作已经全部完成或者实质上已经完成。②所购建或者生产的符合资本化条件的资产与设计要求、合同规定或者生产要求基本相符，即使有极个别与设计、合同或者生产要求不相符的地方，也不影响其正常使用或销售。③继续发生在所购建或生产的符合资本化条件的资产上的支出金额很少或者几乎不再发生。IAS 23 没有给出这样明确的规定。

（3）在披露方面。我国《企业会计准则第 17 号——借款费用》第十五条规定：企业应当在附注中披露与借款费用有关的下列信息：①当期资本化的借款费用金额；②当期用于计算确定借款费用资本化金额的资本化率。IAS 23 除了要求主体披露上述内容以外，还要求主体披露借款费用采用的会计政策。

IASB 2007 年对 IAS 23 的修订取消了原准则中可将所有借款费用立即确认为费用的选择。对于与购置、建造或生产符合条件的资产相关的借款费用，经修订的准则要求将其作为此类资产成本的一部分予以资本化。所有其他的借款费用均应在发生时确认为费用。

对 IAS 23 的修订通常应采用未来适用法，适用于资本化开始日为 IAS 23 修订版的生效日（即 2009 年 1 月 1 日，或者由主体指定的任何更早的日期）或以后日期的、与符合条件的资产相关的借款费用。因此，如果主体之前已采用将所有借款费用立即确认为费用的会计政策，则：

（1）对于在 IAS 23 修订版生效日之前发生的与符合条件的资产有关的借款费用，不要求对其财务报表作追溯重述；

（2）对于在生效日之前已经开始（即已符合 IAS 23 中开始资本化的条件）的项目在生效日之后发生的借款费用，也不要求应用资本化的政策。

该项修订自 2009 年 1 月 1 日生效。

在 2015–2017 年度改进周期中，IASB 对 IAS 23《借款费用》作了细微修订，规定“符合条件的资产已达到预定可使用或销售状态时，原先用于开发该项资产所有借款将被纳入主体的一般性借款进行会计处理”。这一修订应对自 2019 年 1 月 1 日或以后日期开始的年度期间生效，允许提前采用。

6.5.4　IAS 23 运用示例

［例 6–13］某主体借入一些一般借款，具体资料如表 6–26 所示。

表 6–26　**借款的相关资料**

项　目	数额（美元）	利率（%）
借款 1	500 000	9
借款 2	1 000 000	8
借款 3	200 000	7.5

该主体准备获得新的设备，成本为 400 000 美元，主体准备使用现有的借入资金来购买设备，资金预计占用期为 6 个月。主体采用借款费用资本化的会计政策。

要求：试确定主体资本化的借款费用。

$$加权平均利率=\frac{500\ 000\times 9\%+1\ 000\ 000\times 8\%+200\ 000\times 7.5\%}{500\ 000+1\ 000\ 000+200\ 000}\times 100\%=8.24\%$$

资产成本 = 400 000 美元

资本化的借款费用 = 400 000×8.24%×6/12 = 16 480（美元）

6.6　其他一般业务准则

6.6.1　IAS 19《雇员福利》

1）雇员福利会计准则的发展

1980 年 4 月，IASC 发布了征求意见稿 E 16《雇主财务报表中退休福利的会计》（Accounting for Retirement Benefits in Financial Statements of Employers），寻求协调各国的养老金会计。1983 年 1 月，IASC 正式发布了国际会计准则 IAS 19《雇主财务报表中退休福利的会计》，自 1985 年 1 月 1 日起生效。1985 年，IASC 与加拿大、英国和美国等国家联合成立了一个工作小组，试图协调各国在养老金准则方面存在的较大冲突。1992 年 12 月，IASC 发布了征求意见稿 E 47《退休福利费用》（Retirement Benefits Costs）。作为财务报表可比性项目的一部分，在结合各方意见修改的基础上，IASC 于 1993 年 12 月发布了 IAS 19《退休福利费用》，修订后的准则自 1995 年 1 月 1 日起生效。1996 年 10 月，IASC 又发布了征求意见稿 E 54《雇员福利》（Employee Benefits），并在此基础上于 1998 年 2 月发布了 IAS 19《雇员福利》（1998 年修订），修订后的准则自 1999 年 1 月 1 日起生效。2000 年 10 月，IASC 再次对 IAS 19 作了修订，扩展了计划资产的定义，包括了某些满足于其他计划资产相同条件的保险单，并涉及补偿的确认、计量和披露要求等，这次所作的有限修订适用于自2001年1月及以后开始的会计期间。2002年5月，IASB对IAS 19作了修订，以处理递延确认的精算利得和损失以及资产减值测试的互相影响，并自2002年5月31日起生效。2002年12月，作为IASB“以股份基础的支付”项目的一部分，涉及了对IAS 19中第144段至第152段权益计酬福利规定的修正，2004年2月，这部分内容被国际财务报告准则IFRS 2《以股份为基础的支付》取代。2004年4月，征求意见稿《对IAS 19的建议修正》公布，这些修正在2004年12月被采用。

IAS 19的目的是规范雇员福利的会计处理和披露，它要求主体在雇员提供了服务以换取将在未来支付的雇员福利时，确认一项负债；在主体消耗了雇员为换取福利而提供的服务所产生的经济利益时，确认一项费用。IAS 19适用于除了按照IFRS 2《以股份为基础的支付》核算以外的雇主对所有雇员福利的会计核算。这里，雇员福利包括：(1) 短期雇员福利，即在雇员提供相关服务的期末以后12个月内应全部到期支付的雇员福利（辞退福利除外）。例如，对现有雇员提供的工资、薪金和社会保障提存金、带薪年假和带薪病假、利润分享和奖金，以及非货币性福利等。(2) 离职后福利，即雇用结束后应付的雇员福利（辞退福利除外）。例如，养老金、其他退休福利、离职后人寿保险和离职后医疗保障等。(3) 其他长期雇员福利，包括长期服务休假、高等院校教师的年休假、节日或其他长期服务福利、长期伤残福利以及利润分享、奖金和递延酬劳等。(4) 辞退福利，即主体决定在正常退休日期之前终止对雇员的雇用或者雇员决定自愿接受精减以换取福利引起的应付雇员福利。

2）IAS 19的基本内容

(1) 短期雇员福利

对于各种短期福利，当雇员在一个会计期间为主体提供了服务，主体应对为获得该服务预期支付的短期雇员福利的非折现金额，在扣除了任何已付金额后，确认为一项负债，同时确认一项费用，除非其他准则要求或允许将福利包括在资产的成本中。如果已付金额超过福利的非折现金额，且这笔预付金额将导致未来支付的减少或现金返还，主体应将超过的部分确认为一项资产（预付费用）。

对于带薪缺勤形式的短期雇员福利，在非累计带薪缺勤的情况下，于缺勤发生时确认。如果是累计带薪缺勤，应于雇员提供了服务从而增加了其未来带薪缺勤权利时确认。对于利润分享和奖金计划形式的短期雇员福利，当且仅当作为过去事项的结果，主体现在负有作出这类支付的法定义务或推定义务，并可以对义务作出可靠估计时，才确认为预期费用。当且仅当主体除了支付没有其他现实选择时，才存在一项现实义务。

(2) 离职后福利

离职后福利是雇用结束后实际支付的雇员福利（辞退福利除外），包括退休福利（如养老金）以及其他退休福利（如离职后人寿保险和离职后医疗保障）。主体为一个或多个雇员提供离职后福利的正式或非正式安排是离职后福利计划，根据计划的主要条款和条件所包含的经济实质，可以区分为设定提存计划和设定收益计划。在设定提存计划下，主体的法定或推定义务仅限于其同意向基金提存的金额，精算风险和投资风险由雇员承担；在设定收益计划下，主体的义务是为现有的及以前的雇员提供已同意的福利，并且精算风险和投资风险实质上由雇主承担。主体可以以支付保费的方式为离职后福利计划注入资金。主体应将这样的计划作为设定提存计划处理，除非主体对下述任一种情况（直接或间接地）负有法定或推定义务：①到期直接支付雇员福利；②如果承保人没有全额支付与当期和以前期间雇员服务相关的未来雇员福利，则进一步支付提存金。如果主体保留这样的法定或推定义务，应将该计划作为设定收益计划处理。

对于设定提存计划，当雇员在一个期间为主体提供了服务，主体应确认为换取该项服务应付给设定提存计划的提存金，在扣除任何已付提存金后作为一项负债（应计费用），同时确认一项费用，除非其他准则要求或允许将福利包括在资产的成本中。如果已付金额超过资产负债表日之前服务应得的提存金，且这笔预付金额将导致未来支付的减少或现金返还，主体应将超过部分确认为一项资产（预付费用）。主体应披露为设定提存计划确认的费用金额。

对于设定收益计划，主体的会计核算应包括以下步骤：①运用精算技术对雇员当期和以前期间服务所应得的福利金额进行可靠的估计；②运用预期累计福利单位法对福利进行折现，以确定设定收益义务的现值和当期服务的成本；③确定所有计划资产的公允价值；④确定精算利得和损失的总额以及应确认的精算利得和损失的金额；⑤当引入或变更一项计划时，确定由此导致的过去服务的成本；⑥当缩减或结算一项计划时，确定由此导致的利得或损失。当主体有一个以上的设定收益计划时，应对每一个重要的计划运用以上步骤。主体应披露如下设定收益计划的信息：①主体确认精算利得和损失的会计政策；②对计划类型的一般表述；③对资产负债表内确认的资产和负债的调整；④包括在计划资产公允价值中的报告主体自身的每一类金融工具，以及报告主体占有的不动产或使用的其他资产；⑤期间内资产负债表内确认的净负债（或资产）的变动调节表；⑥在收益表中确认的各项费用总额，以及包含这些项目的收益表中的单列项目；⑦计划资产的实际回报，以及确认为资产的补偿权的实际回报；⑧资产负债表日使用的主要精算假设。

所谓多雇主计划[①]，是指集合了许多不在同一控制下的主体提存的资产，并且在运用这些资产为一个以上主体的雇员提供福利时，以便雇用主体确定提存和收益的水平为基础的设定提存计划或设定收益计划（除国家计划外）。主体应根据计划的条款，包括正式条款之外的推定义务，将多雇主计划区分为设定提存计划和设定收益计划。当多雇主计划是设定收益计划时，主体应当采用与其他设定收益计划相

---

① 多雇主计划与集合管理计划是有区别的。集合管理计划只是单个雇主计划的集合，使参与计划的雇主将他们以投资为目的的资产集合起来，降低投资管理和行政费用，但不同雇主对雇员的福利要求是分开核算的。集合管理计划下不会产生特别的会计问题，因为容易获得信息以将其与任何其他单一雇主计划同样处理，并且这样的计划不会使参与主体面临与其他主体现有的和以前的雇员相关的精算风险。

同的方式核算其对设定收益义务、计划资产和与计划相关的费用的比例份额，并披露相关信息。如果得不到足够的信息运用设定收益会计，则将计划视同设定提存计划核算，并披露该计划是设定收益计划这一事实，以及得不到足够的信息将计划按设定收益计划进行核算的理由。如果计划出现盈余或亏损可能影响未来提存的金额时，应追加披露任何导致盈余或亏损的信息、用于确定盈余或亏损的基础以及对主体的影响。对于国家计划，主体应按与多雇主计划相同的方式进行核算。

（3）其他长期雇员福利

其他长期雇员福利的处理与设定收益计划基本一样。不同的是，由于其他长期雇员福利的计量通常并不与离职后福利的计量具有同样的不确定性，而且其他长期雇员福利的引入或改变很少产生大额的过去服务成本。因此，对其他长期雇员福利采用相对简化的会计处理方法，与离职后福利会计处理的区别在于：①精算利得和损失立即确认且不适用“区间”限制；②全部过去服务成本立即确认。IAS 19 不要求对其他长期雇员福利作特定的披露。

（4）辞退福利

主体决定在正常退休日期之前终止对雇员的雇用，或者雇员决定自愿接受精减以换取福利，由此引起的应付雇员福利为辞退福利。当且仅当主体在正常退休日期前终止对一个或多个雇员的雇用，或者为鼓励雇员自愿接受精减而作出提供辞退福利的提议时，才应将辞退福利确认为一项负债或一项费用。当且仅当主体有正式的具体辞退计划并且没有撤回该计划的现实可能性时，才表明主体承诺实施辞退。这里，具体辞退计划至少应包括：①被辞退雇员的所在地、职位及大约数量；②对每一工作类别或职位的辞退福利；③计划实施时间。

通常情况下，辞退福利不会给主体带来未来经济利益，应立即确认为一项费用。当辞退福利在资产负债表日后超过 12 个月内到期支付时，应按照规定的折现率进行折现。在鼓励雇员自愿接受精减的提议下，辞退福利的计量应基于预期接受该提议的雇员的数量。如果这一数量不确定，就存在一项或有负债。辞退福利可能导致主体按照 IAS 37、IAS 24 及 IFRS 1 披露有关信息。

3）IAS 19 的修订适用于 2014 年开始的财务年度

IASB 于 2011 年 6 月 16 日发布了对 IAS 19《雇员福利》的修订。有关修订变更了设定受益计划和辞退福利的会计处理。

该范围有限的项目旨在通过以下方式改善雇员福利的财务报告：①以更容易理解的方式报告设定受益义务及计划资产公允价值的变动；②删除了现行 IAS 19 允许的某些列报选择，从而提高可比性；③澄清了导致实务中存在分歧的要求；④改进了有关设定受益计划产生的风险的披露。

IAS 19 修订的主要内容有：①要求在设定受益义务和计划资产发生变动时对其予以确认，删除了区间法并加快了过去服务成本的确认。②将设定受益义务和计划资产的变动划分为三个部分：服务成本、设定受益负债（资产）净额的净利息，以及设定受益负债（资产）净额的重新计量。③净利息费用使用高质量公司债券的收益率来计算。这可能低于现时用于计算计划资产预期回报的利率，从而导致净收益减少。

（1）确认原则

IAS 19 最为重大的修订是要求主体在设定受益义务和计划资产发生变动时对其进行确认，从而删除了原 IAS 19 所允许的"区间法"。所有精算利得和损失均立即计入其他综合收益（可将精算利得和损失计入损益的选择亦被删除），从而在财务状况表中确认的养老金资产或负债净额将反映福利计划资金不足或资金盈余的全额。

（2）列报方法的变更

有关修订引入了在损益及其他综合收益表中针对设定受益义务和计划资产变动的新列报方法。主体需要将设定受益义务和计划资产公允价值的变动划分为与服务成本、设定受益负债（资产）净额的净利息以及重新计量有关的变动。

服务成本部分——计入损益，并包括当期服务成本、既定及非既定的过去服务成本（连同缩减产生的利得和损失），以及结算产生的利得或损失。

净利息部分——净利息计入损益，并通过参照高质量公司债券（或者在没有成熟公司债券市场的情况下，参照政府债券）在报告期末的市场收益率确定的折现率，乘以每一报告期初的设定受益负债或资产净额来计算。计划资产实际回报与随时间推移产生的计划资产变动之间的差额将作为重新计量部分计入其他综合收益。

重新计量部分——计入其他综合收益，并包括设定受益义务的精算利得和损失、扣除净利息部分包含的计划资产利息后的计划资产实际回报，以及资产上限影响的任何变动。精算利得和损失包括经验调整及精算假设变动的影响。重新计量不得重分类至损益，但可以在权益组成部分之间转移（例如转至留存收益）。

（3）披露

有关修订旨在改进披露的可理解性和有用性，使得财务报表使用者更好地评价设定受益计划产生的负债和资产的财务影响。其目标在于：①解释设定受益计划的特征及相关风险；②识别和解释财务报表内的金额；③描述设定受益计划将如何影响未来现金流量。

为实现上述目标，有关修订要求主体提供额外的披露：①主体判断为重大或异常的风险（比如，计划资产主要投资于单一类别的投资从而产生集中风险）的叙述性描述；②分别单独披露因人口统计变更产生的精算利得和损失，和因财务假设变更产生的精算利得和损失；③计划资产的公允价值应划分为若干类别以区分这些资产的性质和风险，并再细分为有市场标价以及没有市场标价的资产；④用于确定设定受益义务的重大精算假设；⑤重大精算假设的合理可能变化将如何影响设定受益义务（敏感性分析）；⑥针对资产—负债匹配策略（比如，年金或寿命掉期（longevity swap））的叙述性描述；⑦设定受益义务在下一年度报告期间的预计提存金及加权平均存续期。

有关修订同时新增了有关多雇主设定受益计划的披露要求，规定须提供在计划结束或主体撤销计划时有关议定的资金不足或资金盈余分配的定性信息。如果主体将多雇主设定受益计划视同为设定提存计划来核算，则须披露对计划的参与水平以及下一报告期间的预计提存金。

（4）其他修订

①雇员福利的分类

有关修订将短期雇员福利定义为“预计将在年度报告期末之后12个月内全部结算”的雇员福利；而其他长期福利则是除短期雇员福利、离职后福利和辞退福利之外的所有雇员福利。

②辞退福利

有关修订并未对辞退福利的定义作出根本变更，但提供了额外指引以协助区分为换取终止雇佣而应付的福利与为换取服务而应付的福利。例如，如果主体向雇员提供并非短期可获得的福利，或者福利的提供与实际终止雇佣的预计日期之间的间隔并非一个较短的期间，则所提供的福利很可能不被视为辞退福利。

为统一因计划修改、缩减、辞退福利和重组所产生的金额的确认时间，有关修订要求：

如果计划修改是与重组或辞退福利相关，所产生的利得或损失应在以下两个时间的较早者确认：当计划修改或缩减发生时；或者当相关的重组成本或辞退福利被确认时。如果辞退福利是与重组相关，辞退福利应在以下两个时间的较早者确认：当主体不再能够撤销所提供的福利时；或者当相关的重组成本按照《准备、或有负债和或有资产》（IAS 37）被确认时。

如果所有上述金额均相互关联，则应在同一时间确认。

③其他变更

有关修订同时澄清了一系列实务中的事项。例如，有关修订明确，结算是“消除针对设定受益计划下提供的部分或全部福利的所有进一步法定或推定义务的交易，计划条款规定且包含在精算假设中的向雇员支付或代表雇员支付的福利支付额除外”。因此，计入损益的结算仅限于并非按照计划条款进行的支付额。有关修订同时澄清，只有计划所支付的所得税以及与资产管理相关的成本才能够抵减计划资产的回报。

（5）生效日期和过渡性规定

有关修订对自2013年1月1日或以后日期开始的年度期间生效，允许提前采用。

要求根据国际会计准则第8号《会计政策、会计估计的变更和会计差错的更正》（IAS 8）予以追溯应用，但存在下列两个例外情况：

①如果福利费用包括在不属于IAS 19范围的资产（比如存货）的账面金额之中，在采用有关修订时无需对该等资产进行调整；

②在2014年1月1日前开始的期间的财务报表中，无需列报针对设定受益义

务敏感性分析披露的比较信息。

6.6.2　IAS 31《合营企业中的权益》

1）概述

1989 年 12 月，IASC 发布了征求意见稿 E 35《合营企业中权益的财务报告》(Financial Reporting of Interests in Joint Ventures)。在征求多方意见修改的基础上，IASC 于 1990 年 12 月正式发布了国际会计准则 IAS 31《合营企业中权益的财务报告》，自 1992 年 1 月 1 日起生效。1994 年，IASC 对该准则进行了格式重排。1998 年 12 月，IAS 39《金融工具：确认与计量》发布，涉及对 IAS 31 的修改。2003 年 12 月，IASB 发布了 IAS 31《合营企业中的权益》(Interests in Joint Ventures)，IAS 31（2003 年修订）取代了 IAS 31《合营企业中权益的财务报告》，并自 2005 年 1 月 1 日起生效。目前，与该准则有关的解释公告是 SIC 13《共同控制实体：合营者的非货币性投入》。

IAS 31 适用于合营中权益的会计处理以及合营者和投资者在财务报表中对合营资产、负债、收益和费用的报告，而不论合营活动是在怎样的结构或形式下发生的。对于风险资本组织，或者共同基金、信托公司以及包括投资连接保险和基金在内的类似主体持有的共同控制主体中的合营者权益，不适用该准则。

2）IAS 31 的基本内容

（1）合营方式

合营是指两方或两方以上从事某项共同控制的经济活动的合同约定。这里，共同控制是指合同约定的对某项经济活动所共有的控制，仅在与该项经济活动相关的战略和经营决策要求分享控制权的全体（合营者）一致同意时才存在。当被投资者处于法定重组或破产中，或者在合营者转移资金的能力受到严格的长期限制的情况下经营时，共同控制可能被排除。合同约定通常采用书面形式，并应包括以下事项：①合营的活动、期限和报告责任；②合营的董事会或类似权力机构的任命以及合营者的表决权；③合营者的出资；④合营者对合营企业的产出、收益、费用或成果所占的份额。合同约定的存在，将使共同控制的权益与投资者对具有重大影响的联营企业的投资区别开来。不以合同约定的共同控制活动不是这里所指的“合营”。

IAS 31 将合营分为三类：共同控制经营、共同控制资产和共同控制主体。所有的合营的共同特点是，两个或两个以上的合营者受同一合同约定的约束，并以该合同确立共同控制。合营中的一个或若干个合营者可以作为合营企业的经营者或管理者。经营者通常因其履行经营责任而得到管理费，合营将这种管理费作为费用核算。

（2）共同控制经营

共同控制经营涉及使用合营者的资产和其他资源，而不是设立一个公司、合伙企业或其他主体，或独立于合营者本身的财务构架。每一个合营者使用自己的不动产、厂场和设备，并备有自己的存货。合营活动可以由合营者的雇员随同合营者的类似活动一起进行。合营协议通常会规定合营产品的销售收入和共同发生的费用在合营者之间的分配方法。例如，两个或更多的合营者将其经营、资源和专长相结合，以便共同制造、推销和出售某一特定产品，制造过程的不同部分由各合营者分别承担，每一个合营者负担自己的费用，并按照合同约定的份额取得收入。

对于共同控制经营中的权益，合营者应在其财务报表中确认其所控制的资产和所发生的负债，以及其所发生的费用和在合营销售商品或劳务所得收益中所占的份额。合营本身可以没有单独的会计记录，也可以不编制财务报表。合营者可以编制管理报告，以便评价合营的经营业绩。

（3）共同控制资产

共同控制资产作为一种合营方式，与共同控制经营类似，不涉及公司、合伙企业或其他主体的设立，以及独立于合营者本身的财务构架；不同的是，这类合营的合营者共同控制，而且经常是共同拥有一项或多项用于合营的资产，这些资产是为合营而提供或购置的，并用于为合营者获利。每一个合营者通过自己在共同控制资产中所占的份额来控制其在未来经济利益中享有的份额，并负担所发生费用的议定份额。

对于在共同控制资产中的权益，合营者应当在其财务报表中确认：①在按性质分类的共同控制资产中的份额；②已经发生的所有负债；③与合营有关的、与其他合营者共同发生的负债的份额；④从销售或使用在合营产品中的所占的份额中所得的收入及分担合营费用的份额；⑤已经发生的与在合营中的权益有关的费用。合营者在编制合并财务报表时，不需要对这些项目进行调整或采用其他合并程序。合营本身的单独会计记录可以限于合营者共同发生的，并最终由合营者按其议定份额分担的费用。合营可以不编制财务报表，可以编制管理报告，以便评价合营的经营业绩。

（4）共同控制实体

共同控制实体是一种涉及设立公司、合伙企业或其他主体的合营，其中的每一个合营者都拥有一份权益。共同控制主体控制合营的资产，发生负债和费用并获得收益，它可以以自己的名义签订合同并为合营活动筹资。每一个合营者都有权分享共同控制主体的利润。除合营者之间以合同约定确立对该主体经济活动的共同控制以外，共同控制主体的经营方式与其他主体相同。与其他主体一样，共同控制实体应当根据国际财务报告准则保持自己的会计记录并编制财务报表。

合营者应当使用比例合并法或权益法确认其在共同控制主体中的权益。如果在共同控制主体中的权益被归类为持有待售，应按照 IFRS 5《持有待售的非流动资产和终止经营》进行会计处理。另外，如果共同控制实体变成合营者的子公司或联营企业，合营者应自转变之日起按照 IAS 27 或 IAS 28 的规定核算其权益。

采用比例合并法，意味着合营者的资产负债表中包括其共同控制主体的资产的份额和共同负担的负债的份额，合营者的收益表中则包括其在共同控制主体的收益和费用中所占的份额。比例合并法可以采用两种报告方式：其一，合营者可以将其在共同控制主体的各项资产、负债、收益和费用中所占的份额，与其财务报表中的类似项目逐行合并；其二，合营者可以将其在共同控制主体的各项资产、负债、收益和费用中所占的份额在其财务报表中单列项目列示。比例合并法无论采用何种方式，都不应通过减少其他负债或资产来抵销任何资产或负债，也不应通过减少其他费用或收益来抵销任何收益或费用，除非存在抵销的合法权利并且这种抵销能够反映资产变现或负债清偿的预期结果。合营者应当自其对共同控制主体不再有共同控制权之日起，终止采用比例合并法。

权益法是比例合并法的备选方法，IAS 31 不推荐使用这种方法。IASB 认为，比例合并法能更好地反映合营者在共同控制主体中权益的实质和经济现实，即对合营者在未来经济利益中所占份额的控制。合营者应自其对共同控制主体不再有共同控制权，或对其不再具有重大影响之日起，终止采用权益法。

（5）合营者与合营之间的交易

当合营者向合营企业提供或出售资产时，对这类交易所产生损益的任何部分进行的确认，都应当反映交易的实质。如果这些资产留归合营企业使用，并且合营者已经转移了与资产所有权有关的重大风险和报酬，则合营者只应确认归属于其他合营者权益的那部分利得和损失。如果资产的提供或出售证明流动资产的可变现净值已减少，或发生了减值损失，合营者应全额确认这些损失。

当合营者向合营企业购买资产时，在未将该资产转售给独立的第三方前，合营者不应确认合营企业在这一交易所得的利润中属于自己的份额。合营者应当采用与确认利润相同的方式，确认其所占这些交易带来的损失的份额；但是，如果损失代表了流动资产可变现净值的减少，或者发生了减值损失，则应立即予以确认。

（6）披露

除非发生损失的可能性很小，合营者应披露下列或有负债的总额，并与其他或有负债的金额分开列示：①合营者已经发生的、与其在合营中的权益有关的或有负债，以及其在与其他合营者共同发生的各项或有负债中所占的份额；②合营者在合营本身可能要承担责任的或有负债中所占的份额；③合营者可能要为其他合营者的负债承担责任而发生的或有负债。

合营者应披露与其在合营中的权益有关的下列承诺的总额，并与其他承诺分开列示：①与合营者在合营中的权益有关的资本承诺，以及与其他合营者共同发生的资本承诺的份额。②合营者在合营本身的资本承诺中所占的份额。合营者应披露其在确认共同控制主体中的权益时所采用的方法、在重要合营中的权益的名单和说明、在共同控制主体中持有的权益的比例，以及与其在合营中的权益有关的各项流动资产、长期资产、流动负债、长期负债、收益和费用的总额。

6.6.3　IAS 40《投资性房地产》

1984 年 10 月，IASC 发布了征求意见稿 E 26《投资会计》（Accounting for Investments）。在此基础上，IASC 于 1986 年 3 月正式发布了国际会计准则 IAS 25《投资会计》，自 1987 年 1 月 1 日起生效。1999 年 12 月，IASC 发布了征求意见稿

E 64《投资性房地产》。2000 年 4 月，国际会计准则 IAS 40《投资性房地产》发布，该准则取代了 IAS 25 中关于投资性房地产的相关规定，并于 2001 年 1 月 1 日起生效。2003 年 12 月，IASB 发布了 IAS 40 的修订稿，修订后的准则自 2005 年 1 月 1 日起生效。IASB 对 IAS 40 进行修订，是其改进项目的一部分，目的是对其作出有限的修订，以使得在特定条件下，承租人在经营租赁形式下持有的房地产权益能够作为投资性房地产处理。这里，特定条件是指该房地产必须符合投资性房地产的定义，承租人必须将该项租赁视为融资租赁进行核算，并用公允价值模式计量由此导致的租赁资产。IASB 在这次修订中，没有对投资性房地产的基本会计处理方法予以重新考虑。

IAS 40 的目的是规范投资性房地产的会计处理和相关披露要求，适用于投资性房地产的确认、计量和披露，包括承租人财务报表中作为融资租赁核算的所持有的投资性房地产权益的计量和在经营租赁出租人财务报表中投资性房地产的计量。所谓投资性房地产，是指为赚取租金或为使资本增值，或两者兼有所持有的房地产，不包括用于商品或劳务的生产或供应，或用于管理目的的房地产，或者在正常经营过程中销售的房地产。例如，为使长期资本增值而持有的土地和尚未确定未来用途的土地。IAS 40 不适用于与农业活动有关的生物资产，以及矿产权和石油、天然气等非再生资源的矿产。

（1）确认时的计量

根据 IAS 40 的规定，投资性房地产确认的原则是：与投资性房地产相关的未来经济利益很可能流入企业；投资性房地产的成本能够可靠地计量。投资性房地产的成本包括取得时发生的初始成本，以及为添置、部分置换或维修房地产而发生后续成本。

投资性房地产应按其成本进行初始计量，交易费用包括在初始计量中。按取得方式的不同，成本的构成也有所不同。在购置的情况下，投资性房地产的成本包括买价和任何可直接归属于该房地产的支出。在自建的情况下，投资性房地产的成本是指该房地产建造或开发完工日的成本。在租赁的情况下，持有并归类为投资性房地产的房地产权益的初始成本，应按该房地产的公允价值与最低租赁付款额的现值两者孰低的方法确认。

（2）确认后的计量

初始确认后，主体可以对投资性房地产选择公允价值模式或成本模式。

①公允价值模式。公允价值，是指在公平交易中，熟悉情况的当事人之间自愿进行资产交换的金额。初始确认后，选择公允价值模式的主体应按公允价值计量其全部投资性房地产。如果无法可靠确定公允价值，主体应采用 IAS 16 中的成本模式计量。如果主体原先按公允价值模式计量某一投资性房地产，即使可比的市场交易变得不经常发生或市场价格变得不易取得，在该项投资性房地产处置（或变为自用，或主体为以后正常经营过程中销售而开始开发）之前，主体仍应继续按公允价值模式对其进行计量。投资性房地产的公允价值应反映资产负债表日的市场状

况，公允价值变动产生的利得或损失应在产生的当期确认为损益。

②成本模式。初始确认后，选择成本模式的主体，应按照 IAS 16 对成本模式的规定计量其所有的投资性房地产；持有待售的投资性房地产除外，这类房地产按照 IFRS 5 的相关规定核算。

（3）转换

根据 IAS 40 的规定，只有当下列情况证明其用途发生改变时，投资性房地产才可能转换成其他资产或从其他资产转换成投资性房地产：①开始自用；②为销售而开始开发；③结束自用；④与另一方开始一项经营租赁；⑤结束建造或开发。对于①、②，应分别由投资性房地产转换成自用房地产、存货；对于③、④和⑤，应相应由自用房地产、存货、在建工程或在开发的房地产转换成投资性房地产。

将按公允价值计量的投资性房地产转换成自用房地产或存货，根据 IAS 16 和 IAS 2 进行后续会计处理的房地产的推定成本，应是其用途改变之日的公允价值。如果一项自用房地产转换成一项按公允价值计量的投资性房地产，在用途改变之日，该项房地产的账面金额与其公允价值之间的差额，按照 IAS 16 中规定的价值重估处理。如果将存货转换成按公允价值计量的投资性房地产，转换日该房地产的公允价值与其原账面金额之间的差额应确认为损益。当主体完成一项将按公允价值计量的自建投资性房地产的建造或开发活动时，在完成日，该项房地产的公允价值与原账面金额之间的差额应确认为损益。

（4）处置

当投资性房地产被处置或永久退出使用，且预期没有来自处置的未来经济利益流入时，应终止确认投资性房地产，将其从资产负债表中删除。主体应根据投资性房地产的报废或处置的净收入与该项资产的账面金额之间的差额，确定由此所产生的利得或损失，并应在报废或处置当期确认为损益（除非适用 IAS 17 对售后租回的不同规定）。投资性房地产发生减值、损失或放弃而从第三方获得的赔偿，应在可收取赔偿时确认为损益。

（5）披露

根据 IAS 40 的规定，主体应披露的信息包括：①采用的是公允价值模式还是成本模式；②采用公允价值模式时，经营租赁形式下持有的房地产权益是否，以及在什么情况下被归类为投资性房地产核算；③在难以归类的情况下，主体用于区分投资性房地产、自用房地产以及持有以备正常经营过程中销售的房地产的标准；④在确定投资性房地产的公允价值时所采用的方法以及重要假设，包括说明公允价值的确定是取得了市场证据还是更多地依赖于其他因素（这些因素应披露）；⑤投资性房地产的公允价值依赖于独立评估师所作评估的范围（独立评估师应具有认可的相关专业资格，并具有对所评估的投资性房地产的地理位置和类型方面的近期经验，如果不存在这种评估，应披露这一事实）；⑥来自投资性房地产的租金收益、在当期产生租金收益的投资性房地产发生的直接经营费用（包括修理和维护费用）、在当期不产生租金收益的投资性房地产发生的直接经营费用（包括修理和维护费用）、投资性房地产从采用成本模式的资产集合销售到采用公允价值模式时确认为损益的公允价值的累计变化；⑦存在投资性房地产变现能力限制的情况与相应金额，或存在对收益和处置收入汇回的限制的情况与相应金额；⑧包括对投资性房地产进行购置、建造或开发、修理、维护或保养等内容在内的合同义务。

对于采用公允价值模式的主体，还应披露当期期初和期末对投资性房地产账面金额的调节，并应表明下列内容：①由购置所导致的增值和由确认在资产账面金额中的后续支出所导致的增值；②通过企业合并方式购置所导致的增值；③按照IFRS 5的规定归类为持有待售的资产，或归类为持有待售的处置组所包含的资产，以及其他待处置资产；④公允价值调整所产生的净利得或净损失；⑤财务报表折算所产生的净汇兑差额；⑥转换成存货和自用房地产或由存货和自用房地产转换而来的投资性房地产；⑦其他变动。出于提供财务报表的目的对投资性房地产的估价进行重大调整时，主体应披露该估价与财务报表中调整后估价之间的差额，并分别说明所有已经加回的已确认租赁债务的合计金额，以及所有其他重要调整。

对于采用成本模式的主体，还应披露：①使用的折旧方法。②使用寿命或使用的折旧率。③当期期初和期末的账面总金额和累计折旧（与累计减值损失相加）。④当期期初和期末对投资性房地产账面金额的调节，包括披露：由购置所导致的增值和由确认在资产账面金额中的后续支出所导致的增值；通过企业合并方式购置所导致的增值；按照IFRS 5的规定归类为持有待售的资产，或归类为持有待售的处置组所包含的资产，以及其他待处置资产；折旧；当期确认的减值损失金额以及转回的减值损失金额；财务报表折算所产生的净汇兑差额；转换成存货和自用房地产或由存货和自用房地产转换而来的投资性房地产；其他变动。⑤投资性房地产的公允价值。当主体无法可靠确定投资性房地产的公允价值时，应披露对该项投资性房地产的描述、对公允价值无法可靠确定的解释以及公允价值极可能处于的估计范围。

（6）IAS 40的修订——投资性房地产的转换

IAS 40列举了有证据表明用途发生改变的一系列情况，某些意见认为该清单已涵盖所有情形。因此，2014—2016年度改进周期中IASB发布了对IAS 40的修订。修订之后，IAS 40第57段（a）~（d）所列举的情形已被重新表述为未涵盖所有情形的示例。本次修订反映当房地产的用途发生改变时的处理原则：

①评估一项房地产是否符合或不再符合投资性房地产的定义；

②表明用途已发生改变的证据。

本次修订适用于自2018年1月1日或以后日期开始的年度期间，允许提前采用。

6.6.4 IAS 38《无形资产》

在当今的知识经济条件下，无形资产作为一种无实物形态的非货币性资产，给公司所带来的价值迅速增加。一些上市公司的市场价值远远大于公司的账面价值，这些公司市场价值中的很大一部分源自于其无形资产所带来的价值，以及由此所给投资者带来的良好预期。Goldfinger（1997）甚至认为，经济价值和财富的来源已不再是物质商品的生产，而是来源于无形资产的创造和运用。通过对美国 2001 年公布商誉价值最大的 100 家上市公司的调查表明，最大的 AOL 时代华纳公司的商誉价值为 1 274 亿美元，最小的 Weyerhaeuser 公司的商誉价值为 11 亿美元，100 家公司公布的商誉价值总计为 9 315 亿美元，占到这些公司总资产的约 11%。[①] 另据统计，标准普尔公司在 1982 年的市场价值中无形资产只占 38%，有形资产账面价值在市场价值中所占的比例为 62%；然而到了 1992 年，无形资产在市场价值中所占的比例上升到了 62%，有形资产账面价值在市场价值中所占的比例则从 62% 下降到了 38%。[②] 鉴于无形资产的重要性，近年来一些国家或国际组织纷纷制定或进一步完善相关准则，规范无形资产的会计处理和信息披露。例如，美国财务会计准则委员会于 2001 年发布了财务会计准则公告 SFAS 142《商誉和其他无形资产》，国际会计准则理事会于 2004 年发布了国际会计准则 IAS 38《无形资产》（2004 年修订）。FASB（2001）在说明发布 SFAS 142 的原因时指出："分析师和其他信息使用者（包括企业管理层）认为，无形资产对于很多企业来说是日益重要的经济资源，在很多交易获得的资产中所占的比例不断增加，因此需要关于无形资产的更好的信息。"[③]

1）"无形资产"概念辨析

"无形资产"这个术语，对从事会计理论研究和会计实务工作的人来说并不陌生，但对"无形资产"的概念的理解却不尽相同。因此，要对无形资产的识别和估价问题进行研究，势必要对其概念进行明确的界定。Kohler（1963）认为，无形资产是不以实物形态存在的资产，其价值取决于拥有该资产给所有者带来的权力和利益。Harrison 等（2006）认为，无形资产是一种无实物形态的资产，代表了目前取得将来预期收益的一种权利，专利、版权、商标和商誉等都是无形资产。他们还认为，除商誉以外，其他无形资产的会计处理与长期资产的会计处理基本类似。这些学者在界定无形资产的时候，都强调了其"无实物形态"，这显然是从"无形资产"概念本身所作的延伸解释。然而，有的学者却持有不同的看法。Paton（1952）指出，以缺乏实物形态来判别无形资产并无太大帮助，他认为相对于企业某一组成部分来说，无形资产与企业整体更为密切相关。Lew 和 Zarowin（1999）认为，无形资产的会计处理应采用与有形资产相同的方法。Hendriken（1982）则认为，无形资产与有形资产之间存在重大差异，有必要采用不同的确认和估价标准。他指出，无形资产的预期收益具有很大的不确定性，这在很大程度上影响了无形资产的确认和估价标准，适用于有形资产的确认和估价标准不一定适用于无形资产。

国际上主要的准则制定机构在制定相关准则时也对"无形资产"的概念作了

① HUEFNER RJ，LARGAY JA. The effect of the new goodwill accounting rules on financial statements［J］. The CPA Journal，2004（11）：33.

② BARUCH L，DAUMJH. Intangible assets and the need for a holistic and more future-oriented approach to enterprise management and corporate reporting［EB/OL］.（2012-03-20）. www. stern. nyu. edu.

③ FASB. SFAS 142：Goodwill and other intangible assets（status page and summary）［S］. 2001：5.

界定，从它们所作的界定来看，对“无形资产”的定义基本类似，都强调了无形资产是企业过去交易或事项产生的、可能给企业带来未来经济利益的、无实物形态的非货币性资源。例如，IASB 在国际会计准则 IAS 38《无形资产》（2004 年修订）中规定，“无形资产是一种不具有实物形态的可识别的非货币性资产。资产是企业由于过去事项所控制的一种资源，该资源预期能够给企业带来未来的经济利益”①。从上述定义中可以看出，IASB 认为无形资产应具有三个特点：（1）可识别②；（2）被企业所控制，即具有从该项资产获取经济利益的权利；（3）能够带来未来的经济利益，如收入的获取或成本的降低等。IFRS 3 第 46 段也规定，一项无实物形态的非货币性资产必须是可识别的，才能符合无形资产的定义。与 IAS 38（1998 年修订）相比，IAS 38（2004 年修订）对“无形资产”概念的界定作了一定的修改。在 IAS 38（1998 年修订）中，对“无形资产”概念的界定是“为用于商品或劳务的生产或供应、出租给其他单位，或管理目的而持有的、没有实物形态的、可辨认非货币性资产”③。IAS 38（2004 年修订）删除了“用于商品或劳务的生产或供应、出租给其他单位，或管理目的”的要求。值得注意的是，在 IASB 关于“无形资产”的定义中，强调了“可识别”，这样，就将商誉排除在外，因为商誉是一种典型的不可识别的无形资产。所以，IAS 38（2004 年修订）关于无形资产的规范主要是针对除商誉以外的其他无形资产。英国财务报告准则 FRS 10《商誉和无形资产》是在 IAS 38（2004 年修订）的基础上制定的，关于“无形资产”概念的界定与 IASB 的规定一致。FASB 在财务会计准则公告 SFAS 142《商誉和其他无形资产》中将“无形资产”定义为“没有实物形态的资产（不包括金融资产）”④，并明确指出在该公告中，“无形资产”仅指除商誉以外的无形资产。在我国 2006 年 2 月发布的《企业会计准则第 6 号——无形资产》中规定：无形资产，是指企业拥有或者控制的没有实物形态的可辨认非货币性资产。资产满足下列条件之一的，符合无形资产定义中的可辨认性标准：（1）能够从企业中分离或者划分出来，并能单独或者与相关合同、资产或负债一起，用于出售、转移、授予许可、租赁或者交换；（2）源自合同性权利或其他法定权利，无论这些权利是否可以从企业或其他权利和义务中转移或者分离。⑤ 而我国《企业会计准则——基本准则》规定：资产是指企业过去的交易或者事项形成的、由企业拥有或者控制的、预期会给企业带来经济利益的资源。⑥ 另外，由于《企业会计准则第 6 号——无形资产》关于“无形资产”的定义中强调了“可辨认”，显然也排除了商誉。综合起来，可以看出，我国准则关于“无形资产”概念的界定基本上借鉴了 IASB 的做法。

① IASB. IAS 38：Intangible assets [S]. 2004.
② 根据 IAS 38 的规定，只有满足以下条件之一，一项资产才符合无形资产定义中的“可识别”标准：是可分离的，即无论单独还是与相关合同、资产或负债一起，都能够从主体中分离或划分出来并被出售、转移、授予许可、租赁或交换；源自合同性权利或其他法律权利，不论这些权利是否可从主体或其他权利或义务中转移或分离。
③ IASB. IAS 38：Intangible assets [S]. 1998.
④ FASB. Statement of financial accounting standards No. 142：Goodwill and other intangible assets [S]. 2001.
⑤ 中华人民共和国财政部．企业会计准则（2006）[M]．北京：经济科学出版社，2006.
⑥ 中华人民共和国财政部．企业会计准则（2006）[M]．北京：经济科学出版社，2006.

综上所述，可以看出，尽管关于“无形资产”概念的界定还没有一个一致的表述，但是我们可以从中发现一些关于“无形资产”概念的共性的东西：首先，无形资产必须为企业拥有或控制，并且这种拥有或控制是由过去的交易或事项导致的，既有可能是企业从外部取得，也有可能是企业内部创造；其次，无形资产不具有实物形态，是能够给企业带来预期经济利益的资源；再次，无形资产应该能够为企业所识别，并具有一定的市场价值，通常来讲，无形资产的价值与企业整体有着密切的联系；最后，商誉作为一种不可识别的无形资产，通常与企业的其他无形资产分离开来，其会计处理往往适用专门的准则规定。需要指出的是，这里所作的总结并没有构成对“无形资产”概念的完美界定。Canibano 等（2000）认为，各国准则所作的规定并没有回答关于无形资产的一个基本问题：如果无形资产是能够带来未来经济利益的资源，为什么一些无形资产没有被拥有其的公司报告而仅仅是在并购的过程确认或计量呢?[①] 显然，各国及国际的相关准则仍有待完善。企业遵循无形资产准则的规定，目的是在于使信息使用者获得企业所有无形资产的相关信息，而不仅仅是企业并购过程中取得的无形资产的相关信息。

2）IAS 38 发展概述

IASC 成立后不久就开始着手无形资产的会计处理问题。[②] 1977 年 2 月，IASC 发布了征求意见稿 ED 9《研究和开发成本会计》。1978 年 7 月，在征求各方意见的基础上，IASC 正式发布了国际会计准则 IAS 9《研究和开发成本会计》[③]，自 1980 年 1 月 1 日起正式生效。IAS 9（1978）规定：“研究和开发费用[④]在各会计期的分配，取决于它们与将来产生的受益之间的联系。在大多数情况下，本期研究和开发费用与以后的受益很少或没有直接联系，因为受益的金额和时间通常很不确定。因此，研究和开发费用通常作为发生当期的费用。”[⑤] 如果能证实产品或工艺在技术上和商业上是可行的，并且企业有足够的能力将其在市场推销，则可以把开发活动的费用递延到以后各期，根据产品、工艺的销售量或使用量，或按照合理的期间有规则地进行摊销。但是，以前已注销的开发费用不再转出。根据 IAS 9

---

① 事实上，关于无形资产的信息披露问题已经引起准则制定机构的关注。2002 年 1 月 9 日，FASB 将“未在财务报表中确认的无形资产的信息披露”作为自己技术日程的一部分，在该项目中，FASB 将无形资产的范围限制在目前未在资产负债表中确认，但在企业合并过程中按照 SFAS 141 的要求确认的无形资产。

② IASC 成立时，正值英国、美国等发达国家制定、完善研究和开发支出会计准则时期。例如，1975 年 1 月，英国会计准则指导委员会发布了第 14 号征求意见稿，以解决研究和开发支出的会计处理问题。1976 年 5 月，会计准则委员会发布了第 17 号征求意见稿。1977 年 12 月，在 ED 14 和 ED 17 的基础上，ASC 发布了标准会计实务公告 SSAP 13《研究和开发会计》。在美国，FASB 成立以后就开始着手制定相关的准则，在 APB 发布的第 17 号意见书的基础上，于 1974 年 10 月发布了标准会计实务公告 SFAS No. 2《研究和开发成本的会计处理》。正是在这样的背景下，IASC 在其成立之初就着手制定关于研究和开发支出的会计准则。

③ IASC 在 1978 年发布的 IAS 9《研究和开发成本会计》在很大程度上受到了英国会计准则指导委员会发布的第 14 号征求意见稿的影响。在该征求意见稿中，将研究活动划分为基础研究和应用研究，并主张基础研究和应用研究费用都应当作为费用计入当期损益，只有符合一定条件的开发费用才予以资本化。ASSC 甚至认为，由于开发费用资本化的条件中存在固有的不确定性，研究和开发支出都应当作为费用计入当期损益。

④ 在这里，根据 IAS 9（1978）的规定，研究和开发费用主要包括：从事研究和开发活动人员的薪金、工资和其他有关费用；研究和开发活动消耗的材料和劳务费用；设备和设施用于研究和开发活动的折旧费；与研究和开发活动有关的间接费用；与研究和开发活动有关的其他费用。

⑤ 国际会计准则委员会. 国际会计准则［M］. 财政部会计事务管理司，译. 北京：中国财政经济出版社，1992.

（1978）的规定，开发费用要递延到以后各期，应符合以下条件：（1）产品或工艺非常明确，其费用能与其他费用分开；（2）产品或工艺在技术上可行，已经证实；（3）企业管理部门已表示要生产和销售或使用这种产品或工艺；（4）这种产品或工艺明显存在未来市场，如果是为内部使用而不是出售，其用途能被证实；（5）有足够的资源，或者有理由预期有资源来完成本项目和推销该产品或工艺。另外，项目的递延开发费用，应在每一报告期期末加以检查。当不再符合递延的条件时，未摊销的余额应立即转为费用。如果开发费用符合递延的条件，但其金额估计已超出未来的有关收入，其超出部分也应立即确认为费用。① 企业应说明所采用的会计政策，包括递延费用的摊销方法，并列报作为费用支出的研究和开发费用的总额，包括递延开发费用的摊销额，以及未摊销递延开发费用的变动金额及其余额。

1991 年 8 月，IASC 发布了征求意见稿 ED 37《研究和开发活动》。1993 年 12 月，又发布了 IAS 9 的修订稿 IAS 9《研究和开发活动》，自 1995 年 1 月 1 日起生效。与 IAS 9（1978）相比，这次修订稿在以下方面发生了显著变化：（1）对研究和开发活动作了更明确的界定。在实务中，要识别某项活动是否是研究和开发活动有一定的困难，识别研究和开发活动通常依企业的类型、企业的组建方式以及所担负的项目的类型而定。为了便于准则的实施，IASC 在 IAS 9（1993）中不仅对研究和开发的概念作了界定，而且列举了属于研究活动和开发活动的典型例子，以及一些可能被误认为研究活动和开发活动的情况。（2）对研究和开发支出的会计处理作了重大修订。IAS 9（1993）将研究费用与开发费用分开，分别就其会计处理作了规定。该准则明确规定："研究费用应在其发生的当期确认为费用，并且在随后的会计期间也不能确认为资产。"② 对于开发费用，如果满足规定的标准，就确认为一项资产，否则均应在发生的当期确认为费用。根据 IAS 9（1993）的规定，开发费用要确认为一项资产，必须满足如下标准：①能够清楚地确定产品或工艺，并且应计入产品或工艺的费用能单独地辨认和可靠地计量；②产品或工艺的技术可行性能够论证；③企业计划生产和销售（或利用）该产品或工艺；④该产品或工艺的存在市场的可能性或其对企业的有用性（如果其在内部使用而不是销售）能够被论证；⑤拥有为完成该项目并销售或使用该产品或工艺所需的足够的资源，或能论证它们的可用性。另外，修订后的准则还要求企业确认为资产的项目的开发费用不应超过限额，该限额等于可从相关的未来经济利益中收回的金额扣除进一步的开发费用、相关的生产费用，以及在销售该产品时直接发生的销售和管理费用后的余额。（3）对开发费用的摊销作了明确的规定。IAS 9（1993）规定，确认为资产的开发费用，当产品或工艺可用于销售或使用时，即开始摊销，并系统地确认为各期

---

① IAS 9（1978）认为，对一个项目开发费用的递延金额应有一定的限制，即在加上进一步的开发费用、有关生产费用和推销该产品直接发生的销售费用及行政管理费用，合理地预期能从将来的有关收入中收回的金额。

② 国际会计准则委员会．国际会计准则（1993 年修订）：财务报表可比性［M］．财政部会计司，译．北京：中国财政经济出版社，1995.

费用，以反映确认相关经济利益的方式。在具体摊销时，可以参考企业从产品或工艺的销售或使用中获得的收入或其他利益，以及产品或工艺预计被销售或使用的期限进行，但摊销的期限通常不超过5年。（4）对开发费用的减记作了规定。在IAS 9（1978）中，没有涉及开发费用的减记问题，因为它倾向于将开发支出费用化。根据IAS 9（1993）的规定，已确认为资产的项目开发费用的未摊销余额应于每一个会计期期末予以检查。如果未摊销的余额，连同进一步的开发费用、相关的生产费用，以及销售该产品时直接发生的销售和管理费用，不再可能从预期的经济利益中收回时，项目的开发费用应予减记。一旦项目的开发费用不再符合将开发费用确认为资产的标准，应当立即冲销其未摊销余额。减记或冲销的金额应在减记或冲销发生的当期确认为费用。另外，IAS 9（1978）规定，以前已注销的开发费用不再转出。而IAS 9（1993）规定，如果导致减记或冲销的情况和事项不再存在，并且有明显的证据表明新的情况和事项将在可预见的将来存在下去，那么减记或冲销的开发费用的余额应予转回，转回的金额应作为当期已确认为费用的开发费用的减项确认。（5）所披露的内容更为详尽。IAS 9（1993）除了要求企业披露研究和开发费用所采纳的会计政策、在本期确认为费用的研究和开发费用的金额以及使用的摊销方法以外，还要求披露所采用的摊销年限、摊销率以及表明未摊销开发费用的期初和期末之间的调整额，包括确认为资产的开发费用、确认为费用的开发费用、分配计入其他资产账户的开发费用以及转回的开发费用。另外，准则还鼓励企业在财务报表或年度报告的其他地方加入对研究与开发活动的具体说明。

1995年6月，IASC发布了征求意见稿ED 50《无形资产》。IASC根据反馈的意见对ED 50作了修改，并在1997年8月发布了征求意见稿ED 59《无形资产》。1998年9月，IASC正式发布了国际会计准则IAS 38《无形资产》，该准则取代了IAS 9（1993），并自1999年7月1日起生效。在IAS 38（1998）中，就企业所有的无形资产的会计处理作了规定，其中关于研究和开发支出的规定是作为企业内部产生无形资产的两个阶段进行规范的。在初始确认和计量过程中，IAS 38（1998）规定，研究活动不会产生应予确认的无形资产，研究的支出应在其发生时确认为费用，这与IAS 9（1993）的规定是一致的。IAS 38（1998）规定，对于开发阶段的支出，在满足条件的情况下可以确认为一项无形资产，这与IAS 9（1993）的规定也是类似的，但是所规定的条件却不尽相同。IAS 38（1998）规定，开发阶段的支出要确认为一项无形资产，必须满足的条件包括：（1）完成该项无形资产，使其能使用或销售，在技术上可行；（2）有意完成该项无形资产并使用或销售它；（3）有能力使用或销售该项无形资产；（4）该项无形资产很可能产生未来经济利益；（5）有足够的技术、财务资源和其他资源支持，以完成该项无形资产的开发或销售；（6）对归属于该项无形资产开发阶段的支出，能够可靠地计量。[①] 在后续

① 国际会计准则委员会．国际会计准则2000［M］．财政部会计准则委员会，组织翻译．北京：中国财政经济出版社，2000：632.

计量中，IAS 38（1998）并没有就内部形成的无形资产作出特别的规定，而是就企业所有无形资产的摊销、减值、披露等作了规定，只强调企业的财务报表应披露本期确认为费用的研究和开发支出的总额。2004 年 3 月 31 日，IASB 又发布了 IAS 38（1998）的修订稿，修订后的准则自 2004 年 1 月 1 日起生效。在修订后的 IAS 38 中，主要的变化在于增加了对企业在并购过程中取得的正在进行的 R&D（In-Process R&D, IPR&D）的处理。该准则规定，企业在合并过程中取得的 IPR&D，在满足无形资产定义等条件的情况下应确认为一项资产，即使其中一个组成部分是研究支出。并购完成以后，企业在所取得的 IPR&D 项目方面的支出按照企业其他研究和开发支出处理，即归属于研究的确认为费用，归属于开发的在满足有关条件的情况下确认为资产，否则也作为费用处理。① 2014 年 5 月，IASB 对 IAS 38 做出关于折旧和推销的可接受方法的修订。修订后的 IAS 38 引入了一个可推翻的假设，即以收入为基础的摊销方法不适用于无形资产，原因是影响收入有多项因素，而并非所有因素均与资产使用或消耗的方式相关。该假设仅可在下列两种情形下被推翻：（1）无形资产是作为收入的衡量方式，即无形资产固有的主要限制因素是能够实现合同约定的收入门槛值。主要限制因素可能是预先确定的时间长短、生产的单位数量或拟产生的固定收入总金额。例如，金矿勘探和提取黄金以及经营收费公路的权利，其中合同将分别在源自黄金销售或公路收费的累计收入达到固定的总金额时终止。识别无形资产固有的主要限制因素可以作为确定适当摊销基础的起点。但是，若另一摊销基础能更贴切地反映经济利益消耗的预计模式，则采用另一基础可能是恰当的。（2）收入与无形资产的消耗存在高度关联性。

3）IAS 38 的基本内容

IAS 38 的目的是对没有在其他国际会计准则中涉及的无形资产的会计处理进行规范，它适用于对主体无形资产的会计核算，但由其他国际会计准则规范的无形资产除外。另外，IAS 39《金融工具：确认与计量》中定义的金融资产、矿产权以及矿产、石油、天然气和类似非再生资源的勘探支出或开发和采掘支出，也不适用该准则。

（1）确认和计量

某项目要确认为无形资产，首先必须符合无形资产的定义，其次还要满足确认的条件，即归属于该资产的未来经济利益很可能流入企业，且该资产的成本能够可靠地计量。主体应使用合理并有证据的假定来评价未来经济利益流入企业的可能性，这些假定代表主体的管理层对在资产有用寿命内将存在的一系列经济状况作的最好估计。

---

① 关于并购中获得的正在进行的 R&D（In-Process R&D, IPR&D），FASB 在 1975 年发布的解释公告 FIN 4《FASB 第 2 号公告在购买法合并下的适用性：对 FASB 第 2 号公告的解释》对其会计处理作了说明。1998 年 9 月，当时的美国证券交易委员会主席 Arthur Levitt 在纽约大学的一次演讲中指出了一些公司利用并购中获得的 IPR&D 进行盈余管理的问题。SEC 开始加强对 IPR&D 的监管。2004 年 8 月 12 日，Cephalon 医药公司以 5.14 亿美元的成本获得了 CIMA 实验室 100% 的权益，确认的 IPR&D 费用为 1.86 亿美元。正是由于 IPR&D 费用目前在并购价格中占有越来越大的比重，促使 IASB 等准则制定机构逐步完善相关准则。

主体可以通过多种方式取得无形资产，在不同的取得方式下，确认和计量的成本可能也有所不同。对于单独取得的无形资产，其成本包括：①购买价格；②任何可直接归属于使资产达到预定可使用状态的支出。对于作为企业合并的一部分取得的无形资产，其成本就是其在购买日的公允价值。对于以政府补助的形式取得的无形资产，主体可以选择以公允价值对无形资产和政府补助进行初始确认。如果主体选择不以公允价值对无形资产进行初始确认，则可以以名义金额加上可直接归属于使资产达到预定可使用状态所需的支出，对无形资产进行初始确认。对通过资产交换取得的无形资产，其成本应以公允价值计量，除非交换缺乏商业实质，或者换入和换出资产的公允价值都不能可靠地计量。如果换入资产不以公允价值计量，其成本应以换出资产的账面金额计量。对于自创商誉，不应确认为资产。对内部产生的无形资产，主体应将资产的形成过程分为研究阶段和开发阶段。研究阶段不会产生应予确认的无形资产，支出在发生时确认为费用。开发阶段的支出，在满足一定条件[①]的情况下，予以确认。内部产生的品牌、刊头、报刊名、客户名单和实质上类似的项目不应确认为无形资产。内部产生的无形资产的成本，由可直接归属于该资产的创造、生产并使该资产能够以管理层预定的方式运作的所有必要支出组成。

（2）费用的确认

无形资产项目发生的支出，应在其发生时确认为费用，除非它构成无形资产成本的一部分（满足无形资产成本的确认标准），或者该项目在企业合并中取得并且不能确认为一项无形资产（在这种情况下，该支出应构成在购买日分摊至商誉的金额的一部分）。初始确认为费用的无形资产项目支出，不应在以后再确认为无形资产成本的一部分。

（3）确认后的计量

主体应当选择成本模式或重估价模式对无形资产进行计量。如果一项无形资产以重估价模式计量，该资产所属类别中的其他所有资产也都应以重估价模式计量，除非这些资产不存在活跃的市场。在成本模式下，初始确认后，无形资产应以其成本减去累计摊销额和累计减值损失后的余额入账。在重估价模式下，初始确认后，无形资产应以重估价入账，即重估日的公允价值减去随后发生的累计摊销额和累计减值损失后的余额。重估的原则是使在资产负债表日资产的账面金额与其公允价值不会存在重大差异。如果在某类已重估的某类无形资产中，某项无形资产因为没有对应的活跃市场而不能重估，那么该资产应以成本减去累计摊销额和累计减值损失后的余额入账。如果某项已重估的无形资产的公允价值不可以再参照活跃市场中的价格予以确定，那么该项无形资产的账面金额应以最近一个重估日参照活跃市场的价格确定的重估价减去随后发生的累计摊销额和累计减值损失后的余额确定。如果

① 应满足的条件包括：完成该项无形资产，使其能使用或销售，在技术上可行；有意完成该项无形资产并使用或销售它；有能力使用或销售该项无形资产；该项无形资产很可能产生未来经济利益；有足够的技术、财务资源和其他资源支持，以完成该项无形资产的开发或销售；对归属于该项无形资产开发阶段的支出，能够可靠地计量。

无形资产的账面金额因重估价而增加，那么增加额应直接贷记股东权益中的“重估价盈余”科目；相反，如果无形资产的账面金额因重估价而减少，那么减少额应确认为损益。但是，如果该增值是同一资产以前被确认为损益的重估减值的转回，那么该重估增值应确认为损益；如果“重估价盈余”科目的贷方余额代表该资产，那么该重估减值应直接贷记权益中的“重估价盈余”科目。

（4）有用寿命

主体应评估一项无形资产的有用寿命是有限的还是不确定的。如果是有限的，还应评估有用寿命的期限或者有用寿命内的产量或类似计量单位的数量。在分析所有相关因素的基础上，当无法预见某项无形资产预期为主体产生净现金流量的截止期限时，主体应视该项无形资产的有用寿命是不确定的。源自合同性权利或其他法定权利的无形资产，其有用寿命不应超过合同性权利或其他法定权利的期限，但可能会更短，这取决于主体使用无形资产的预期期限。如果合同性权利或其他法定权利在能够重新延续的有限期间内转让，仅当有证据支持主体续约无需重大成本时，无形资产的有用寿命才应包括续约期。

有用寿命有限的无形资产，其应折旧金额应当系统地在有用寿命内分摊，且所使用的摊销方法应反映无形资产未来经济利益的流入方式。如果这种方式不能可靠地确定，那么应采用直线法分摊。每期的摊销额应确认为损益，除非 IAS 38 或其他准则允许或要求将其计入其他资产的账面金额。通常，有用寿命有限的无形资产的残值应假定为零，除非有第三方承诺在无形资产的有用寿命结束时购买该项无形资产，或者该项无形资产存在活跃市场，残值可以根据市场信息确定，且这种市场在该项无形资产的有用寿命结束时很可能还存在。根据 IAS 38 的规定，对于有用寿命有限的无形资产，其摊销期和摊销方法至少应在每个财务年度末进行复核。如果发生变化，摊销期和摊销方法应相应改变，并根据 IAS 8 的规定作为会计估计变更处理。有用寿命有限的无形资产不再使用时不应停止摊销，除非该项无形资产已提足折旧或者按照 IFRS 5 的规定归类为持有待售的资产。IAS 38 规定，有用寿命不确定的无形资产不应摊销，但主体每年以及有明显迹象表明该项无形资产可能发生减值时对有用寿命不确定的无形资产进行减值测试。另外，主体应在每个期间对不进行摊销的无形资产的有用寿命进行复核，以判断事项和环境是否仍然支持该项资产有用寿命不确定的评估。

（5）报废和处置

无形资产应在处置时，或者预期从其使用或处置中不会产生未来经济利益时，终止确认。主体应根据处置净收入和资产的账面金额之间的差额确定由终止确认形成的利得或损失，并在资产终止确认时确认为损益。

（6）披露

主体应在财务报表中对内部产生的无形资产和其他无形资产予以区分，并披露每一类无形资产的下列信息：①有用寿命是不确定的还是有限的，以及如果是有限的，其有用寿命和所用的摊销率；②有用寿命有限的无形资产所使用的摊销方法；

③期初和期末的账面金额总额和累计摊销额（与累计减值损失相加）；④其中含无形资产摊销额的收益表单列项目；⑤期初和期末账面金额的调节。另外，主体还应披露：①对于有用寿命不确定的无形资产，该无形资产的账面金额支持有用寿命不确定评估的原因；②对主体的财务报表具有重要影响的单项无形资产的描述以及其账面金额和剩余摊销期；③对以政府补助方式取得并以公允价值进行初始确认的无形资产，这些资产初始确认时的公允价值、账面金额以及确认后是根据成本模式计量还是根据重估价模式计量；④所有权被限制的无形资产的存在的事实及其账面金额，以及作为债务抵押品的无形资产的账面金额；⑤对购买无形资产的合同性承诺的金额。

如果无形资产以重估价模式计量，则主体应按无形资产的类别披露重估价的有效日期、已重估的无形资产的账面金额以及已重估的无形资产根据成本模式进行确认后计量时本应确认的账面金额。另外，主体应披露与无形资产有关的重估价盈余的期初和期末数、当期的变化、对将余额分配给股东的所有限制以及估计资产价值时使用的方法和重要假设。根据 IAS 38 的规定，主体应披露本期确认为费用的研究和开发支出总额。

IAS 38 鼓励但不要求主体提供：①对已全额摊销完但仍然在用的无形资产的描述；②由主体控制但由于不满足准则规定的标准，或由于在 1998 年发布的 IAS 38 生效前已取得或已产生而未予确认的重大无形资产的简要描述。

6.6.5　IAS 36《资产减值》

1）IAS 36 的发展概述

1997 年 5 月，IASC 发布了征求意见稿 E 55《资产减值》（Impairment of Assets）。在此基础上，IASC 于 1998 年 6 月正式发布了国际会计准则 IAS 36《资产减值》，自 1999 年 7 月 1 日起生效。作为企业合并项目的一部分，IASB 对 IAS 36（1998）作了修订。企业合并项目的目标是提高企业合并以及企业合并中取得的商誉和无形资产的会计处理的质量。这一项目包括两个阶段：2003 年 3 月发布的修订后的 IAS 36 是 IASB 合并项目第一阶段的部分成果，修订后的 IAS 36 自 2004 年 4 月 1 日起生效。

IAS 36 的目的是规范主体的计量程序，以确保其资产以不超过可收回金额进行计量，适用于除下列资产以外的所有资产减值的会计处理：①存货；②建造合同形成的资产；③递延所得税资产；④雇员福利形成的资产；⑤包括在 IAS 39 范围内的金融资产；⑥以公允价值计量的投资性房地产；⑦以公允价值减去预计至销售将要发生的费用计量的、与农业活动有关的生物资产；⑧递延购买成本，包括在 IFRS 4 范围内的保险合同中由承包人的保险权利形成的无形资产；⑨按照 IFRS 5 的规定被归类为持有待售的非流动资产（或处置组）。

2）IAS 36 的基本内容

（1）认定可能已经减值的资产

在每一个资产负债表日，主体应评估是否有资产可能存在已经减值的迹象。在评估的过程中，应综合外部和内部的信息。如果存在减值的迹象，主体应估计资产的可收回金额。但是，无论是否存在减值的迹象，主体每年都应当通过比较账面金额和可收回金额对有用寿命不确定的无形资产或尚未达到可使用状态的无形资产进行减值测试。这种减值测试可以在年度内的任意时间完成，只要测试是在每年相同的时间完成。不同的无形资产应当在不同的时间进行减值测试。然而，如果无形资产是在当前年度期间进行初始计量，无形资产应当在当前年度期间期末之前进行减值测试。另外，主体每年应对合并中取得的商誉进行减值测试。

（2）可收回金额的计量

可收回金额，是指资产或现金产出单元的公允价值减去出售费用与使用价值两者之中的较高者后的金额。这里，使用价值指预期从资产或现金产出单元中形成的未来现金流量的现值。计量可收回金额的目的在于确定无形资产是否发生减值。但是，并不总是需要同时确定资产的公允价值减去出售费用与使用价值。如果二者之一超过其账面金额，资产就没有减值，也就没有必要估计其他金额。另外，有时不可能确定资产的公允价值减去出售费用，那么资产的使用价值可视为其可收回金额。类似的，如果没有理由相信资产的使用价值远远超过其公允价值减去出售费用，则后者就可视为其可收回金额。通常，可收回金额应就单个资产确定。但是，如果资产持续使用产生的现金流入不能独立于其他资产或资产组合所产生的现金流入，或者对资产使用价值的估计与其公允价值减去出售费用并不接近，就应确定资产所属的现金产出单元的可收回金额。

（3）资产减值损失的确认和计量

资产减值损失是指资产或现金产出单元的账面金额超过其可收回金额的差额。资产减值损失应在收益表内立即确认为损益，除非其他准则另有规定。如果减值损失的估计金额超过相关资产的账面金额，只有当另一准则有要求时，主体才应确认一项负债。在确认一项资产减值损失后，资产的折旧（摊销）费应在未来期间予以调整，以便在资产的剩余使用寿命内在系统的基础上摊销已调整的资产账面金额扣除其残值（如果有）后的金额。

（4）现金产出单元和商誉

现金产出单元，是指从一项资产或资产组合的持续使用中产生的现金流入基本上独立于其他资产或资产组合所产生的现金流入，并且能认定是最小的资产组合。对于同一资产或资产组合所认定的现金产出单元在各期间应保持一致，除非能够证明变动是合理的。如果一项资产或资产组合生产的产品存在活跃市场，即使部分或所有的产品都是内部使用，该资产或资产组合也应作为一个现金产出单元。现金产出单元的可收回金额是其公允价值减去出售费用与使用价值中的较高者。当且仅当现金产出单元（单元组合）的可收回金额低于其账面金额时，才应确认现金产出单元（已分摊商誉或总部资产的最小的现金产出单元组合）的减值损失，同时按照一定的顺序将损失分摊至抵减现金产出单元（单元组合）中资产的账面金额。但是，资产的账面金额不能减至低于公允价值减去出售费用、使用价值与零三者之中的最高者。如果在资产负债表日有迹象表明以前年度确认的减值损失已不再存在，主体应将减值损失转回，并按现金产出单元中除商誉以外资产的账面金额的比例增加那些资产的账面金额。

根据 IAS 38 的规定，每年都应当对商誉进行减值测试。为了进行减值测试，企业合并中取得的商誉应当于取得日分摊到购买方预计能从企业合并的协同效应中受益的每一个现金产出单元或现金产出单元组合，而不论被购买方的其他资产或负债是分摊到哪些现金产出单元或现金产出单元组合。如果在企业合并生效的年度期间的期末之前没有完成对企业合并中获得的商誉的初始分摊，应当在购买日后开始的第一个年度期间的期末之前完成初始分摊。对已分摊商誉的现金产出单元，每年应通过比较（包括商誉的）账面金额与可收回金额进行减值测试，无论是否有迹象表明现金产出单元可能发生减值。如果现金产出单元的可收回金额超过账面金额，将认为现金产出单元和分摊的商誉没有发生减值；如果现金产出单元的账面金额超过可收回金额，主体应确认减值损失。对已分摊商誉的现金产出单元的减值测试可以在年度期间内的任何时间进行，但每年应在相同的时间进行。已确认的商誉减值损失不能在以后的期间转回。

（5）披露

主体应当按资产的类别披露以下信息：①当期在收益表中确认的减值损失的金额，以及将其包含在内的收益表中的单列项目；②当期在收益表中确认的资产减值损失转回的金额，以及包含转回减值损失的收益表中的单列项目；③当期直接在权益中确认的资产减值损失的金额；④当期直接在权益中确认的资产减值损失转回的金额。

主体按照 IAS 14 的规定披露分部信息时，应当对每一个报告分部根据主要报告形式披露如下信息：①当期在收益表中确认的，以及直接在权益中确认的资产减值损失的金额；②当期在收益表中确认的，以及直接在权益中确认的资产减值损失转回的金额。

如果当期对单项资产（包括商誉，或现金产出单元）确认或转回的资产减值损失对报告主体财务报表的影响是重大的，主体应当披露如下信息：①导致确认或转回资产减值损失的事项和环境；②已确认或转回的资产减值损失的金额；③单个资产的性质，以及披露分部信息时资产所属的分部；④关于现金产出单元的描述，对当前和以前的资产集合方式和认定现金产出单元方式变动的原因的描述，以及按资产类别和以主体的主要报告形式为基础的报告分部已确认或转回的减值损失的金额；⑤资产（现金产出单元）的可收回金额是其公允价值减去出售费用还是使用价值；⑥如果可收回金额是公允价值减去出售费用，披露用以计量公允价值和出售费用的基础；⑦如果可收回金额是使用价值，披露当前及以前的估计所使用的折现率。

如果确认或转回的累计减值损失对于财务报表的影响是重要的，主体应披露受减值损失和减值损失转回影响的资产的主要类别，以及导致确认这些减值损失或减值损失转回的主要事项和环境。另外，主体应披露用于计量保护商誉或有用寿命不确定的无形资产的现金产出单元的可收回金额的估计。

6.6.6 IAS 37《准备、或有负债和或有资产》

1）IAS 37 的发展概述

1997 年 8 月，IASC 发布了征求意见稿 E 59《准备、或有负债和或有资产》。在此基础上，IASC 于 1998 年 9 月正式发布了国际会计准则 IAS 37《准备、或有负债和或有资产》，自 1999 年 7 月 1 日起生效。

IAS 37 的目的是确保将适当的确认标准和计量基础运用于准备、或有负债和或有资产，并确保在财务报表的附注中披露充分的信息，以便使用者能够理解它们的性质、时间和金额。该准则适用于所有主体对准备、或有负债和或有资产的会计核算，但不适用于待执行合同（亏损性待执行合同除外）形成的准备、或有负债和或有资产，以及其他准则规范的准备、或有负债和或有资产。这里，待执行合同是指双方均未履行任何义务或双方均同等程度地履行了部分义务的合同。

2）IAS 37 的基本内容

（1）准备

准备是指时间或金额不确定的负债。如果主体因过去事项而承担了现时的法定义务或推定义务，履行该义务很可能导致含有经济利益的资源流出主体，且该义务的金额能够可靠地估计，就应当确认为准备。这里，法定义务是指因合同、法规或其他司法解释而产生的义务；推定义务是指因主体的行为而产生的义务。例如，由于以往实务中的习惯做法、公开的政策或相当明确的当前声明，主体已向其他各方表明它将承担特定的责任，且使其他各方形成了对主体将履行责任的合理预期。在极少数情况下，主体可能会不清楚是否存在一项现时义务。在这种情况下，如果考虑所有可获得的证据后，发现在资产负债表日多半会存在现时义务，那么可以认为过去事项导致了一项现时义务。对未来的经营亏损不应确认为准备。

确认为准备的金额应是资产负债表日履行现时义务所要求支出的最佳估计，即主体在资产负债表日履行该义务，或将该义务转让给第三方而合理支出的金额。在计量准备时，需要注意：①在确定准备的最佳估计金额时，应对不可避免地围绕很多事项和情况的风险及不确定性予以考虑；②如果货币时间价值的影响很大，准备的金额应是履行义务预期所需支出的现值，且所使用的折现率应是反映货币时间价值的当前市场评价或该负债特有风险的税前折现率；③对于可能影响履行义务所需金额的未来事项，如果有足够的证据表明它们将发生，则应在准备的金额中予以反映；④不应考虑预期处置资产将形成的利得；⑤如果偿付准备所需支出的一部分或全部金额预期会由另一方补偿，那么当且仅当主体履行该义务就基本肯定会收到补偿时，才确认该补偿并作为一项单独的资产处理，且确认的金额不应超过准备的金额。准备应仅用于最初为履行该义务确认的支出。在收益表中，与准备有关的费用可以以扣除补偿确认的金额后的净额列报。在每个资产负债表日，应对准备进行复核并予以调整，以反映当前的最佳估计。履行该义务不再是很可能要求含有经济利益的资源流出时，准备应予以转回。

（2）或有负债

或有负债是因过去事项而产生的潜在义务，其存在仅能通过不完全由主体控制的一个或多个不确定未来事项的发生或不发生予以证实，或者是因过去事项产生，但由于履行该义务不是很可能要求含有经济利益的资源流出主体或该义务的金额不能足够、可靠地计量，而未予确认的现时义务。

根据 IAS 37 的规定，主体不应确认或有负债。在主体共同或各自对某项义务负有责任时，义务中预期由其他方履行的部分应作为或有负债处理。主体应将很可能要求含有经济利益的资源流出的那部分义务确认为准备，除非在极少的情况下不能对该义务作出可靠的估计。如果以前作为或有负债处理的事项的未来经济利益流出变为很可能了，则应在可能性发生变化的当期在财务报表内确认为一项准备，除非在极少的情况下不能对该义务作出可靠的估计。

（3）或有资产

或有资产是指因过去事项而形成的潜在资产，其存在仅能通过不完全由主体控制的一个或多个不确定的未来事项的发生或不发生予以证实。

根据 IAS 37 的规定，主体不应确认或有资产，即或有资产不应在财务报表内予以确认。但是，当收益基本会实现，相关资产已经不是或有资产时，应当予以确认。

（4）披露

根据 IAS 37 的规定，对于各类准备，主体应披露：①期初和期末的账面金额；②当期增加的准备，包括现有准备的增加；③当期使用的金额；④当期转回的未使用金额；⑤当期因时间流逝而增加的折现金额，以及折现率变化的任何影响。这些信息不要求提供比较信息。另外，对各类准备，主体还应披露：①义务性质的简要描述，以及其导致的经济利益流出的预期时间；②有关这些经济利益流出的金额或时间的不确定性的说明；③预期补偿的金额，说明就该预期补偿确认的资产的金额。

除非履行义务时经济利益流出的可能性极小，否则主体应在资产负债表日简要地披露各类或有负债的性质，并在可行的情况下披露其财务影响的估计、与其流出的金额或时间有关的不确定性的说明以及补偿的可能性。如果经济利益很可能流入，主体应在资产负债表日简要地披露或有资产的性质，并在可行的情况下披露其财务影响数。或有资产的披露应避免就收益产生的可能性提供误导信息。

IAS 37 中还包括了豁免性条款，规定：在极少数情况下，如果根据 IAS 37 的规定披露所要求的部分或全部信息预期会严重损害其他对准备、或有负债和或有资产有争端的主体的地位，那么主体不需要披露这些信息。但是，主体应披露该争端的一般性质，以及没有披露该信息的事实和原因。

6.6.7　IAS 8《会计政策、会计估计的变更和会计差错的更正》

1）IAS 8 的发展概述

1976 年 10 月，IASC 发布了征求意见稿 E 8《非常项目与会计估计和会计政策变更在收益表中的处理》（The Treatment in the Income Statement of Unusual Items and Changes in Accounting Estimates and Accounting Policies）。在此基础上，IASC于1978年2月正式发布了国际会计准则IAS 8《非常和前期项目与会计政策变更》（Unusual and Prior Period Items and Changes in Accounting Policies）。1992年7月，IASC发布了征求意见稿E 46《非常项目、基本性错误与会计政策变更》（Extraordinary Items, Fundamental Errors and Changes in Accounting Policies）。作为“财务报表可比性”项目的一部分，在根据多方意见修改的基础上，IASC于1993年12月发布了修订后的准则IAS 8《期间净损益、基本性错误与会计政策变更》（Net Profit or Loss for the Period, Fundamental Errors and Changes in Accounting Policies），自1995年1月1日起生效。作为国际会计准则改进项目的一部分，IASB于2003年12月发布了国际会计准则IAS 8《会计政策、会计估计的变更和会计差错的更正》（Accounting Policies, Changes in Accounting Estimates and Errors），该准则取代了IAS 8《期间净损益、基本性错误与会计政策变更》（1993年修订），并自2005年1月1日起生效。改进项目是根据证券监管机构、职业会计师和其他利益方提出的与准则有关的置疑和批评意见实施的，目的是减少或消除准则中的备选方法、重复和矛盾，解决一些趋同问题，并进行其他改进。对IAS 8修订的目的在于：①取消资源会计政策变更中的追溯调整法、更正前期差错的追溯重述法这些允许选用的处理方法；②取消重大差错的概念；③明确规定管理层所参照的指南的级次，在缺乏专门使用的准则和解释公告的情况下选用会计政策时，应对其可适用性加以考虑；④定义重要遗漏或错误表述，描述在应用会计政策以及更正差错时如何应用重要性概念；⑤收编SIC 2《一致性：借款费用资本化》（Consistency: Capitalisation of Borrowing Costs）和SIC 18《一致性：允许选用的处理方法》（Consistency: Alternative Methods）。

IAS 8的目的是对选择和变更会计政策的标准，以及对会计政策变更、会计估计变更和前期差错更正的会计处理及披露作出规定，旨在提高主体财务报表的相关性和可靠性，以及该主体不同期间财务报表的可比性和与其他主体财务报表之间的可比性。该准则适用于会计政策的选择和应用，以及会计政策变更、会计估计变更和前期差错更正的会计处理。

2）IAS 8的基本内容

（1）会计政策变更

会计政策，是指主体编制财务报表时采用的特定原则、基础、惯例、规则和做法。当某项准则或某项解释公告专门适用于某种交易、其他事项或事件时，应当应用该准则或解释公告并考虑IASB发布的所有关于该准则或解释公告的应用指南，以确定适用于该项目的一项或多项会计政策。在缺乏专门适用于某种交易、其他事项或事件的准则或解释公告时，管理层应当运用其判断来制定并应用一项会计政策，使形成的信息与使用者的经济决策需求是相关的，并且是可靠的，以使财务报表：①真实地反映主体的财务状况、财务业绩和现金流量；②反映交易、其他事项和事件的经济实质；③是中立的；④是审慎的；⑤在所有重要方面是完整的。管理当局在作出判断时，应当依次参考并考虑以下来源的应用：①处理类似和相关问题的准则、解释公告中的要求和指南；②《编报财务报表的框架》中的资产、负债、收益和费用的定义、确认标准和计量概念。而且，在不冲突的情况下，还应考虑使用类似概念框架制定会计准则的其他准则制定机构的最新文告、其他会计文献以及被认可的行业惯例。

主体应对类似交易、其他事项和事件选择并应用一致的会计政策。当且仅当准则或解释公告要求变更，或者变更能使财务报表提供有关交易、其他事项或事件对主体财务状况、财务业绩和现金流量影响的更可靠和更相关的信息时，主体才可以变更会计政策。如果准则或解释公告中有专门的过渡性规定，主体应按照过渡性规定对首次采用该准则或解释公告引起的会计政策变更进行会计处理。如果准则或解释公告中没有专门的过渡性规定，主体在首次采用准则或解释公告引起会计政策变更时，或者主体自愿进行会计政策变更时，应追溯调整该变更，即调整各个列报前期的各个受影响的权益组成部分的期初余额，以及各个列报前期披露的其他比较金额，就如同新会计政策一直在采用那样。当确定一项会计政策的应用对所有前期的累计影响不切实可行时，主体应调整比较信息，从最早的可行日期开始对新会计政策采用未来适用法。

在主体根据准则或解释公告的要求变更会计政策的情况下，主体应披露以下内容：①准则或解释公告的标题；②会计政策变更是依据准则的过渡性规定作出的（如果适用）这一事实；③会计政策变更的性质；④对过渡性规定的描述（如果适用）；⑤可能影响未来期间的过渡性规定（如果适用）；⑥如果可行，对当期和各个列报前期，披露各个受影响的财务报表单列项目，以及适用 IAS 33 的规定时披露基本的每股收益和稀释的每股收益；⑦与列报前期相关的调整金额（如果可行）；⑧如果追溯调整法不切实可行，应披露这一事实，以及会计政策变更怎样被应用和从何时应用。在以后期间的财务报表中不再需要重述这些披露信息。如果主体尚未应用某项已发布但尚未生效的准则或解释公告时，应披露该事实以及已知的或可合理估计的关于评估新准则或解释公告的应用对首次应用期间的财务报表可能造成的影响的信息。

在主体自愿变更会计政策时，应披露以下内容：①会计政策变更的性质；②采用新会计政策能够提供更可靠和更相关的信息的原因；③如果可行，对当期和各个列报前期，披露各个受影响的财务报表单列项目，以及适用 IAS 33 的规定时披露基本的每股收益和稀释的每股收益；④与列报前期相关的调整金额（如果可行）；⑤如果追溯调整法不切实可行，应披露这一事实，以及会计政策变更怎样被应用和从何时应用。在以后期间的财务报表中不再需要重述这些披露信息。

（2）会计估计的变更

会计估计的变更是指对资产或负债的账面金额或资产的期间消耗金额的调整，这种调整源自对资产和负债当前状态及对与其相关的预期未来利益和义务的评估。

会计估计变更的原因是新信息和新进展的出现，因此不是差错的更正。如果一项会计估计变更导致资产、负债或有关权益项目发生变化，主体应在变更期间调整相关资产、负债或权益项目的账面金额，对其予以确认。除此以外，会计估计变更的影响均应以未来适用法在变更期间（如果变更只影响当期）或者变更当期和未来期间（如果变更对两者均有影响）的损益中确认。

主体应披露对变更当期产生影响或预计对未来期间产生影响的会计估计变更的性质和金额。如果估计对未来期间的影响金额是不切实可行的，就不必披露对未来期间的影响金额。如果因为估计是不切实可行的而没有披露对未来期间的影响金额，主体应披露这一事实。

（3）会计差错的更正

差错产生于财务报表要素的确认、计量、列报或披露。主体应在差错发现后的第一套授权发布的财务报表中，重述差错发生期间列报的前期比较金额；如果差错在列报的最早前期之前就发生了，则重述列报的最早前期的资产、负债和权益的期初余额，追溯更正重要的前期差错。这里，前期差错是在一个或多个以前期间，因未使用或错误使用下列可靠信息而导致主体的财务报表有遗漏或错误表述：①在上述期间财务报表授权发布时已经获取的信息；②在编制财务报表时能够合理预期可以获得并加以考虑的信息。当确定某一差错对列报的一个或多个前期比较信息的影响不切实可行时，主体应追溯重述是可行的最早期间的资产、负债和权益的期初余额（可能是当期）。当在当期期初确定的差错对所有前期的累计影响不切实可行时，主体应从最早可行的期间用未来适用法重述比较信息以更正差错。

对于前期差错，主体应披露：①前期差错的性质；②如果可行，对每一个列报的前期，披露各个受影响的财务报表单列项目更正的金额，以及适用 IAS 33 的规定时披露基本的每股收益和稀释的每股收益；③列报的最早前期期初的更正金额；④如果对某一特定前期进行追溯重述是不切实可行的，要披露导致不切实可行的事实，并陈述该会计差错怎样被更正和从何时开始被更正。以后期间的财务报表中不需要重复这些披露信息。

6.6.8 IAS 10《资产负债表日后事项》

1）IAS 10 的发展概述

1977 年 7 月，IASC 发布了征求意见稿 E 10《或有事项和资产负债表日后事项》（Contingencies and Events Occurring After the Balance Sheet Date）。在此基础上，IASC 于 1978 年 10 月正式发布了国际会计准则 IAS 10《或有事项和资产负债表日后事项》，自 1980 年 1 月 1 日起生效。1994 年，IASC 对 IAS 10 进行了格式重排。1998 年 11 月，IASC 发布了征求意见稿 E 63《资产负债表日后事项》（Events After the Balance Sheet Date）。1999 年 5 月，国际会计准则 IAS 10《资产负债表日后事项》正式发布，该准则取代了 IAS 10（1978）中关于资产负债表日后事项的相关规定，并于 2000 年 1 月 1 日起生效。2003 年 12 月，IASB 又发布了该准则的修订稿，并自 2005 年 1 月 1 日起生效。这次修订对资产负债表日后宣告的股利的会计处理进行了一定的解释。

IAS 10 的目的是规范：①主体应在何时就资产负债表日后事项调整其财务报表；②主体应对财务报表批准报出日和资产负债表日后事项作出的披露。另外，如果资产负债表日后事项表明持续经营假设不再适用，主体不应继续在持续经营的基础上编制其财务报表。IAS 10 适用于资产负债表日后事项的会计处理和披露。

2）IAS 10 的基本内容

资产负债表日后事项，是指在资产负债表日和财务报表批准报出日之间发生的有利和不利事项。这些事项可以分为调整事项（对资产负债表日已经存在的情况提供证据的事项）和非调整事项（表明资产负债表日后发生情况的事项）。

（1）确认和计量

对于资产负债表日后调整事项，主体应调整其财务报表中已确认的金额。对于非调整事项，主体不应调整其财务报表中已确认的金额。如果主体在资产负债表日后向权益性工具持有者宣告股利，则主体不应在资产负债表日把这些股利确认为负债。

（2）披露

主体应披露财务报表批准报出日后获得的关于资产负债表日存在情况的信息，主体应根据新信息更新对这些情况的披露。如果资产负债表日后非调整事项非常重要，不作披露将会影响使用者以财务报表为基础所做的经济决策，那么主体应对每一重要类别的资产负债表日后非调整事项披露其性质以及对财务影响的估计或不能作出估计的说明。

6.7　公允价值

IASB 于 2011 年 5 月 12 日发布了国际财务报告准则第 13 号《公允价值计量》（IFRS 13）。IFRS 13 是按照国际财务报告准则计量公允价值的单一指引，其中定义了公允价值，提供了确定公允价值的指引并引入了有关公允价值计量的一致披露要求。IFRS 13 并未包含何时必须以公允价值计量的要求，只是规定了在其他准则要求以公允价值计量的情况下，如何计量公允价值。某些准则（例如，国际会计准则第 40 号《投资性房地产》，IAS 40）要求在持续基础上计量特定项目的公允价值（IFRS 13 中称为“连续基础上的公允价值”）；某些准则（例如，国际财务报告准则第 5 号《持有待售的非流动资产和终止经营》，IFRS 5）要求仅在特定情况下才以公允价值计量（IFRS 13 中称为“非连续基础上的公允价值”）；而某些准则（例如，国际财务报告准则第 3 号《企业合并》，IFRS 3）则要求仅当初始确认某一项目时才以公允价值计量。

1）IFRS 13 的基本内容

（1）适用范围

在其他准则要求以公允价值计量的情况下，IFRS 13 确立了计量公允价值的单一框架，并适用于以公允价值计量的金融项目及非金融项目。但按照 IFRS 2 核算的以股份为基础的支付交易和属于 IAS 17 范围的租赁交易除外。IFRS 13 同时明确，类似于公允价值但并非公允价值的计量（如 IAS 2《存货》中的可变现净值或者 IAS 36《资产减值》中的使用价值）不属于 IFRS 13 的范围。

（2）公允价值的定义

公允价值的定义为“市场参与者之间在计量日进行的有序交易中出售一项资产所收到的价格或转移一项负债所支付的价格”（即脱手价）。

（3）公允价值的确定

依据 IFRS 13，主体必须确定以下各项以得出公允价值的适当计量：

①所计量的资产或负债与其会计单位相一致。

②资产或负债进行有序交易的主要（或最有利）市场。

③对于非金融资产，资产的最高效和最佳使用，以及资产是与其他资产相结合使用还是单独使用。主体计量公允价值时所采用的适当估值技术，着重关注市场参与者对资产或负债进行定价时所使用的变量。

④市场参与者对资产或负债进行定价时所使用的假设。

2）相关解释

（1）主要（或最有利）市场

公允价值是在主要市场（即该资产或负债拥有最大交易量及交易水平的市场）中向市场参与者出售资产（或转移负债）所使用的价格。如果不存在主要市场，则应使用在最有利市场（即主体可获得最有利价格的市场）中的价格。在不存在相反证据的情况下，假设主体通常进行交易的市场为其主要市场或最有利市场。如果地点是资产特有的特征，则应针对该资产运进/运出主要（或最有利）市场所发生的成本对价格进行调整。但是，交易成本不应纳入公允价值计量，因为此类成本并非资产或负债所特有的。

（2）最高效和最佳使用

非金融资产的公允价值计量是以市场参与者对该资产的最高效和最佳使用为基础。在确定最高效和最佳使用时，主体必须考虑资产的使用是否“实际上可能、法律上允许及经济上可行”。除非市场或其他因素表明存在其他情况，否则主体对非金融资产的当前使用将被假定为该资产的最高效和最佳使用。某些主体可能决定故意使某项资产不能达到其最高效和最佳使用（例如主体出于防御性目的持有某项资产以防止其他方使用）。在这种情况下，IFRS 13 继续要求基于该资产的“最高效和最佳使用”计量其公允价值，并同时要求披露该资产未按达到其最高效和最佳使用的方式加以使用的事实。

在资产与某一资产组（例如业务）相结合时才能达到“最高效和最佳使用”，

但会计单位是个别资产的情况下，可以基于市场参与者已经或能够获得互补性资产或负债的假设计量该资产的公允价值。

（3）负债和主体自身权益

主体的负债或权益工具公允价值的确定应基于该工具将在计量日转让但仍未结算的假设（即转让价值而非消除或结算工具的成本）。IFRS 13 提供了得出该价值的分级方法，规定当无法获得负债或权益的市场标价时，应当首先采用从市场参与者将该项目作为资产持有的角度而言该负债或权益工具的公允价值，继而才应考虑使用估值技术确定的价值。

无论采用哪一种方法，负债的公允价值均必须考虑不履约风险——包括主体自身的信用风险。

（4）抵销市场风险或交易对方信用风险

在下述情况下，IFRS 13 允许存在基本公允价值计量原则的有限例外情况：报告主体持有的一组金融资产和金融负债有如国际财务报告准则第 7 号《金融工具：披露》（IFRS 7）所定义的特定市场风险或者 IFRS 7 所定义的交易对方信用风险的抵销头寸，并且主体基于对上述风险之一的净敞口来管理所持有的项目。该例外情况允许报告主体在满足特定标准的情况下，按与市场参与者对净风险头寸相一致的定价方式计量净资产或负债头寸的公允价值。

3）估值技术

当交易可直接从市场观察时，公允价值的确定可能相对较为简单；但当交易无法直接从市场观察时，应使用估值技术。IFRS 13 阐述了主体可用于确定公允价值的三项估值技术。

市场法——主体“采用涉及相同或可比（类似）资产、负债或一组资产和负债的市场交易所使用的价格及其他相关信息”。

收益法——主体将未来金额（例如现金流量或收益和费用）转换成单一的当前（即，折现后的）金额。

成本法——主体确定一个“反映现时取代资产的服务能力所需金额”（通常被称为“当前重置成本”）的价值。

主体应当选择并一致地应用一项估值技术以最大限度地使用相关的可观察变量（且尽量不要使用不可观察的变量）。

（1）溢价和折价

IFRS 13 允许将溢价或折价纳入公允价值计量（前提是仅当其与相关项目的会计单位一致）。这意味着，反映项目的规模是主体所持项目特有的特征（例如，可通过处置全部大额所持权益实现的降低价格的阻碍因素）——而不是作为资产或负债特有的特征（例如，计量控制性权益的公允价值时的控制溢价），其溢价或折价不应纳入公允价值计量。

（2）初始确认时的公允价值

一方面，如果某一项目的交易价格被确定为在交易日的公允价值，则必须对利用不可观察变量的任何估值技术进行校准，以反映初始确认时的公允价值，从而确保未来的重新计量仅反映初始确认后的价值变动。

另一方面，如果初始确认时的公允价值不同于交易价格，除非另一国际财务报告准则规定了不同的处理方式，否则所产生的利得或损失必须计入损益。对于金融资产或金融负债，IFRS 9 及 IAS 39 均规定了应如何核算初始公允价值与交易价格之间的差额。

4）披露

IFRS 13 规定了有关公允价值计量的若干定量和定性披露。许多此类披露均与以下基于估值技术变量的三个公允价值层级相关：

第 1 层——完全可观察的变量（例如，主体在计量日可获得的相同资产及负债在活跃市场中未经调整的标价）；

第 2 层——除第 1 层中的标价以外的直接或间接可观察的变量；

第 3 层——不可观察的变量。

资产或负债应基于对其估值而言重大的最低层级的变量，整体纳入上述 3 个层级之一。

IFRS 7 已包含基于上述公允价值层级的针对金融工具的披露，但是，IFRS 13 将此类披露延伸至属于其范围的所有资产和负债。某些披露要求根据公允价值是在连续还是非连续基础上进行计算而有所不同。IFRS 13 中有关资产和负债的连续和非连续公允价值计量的定义如下：

连续基础上的公允价值——其他国际财务报告准则要求或允许在每一报告期末的财务状况表中列报的公允价值。

非连续基础上的公允价值——其他国际财务报告准则要求或允许在特定情况下在财务状况表中列报的公允价值。

IFRS 13 豁免以下项目遵循其披露要求：①按照国际会计准则第 19 号《雇员福利》（IAS 19）以公允价值计量的计划资产。②按照国际会计准则第 26 号《退休福利计划的会计和报告》（IAS 26）以公允价值计量的退休福利计划投资。③按照国际会计准则第 36 号《资产减值》（IAS 36）核算的，其可收回金额为公允价值减出售费用后的余额的资产。

IFRS 13 对自 2013 年 1 月 1 日或以后日期开始的年度期间生效，允许提前采用，并且应采用未来适用法自采用 IFRS 13 的年度期间的期初起应用。

练习题

★ 思考题

1. IAS 2 的修订主要是基于什么考虑？IAS 2 的规定与我国的存货准则存在哪些异同？

2. IAS 11 就借款费用的处理作了哪些规定？相关规定与我国相关准则存在哪

些异同？

3. 试分析 IAS 12 及有关的解释公告关于暂时性差异的规定与我国相应准则有哪些异同？

4. IAS 16 规定对于企业取得的土地如何处理？在我国，对于企业取得的土地使用权的处理又是如何规定的？

5. IAS 18 对于企业分期收款销售的会计处理是如何规定的？相关规定与我国相关准则存在哪些异同？

6. 依据 IFRS 13，应如何计量公允价值？试说明适用公允价值的经济环境。

第 7 章

现行有效的国际财务报告准则（下）
——特殊业务准则

［学习目标］

1. 租赁的会计处理。
2. 金融工具的确认与计量。
3. 汇率变动的影响。
4. 企业合并的会计处理。
5. 其他特殊业务准则。

7.1 租赁

7.1.1 概述

1980 年，IASC 发布了征求意见稿 E 19《租赁会计》。1982 年 9 月，国际会计准则 IAS 17《租赁会计》正式发布，自 1984 年 1 月 1 日起生效。1994 年，IASC 对 IAS 17 进行了格式重排。1997 年 4 月，IASC 发布了征求意见稿 E 56《租赁》。1997 年 12 月，IAS 17《租赁》正式发布，自 1999 年 1 月 1 日起生效。2000 年 4 月，IAS 40《投资性房地产》修订了 IAS 17 的第 1 段、第 19 段、第 24 段、第 45 段和第 48 段，增加了第 48A 段，对自 2001 年 1 月 1 日及以后日期开始的财务报表有效。2003 年 12 月 18 日，IASB 发布了 IASC 17 的修订稿，取代了以前的准则，并自 2005 年 1 月 1 日起生效。与 IAS 17《租赁》相关的解释公告主要是 SIC 15《经营租赁：激励措施》和 SIC 27《评价涉及租赁法律形式的交易的实质》。制定租赁准则的目的是对承租人和出租人在租赁中运用恰当的会计政策和披露作出规定。

1）IAS 17 的出台背景及理论基础

租赁会计准则发展的推动因素是租赁业在世界范围内的迅速发展。自 1952 年世界第一家租赁公司在美国成立以来，租赁业在世界范围内就迅速发展起来，到 20 世纪 60 年代相继发展到欧洲和日本，并从最初制造厂商的一种推销手段逐渐演变成为专业化的金融服务。20 世纪 70 年代中期，租赁业在发展中国家也开始发展起来。进入 20 世纪 90 年代以来，租赁业步入了新的发展时期，发展中国家成为推动世界租赁业务发展的重要力量。截至 1994 年，在世界 20 个最大的租赁市场中，有 5 个是中低收入的发展中国家。据统计，到 2000 年，已有 80 多个国家开展了租赁业务。在 2000 年，总价值 3 500 多亿美元的新汽车、机器和设备是通过租赁转到用户手中的，约占世界私人投资的 1/8。另据《世界租赁年报》统计，2003 年全球租赁总额达到 4 616 亿美元，美国、日本和德国分别以 2 040 亿美元、621 亿美元和 98 亿美元位居前 3 位。

正是在这样的背景下，与租赁相关的准则才不断发展、完善。1953 年，会计程序委员会的两份专论租赁会计的研究公告（第 42 号和第 43 号）指出：凡一切与长期租赁有关的事实，均应审慎考虑；如果租赁的实质是一种购买行为，则该项租入资产应纳入承租人的资产，并确认相应的负债，租赁费用在收益表上反映出来。1962 年，会计原则委员会同 AICPA 下属的会计研究部共同发表了第 4 号会计专题研究公报，集中讨论了租赁会计的理论与实务，并提出了若干建议。1964 年和 1966 年，APB 先后发布了关于租赁会计的第 5 号和第 7 号意见书。其中，第 5 号意见书纠正了第 38 号会计研究公告的不足，对金融租赁会计的处理规定了更确切的标准；第 7 号意见书指出了在财务报表中金融租赁与经营租赁的区别，其区别标准是“出租人是否保留了所有权的正常风险和报酬”。其后，APB 又分别发表了第 27 号和第 31 号意见书，目的是解决特殊租赁会计问题。1973 年，美国财务会计准则委员会宣告成立，成为制定财务会计准则的权威机构。FASB 于 1976 年发布了财务会计准则公告 SFAS 13《租赁会计》，以此作为出租人和承租人处理租赁业务共同遵守的会计原则，取代了原 APB 所发布的一切有关租赁业务处理的文件。此后，FASB 又先后发布了 7 个会计准则公告和 6 个财务会计准则委员会解释意见，对第 SFAS 13 的补充与修订，形成了现代租赁会计的基本模式，成为世界上其他国家和国际会计准则委员会研究与制定租赁业务会计准则的基础。

IAS 17 自 1982 年 9 月首次发布以来，历经多次改进，最近的一次较大的改进发生在 2002 年 5 月。2003 年 12 月 18 日，IASB 发布了 IASC 17 的修订稿，自 2005 年 1 月 1 日起生效。与以前的版本相比，这次修订稿的改进主要体现这样几个方面：(1) 区分了租赁开始日和租赁期开始日。改进前的准则只给出了“租赁开始日”的定义，没有界定“租赁期开始日”，其隐含的假定是租赁期开始日与租赁开始日是同一时间。改进后的准则增加了对“租赁期开始日”的界定，定义为“承租人有权行使使用租赁资产的权利之日”。按照改进后的准则，在租赁开始日，承租人和出租人应确定租赁的分类，以及将来在租赁期开始日在财务报表内确认的由租赁产生的相关项目的金额。(2) 出租人的初始直接费。其界定了“初始直接费”的概念，要求出租人将发生的初始直接费计入应收融资租赁款或融资租赁资产的承包款中，但制造商或经销商出租人发生的初始直接费仍应在发生时计入费用。(3) 土地和建筑物租赁的分类和计量。改进后的准则要求在分类时单独考虑土地部分和建筑物部分，并按照各部分在租赁权益公允价值中所占的相对比例分配最低租赁付款额。改进前的准则对于土地和建筑物租赁如何归类没有明确的规定。

2) IAS 17 的适用范围

除开采或使用矿产、石油、天然气和类似的非再生资源的租赁以及诸如电影、录像、剧本、文稿、专利和版权等项目的许可协议以外，IAS 17 适用于所有租赁的会计核算。但是，IAS 17 不作为以下方面的计量基础：

(1) 承租人持有的作为投资性房地产核算的房地产；

(2) 出租人以经营租赁形式提供的投资性房地产；

(3) 承租人以融资租赁形式持有的生物资产；

(4) 出租人以经营租赁形式提供的生物资产。

7.1.2 IAS 17 的基本内容

1) 租赁的分类

租赁的分类应当在租赁开始日作出。租赁开始日是指签订租赁协议日与租赁各方就主要租赁条款作出承诺日中的较早者。如果一项租赁实质上转移了与资产所有权有关的全部风险与报酬，那么该项租赁应归类为融资租赁；如果一项租赁实质上没有转移与资产所有权有关的全部风险与报酬，那么该项租赁应归类为经营租赁。一项租赁究竟是融资租赁还是经营租赁取决于交易的实质而非形式。

通常，满足以下条件时应将一项租赁归类为融资租赁：(1) 在租赁期结束时，资产的所有权转让给承租人；(2) 承租人有购买租赁资产的选择权，其购买价将远远低于行使选择权时的公允价值，因而在租赁开始日就可合理确定承租人将会行使这项选择权；(3) 即使资产所有权不转让，但是租赁期占资产使用年限的大部分；(4) 在租赁开始日，最低租赁付款额的现值几乎相当于租赁资产的公允价值；(5) 租赁资产性质特殊，以至于如果没有较大修改，只有承租人才能使用。其他可能导致一项租赁归为融资租赁的情形还包括：(1) 如果承租人撤销该租赁，则撤销所导致的出租人的损失由承租人承担；(2) 资产净残值的公允价值变动的利得或损失归属于承租人；(3) 承租人能以远远低于市场租价的租金继续租赁至下一期间。

在对土地和建筑物租赁进行分类时，土地部分和建筑物部分应当分别考虑，最低租赁付款额将按照其相对公允价值进行分配。土地部分通常归类为经营租赁，除非其所有权在租赁期结束时预期转让给承租人。建筑物部分根据分类的标准可以归类为经营租赁，也可以归类为融资租赁。然而，当承租人对土地和建筑物的权益都按照 IAS 40 的规定归类为投资性房地产并且采用公允价值模式时，则不需要对土地部分和建筑物部分分别计量。

2）承租人会计

对于财务报表中的租赁，要适用以下原则：（1）在租赁期开始日，融资租赁应按等于租赁资产公允价值和最低租赁付款额的现值两者中较低的金额记录；（2）融资租赁付款额应当作为融资费用和未清偿债务的减少进行分摊（融资费用分摊于租赁期的每一个期间，从而使各期就负债余额承担一个固定的期间利率）；（3）融资租赁在每一个会计期间都会产生应折旧租赁资产的折旧费以及融资费用，应折旧租赁资产的折旧政策应采用与主体本身拥有的应折旧资产一致的折旧政策；（4）对经营租赁，最低租赁付款额应当按照直线法在租赁期内的收益表中确认为一项费用，除非另有一种系统方法更能代表使用者受益的时间形态。关于新的或重订的经营租赁协议的激励措施，不管激励的性质、形式或支付的时间安排如何，承租人应将其确认为租赁期内租赁费用的扣减。

3）出租人会计

在出租人的财务报表中，要适用以下原则：（1）出租人应在其资产负债表内确认已用于融资租赁的资产，并以等于该租赁项目投资净额的金额将其列作应收款；（2）融资收益的确认应按照出租人在租赁中的投资净额能在每个期间获得固定的回报率的模式进行；（3）经营租赁持有的资产应根据性质在出租人的资产负债表中列报，租赁收益应按直线法在租赁期内确认为收益，如果另有一种系统方法更能代表从租赁资产中获取利益递减的时间形态，则为例外；（4）关于新的或重订的经营租赁协议的激励措施，不管激励的性质、形式或支付的时间安排如何，出租人应当确认为租赁期内租赁收益的扣减；（5）制造商或经销商出租人应按主体在立即销售时遵循的政策，将销售收益计入当期损益。如果人为的用低利率报价，则销售利润应限于采用市场利率时所能得到的利润。IAS 17（2003 年修订）规定，出租人在租赁谈判过程中的初始成本和附加成本应在租赁期内确认，它们可能不再在发生时作为费用处理。这一处理不适用于制造商或经销商出租人，他们的这类成本在确认销售利润时确认为一项费用。

4）售后租回

如果售后租回交易形成一项融资租赁，销售收入超过账面金额的部分，不应立即由卖主兼承租人确认为收益，而应将其递延并分摊于整个租赁期。如果交易形成一项经营租赁，而且交易明显是按公允价值达成的，则损益应立即确认。如果售价低于公允价值，则所有损益应立即予以确认；但若损失由低于售价的未来租赁付款额补偿时，则应将其递延，并按租赁付款比例分摊于预计的资产使用年限内。如售价高于公允价值，其高出公允价值的部分应予递延，并在预计的资产使用期限内分摊。对经营租赁而言，在售后租回交易发生时，如果资产的公允价值低于账面金额，则相当于公允价值和账面金额之间差额的损失，应立即进行确认。

5）披露

（1）融资租赁：承租人信息披露

除了要满足 IAS 32《金融工具：披露与列报》的要求外，承租人还要对融资租赁披露如下信息：每类资产在资产负债表日的账面净额；在资产负债表日对最低租赁付款额与现值之间进行的调整；当期确认为费用的或有租金；资产负债表日根据不可撤销的转租协议预期将收到的未来最低转租赁付款总额；对承租人重要租赁安排的一般说明等。

（2）经营租赁：承租人信息披露

除了要满足 IAS 32《金融工具：披露与列报》的要求外，承租人还要对经营租赁披露如下信息：不可撤销经营租赁的未来最低租赁付款额在不超过 1 年、超过 1 年但不超过 5 年、超过 5 年期间的总额；在资产负债表日预期从不可撤销的转租赁协议中收到的未来最低转租赁付款总额；确认为当期费用的租赁和转租赁付款额，并分别披露最低租赁付款额、或有租金额和转租赁租金额；承租人重要租赁安排的一般说明等。

（3）融资租赁：出租人信息披露

除了要满足 IAS 32《金融工具：披露与列报》的要求外，出租人还要对融资租赁披露如下信息：在资产负债表日对最低租赁付款额与现值之间进行的调整；未赚取的融资收益；应计入出租人利益的未担保残值；不能收回的应收最低租赁付款额的累计准备；确认为当期收益的或有租金；出租人重要租赁安排的一般性说明等。

（4）经营租赁：出租人信息披露

除了要满足 IAS 32《金融工具：披露与列报》的要求外，出租人还要对融资租赁披露如下信息：不可撤销经营租赁的未来最低租赁付款额在不超过 1 年、超过 1 年但不超过 5 年、超过 5 年期间的总额；确认为当期收益的或有租金总额；出租人租赁安排的一般说明等。

7.1.3 IAS 17 的主要变化及国际比较

1）IAS 17 与美国相关准则的比较

早在 1949 年，AICPA 就发布了《长期租赁在承租人的财务报表中的披露》。之后，APB 又在 1973 年 6 月 30 日前发布了 4 个与租赁有关的意见书。同一时期，SEC 也发布了一系列与租赁会计有关的公告，包括 1973 年 10 月 5 日采用的第 132 号、第 141 号和第 147 号会计资料编报公告。1976 年 11 月，FASB 发布了财务会计准则公告 SFAS 13《租赁会计》，取代了原 APB 所发布的有关租赁业务处理的文件。后来，FASB 又先后发布了 7 个会计准则公告和 6 个财务会计准则委员会解释意见，对 SFAS 13 作了补充与修订。将 IAS 17 与美国相关准则比较，二者的区别主要体现在：（1）关于租赁的土地。IAS 17 规定，如果持有的目的是为了投资，且按公允价值计量，则其价值的变动会计入损益；而 IAS 40 规定，通常作为投资性房地产处理，否则作为预付款处理；美国租赁准则规定作为预付款处理。

(2) 关于最低租赁付款额。IAS 17 规定，在最低租赁付款额中包括第三方关于租赁资产的担保；根据美国租赁准则，在最低租赁付款额中不包括第三方关于租赁资产的担保。(3) 关于最低租赁付款额的现值。IAS 17 规定，通常使用租赁中的内含利率折算最低租赁付款额；美国租赁准则规定，通常使用增量借款利率折算最低租赁付款额。(4) 关于与杠杆租赁相关的税收利益。IAS 17 规定，杠杆租赁的税务结果在计量所得税费用时确认；美国租赁准则规定，通常杠杆租赁的税务结果会直接包括在税前对租赁的会计核算中。(5) 关于在售后租回交易中形成经营租赁的相关利得的确认。IAS 17 规定，利得应立即确认；美国租赁准则要求利得在租赁期内进行摊销。(6) 关于租赁到期日的披露。IAS 17 要求披露的内容较少；美国租赁准则要求披露的内容较详尽。(7) 关于拥有来自土地或可折旧资产在特定期间的所有产出。IAS 17 规定，应是作为执行性合同而不是租赁进行核算；美国租赁准则要求作为租赁进行核算。

2) IAS 17 与中国租赁准则的比较

在我国，1982 年年底财政部发布的《关于租赁费用财务处理的暂行规定》，对相关的会计处理进行了规范。1985 年，财政部发布了《中外合资经营工业企业会计科目和会计报表》，首次根据国际通行的租赁会计进行规范，要求采用融资租赁方式租入固定资产的合资企业增设账户，将租入资产及承担的债务分别入账，但融资租赁的标准不很清楚。1985 年，财政部发布了《关于国有工业企业租赁固定资产有关会计处理问题的规定》，取代了 1982 年发布的暂行规定，对融资租入固定资产，不论所有权是否转移都视同自有资产入账，并确认相应的负债。同时提出了判定融资租赁的一些标准。1993 年，我国进行企业会计制度改革，发布了“两则”及相应的 10 个财务制度和 13 个会计制度，对租赁会计进行了规范。1996 年 1 月，财政部发布了《企业会计准则——租赁（征求意见稿）》，标志着我国有关租赁业务的处理逐步趋于规范化，并在很大程度上参考了租赁国际会计准则及其他国际会计准则的一些做法，体现了与国际会计惯例的接轨。2001 年 1 月 1 日，《企业会计准则——租赁》正式在所有企业中实施。2006 年，作为租赁会计准则的《企业会计准则第 21 号——租赁》与其他 38 个准则一起发布。

比较我国的租赁会计准则与 IAS 17，二者的不同之处主要体现在：(1) 关于准则的适用范围。我国租赁会计准则明确规定不涉及土地使用权的租赁协议，IAS 17未对此作明确规定，但涉及了土地和建筑物的租赁会计处理。另外，IAS 17 明确规定不适用于开采或使用矿产、石油、天然气和类似的非再生资源的租赁，我国的准则没有对此作明确规定。(2) 关于术语的界定。在 IAS 17 中，对涉及的术语进行了明确的界定。在我国准则中也对“租赁”等概念作了界定，并与 IAS 17 基本一致，但是未对“公允价值”“经济寿命”“使用寿命”“租赁投资总额”等概念下定义。另外，对一些作了界定的概念，所下的定义与 IAS 17 也有所不同。例如，“租赁开始日”概念，我国是指起租日，在售后租回交易下指买主向卖主支付第一笔款项之日；IAS 17 则指租赁协议日与租赁双方就主要条款作出承诺日两者中的较早者。(3) 关于融资租赁方面的不同。在“融资租赁”的界定方面，我国准则规定，当相关租赁将与资产所有权有关的全部风险和报酬实质上转移给承租方，该租赁则归类为融资租赁。如果最低租赁付款额（收款额）的现值几乎相当于租赁资产原账面金额，则该租赁也归类为融资租赁。IAS 17 的规定与我国大致相同，但当最低租赁付款额（收款额）的现值几乎相当于租赁资产的公允价值时，才考虑归类为融资租赁。在承租人租赁资产确认方面，我国准则规定，按租赁开始日租赁资产原账面金额与最低租赁付款额的现值两者中较低者作为租入资产的入账价值。未确认融资费用（最低租赁付款额减租入资产的入账价值）可以采用实际利率法、直线法或年数总和法计入各会计期间。但如果租赁资产总额等于或小于承租人资产总额的 30%，承租人可以直接采用最低租赁付款额记录融资租入资产和长期应付款，不用计算未确认融资费用。IAS 17 规定，按租赁期开始日租赁资产公允价值与最低租赁付款额的现值两者中较低者作为租入资产的入账价值。融资费用应按实际利率法计入各会计期间。在出租人融资租赁的收入确认方面，应将租赁开始日最低租赁收款额作为应收融资租赁款的入账价值，并同时记录未担保余值，将最低租赁收款额与未担保余值之和与其现值之和的差额记录为未实现融资收益（作为应收融资租赁款的减项）。未实现融资收益应采用实际利率法计算各会计期间的融资收入（也可采用直线法或年数总和法，但只有当其结果与按实际利率法计算的结果无重大差异时才可采用）。超过一个租金支付期未收到租金时，应停止确认融资租赁收入；已确认但未收到的融资租赁收入，应予冲回。IAS 17 规定，融资租赁收入在租赁期开始日确认，而非租赁日确认。融资收益应在租赁期内按系统和合理的方式，按实际利率法分配，准则未提及其他的分配方法。只有当未来经济利益不是很可能流入企业时才不予确认融资租赁收入。另外，当不确认融资收入的情况出现时，须同时考虑对应收融资租赁款计提减值准备。(4) 在售后租回方面的不同。我国准则规定，对于融资租赁，售价与资产账面金额的差额应予以递延，并按租赁资产的折旧进度进行分摊；对于经营租赁，售价与资产账面金额的差额也应予以递延，并按租赁支付比例分摊。IAS 17 规定，对于融资租赁，售价与资产账面金额的差额应予以递延，并在租赁期内进行分摊；对于经营租赁，如果售价等于公允价值，应立即确认为损益；如果售价小于公允价值，也应立即确认为损益，但如果损失将由低于售价的未来租赁付款额补偿，则应将其在递延期内摊销；如果售价大于公允价值，差额应予以递延并在租赁期内摊销。(5) 在披露方面的不同。对于承租人融资租赁的披露，我国准则规定披露每类租入资产在资产负债表上的账面原值、累计折旧及账面净值，而 IAS 17 只需披露账面净值。对于承租人经营租赁的披露，我国准则只要求披露资产负债表日后连续 3 个会计年度每年支付的不可撤销经营租赁的最低租赁付款额及以后将支付的不可撤销经营租赁的最低租赁付款额总额。对于出租人的披露也有所不同。相对而言，我国对租赁的披露要求不如 IAS 17详尽，未涉及或有租金及重大租赁条款的一般性说明，也未涉及融资租赁中有关现值的披露。

7.1.4　IAS 17 运用示例

［例 7-1］一台制造用的机器的现行价格为 330 000 美元，承租方以融资租赁的方式从出租方获得该资产，租赁条款如下：

生效日期：20×2 年 1 月 1 日；

租赁期：3 年；

每半年付款一次，每次的付款额为 72 500 美元；

生效日的年利率为 23.5468%；

承租方需要立即支付 30 000 美元。

要求：试分别从承租人和出租人的角度分析这项租赁在财务报表中的确认和列报情况。

关于租金的摊销情况如表 7-1 所示。

表 7-1　　租金的摊销表　　单位：美元

项　目	每期支付	利　息	资　本	余　额
现行价格	330 000			
最初付款	30 000	—	30 000	300 000
第 1 期支付	72 500	35 320	37 180	262 820
第 2 期支付	72 500	30 943	41 557	221 263
小　计	175 000	66 263	108 737	
第 3 期支付	72 500	26 050	46 450	174 813
第 4 期支付	72 500	20 581	51 919	122 894
第 5 期支付	72 500	14 469	58 031	64 863
第 6 期支付	72 500	7 637	64 863	—
合　计	465 000	135 000	330 000	

对于承租人来说，这项融资租赁业务在财务报表中的确认和列报情况如下。

在 20×2 年 1 月 1 日，租入的机器将以 330 000 美元的价格确认为一项资产，同时确认一项负债。假定该机器按直线法计提折旧，分 6 次分摊，在 20×2 年将在收益表中确认下列费用：

折旧费（330 000÷6）　　55 000 美元

融资租赁费（35 320+30 943）　　66 263 美元

在 20×2 年 12 月 31 日，资产负债表中将反映如下余额：

机器（330 000-55 000）　　Dr　275 000 美元

长期融资租赁负债　　Cr　221 263 美元

出租人所作的处理如下：

在合同开始日，将应收的款项总额465 000美元作为一项债权确认，将获得的收益135 000美元作为一项递延收益确认。首付款和前两期的支付款在收到后贷记相关债权账户，在20×2年12月31日，借方余额将为290 000美元，合计的66 263美元的未获得收益在年底变成获得收益，递延收益账户在年底的余额为68 737美元。

在收益表中，该年度确认的收益为66 263美元。在资产负债表中，年底反映的长期应收款的余额为221 263美元。

7.1.5 新发布的IFRS 16《租赁》

2016年1月新发布的IFRS 16《租赁》是IASB与美国财务会计准则委员会（FASB）最初开展的联合项目的最终成果，以应对财务报表使用者提出的，因对经营租赁与融资租赁采用显著不同的会计处理导致财务报表可比性降低，且针对经营租赁和主体因租赁安排而面临的风险敞口所提供的信息有限的疑虑。IFRS 16《租赁》运用控制模型来识别租赁，引入了承租人会计处理的重大变更，即取消了经营租赁与融资租赁之间的区分，并针对所有租赁确认资产和负债（存在有限的例外情况），并增加有关租赁的披露要求。新租赁准则的内容如下：

1）租赁的定义

IFRS 16《租赁》旨在基于客户是否能够控制所租赁的资产来区分一项租赁与一项服务合同。如果合同赋予客户在一段时期内控制特定资产的使用的权利以换取对价，则该合同是一项租赁或包含一项租赁。如果客户有以下权利，则视为存在控制：

①获得几乎所有的使用特定资产所产生的经济利益的权利；

②主导该资产的使用的权利。

主体必须在合同开始时识别一份合同是否为一项租赁或包含一项租赁，并且仅当合同条款和条件被修改时，才重新评估合同是否为一项租赁或包含一项租赁。租赁开始日是指租赁协议的日期与租赁各方就租赁的主要条款和条件所作出承诺的日期两者中的较早者。

这里的租赁定义强调控制的概念。为能够控制资产的使用，客户不仅必须有权获得几乎所有在整个试用期内使用资产所产生的经济利益，而且必须有能力主导该资产的使用。

2）承租人财务报表中对租赁的会计处理

（1）确认和计量

IFRS 16《租赁》要求对租赁采用单一的会计模型，承租人应在租赁开始日确认一项使用权资产和一项租赁负债（短期租赁和低价值资产租赁除外）。依据IFRS 16《租赁》，租赁开始日为出租人使相关资产可供承租人使用的日期。

使用权资产按照租赁负债的金额进行初始计量，并针对租赁预付款、租赁激励金额、承租人的初始直接成本以及对复原、搬迁和拆除成本的估计等进行调整。在后续计量时，主体应按照 IAS 16《租赁》规定的使用成本模式或重估模式计量使用权资产，即在损益中确认折旧和减值，并且如果使用重估模式，重估价将在综合收益中确认。IFRS 16《租赁》规定，如果主体按照 IAS 40《投资性房地产》针对其他投资性房地产使用公允价值模式，则租赁的投资性房地产的使用权资产应以公允价值计量。

租赁负债按照租赁期内支付租金的现值计量。在计算现值时，主体应以租赁中的内含利率（若该利率能够可靠地确定）进行折现，如果主体无法估计租赁中的内含利率，则承租人应使用其增量借款利率。在后续计量时，承租人将增加租赁负债以反映计提的利息（并计入损益），从负债中扣减所支付的租赁付款额，并重新计量账面金额以反映任何重估、租赁的修改或对实质上固定的付款额的修正。

对于短期租赁和低价值资产租赁，允许主体不确认租赁资产和租赁负债，而是应用类似于 IAS 17《租赁》中经营租赁的会计方法。

（2）列报

主要的列报要求汇总如表 7-2 所示。

表 7-2　**列表要求汇总**

财务报表	披露要求
财务状况表	·使用权资产 ·租赁负债 ——将上述两项与其他资产和负债区分开来
损益及其他综合收益表	·租赁负债的利息费用（作为融资费用的组成部分） ·使用权资产的折旧费用
现金流量表	·租赁负债本金部分的现金付款额归入筹资活动 ·租赁负债利息部分的现金付款额采用与其他利息费用相一致的列报方式 ·短期租赁的付款额、低价值资产租赁的付款额及未纳入租赁负债计量的可变租赁付款额归入经营活动

（3）披露

IFRS 16《租赁》的披露目标是，主体必须提供有关信息以使财务报表使用者能够评估租赁对承租人的财务状况、财务业绩和现金流量的影响。

改进的披露目标大幅扩展了有关租赁的现行披露要求。根据现行规则，租赁分为经营租赁和融资租赁，经营租赁的承租人不确认相关资产和负债。而 IFRS 16 要求对租赁采用单一会计模型，在该模型下租赁将在财务状况表内确认。因此，对于存在较多经营租赁安排的承租人，预计将会：①确认更多资产和负债（使用权资产和租赁负债），进而提高其负债比率（负债总额/权益总额）、降低资产周转率（销售收入/资产总额）；②在租赁前期确认更多租赁费用，在后期确认较少费用（相对于 IAS 17 下经营租赁按直线法确认有关费用，IFRS 16 在租赁前期对租赁负债确认较多的融资费用）；③对于将租赁利息相关的现金流量作为筹资活动现金流量列报的主体而言，此前与经营租赁相关的付款额将转为归入筹资活动（偿还本金），由此经营性现金流出将下降，筹资性现金流出将上升；④由于租赁费用的分类将从经营费用转为融资费用和摊销而导致息税折旧摊销前利润（EBITDA）或息税前利润（EBIT）等指标上升。

3）新租赁准则涉及的规定和影响

（1）出租人财务报表中对租赁的会计处理

IFRS 16 基本上保留了 IAS 17《租赁》中对出租人的会计处理要求。

（2）售后租回交易

IFRS 16 包含同时适用于卖方——承租人和买方——出租人的针对售后租回交易的指引（如表 7-3 所示）。此类交易的会计处理取决于相关资产的转让是否满足 IFRS 15 收入准则中确认为一项销售的标准。

表 7-3　　针对售后租回交易的指引

	卖方——承租人	买方——出租人
符合确认为销售的标准	应确认一项使用权资产，其金额应按与其保留的使用权相关的资产的原账面金额的相应部分计算	应按照适用的准则来核算相关资产的购买，并按照 IFRS 16 的出租人会计模型来核算租赁
未能符合确认为销售的标准	应继续确认相关资产，并就所取得的销售收入确认一项金融负债	应就已支付的款项确认一项金融资产

（3）生效日期和衔接规定

①生效日期

IFRS 16 适用于自 2019 年 1 月 1 日或以后日期开始的年度期间。对于在该准则的首次采用日或之前应用 IFRS 15 的主体，允许提前采用。

②衔接规定

IFRS 16 针对租赁的定义、使用权资产和租赁负债的计量、首次采用日之前的售后租回交易以及之前已确认的与企业合并相关的金额等情况给出了具体的衔接规定。承租人可采用全面追溯调整法或简化的追溯调整法应用 IFRS 16。如果选择后者，则主体无需重述比较信息，并且首次采用 IFRS 16 所产生的累积影响必须作为对留存收益（或权益的其他组成部分，如适用）的期初余额的调整列示。

（4）新租赁准则对实务的影响

尽管 IFRS 16 对自 2019 年 1 月 1 日或以后日期开始的期间才强制生效，但对于许多主体而言，实施 IFRS 16 将面临许多挑战，不仅是技术性的会计问题，更大的挑战来自于如何搜集必要的数据，并确保数据的可靠性和完整性，以及完成相关系统的筹备工作，因为租赁信息不一定采用电子版形式保存且分散在各个不同的国家或地区，这迫使主体考虑新准则的实施宜早不宜迟。

在准备新租赁准则实施的过程中，主体可能需要考虑的事项包括但不限于：①对财务和信息系统进行更新和调整，使主体在个别层面或者组合层面能跟踪租赁并执行相关计算，以对租赁进行会计处理并满足准则的披露要求。此外，还可能需要相应改变内部控制政策和程序，以针对租赁业务建立更为完善有效的内部控制。②对主要财务指标可能产生影响，包括净利润、每股收益、资产负债率、流动比率、净资产收益率、经营活动现金流量等。③对业务模式和业务决策产生影响，承租人或出租人可能需要重新考虑并调整租赁业务的安排以及具体条款，并进一步考虑相关债务协议的安排。④对财务预算和分析产生影响，对承租人来说需要更多考虑资产、负债以及费用的变化导致的财务预算、财务管理与分析方面的调整。⑤对管理层和员工业绩考核产生影响，由于主要财务指标的变化，可能需要重新考虑和评价管理层和员工的业绩考核指标。⑥还可能产生税务方面的影响，这是由于费用确认的变化会影响相关税金的确认与支付。

7.2　汇率变动的影响

7.2.1　概述

1）汇率变动会计准则产生的经济背景

（1）国际贸易的迅速发展。第二次世界大战以后，国际贸易规模迅速增长，其增长速度超过了同期经济的实际增长速度。进入 20 世纪 90 年代后，国际贸易规模进一步增长，全球货物贸易出口总额从 1990 年的 34 380 亿美元增加到 1998 年的 52 250 亿美元，2001 年，全球货物贸易进口总额达到 61 624 亿美元，出口总额达到 64 388 亿美元。

（2）国际投资也迅速增长。1982 年，世界 FDI 流入量和流出量分别为 590 亿美元和 280 亿美元；到 1990 年，FDI 流入量和流出量分别为 2 090 亿美元和 2 420 亿美元；2002 年的 FDI 流入量和流出量更是分别达到了 6 510 亿美元和 6 470 亿美元①。另外，国际资本市场发展也异常迅速，境外上市公司越来越多。在 1999 年，来自 56 个国家超过 1 100 家外国公司在 SEC 挂牌交易，在伦敦证券交易所，外国公司占到了总权益价值的 2/3 以上。

（3）跨国公司的迅猛发展。跨国公司作为全球经济一体化的主要标志和国际贸易、国际资本市场发展的结果，无论从数量上还是从规模上都达到了空前的程度。到 2000 年，全球已有超过 5.3 万家跨国公司。跨国公司海外子公司的销售量、总资产在 1982 年分别仅为 27 370 亿美元和 20 910 亿美元；到 1990 年，海外子公司的销售量、总资产已分别达到 56 750 亿美元和 58 990 亿美元；2002 年，海外子公司的销售量、总资产更是达到了 176 850 亿美元和 265 430 亿美元②。

2）IAS 21 的发展概述

1977 年 12 月，IASC 发布了征求意见稿 E 11《外币交易和财务报表折算会

① UNCTAD. FDI/TNC Database.
② UNCTAD. FDI/TNC Database.

计》，该征求意见稿在1982年作了修订，并作为征求意见稿E 23《汇率变动的影响会计》再次公布。1983年7月，国际会计准则IAS 21《汇率变动的影响会计》正式发布，并自1985年1月1日起正式生效。

1993年12月，作为“财务报表可比性”项目的一部分，在旧准则的基础上，结合世界各国经济发展和改革的状况，考虑各代表国家会计准则或惯例的协调及其他诸多因素，IASC基于E 23对IAS 21进行了修订，修订后的准则自1995年1月1日起生效。修订后的准则打破了旧准则引言、说明和正文的结构，重新安排，由目的、适用范围、定义、外币业务、国外营业的财务报表、外汇汇率的各种变动、过渡性规定和生效日八部分组成。从准则内容看，修订后的准则对旧准则进行了不少增减和调整：(1) 在准则适用范围方面。旧准则规定的范围很广，只是“不涉及企业为了方便那些习惯使用另一种货币的读者或其他类似目的，而将财务报表由列报货币改列为另一种货币的问题”。修订后的准则对适用范围作出了更详细的规定：外币业务会计和国外经营财务报表的换算。(2) 在定义方面。修订后的准则删除了母公司、现汇汇率、远期汇率、外币贷款、结算日期和长期项目等概念，增加了汇兑差额和公允价值两个概念。(3) 在外币业务方面。外币折算中最主要的两个问题是汇率的选择和汇兑差额的确认。在汇率选择方面，修订后的准则增加了一条“以公允价值入账的非货币性项目应以确定时的即期汇率反映”。另外，在选择使用平均汇率时，如果汇率波动很大，就应考虑平均汇率的可靠性如何。在汇兑差额的处理上，修订后的准则与旧准则的不同之处在于对长期性货币项目产生的汇兑差额的确认。(4) 在国外营业的财务报表方面。在国外经营的分类上，修订后的准则没有使用“母公司”的概念，且修订后的准则用“构成报告企业的有机组成部分的国外经营”取代了旧准则中的“母公司有机组成部分的国外经营”来描述非国外实体的国外经营。同时，修订后的准则还增加了具体判断国外实体的六个方面的内容。另外，修订后的准则充分重视披露的内容，共列出六段，涉及了外汇汇率变动带来的各种影响的揭示及国外经营分类和报表换算相关问题的揭示，鼓励企业披露其外币风险管理的政策等。可见，修订后的准则要求披露信息的内容较旧准则而言，范围更广、层面更宽、要求更详细具体，充分考虑了信息使用者的不同需要。

2003年12月18日，IASB发布了IAS 21的修订版，该修订版自2005年1月1日起生效。这次修订，主要集中在这样几个方面：(1) 将由IAS 39涉及的外币衍生金融工具排除在外，明确规定所有由IAS 39涉及的外币衍生工具均不再由IAS 21规范。(2) 删除了原准则中的“报告货币”概念，引入了“功能货币”和“列报货币”概念。修订后的IAS 21规定，功能货币是指主体经营的主要经济环境中的货币，而列报货币则是指财务报表列报的货币，功能货币以外的货币就是所谓的“外币”了。(3) 不再将“国外经营”区分为“国外实体”和“构成报告企业经营整体组成部分的国外经营”。(4) 删除了原IAS 21中就特定情况下的汇兑差额所允许选用的处理方法，原IAS 21规定，在特定情况下汇兑差额可以包括在相关资产的账面金额中，改进后的准则删除了这一规定。（5）修改了针对购买国外实体所形成商誉等的折算方法，改进后的 IAS 21 规定，购买国外经营产生的商誉以及针对购买该国外经营产生的资产和负债账面金额所作的公允价值调整，应作为国外经营的资产和负债，按国外经营的功能货币进行表述，从而按期末汇率进行调整。另外，改进后的准则还明确了功能货币变更的处理和披露要求，要求功能货币的变更采用未来适用法处理，同时在附注中披露变更的原因。

2005 年 11 月，IASB 又针对国外经营的净投资作了修订，这些修订作为技术修订草案 DTC 1《对 IAS 21〈汇率变动的影响〉的建议修改：国外经营中的净投资》发布。但是，IASB 同时决定不再进行进一步的技术修订，而是采用评论性的修订作为快速修订的方法。建议性的修订认为，如果汇兑差额产生于构成报告主体国外经营净投资的一部分的货币性项目，在该国外经营被合并，采用比例合并法或权益法核算时，汇兑差额应重新归类作为财务报表中权益的一个单独的组成部分。不管该货币性项目使用的是何种货币以及集团主体与该国外经营主体之间的交易采用何种货币，这一要求都适用。目前，与 IAS 21 相关的解释公告是 SIC 7《引入欧元》和 SIC 30《列报货币：从计量货币到列报货币的折算》。

3）IAS 21 的适用范围

IAS 21 的适用范围包括：（1）以外币计价的交易的会计处理；（2）通过合并，采用比例合并法或权益法被包括在主体财务报表中的国外经营的经营成果和财务状况的折算；（3）将主体的经营成果和财务状况折算成列报货币的会计处理。外币衍生金融工具的处理，包括在 IAS 39《金融工具：确认与计量》适用范围中的，适用 IAS 39 的相关规定，未包括在 IAS 39 适用范围中的，适用 IAS 21 的规定。另外，由外币交易形成的现金流量表的列报或国外经营现金流量的折算和外币项目的套期会计等分别适用 IAS 7 和 IAS 32 的规定，不适用 IAS 21 的规定。

7.2.2　IAS 21 的基本内容

IAS 21 的目的是规范在主体进行外币交易或拥有国外经营的情况下，如何将外币交易和国外经营反映在主体的财务报表中，以及如何将财务报表按列报货币折算。主要问题是使用何种汇率以及如何在财务报表中报告汇率变动的影响。

1）主要定义

（1）功能货币，是指主体所处的主要经济环境中的货币。在这里，主要经济环境通常是其主要收入和支出现金的环境。主体的功能货币反映了与其相关的基础交易、事项和环境。因此，功能货币一旦确定就不应改变，除非与其相关的基础交易、事项和环境发生变化。在功能货币是恶性通货膨胀经济中的货币的情况下，主体应按照 IAS 29《恶性通货膨胀经济中的财务报告》进行重述。

主体在确定其功能货币时，应考虑以下因素：①该货币是主要影响商品和劳务销售价格的货币，或者竞争力量和规则对商品和劳务的销售价格起主要决定作用的国家的货币；②主要影响提供商品和劳务所需人工、材料和其他费用的货币。此外，主体从融资活动中获得资金所使用的货币，以及通常从经营活动中收取款项时所使用的货币也可能提供确定主体功能货币的依据。在确定国外经营的功能货币及功能货币是否与报告主体的功能货币相同时，还应考虑以下因素：①国外经营所从事的活动是视同报告主体的延伸还是拥有重大的自主性；②与报告主体的交易在国外经营活动中所占的比例是高还是低；③国外经营活动产生的现金流量是否直接影响报告主体的现金流量并可随时汇回；④在报告主体不提供资金的情况下，国外经营活动产生的现金流量是否可足以偿还现有债务和正常情况下可预期的债务。在诸多因素混在一起且功能货币不明显的情况下，管理层应运用判断以确定功能货币，所确定的功能货币应最能真实地反映相关交易、事项和环境的经济影响。

（2）列报货币，是指列报财务报表的货币。

（3）汇兑差额，是指以不同的汇率将一定数量单位的一种货币折算成另一种货币而产生的差额。

（4）国外经营，是指经营场所或经营活动在报告主体所在国家以外的国家或采用报告主体所使用货币以外的货币的报告主体的子公司、联营企业、合营企业或分支机构等主体。

2）外币交易

外币交易，是指以外币计价或要求以外币结算的交易。外币交易主要包括买入和卖出以外币计价的商品或劳务、由于借入或借出资金而形成的外币应付或应收款项，以及购置或处置以外币计价的资产或者发生（或结算）以外币计价的负债。外币交易应在初始确认时以功能货币记录，按交易发生日功能货币和外币之间的即期汇率进行折算。

在以后的每一个资产负债表日，外币货币性项目应按期末汇率折算。对于外币非货币性项目，以历史成本计量的应按交易发生日的汇率折算，以公允价值计量的应按公允价值确定日的汇率折算。由于结算货币性项目或折算货币性项目时采用不同于其初始确认时折算所采用的汇率或折算前期财务报表所采用的汇率而产生的汇兑差额，应在其形成的当期计入损益。构成报告主体对国外经营的投资净额的那部分货币性项目所形成的汇兑差额，应在报告主体或国外经营的单独财务报表中计入损益。在同时包括国外经营和报告主体的财务报表中，这些汇兑差额在初始确认时，应单独列作权益项目，并在对该投资净额进行处理时将其计入损益。如果一项非货币性项目的利得或损失直接在权益下确认，该项利得或损失的汇兑部分也应当直接在权益下确认；相反，如果一项非货币性项目的利得或损失直接计入损益，该项利得或损失的汇兑部分也应当直接计入损益。

对于一个单独的主体、有国外经营的主体（如有国外子公司的母公司）或者一个国外经营（如一个子公司或分支机构），将外币金额折算为功能货币的基本步骤包括：

（1）报告主体确定其功能货币；

（2）报告主体将所有外币项目折算为其功能货币项目；

（3）报告折算的影响。

3）从功能货币到列报货币的折算

主体财务报表可以按任意一种（或几种）货币列报。如果列报货币不同于主体的功能货币，其经营成果和财务状况需要折算成列报货币。当主体的功能货币不是恶性通货膨胀经济中的货币时，其经营成果和财务状况折算为列报货币的程序为：(1) 每一份列报的资产负债表（包括比较资产负债表）中的资产和负债项目，应按资产负债表日的期末汇率进行折算，这包括取得国外经营产生的商誉以及由于取得该国外经营产生的对资产和负债的账面金额所进行的公允价值调整（作为该国外经营的资产和负债）。(2) 每一份列报的收益表（包括比较收益表）中的收益和费用项目，应按交易发生日的汇率进行折算。(3) 产生的所有汇兑差额应确认为单独列示的权益项目。如果主体的功能货币是恶性通货膨胀经济中的货币时，其经营成果和财务状况的折算适用 IAS 21 中的特别规定。

IAS 21 中关于外币交易和国外经营财务报表折算的规定应严格地用于转换。同样的原理也适用于以后其他国家加入欧洲经济和货币联盟时汇率的确定。根据 SIC 7《引入欧元》的规定，交易形成的外币货币性资产和负债应继续按期末汇率折算成功能货币，由此产生的汇兑差额应立即确认为收益或费用，除非主体继续运用现行会计政策来处理与未来交易的货币风险套期有关的利得和损失。与国外经营财务报表折算有关的累计汇兑差额继续归类为权益，并且只有在处置对国外经营的投资净额时才确认为收益或费用。以欧元区国家货币表示的折算所引起的汇兑差额不应计入有关资产的账面金额。

4）国外经营的处置

主体可以通过出售、清算、返还股本、放弃全部或部分权益等方式处置其在国外经营中的权益。如果支付的股利作为投资返还时，也构成处置的一部分。国外经营账面金额的减记不能作为部分处置，相应的，在减记时不能将递延汇兑利得或损失计入损益。

当一个国外经营被处置时，与该国外经营相关并且已作为单列权益项目递延的累计汇兑差额，应在确认处置利得或损失时计入损益；如果是部分处置，相关的累计汇兑差额只能按比例确认为利得或损失，计入损益。

5）披露

根据 IAS 21 的规定，主体应当披露的信息包括：(1) 计入当期损益的汇兑差额，不包括根据 IAS 39 的规定按公允价值计量、其公允价值变动计入损益的金融工具所产生的汇兑差额；(2) 归类为单列权益项目的汇兑差额净额，以及该汇兑差额净额在期初和期末之间的调节额；(3) 如果列报货币不同于功能货币，应说明这一事实，同时披露所使用的功能货币以及使用另一种货币列报的原因；(4) 如果报告主体或重要的国外经营的功能货币发生改变，应说明这一事实，同时说明功能货币改变的原因。

当主体以不同于其功能货币的其他货币列报财务报表时，只有当其财务报表遵循了每一项适用准则和相应的解释公告的所有要求，以及规定的折算方法时，才能称这些财务报表遵循了国际财务报告准则。主体通过简单地按照期末汇率折算所有的项目，以其功能货币或列报货币以外的货币列示财务报表或其他财务信息，即所谓的便利性折算。便利性折算的结果是导致财务信息没有遵循所有的国际财务报告准则，特别是 IAS 21。在这种情况下，应清楚地将该信息确定为补充信息，从而与遵循国际财务报告准则的信息相区别。同时披露用以列示补充信息的货币，以及该主体的功能货币和用来确定补充信息的折算方法。

6）IFRIC 22《外币交易和预付对价》

2016 年 IASB 发布了 IFRIC 22《外币交易和预付对价》。这项解释公告旨在解决实务中当主体支付或收取外币形式的预付对价时如何确定交易日的问题。国际财务报告准则解释委员会考虑了交易日是预付款的支付日，还是随后应用相关的国际财务报告准则确认相关资产、费用或收益（或其中一部分）的日期，达成一致的意见是，用于确定初始确认相关资产、费用或收益（或其中一部分）时的汇率的交易日是预付对价的日期，即确认非货币性资产或非货币性负债的日期。若支付或收取多笔预付款，则必须对支付或收取的每一笔预付对价确定交易日。

IFRIC 22 适用于自 2018 年 1 月 1 日或以后日期开始的年度期间，允许提前采用。主体可选择追溯应用，也可采用未来适用法。

7.2.3 IAS 21 与中国相关准则的比较

将 IAS 21《汇率变动的影响》与我国《企业会计准则第 19 号——外币折算》相比较，两者的区别主要体现在：

（1）我国《企业会计准则第 19 号——外币折算》没有提到记账本位币在通货膨胀情况下如何处理，也没有相应通货膨胀经济下的会计准则；而 IAS 21《汇率变动的影响》第 14 条提到："如果功能货币是恶性通货膨胀经济下的货币，则主体财务报表应按照 IAS 29《恶性通货膨胀经济中的财务报告》进行重述。"

（2）我国《企业会计准则第 19 号——外币折算》第十一条规定，在资产负债表日对外币非货币性项目处理时，只提到了以历史成本计量的外币非货币性项目；而 IAS 21《汇率变动的影响》第 23 条提到了"以公允价值计量的外币非货币性项目应按公允价值确定日的汇率进行折算"。

（3）我国《企业会计准则第 19 号——外币折算》中关于主体对境外经营的带有投资性质的长期应收、应付款净额期末的汇率调整没有专门说明；而 IAS 21《汇率变动的影响》第 15 条、第 32 条、第 33 条、第 48 条规定：在同时包括国外经营和报表主体的财务报表中，这些汇兑差额初始确认时，应单独列作权益项目，并且在对该净额进行处置时转入处置当期损益。

（4）我国《企业会计准则第 19 号——外币折算》中只提到了记账本位币，列报货币则只提到了人民币；而 IAS 21《汇率变动的影响》第 38 条中指出，"主体财务报表可以按任意一种（或几种）货币列报。如果列报货币不同于主体的功能货币，其经营成果和财务状况需要折算成列报货币"。

7.2.4　IAS 21 运用示例

[例 7-2] B 公司是 A 公司的一个全资国外子公司，20×5 年 3 月 31 日的 B 公司的收益表如表 7-4 所示。

表 7-4　**B 公司收益表**

20×5 年度　　单位：千元人民币

项　目	金　额	合　计
销售收入		5 000
减：销售成本		
期初存货	900	
购买	3 850	
	4 750	
减：期末存货	1 000	
		3 750
毛利		1 250
工资费用	300	
杂项费用	190	
房产折旧	50	
设备折旧	50	
贷款利息	60	
		650
净利润		600
所得税		300
		300
以前年度留存利润		100
		400

相关汇率如表 7-5 所示。

表 7-5　**相关汇率**

日　期	人民币/美元
20×1 年 1 月 1 日股票发行时汇率	8.00
20×1 年 4 月 1 日购买房产时汇率	8.10
20×3 年 9 月 1 日购买设备时汇率	9.00
20×4 年 3 月 31 日汇率	9.90
20×4 年 1～3 月平均汇率	9.85（期初存货购买时的汇率）
20×5 年 1～3 月平均汇率	10.025（期末存货购买时的汇率）
截至 20×5 年 3 月 31 日年度的平均汇率	10.00

以前年度留存利润在时态法下为 5 120 美元，期末汇率法下为 4 975 美元。支付的红利为 75 000 元人民币，在美国收到 3 967 美元。

要求：分别按时态法和期末汇率法对 B 公司的收益表进行折算。

分别按时态法和期末汇率法对 B 公司收益表进行折算的结果如表 7-6 所示。

表 7-6 **B 公司收益表**

20×5 年度

单位：美元

	时态法			期末汇率法		
销售收入	10.00		500 000	10.00		500 000
减：销售成本						
期初存货	9.85	91 371		9.85	91 371	
购买	10.00	385 000		10.00	385 000	
		476 371			476 371	
减：期末存货	10.025	99 751		10.025	99 751	
			376 620			376 620
毛利			123 380			123 380
工资费用	10.00	30 000		10.00	30 000	
杂项费用	10.00	19 000		10.00	19 000	
房产折旧	8.10	6 173		10.05	4 975	
设备折旧	9.00	5 556		10.05	4 975	
贷款利息	10.00	6 000		10.00	6 000	
			66 729			64 950
净利润			56 651			58 430
所得税	10.00		30 000	10.00		30 000
			26 651			28 430
以前年度留存利润			5 120			4 975
			31 771			33 405
分红			3 967			3 967
			27 804			29 438

7.3 金融工具

7.3.1 IAS 39/IAS 32 概述

1984 年 10 月，IASC 公布了征求意见稿 E 26《投资会计》。1986 年 3 月，国际会计准则 IAS 25《投资会计》正式公布，自 1987 年 1 月 1 日起生效。1991 年 9 月，IASC 又发布了征求意见稿 E 40《金融工具》。1994 年 1 月，E 40 被修订并以征求意见稿 E 48《金融工具》对外公布。1995 年 6 月，E 48 中的披露和列报部分被 IAS 32《金融工具：列报与披露》采用，关于确认和计量的准则制定工作继续进行。1996 年 1 月 1 日，IAS 32《金融工具：列报与披露》正式生效。1997 年 3 月，IASC 公布了《金融资产和金融负债》会计讨论稿。1998 年 12 月，IASC 正式发布了国际会计准则 IAS 39《金融工具：确认和计量》。IAS 32 被 IAS 39 修订，并自 2001 年 1 月 1 日生效。2000 年 4 月，随着国际会计准则 IAS 40《投资性房地产》被批准通过，IAS 25 被取消。2000 年 10 月，IASC 对 IAS 39 作了一定的修订。修订后的 IAS 39 自 2001 年 1 月 1 日起正式生效。2003 年 8 月 21 日，IASB 发布了征求意见稿《利率风险组合套利的公允价值套利会计》。2003 年 12 月 17 日，IASB 发布了IAS 39的修订稿，同时发布了 IAS 32 的修订稿。2004 年 3 月，IASB 对 IAS 39 作了进一步的修订，以反映宏观套利行为。2004 年 12 月 17 日，IASB 对 IAS 39 作了进一步的补充修订，以反映利润或损失的转移和最初确认。自 2005 年 1 月 1 日起，IAS 39（2004 年修订）和 IAS 32（2003 年修订）正式生效。2005 年 4 月 14 日，IASB 对IAS 39又补充修订了有关预测集团内部交易的现金流套利问题。2005 年 6 月 15 日，IASB 对 IAS 39 补充修订了公允价值期权问题。2005 年 8 月 18 日，对 IAS 39 补充修订了金融担保合同问题。就在同一天，IAS 32 中的披露条款被国际财务报告准则 IFRS 7《金融工具：披露》取代，并自 2007 年 1 月 1 日起生效。IAS 39 取代了解释公告SIC 33《合并和权益法：潜在投票权与所有者权益分配》。IAS 32（2003 年修订）取代了解释公告 SIC 5《金融工具的分类：或有清算条款》、SIC 16《股本：要求的自有权益工具（库存股）》和 SIC 17《权益：一项权益交易的成本》。目前涉及到的国际财务报告解释公告是 IFRIC《合作主体中的成员股份和类似工具》。

1）IAS 39/IAS 32 的出台背景及理论基础

IASC 之所以要立项制定金融工具会计准则，其原因可以概括为如下几点：

（1）以往的会计实务使许多衍生金融工具无法得到确认。衍生金融工具的一项重要特征就是不要求初始净投资，即使有的话，要求的初始净投资也相对较少。比如，金融远期合同和利率互换等衍生金融工具在获得时并不需要初始净投资。换句话说，就是没有初始成本。而没有成本又如何入账呢？问题还在于，如果某项衍生金融工具不入账，其后的公允价值变动又不予确认，留给企业的很可能就是重大风险了。从会计核算的角度讲，对多数衍生金融工具不予确认的后果是不仅没有充分地量化企业存在的风险、没有估计这些风险对企业财务的影响，还使企业的财务报表不完整，从而损害了财务报表的有用性。

（2）投资是一项重要金融工具，而 IAS 25《投资会计》却允许企业对其拥有的债务和证券投资选择以成本或成本与市价中的较低者进行计量。这种选择的广泛使用，对不同企业之间财务报表信息的可比性无疑是有损害的。

（3）缺乏合理、统一的套期会计规范。衍生金融工具的重要作用就在于能规避风险，也就是通常所说的进行“套期保值”或“套期”。对套期如何核算，国际会计准则缺乏相应的指南。结果是有些企业可能从会计核算的角度独自地设计某种套期关系，以达到自己追求的核算效果。有的企业完全不对用于套期的衍生金融工具（俗称“套期工具”）的公允价值变动予以确认；而另一些企业则将这些公允价值变动作为资产或负债予以递延，或在权益中确认。这显然有悖于财务信息的可比性原则。此外，将公允价值变动作为资产或负债予以递延也不可取。公允价值变动即利得或损失，如何能符合资产或负债的定义呢？面对层出不穷的风险，面对为规避这些风险而不断创新的金融工具，面对残缺不全的套期会计，国际会计准则的制定机构确实需要关注金融工具会计准则。

（4）资产证券化是近年来最重要的金融创新之一，但会计核算如何应对，国际会计准则却少有规范。此外，纵然有些国际会计准则涉及减值问题，但对某些金融资产的减值问题如何处理，国际会计准则尚未作出规定。

总之，在国际金融市场向纵深方向发展、衍生金融工具日益推陈出新的情况下，尽早从概念框架的角度建立一个（套）综合性的金融工具会计准则是必要的。

2）IAS 39/IAS 32 的适用范围

IAS 39 的目的是为金融资产、金融负债和某些金融项目买卖合同的确认和计量设立原则。IAS 39 适用于所有主体除以下各项以外的所有类型的金融工具：①按照 IAS 27、IAS 28 和 IAS 31 的规定核算的在子公司、联营企业和合营企业中的权益。但是，IAS 27、IAS 28 和 IAS 31 规定，按照 IAS 32 和 IAS 39 核算的这类权益不被排除在外。②适用 IAS 19《雇员福利》的雇员福利计划的雇主权利和义务。③企业合并中的或有对价合同。④要求基于气候、地理或其他物理变量支付的合同，除非衍生工具嵌入在适用 IAS 39 的合同中。⑤保险合同中的权利和义务，除了适用 IAS 39 确认的采用保险或再保险合同形式的金融工具，主要涉及金融风险转移和嵌入保险合同的衍生工具也被排除。⑥主体发行的符合 IAS 32 中权益工具定义的金融工具。

IAS 39 适用于应收租赁款和应付租赁款，出租人确认的应收租赁款适用本准则的终止确认和减值规定，承租人确认的应付租赁款适用本准则的终止确认规定。主体指定为以公允价值计量且其变动计入损益的金融负债的贷款承诺在 IAS 39 的适用范围之内。如果主体具有在贷款承诺产生后不久出售其所产生资产的惯例，则主体应将 IAS 39 应用于同一类别的所有贷款承诺。购买和销售金融项目的合同通常包括在 IAS 39 的适用范围内。如果非金融项目买卖合同可以以现金或其他金融工具进行净额清算或通过交换金融工具进行结算，则也包括在 IAS 39 的适用范围内。构成净额清算的项目包括：合同项目允许进行净额清算或通过交换金融工具进行结算；存在过去净额清算的类似的合同；对于类似的合同，主体具有收取交付的基础资产，并在交付后的短期内将其出售，以及从价格或交易商保证金的短期波动中获取利润的惯例；作为合同标的的非金融项目易于转换为现金。

7.3.2 IAS 39

1）基本内容

（1）概念的界定

①金融工具，是指形成一个主体的金融资产，并形成另一个主体的金融负债或权益工具的合同。这里，金融资产是指现金、另一个主体的权益工具、合同权利（从另一个主体收取现金或其他金融资产，或者在对主体潜在有利的条件下与另一个主体交换金融资产或金融负债）和将以或可以以主体本身权益工具进行结算的合同；金融负债是指合同义务（向另一个主体交付现金或其他金融资产，或者在对主体潜在不利的条件下与另一个主体交换金融资产或金融负债）和将以或可以以主体本身权益工具进行结算的合同。

②衍生工具，是指在 IAS 39 的范围内，并同时具有下述三项特征的金融工具或其他合同：其价值随着特定利率、金融工具价格、商品价格、汇率、价格获利率指数、信用等级、信用指数或其他变量的变动而变动；不要求初始净投资，或要求的初始净投资小于预期对市场因素变化有类似反应的其他类型合同所要求的初始净投资；在未来某一日期进行结算。

③嵌入衍生工具，是指嵌入到非衍生工具主合同的混合（组合）工具的一个组成部分，并导致该组合工具中的某些现金流量以类似于单独存在的衍生工具的变动方式而变动。一些合同本身不是金融工具，但可以将金融工具嵌入其中。IAS 39 规定，当且仅当符合以下条件时，嵌入合同应当与主合同分离并作为衍生工具按照本准则的规定核算：嵌入衍生工具的经济特征风险与主合同的经济特征风险并不紧密相关；与嵌入衍生工具条款相同的单独工具符合衍生工具的定义；混合金融工具不以公允价值计量，公允价值的变动也不计入损益。如果嵌入金融工具被分离，则当主合同是金融工具时应按照 IAS 39 的规定核算主合同，当主合同不是金融工具时，则应按照其他适用的准则核算主合同。如果 IAS 39 要求从主合同中分离嵌入衍生工具，但是主体不能单独计量嵌入衍生工具，则将该组合合同整体作为为交易而持有的金融资产或金融负债处理。

（2）划分为负债或权益

因为 IAS 39 没有涉及报告企业发行的权益工具会计，但涉及了金融负债会计，所以，划分一项工具是负债还是权益非常重要。IAS 32 也涉及了划分问题。

（3）金融资产和金融负债的分类

IAS 39 要求金融资产归为以下类别中的某一类：以公允价值计量且其变动计入损益的金融资产；持有至到期的投资；贷款和应收款项；可供出售的金融资产。这些分类决定了某一特定金融资产在财务报表中的确认和计量。

IAS 39 要求确认以下两类金融负债：以公允价值计量且其变动计入损益的金融负债；按实际利率法确定的摊余成本计量的其他金融负债。

（4）确认

①初始确认

IAS 39 要求当且仅当主体成为一项金融工具合同条款的一方时，主体才应在其资产负债表内确认一项金融资产或一项金融负债。常规方式购买或出售金融资产，应视情况分别使用交易日会计或清算日会计进行确认和终止确认。方法的选择是一项会计政策，对于归为同一类的金融资产，所选用的方法应保持一致。

IAS 39 要求所有的金融资产和金融负债都要在资产负债表内确认，包括所有的衍生工具。目前，在世界上很多国家中，衍生工具还没有在资产负债表内确认。争论之一是，在达成衍生工具合同时，没有确切的支付的现金或其他资产数额。

②终止确认

a. 金融资产的终止确认

在已得到如下信息的情况下，可以利用 IAS 39 中规定的终止确认模型：被考虑终止确认的金融资产是一项金融资产整体中的一部分；一项金融资产可明确辨认的现金流量；一项金融资产所产生的现金流量中与之完全成比例的份额；一项金融资产所产生的可明确辨认的流量中与之完全成比例的份额。一旦被考虑终止确认的金融资产确定下来，需要评估这项金融资产是否被转让。金融资产是否被转让，取决于主体是否转让了获取金融资产现金流量的合同权利，或者主体保留了获取金融资产现金流量的合同权利，但却承担了一项向一个或多个收款人支付现金流量的合同义务。如果是后一种情况，还要满足三个条件：除非主体从原始资产中获得了相等的金额，否则没有义务向最终收款人支付款项；转让合同条款禁止主体出售或抵押原始资产，除非这种出售或抵押是作为向最终收款人支付现金流量的保证；主体有义务无延误地划拨代收款人收取的任何现金流量。一旦主体确定金融资产被转让，那么就确定了它实质上转移了与资产所有权有关的所有风险和报酬。如果实质上所有风险和报酬都被转移，资产就被终止确认；如果实质上所有风险和报酬都被保留，资产就不能被终止确认。如果主体既没有保留也没有实质上转移金融资产的所有风险和报酬，那么主体必须评价它是否放弃了对资产的控制权。如果主体没有控制这项资产，那么终止确认是适当的。然而，如果主体保留了资产的控制权，那么主体需要根据其对该项资产的涉入程度继续确认这项资产。上述这些终止确认的步骤可以用图 7-1 表示。

b. 金融负债的终止确认

只有当一项金融负债消除，即合同中规定的义务解除、取消或到期时，主体才能将其从资产负债表中转出。对于现有借款人和出借人之间交换条款存在显著差异的债务工具，或是对现有金融负债的条款有重大修改的，应作为原金融负债的消除和一项新的金融负债的确认进行核算。消除最初金融负债的利得或损失在收益表中确认。

（5）计量

①初始计量

金融资产和金融负债应按照公允价值进行初始计量，如果某项金融资产或金融负债不是以公允价值计量且其变动计入损益的，还应加上可直接归属于该项金融资产或金融负债的获得或发行费用。

②后续计量

初始确认后，主体应按照公允价值计量金融资产和金融负债（包括衍生工具）。但以下例外：贷款和应收款项、持有到期的投资和非衍生工具金融负债应按实际利率法确定的摊余成本计量；缺乏可靠公允价值计量的权益工具投资应以成本计量；指定为被套期项目的金融资产和金融负债应按照套期会计的要求进行计量；金融资产不符合终止确认的条件或者使用继续涉入法进行核算时所形成的金融负债适用特定的计量要求。

（6）套利会计

套期关系包括公允价值套期、现金流量套期以及对境外经营净投资的套期。公

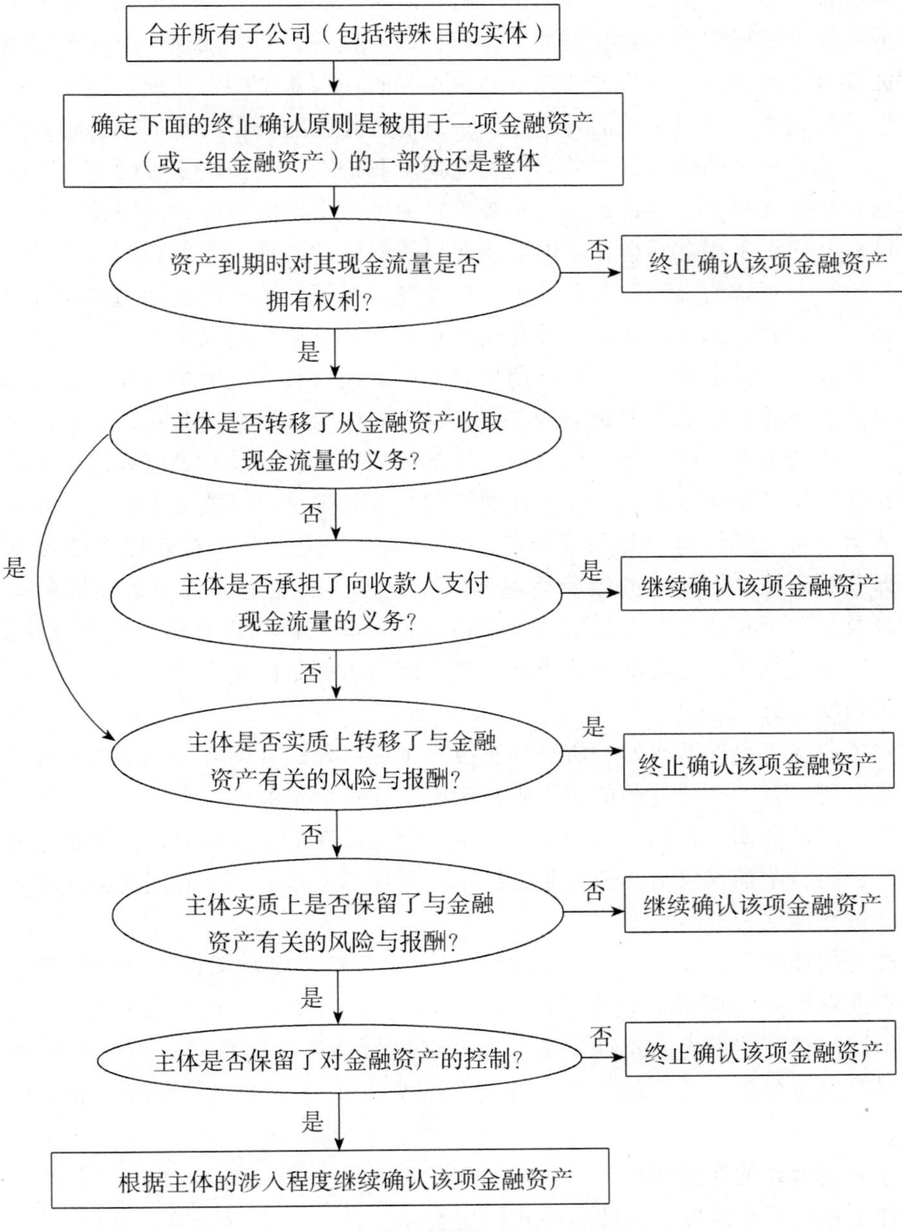

图 7-1　金融资产终止确认的步骤

允价值套期是指对已确认资产或负债，或尚未确认的公司按某一固定价格购买或销售一项资产的承诺的风险暴露变动的套期。该类风险源于某一特定风险并影响损益的资产、负债或承诺的可识别部分。套期工具公允价值变动的利得或损失直接在损益中确认。同时，被套期项目的数额根据相应的被套期风险的利得或损失进行调整，被套期风险的利得或损失也直接在损益中确认。现金流量套期是对现金流量变动的风险暴露的套期，这里的风险暴露应可归属于与已确认资产或负债相联系的特定风险或很可能与其交易相联系的某一特定风险，并且能够影响损益。套期工具的利得或损失中被确定为有效套期的部分直接计入权益，利得或损失中被确定为无效套期的部分计入损益。如果被套期现金流量导致一项非金融资产或负债的确认，主体可以选择调整资产或负债的计量基础。对境外经营净投资的套期，包括对作为净投资的一部分核算的货币项目的套期，套期工具的利得或损失中被确定为有效套期的部分直接计入权益，利得或损失中被确定为无效套期的部分计入损益。

IAS 39 允许采用套期会计，但要满足以下特定的条件：①在套期开始时，有正式的指定，有正式的文件记录套期关系以及主体进行此项套期活动的风险管理目标和策略，包括套期工具的认定、被套期项目或交易、被套期风险的性质，以及主体如何评价套期工具抵销归属于被套期风险的被套期项目公允价值或现金流量变动风险敞口的有效性；②该套期预期能在与最初文件中为特定套期关系指定的风险管理策略一致的情况下，高度有效地抵销归属于被套期风险的公允价值或现金流量变动风险；③对于现金流量套期，被套期的预期交易必须是很可能会发生的，并且必须使企业承受着最终影响损益的现金流量变动风险；④套期的有效性能够可靠地计量，即归属于被套期风险的被套期项目的公允价值或现金流量变动能够可靠地计量，以及套期工具的公允价值能够可靠地计量；⑤在持续经营的基础上评价套期，并已实际确定其在指定套期的整个财务报告期间内都是高度有效的。

①套期工具

除了一些签出的期权外，所有具有报告主体以外的合同方的衍生工具合同都可以作为套期工具。一项外部的非衍生金融资产或负债不能作为套期工具，除非是作为外汇风险的套期。套期工具整体的一定比例可以在某一套期关系中被指定为套期工具，但是，不能仅仅对套期工具存续期的某一部分指定一个套期关系。

②被套期项目

被套期项目可以是：a. 单项已确认资产、负债、确定承诺、很可能发生的预期交易或对境外经营的净投资；b. 具有相似风险特征的一组已确认资产、负债、确定承诺、很可能发生的预期交易，或对境外经营的净投资；c. 分担同一被套期利率风险的金融资产或金融负债组合的一部分（仅适用于利率风险公允价值组合套期）。

③套期会计的终止使用

在下述情况出现时，主体应终止使用套期会计：a. 套期工具已到期、被出售、合同终止或已行使；b. 该套期不再符合准则规定的运用套期会计的条件；c. 主体撤销了对套期关系指定；d. 在现金流量套期的情况下，预期交易预计不会发生时终止使用套期会计。

2）IAS 39 与美国相关准则的比较

IAS 39 与美国相关准则（如 SFAS 133《衍生工具和套期保值活动的会计处理》）相比较，主要区别体现在以下方面：（1）关于计量基础方面。根据 IAS 39 的规定，可指定任何金融资产或金融负债按公允价值计量，并有将公允价值变动计入损益的选择；美国相关准则中没有此选择。（2）关于非上市权益工具的投资方面。IAS 39 规定，如果可以可靠地计量，则按公允价值计量，否则按成本计量；美国相关准则规定按成本计量。（3）关于金融工具重新划入或划出为交易而持有的类别方面。美国相关准则规定，如果将有关资产转入为获取短期盈利的投资组合中，该金融工具应从可供出售的类别划入为交易而持有的类别，但是不可以从为交易而持有的金融资产划入可供出售的金融资产；IAS 39 不允许金融工具重新划入或划出为交易而持有的类别。（4）关于销售"持有至到期的投资"的影响方面。IAS 39规定，在随后的两年内不可使用持有至到期日投资的分类；美国相关准则规定，不可使用持有至到期的分类。（5）关于终止确认金融资产方面。IAS 39 规定，综合采用风险收益法和控制权法，可以部分终止确认金融资产，不需要进行破产剥离测试；美国相关准则规定采用风险收益法，集中于法律上的剥离，不可以部分终止确认。（6）关于总体套期方面。IAS 39 规定，如果满足特定的条件，对利率风险组合的套期可以使用公允价值套期会计处理；美国相关准则规定，虽然通过指定特定资产或负债作为被套期项目可以获得相类似的结果，但是套期会计处理还是被禁止使用。（7）关于减值损失的后续转回方面。IAS 39 规定，如果满足一定的条件，对于贷款和应收款项、持有至到期金融工具（HTM）和可供出售债务工具（AFS）的减值损失需要转回；美国相关准则对 HTM 和 AFS，禁止转回减值损失。

3）金融工具准则运用示例

［例 7-3］某公司发行了面值为 1 美元的普通股 200 000 股，公允价值为每股 3.5 美元，发行费用为 75 000 美元。发行成本在计算所得税时可以扣除。公司所得税税率为 40%。公司管理层估计，发行股票导致的公司内部成本为 35 000 美元。

要求：试分析所涉及的各项要求的确认。

发行股票所导致的内部发行成本 35 000 美元应计入当期损益。发行费用与股票的发行直接相关，税后部分 45 000 美元（75 000×（1-40%））应从权益中扣除。发行股票所导致的权益的增加为 655 000 美元（200 000×3.5-45 000）。

［例 7-4］某公司涉入一种套期关系中，年底通过对被套期项目和套期工具的公允价值的估值，利得和损失如下所示。

被套期项目：损失 1 000 美元；

套期工具：利得 1 200 美元。

要求：试计算该公司套利行为的效果。

该公司套利行为的效果 = 1 200÷1 000×100% = 120%

可以认为，该公司的套利是非常有效的。

7.3.3　IFRS 9《金融工具》

由于金融工具准则的复杂性以及金融危机中所体现出的金融工具会计应用问题，促使国际会计准则理事会（IASB）于 2008 年启动了改进和简化金融工具准则综合项目，这一项目分为金融工具分类和计量、金融资产减值和套期会计三个阶段。金融工具项目曾经得到全球政府部门和监管机构的支持，并与美国财务会计准则委员会（FASB）协同开展准则修订工作，但最终 IASB 和 FASB 决定在某些方面各行其道，致使在金融工具的分类和计量、金融资产减值等方面仍然存在重大差异。IASB 首先于 2009 年发布了第一版 IFRS 9，接着于 2010 年推出了新的金融资产分类和计量模型，继而又在 2013 年增加了关于一般套期会计的新规定，最后，IASB 于 2014 年 8 月正式发布了 IFRS 9《金融工具》完整版，并对自 2018 年 1 月 1 日或以后日期开始的年度期间强制生效，取代 IAS 39《金融工具：确认与计量》。

新发布的 IFRS 9《金融工具》变更了金融资产的分类和计量，引入了预期损失减值模型，终止确认模型仍然沿用 IAS 39 而未作任何变更，完善了套期会计处理规定。

1）金融工具的分类和计量

（1）金融工具的初始计量

IFRS 9 规定，所有金融工具均按公允价值（在金融资产或金融负债并非以公允价值计量且其变动计入损益的情况下，再加上或减去交易费用）进行初始计量。上述要求与 IAS 39 的规定一致。

（2）金融资产的后续计量

在金融资产的分类和计量方面，IFRS 9 进行了大幅修改。尽管与 IAS 39 一样，IFRS 9 要求在初始确认时确定金融资产的分类，但是当满足特定条件时，主体须在后续期间对相关资产进行重分类。

初始确认后，属于 IFRS 9 适用范围的所有资产均须以以下三种方法之一进行计量：

①以摊余成本计量；

②以公允价值计量且其变动计入其他综合收益；

③以公允价值计量且其变动计入损益。

某些债务工具资产被强制归入以公允价值计量且其变动计入其他综合收益的类别，除非主体选择以公允价值计量且其变动计入损益（“公允价值选择权”）。而对于权益投资，主体则有权选择是否将其归入以公允价值计量且其变动计入其他综合收益的类别。在将其计入其他综合收益的利得或损失进行重分类时，债务工具和权益投资分别适用于不同的要求。对于以公允价值计量且其变动计入其他综合收益的债务工具，（采用实际利率法计算的）利息收入、汇兑利得或损失以及减值利得或损失应直接计入损益。累计的公允价值利得或损失与计入损益的累计金额之间的差异应计入其他综合收益，直至终止确认，届时计入其他综合收益的金额将重分类至损益。指定为以公允价值计量且其变动计入其他综合收益的权益工具投资的会计处理方法则有所不同，对于权益工具投资，仅将股利收益计入损益，而所有其他利得和损失则计入其他综合收益，且在终止确认时无需进行重分类。

（3）债务工具

符合以下两个条件的债务工具必须以摊余成本计量（除非根据公允价值选择

权，相关资产被归类为以公允价值计量且其变动计入损益。

①业务模式测试：主体持有金融资产的业务模式的目标是为收取合同现金流量而持有金融资产（而不是为实现公允价值变动而在合同到期前出售金融资产）。

②现金流量特征测试：金融资产的合同条款导致在指定日期产生的现金流量仅为本金及未偿付本金额的利息的支付。

对于符合现金流量特征测试且未运用公允价值选择权而指定为以公允价值计量且其变动计入损益的债务工具，如果主体持有该等债务工具的业务模式的目标是为收取合同现金流量而持有金融资产以及出售金融资产，则必须以公允价值计量且其变动计入其他综合收益。所有其他债务工具资产均以公允价值计量且其变动计入损益。

比较：①以公允价值计量且其变动计入其他综合收益的债务工具不同于 IAS 39 中的可供出售金融工具。根据 IAS 39，减值利得和损失以公允价值为基础计量；根据 IFRS 9，减值以预期损失为基础并采用按照摊余成本计量的资产相一致的方法进行计量。②应根据主体的业务模式来判断是否符合以公允价值计量且其变动计入其他综合收益的标准（这与针对可供出售金融工具的情况不同）。根据 IAS 39，主体可以选择将某些金融工具归类为可供出售；根据 IFRS 9，主体无法选择将债务工具归类为以公允价值计量且其变动计入其他综合收益。

（4）合同现金流量特征测试

只有债务工具才能够符合 IFRS 9 规定的合同现金流量特征测试的标准。衍生工具资产和权益工具投资均不符合该标准。仅为本金及未偿付本金额之利息支付的合同现金流量与基本贷款安排相一致。在基本贷款安排中，对货币的时间价值和信用风险的考虑通常是对利息最为重要的要素。但是在此类安排中，利息还可能包含对其他基本贷款风险（例如流动性风险）和在特定期间内持有金融资产而产生的费用（例如行政费用）的考虑。此外，利息还可能包含与基本贷款安排相符的边际利润。

主体应采用金融资产的计价货币来评估合同现金流量是否仅为本金及利息的支付。主体在评估以下事项时需要运用判断：仅当发生或未发生某一事项时才支付（或不支付）合同现金流量的事实是否将导致未能通过合同现金流量特征测试。主体应考虑哪些风险将导致或有事项的发生以及该风险是否与涉及基本贷款安排的风险相一致。在执行合同现金流量特征评估时应考虑相关金融工具的所有合同条款，而不仅仅是那些最可能到期的合同现金流量。若一项金融资产可予提前偿付，则合同现金流量特征评估须同时考虑在行使提前偿付性选择权之前和之后的合同现金流量（不管该项金融工具在到期前予以偿付的可能性）。

（5）业务模式评估

针对管理金融资产的业务模式评估是对金融资产进行分类的基础。主体的业务模式应在能够反映如何对金融资产组合进行统一管理以实现特定商业目标的层面上进行确定。主体的业务模式并不取决于管理层针对个别金融工具的意图。因此，上述条件并非建立在个别工具基础上的分类方法，而是应在更高的汇总层面进行判断。但是，主体可采用一种以上的业务模式来管理金融资产。IFRS 9 就如何确定某一业务模式是为收取合同现金流量而管理资产还是同时收取合同现金流量和出售金融资产提供了相关指引，若并非以应对信用恶化为目的而出售金融资产的情况并非不常见并且资产的价值（单项或汇总而言）并非微不足道，则需要执行评估来确定此类销售是否与收取合同现金流量的目标相一致，此外，金融资产的出售若是发生在金融资产即将到期之前，则可能与收取合同现金流量的目标相一致，并且销售收入将近似于可收取的剩余合同现金流量。

主体将需要评估其持有金融资产的业务模式。对于某些主体（例如非金融企业）而言，此类评估可能相对简单，因为其金融资产可能仅限于应收账款和银行存款，其显然是为收取合同现金流量而持有的。从事涉及金融资产的较广范围活动的主体，例如放款人、为从事理财活动而持有债务证券的投资者及保险公司，将需要执行更深入的分析来了解所适用的业务模式，并考虑哪些动机会导致金融资产的处理。主体还需要在每个报告期间重新评估其业务模式，以确定该业务模式自上个期间以来是否已发生变化，当相关的业务模式已发生变化时，有必要对金融资产进行重分类。

IFRS 9 不允许在以下情形下进行重分类：①在所有情况下针对金融资产运用了公允价值选择权；②以公允价值计量且其变动计入损益或以公允价值计量且其变动计入其他综合收益的权益投资；③金融负债。

若主体对金融资产进行重分类，必须自重分类之日（其定义为导致主体对金融资产进行重分组的业务模式变化发生后的首个报告期间的第一天）起采用未来适用法对金融资产进行重分类。此前已确认的利得、损失（包括减值利得或损失）或利息不予重述。

（6）公允价值选择权

IFRS 9 包含一项在初始确认时将金融资产指定为以公允价值计量且其变动计入损益的选择权，前提是这样做能够消除或显著减少因采用不同的基础来计量资产或负债或者确认资产或负债所产生的利得和损失而导致的“会计不匹配”。被指定为以公允价值计量且其变动计入损益的金融资产无需遵循 IFRS 9 规定的重分类要求。

（7）权益投资

属于 IFRS 9 适用范围的所有权益投资在财务状况表中均以公允价值计量，且相关的价值变动应计入损益（但主体选择在其他综合收益中列示相关价值变动的权益投资除外）。

将权益工具指定为以公允价值计量且其变动计入其他综合收益的选择权是一项可在初始确认时作出的不可撤销的选择权。上述指定将导致在其他综合收益中列示所有的利得和损失（计入损益的股利收益除外）。

比较：这不同于 IAS 39 中可供出售权益工具的会计处理方法，其中计入其他综合收益的利得和损失将在终止确认或发生减值时进行重分类。

（8）金融资产分类和计量模型汇总

图 7-2 汇总了上述金融资产分类和计量模型的应用。

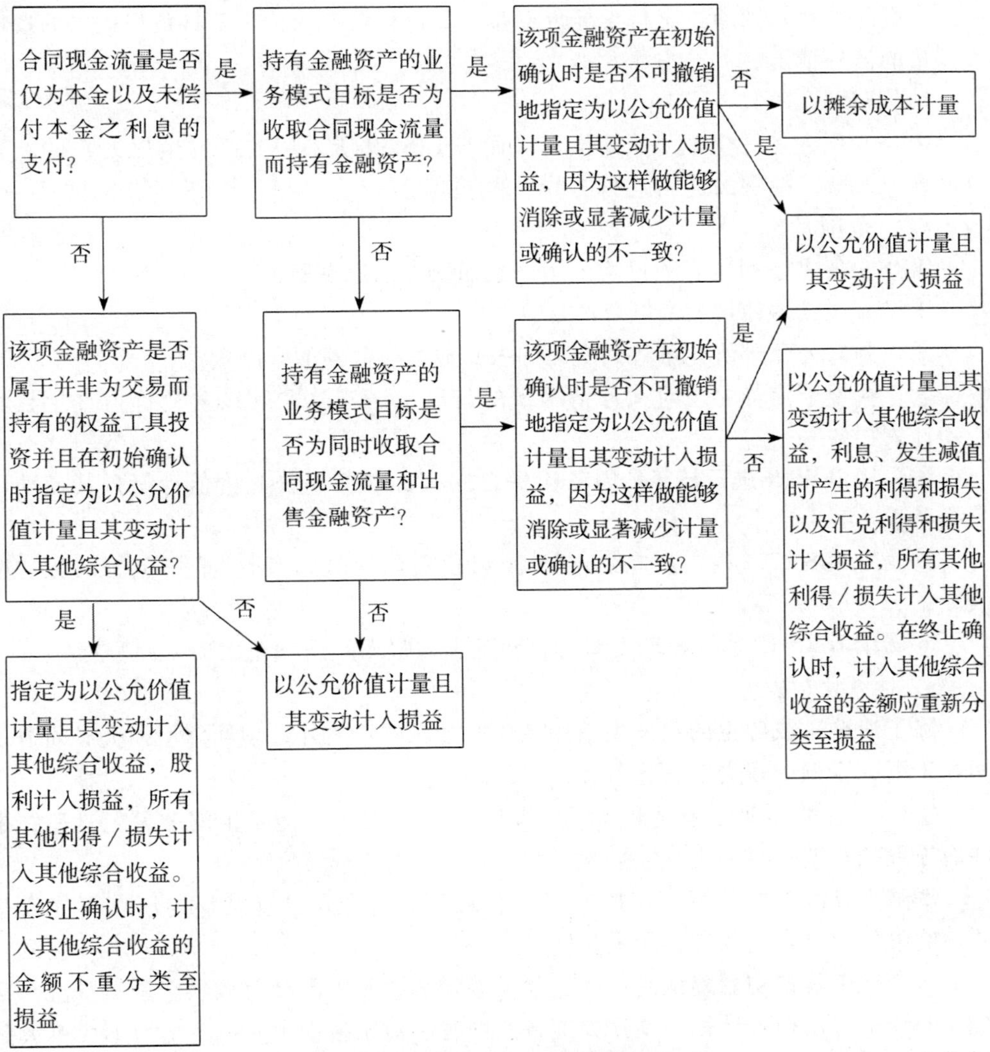

图 7-2　金融资产分类和计量模型的应用

（9）金融负债：后续计量

IAS 39 与 IFRS 9 的金融负债会计模型存在的主要差异如下：

①由主体信用风险导致的公允价值变动影响的列报。

为交易而持有的金融负债（如衍生工具负债）以及运用公允价值选择权指定为以公允价值计量且其变动计入损益的贷款承诺和财务担保合同应继续以公允价值计量且其所有变动均计入损益。但是，对于所有其他运用公允价值选择权指定为以公允价值计量且其变动计入损益的金融负债，IFRS 9 要求主体将由信用风险变化导致的负债公允价值变动金额计入其他综合收益，并将其余的公允价值变动金额计入损益（除非信用风险部分的上述会计处理将产生或扩大计量的不匹配）。在其他综合收益项下所列示的金额在后续期间不转入损益。

②删除了针对须通过交付无标价权益工具进行结算的衍生工具负债提供的按成本计量的例外情况。

2）减值

IFRS 9 引入了一个基于预期损失（而非 IAS 39 所采用的已发生损失）的新减值模型。该减值模型的适用范围比 IAS 39 更广。

（1）范围

IFRS 9 要求下列所有项目均采用该预期损失减值模型：

①以摊余成本计量的金融资产；

②强制以公允价值计量且其变动计入其他综合收益的金融资产；

③存在授予信贷的现时义务情况下的贷款承诺（除非其以公允价值计量且其变动计入损益）；

④采用 IFRS 9 进行核算的财务担保合同（除非其以公允价值计量且其变动计入损益）；

⑤属于 IAS 17《租赁》（或 IFRS 16《租赁》，如已采用）适用范围的租赁应收款；

⑥属于 IFRS 15《与客户之间的合同产生的收入》适用范围的合同资产。

（2）一般方法

除了所购买或源生的已发生信用减值的金融资产之外，预期信用损失必须通过相当于下列金额的损失准备进行计量：

①12 个月的预期信用损失（因报告日后 12 个月内可能发生的金融工具违约事件而导致的预期信用损失）；

②整个存续期的预期信用损失（因金融工具整个预计存续期内所有可能发生的违约事件而导致的预期信用损失）。

若金融工具自初始确认后信用风险显著增加，则不需针对该项金融工具整个存续期的预期信用损失计提一项损失准备。同时，对于根据 IFRS 15 视为不含重大融资成分的合同资产或应收款，亦需针对其整个存续期的预期信用损失计提一项损失准备。

此外，主体可选择采用以下会计政策：针对所有合同资产和所有应收款（包括含重大融资成分的合同资产和应收款）确认整个存续期的预期信用损失。另外，还允许主体针对租赁应收款选择采用上述会计政策。

对于所有其他金融工具，预期信用损失应按相当于 12 个月的预期信用损失的金额进行计量。

IFRS 9 关于“12 个月的预期信用损失”的解释如下：12 个月的预期信用损失是指整个存续期预期信用损失的一部分，并且反映在报告日后 12 个月内（或更短期间内，若金融工具的存续期短于 12 个月）发生违约而导致的整个存续期的现金短缺额，考虑违约发生的概率后得出的结果。因此，12 个月的预期信用损失既非主体预计因在未来 12 个月内发生违约的金融工具而导致的整个存续期的预期信用损失，亦非将在未来 12 个月内产生的现金短缺额。

（3）信用风险显著增加

信用风险显著增加的定义为违约的发生概率自初始确认后显著增加。根据 IFRS 9，主体可采用各种方法就信用风险是否显著增加进行评估（前提是该方法符合 IFRS 9 的要求）。即使某一种方法未将明确的违约发生概率纳入考虑，也仍可以符合 IFRS 9 的要求。应用指南提供了有助于主体执行上述评估的一系列因素。同时，尽管在原则上应针对每一单项资产评估是否应基于整个存续期的预期信用损失来计提损失准备，但是在金融工具层面可能无法评估某些因素或迹象。在这种情况下，主体应针对金融工具组合的适当组别或组成部分执行评估。IFRS 9 的要求包含一项可推翻的假设：当合同付款额逾期超过 30 天时，信用风险显著增加。

IFRS 9 同时规定，除了所购买或源生的已发生信用减值的金融资产之外，若自初始确认后信用风险显著增加的情况已在后续报告期间发生逆转（在报告日，信用风险自初始确认后并未显著增加），则损失准备应转为基于 12 个月的预期信用损失进行计提。

为便于实务操作，IFRS 9 允许主体对在报告日确定为信用风险“较低”的金融工具假设其信用风险并未显著增加。IFRS 9 认为如果满足以下条件，则信用风险“较低”：违约风险较低，借款人具有很强的能力可以在短期内履行其合同现金流量义务，且较长时间内经济和商业状况的不利变化可能但未必会降低借款人履行其合同现金流量义务的能力。IFRS 9 建议“投资等级”评级可被视为信用风险较低的指标。

（4）所购买或源生的已发生信用减值的金融资产

所购买或源生的已发生信用减值的金融资产采用不同的方法进行会计处理，因为该资产在初始确认时已发生了信用减值。对于此类资产，主体应将自初始确认后整个存续期预期信用损失的所有变动确认为一项损失准备，且损失准备的所有变动均计入损益。按照该项规定，此类资产发生的有利变动将视为一项减值利得（即使所导致的金融资产预期现金流量大于在初始确认时估计的现金流量）。

（5）已发生信用减值的金融资产

根据 IFRS 9，当发生了对一项金融资产预期未来现金流量具有不利影响的一项或多项事件时，该金融资产成为已发生信用减值的金融资产。该等事件包括金融资产的持有人注意到下列可观察的情况（与 IAS 39 的指标相一致）：

①发行人或借款人的重大财务困难；

②违反合同（例如违约或逾期事项）；

③出于与借款人财务困难有关的经济或合同原因，借款人的出借人给予借款人平时不愿作出的让步；

④借款人很可能破产或进行其他财务重组；

⑤由于财务困难，致使该项金融资产的活跃市场消失；

⑥以反映出已发生信用损失的大幅折扣购买或源生一项金融资产。

（6）对预期信用损失进行估计的依据

预期信用损失的计量应当反映通过评估各种可能的结果及考虑货币的时间价值后确定的无偏见的概率加权金额。同时，主体在计量预期信用损失时还应考虑有关过去事项、当前状况及未来经济状况预测的合理及可支持的信息。

IFRS 9 将预期信用损失定义为信用损失的加权平均值（以发生违约的相应风险作为权重）。无需考虑所有可能发生的情况，但至少必须考虑发生信用损失的风险或概率（即使发生信用损失的概率很低）。这一要求事实上禁止主体仅基于最有可能出现的结果来对预期信用损失进行估计。

（7）修改和冲销

如果金融资产合同现金流量的重新定义或其他修改导致按照 IFRS 9 予以终止确认，修改后的金融工具应作为一项新金融工具进行会计处理。随后，应按一般规定对该金融工具应用减值模型。如果金融资产合同现金流量的重新议定或其他修改并未导致终止确认，主体应重新计算金融资产的账面总额（即在针对任何损失准备作出调整前的摊余成本金额）。具体做法为：按原实际利率对新的预期合同现金流量（修改后的）进行折现，并将相应的利得或损失计入损益。从该日起，主体应通过将报告日的信用风险（根据修改后的条款）与初始确认时的信用风险（根据未经修改的原始条款）进行比较，评估金融工具的信用风险自该工具初始确认后是否已显著增加。

（8）金融资产利息收入的列示方式

尽管利息收入始终作为单列项目予以列示，但主体应根据资产的信用减值状况采用不同的方法对利息收入进行计算。

对于不属于所购买或源生的已发生信用减值的金融资产或自初始确认后未发生信用减值的金融资产，利息收入应采用“总额法”计算，即将实际利率法应用于资产的账面总额（即资产的账面金额，不扣除损失准备）。

对于不属于所购买或源生的已发生信用减值的金融资产但在后续期间发生信用减值的金融资产，自下一个报告期间的期初开始，利息收入应采用“净额法”计算，即将实际利率应用于资产的摊余成本净余额（包含损失准备）。若在采用“净额法”的期间之后，金融工具因其信用风险有所改善而不再发生信用减值且这一改善在客观上可与采用净额法后发生的某一事件相联系，则主体应自下一个报告期间的期初开始恢复采用“总额法”来计算利息收入。

最后，对于所购买或源生的已发生信用减值的金融资产，在确认利息收入时应始终将经信用调整的实际利率应用于摊余成本账面金额。经信用调整的实际利率是指将初始确认时的预期现金流量（明确考虑该项金融工具的预期信用损失以及合同条款）恰好折现为初始确认时的摊余成本的利率。

根据 IAS 1《财务报表的列报》的规定，减值损失，包括减值损失的转回和减值利得（针对所购买或源生的已发生信用减值的金融资产），应在损益及其他综合收益表中作为单列项目列报。

IFRS 9 的一般减值模型汇总如图 7-3 所示。

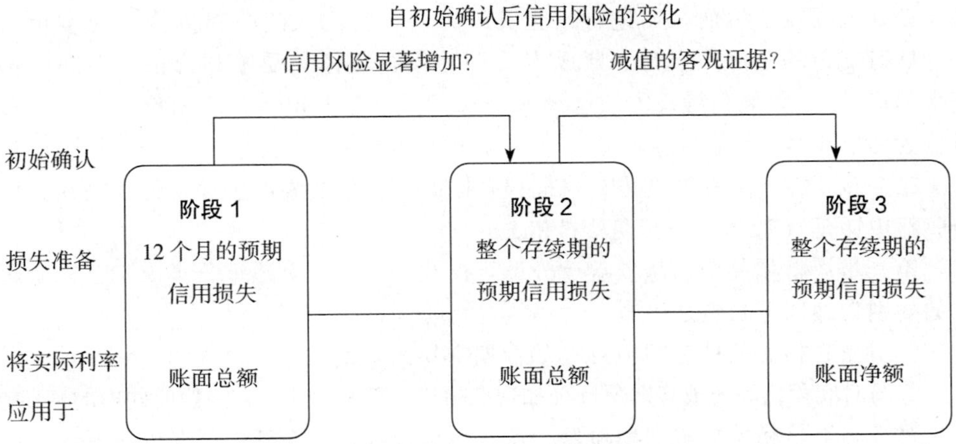

图 7-3　IFRS 9 的一般减值模型汇总

3）套期会计

主体可选择采用或不采用 IFRS 9 中的套期会计要求。在满足运用套期会计的特定标准的情况下，套期会计允许主体通过将套期工具（如衍生工具）的利得或损失与被套期的风险敞口（如外币销售）的损失或利得进行匹配，在财务报表中反映其风险管理活动。

IFRS 9 中的套期会计模型并非旨在适用于针对开放式动态资产组合的套期。对于金融资产或负债组合的利率风险的公允价值套期，应用 IFRS 9 的主体可采用 IAS 39 的套期会计要求以及 IFRS 9 的一般“宏观”套期会计要求。

此外，主体在首次采用 IFRS 9 时，作为一项会计政策选择，可继续采用 IAS 39中的所有套期会计要求（而非 IFRS 9 第 6 章的要求）。下文概述了 IFRS 9 第 6 章的套期要求及其与 IAS 39 之间的对比。

（1）运用套期会计的标准

当且仅当同时满足下列所有条件时，才能运用套期会计对套期关系进行会计处理：

①套期关系仅由符合条件的套期工具和符合条件的被套期项目组成；

②在套期关系开始时，主体对套期关系有正式的指定和书面记录，包括套期关系、主体的风险管理目标和进行套期的策略；

③套期关系符合所有的套期有效性的要求。

（2）套期工具

IFRS 9 与 IAS 39 的主要区别在于：IFRS 9 将以公允价值计量且其变动计入损益的非衍生金融工具作为符合条件的套期工具。与套期工具相关的大部分变更均涉及套期工具的核算方法，特别是期权合同、远期合同和外汇基差的核算方法。

（3）期权合同

根据IAS 39，通过期权合同进行套期的主体通常将期权时间价值要素的公允价值变动计入损益。然而，在进行风险管理时通常将期权的时间价值（通常相当于在开始时支付的溢价）视为套期成本（即为保护主体免受不利价格变动的影响而产生的成本）。该风险管理方法已纳入IFRS 9。根据IFRS 9，时间价值的核算方法可分为两个步骤：

第一步：在套期存续期内，将期权合同时间价值要素的公允价值变动在其他综合收益中递延（若其与被套期项目相关）。

第二步：将相关金额从权益重分类至损益。但是，上述重分类应基于被套期项目的类别，即以下二者之一：

①与交易相关的被套期项目（如预期交易的套期）；

②与时间段相关的被套期项目（如现有项目，例如存货，在一段时间内的套期）。

对于与交易相关的被套期项目，在其他综合收益中递延的公允价值累计变动应与被套期项目同时计入损益。当被套期项目首次导致对非金融资产或非金融负债进行确认时，权益中的金额应在财务状况表中确认并作为被套期项目初始账面金额的一部分入账。该金额应在被套期项目按照针对该被套期项目的一般方法进行核算时将影响损益的同一时间计入损益。

对于与时间段相关的被套期项目，应采用不同的方法，对在权益中递延的金额进行重分类。与被套期项目相关的期权，原时间价值金额应在套期关系存续期内按合理的基础（如直线法）从权益转出并摊销计入损益，而不是将期权成本与特定交易相匹配。

（4）远期合同和外汇基差

根据IAS 39，若在套期中仅对远期合同的即期要素加以指定，远期点数应按公允价值计量并在损益中确认，从而导致损益的波动性。IFRS 9提供了针对远期点数的另一种可选会计处理方法（与期权合同时间价值的核算方法不同，这是一种可选方法而非强制要求）。应用该会计处理方法将类似于对上述与时间相关的被套期项目进行套期时针对期权时间价值的核算方法。换言之，远期点数的公允价值变动应在其他综合收益中递延，并在被套期期间内按合理的基础重分类至损益。

根据IFRS 9，主体还可以从指定的套期工具中排除外汇基差，并对其应用与远期点数相同的上述会计处理方法。

（5）被套期项目

IFRS 9就符合套期会计条件的项目类型以及主体如何对此类被套期项目进行指定引入了较为重大的变更。

（6）风险成分套期

根据IAS 39，主体可以对因被套项目中所有固有风险产生的金融项目的部分或全部现金流量进行套期，或选择仅因特定风险产生的部分或全部现金流量进行套期。该方法被称为“部分套期”，并且仅当金融项目所面临的风险可予识别以及套期有效性能够可靠地评估和计量时才允许采用。

IFRS 9 将符合条件的风险成分延伸至涵盖非金融项目，前提是该成分能够单独辨认和可靠地计量。因此，主体可针对非金融项目的风险成分（如飞机燃料的原油部分）采用套期会计（而 IAS 39 则不允许这样做）。值得注意的是，并非只有合同明确规定的风险成分才能够单独辨认。但如果风险成分未在合同中明确规定，则更难将部分市场价格分拆出来以计算可辨认和可计量的风险成分。特别是，主体在分析市场参与者如何对特定非金融项目进行定价以确认某种风险成分是否能够单独辨认和可靠地计量时将颇具挑战性。

根据 IAS 39 和 IFRS 9 进行风险成分套期的差异如图 7-4 所示。

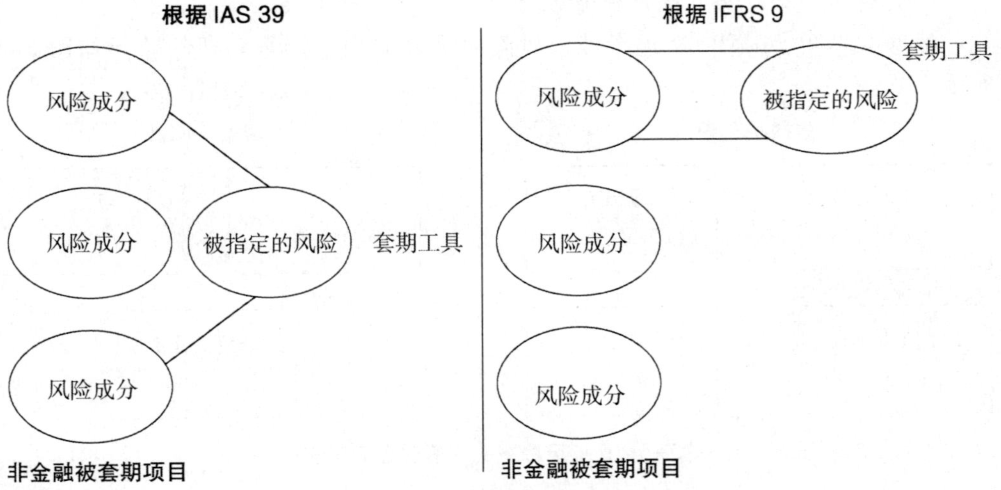

图 7-4　风险成分套期

（7）汇总风险敞口

IFRS 9 允许包含衍生工具的汇总风险敞口成为符合条件的被套期项目。这有别于 IAS 39。IAS 39 明确禁止将衍生工具指定为被套期项目（除非其属于被指定用来抵销购入期权的签出期权）。

可将一项风险敞口和一项衍生工具指定为套期关系中的被套期项目，如图 7-5 所示。

在本例中，衍生工具#2 可被指定为包含风险敞口和衍生工具#1 的汇总风险敞口的套期工具。

根据 IFRS 9，一组项目（如一组资产）和净头寸（如资产负债净额，或预期销售和购买的净额）可作为一个组合进行整体套期，前提是该组合由单个符合条件的被套期项目组成，且该等项目所面临的风险被统一进行管理）。对于一组项目的现金流量套期（在该情况下，现金流量变动预计不会与该组项目现金流量的总体变动大致成正比），只允许对外汇风险进行套期。对于此类套期，在指定上述净

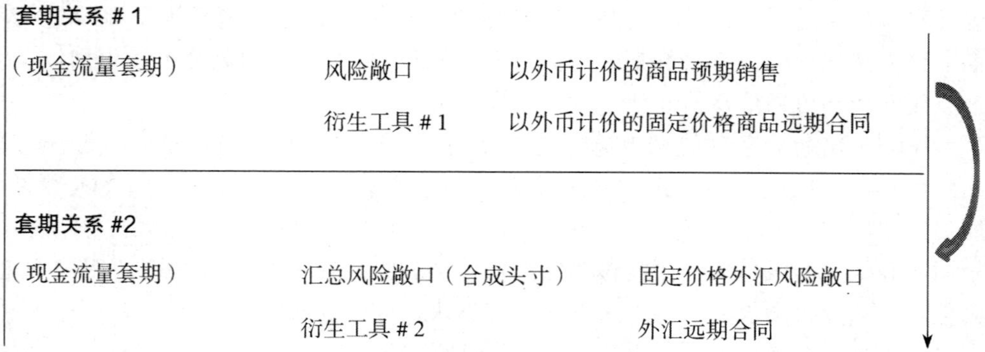

图 7-5　汇总风险敞口

头寸时应明确指出预期交易预计将影响损益的报告期间及其性质和数量。

（8）外汇风险净头寸的现金流量套期

根据 IAS 39 和 IFRS 9 进行外汇风险净头寸的现金流量套期的差异如图 7-6 所示。

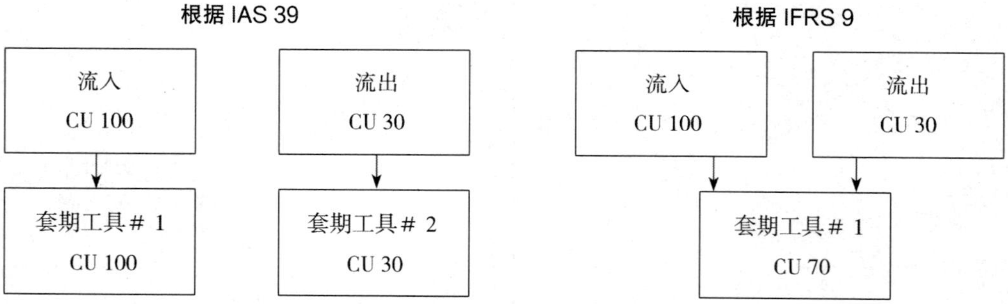

图 7-6　外汇风险净头寸的现金流量套期

（9）符合条件的套期关系的会计处理

根据 IFRS 9，三种类型的套期关系（公允价值套期、现金流量套期和境外经营净投资套期）与 IAS 39 的规定相同。每种套期关系的会计处理同样与 IAS 39 相同，但存在一种例外情况：当现金流量套期中的预期交易导致主体确认非金融项目时，主体必须应用基础调整。根据 IAS 39，允许主体选择是否应用基础调整。如上所述，被指定为套期工具的期权的时间价值、远期点数以及套期工具外汇基差的会计处理也不同于 IAS 39 的规定。

（10）套期有效性的要求

IFRS 9 的套期会计模型的符合条件标准与 IAS 39 的符合条件标准存在很大差异。

（11）再平衡和终止运用套期会计

如果套期关系不再符合有关套期比率的套期有效性要求，但被指定套期关系的风险管理目标仍然保持不变，主体必须调整套期关系的套期比率（即实现套期再平衡），以使套期比率重新符合运用套期会计的条件。

仅当套期关系（或套期关系的一部分）不再满足运用套期会计的标准时（在再平衡之后，如适用），主体才能在未来适用法的基础上终止运用套期会计（如图 7-7所示）。这些情形包括套期工具到期或被出售、终止或已行使。终止运用套期会计可能对整个套期关系或部分套期关系（在该情况下，剩余的套期关系将继续采用套期会计）产生影响。与 IAS 39 不同的是，主体在不符合终止套期会计条件的情况下不得自愿终止运用套期会计。

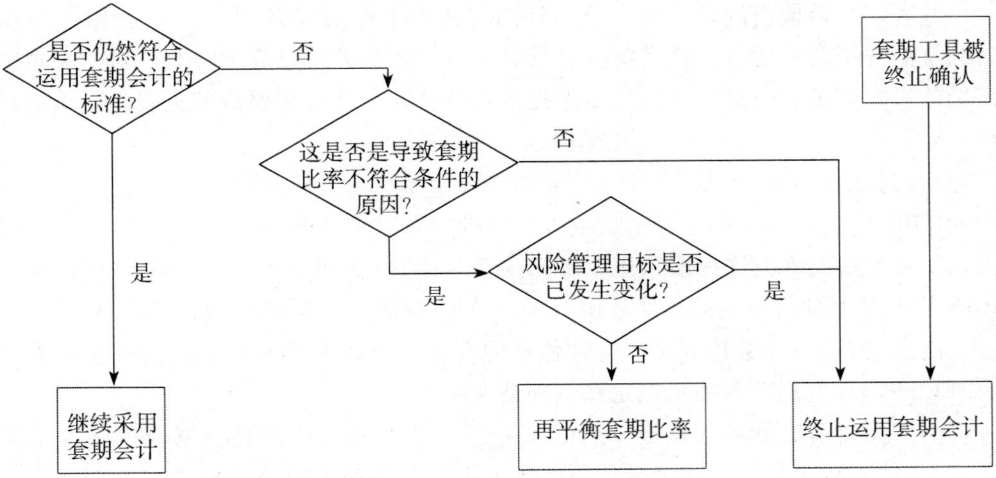

图 7-7　再平衡和终止运用套期会计

（12）指定为以公允价值计量且其变动计入损益的信用风险敞口

若主体使用以公允价值计量且其变动计入损益的信用衍生工具来管理金融工具的信用风险（信用风险敞口），如果符合下列条件，主体可将该项金融工具的全部或一部分指定为以公允价值计量且其变动计入损益：

①信用风险敞口的名称（例如，借款人或贷款承诺的持有人）与信用衍生工具涉及的主体的名称一致；

②金融工具的优先级与根据信用衍生工具条款交付的工具的优先级一致。

如果主体在初始确认后作出上述指定，原账面金额与公允价值之间的差额应立即计入损益。如果金融工具不再满足上述指定的条件，且其不应以公允价值计量且其变动计入损益，则主体不应继续以公允价值计量且其变动计入损益的方式计量产生信用风险的金融工具。在撤销上述指定时，该金融工具的公允价值将成为其新账面金额。

4）披露

IFRS 9 修订了 IFRS 7《金融工具：披露》的规定，引入了一系列与分类和计量、减值及套期会计相关的新披露。

①分类和计量披露要求主体分析因终止确认以摊余成本计量的金融资产所导致的利得和损失。此类披露旨在根据为收取合同现金流量而持有资产的业务模式目标，强调指出以摊余成本计量的金融资产在到期前终止确认的程度及理由。同时还

对 IAS 1 作了修订，规定须在收益表中列示一个单列项目以反映因终止确认以摊余成本计量的金融资产所导致的利得和损失。

②信用风险披露要求提供与信用风险管理实务和信用风险敞口相关的信息。此外，还须披露与预期信用损失所产生的金额及相应变动相关的广泛的定性和定量信息，包括按类别披露损失准备的详细调节表。此类披露旨在协助财务报表使用者了解 IFRS 9 减值模型的应用及影响，包括在运用该模型过程中所作判断的相关信息。

③套期会计披露同样十分广泛，且同时适用于在采用 IFRS 9 时选择继续应用 IAS 39 的套期会计要求。此类披露要求提供与主体的风险管理策略及其对未来现金流量的影响相关的信息，并同时要求提供有关套期会计对主要财务报表之影响的详细披露。

5）过渡至 IFRS 9

IFRS 9 对自 2018 年 1 月 1 日或以后日期开始的年度期间强制生效，且在获得当地认可的情况下允许提前采用。首次采用早于 2015 年 2 月 1 日的主体可针对在 2018 年 1 月 1 日前开始的年度采用 IFRS 9 的早期版本（同样须获得当地认可）。

应按照 IAS 8《会计政策、会计估计的变更和会计差错的更正》的规定追溯应用 IFRS 9，且适用某些豁免规定和例外情况：

①实际利率法要求。若主体追溯实际利率法并不切实可行（按照 IAS 8 的定义），主体应将金融资产或金融负债在每个比较期间期末的公允价值视为金融资产的账面总额或金融负债的摊余成本。在这种情况下，金融资产或金融负债在首次采用日的公允价值应被视为金融资产在 IFRS 9 首次采用日的新摊余成本。

②减值计量要求。主体应在符合特定例外规定的情况下追溯应用减值要求。在首次采用日，主体应当使用无需付出不当成本或努力便可获得的合理及可支持的信息来确定金融工具在初始确认日（或者，对于贷款承诺和财务担保合同，主体成为不可撤销承诺的一方之日）的信用风险，并将该金融风险与 IFRS 9 首次采用日的信用风险进行比较。如果在首次采用日，须付出不当的成本或努力来确定自初始确认后信用风险是否显著增加，则主体在每个报告日所确认的损失准备金额应相当于整个存续期的预期信用损失金额，直至金融工具被终止确认。然而，若金融工具在报告日的金融风险较低，则主体可以假设，自初始确认后信用风险并未显著增加。

③套期会计要求。在首次采用 IFRS 9 时，主体可决定继续采用 IAS 39 的套期会计要求（而非 IFRS 9 的要求）。该决定适用于主体的所有套期关系。主体通常应采用未来适用法应用 IFRS 9 的套期会计要求。为了自首次采用日起运用套期会计，必须在此日期符合运用套期会计的所有标准。但是，如果根据 IAS 39 在套期关系中仅将期权内在价值的变动指定为套期工具，则主体应当追溯应用对期权时间价值的会计处理。该追溯应用仅适用于在比较期间最早的期初已经存在的或在此之后被指定的套期关系。同样地，如果根据 IAS 39，在套期关系中仅将远期合同的即期要素指定为套期工具，则主体可以追溯应用对远期合同的远期要素的会计处理。如果

主体选择对这一会计处理进行追溯应用，则应对所有符合该选择条件的套期关系都进行追溯应用。类似地，对于外汇基差的会计处理，也可以针对报告期间最早的期初已经存在的或在此之后被指定的套期关系进行追溯应用（可针对每一项套期分别加以选择）。

IFRS 9 的首次采用日即主体首次采用 IFRS 9 的日期。为减轻财务报表编制人的负担，在主体首次采用 IFRS 9 时无需对前期进行重述。但是，主体必须在首次采用日提供有关金融资产和金融负债的综合披露。

若从 IAS 39 过渡至 IFRS 9 的主体选择对前期比较数据进行重述，则须针对比较期间内那些在首次采用日已终止确认的项目采用 IAS 39。因此，主体可在比较期间同时采用 IAS 39 和 IFRS 9。

6）2014—2016 年度改进周期中对 IFRS 9 的修订——具有负补偿的提前偿付特征

依据修订前的 IFRS 9，在提前终止债务工具时若提前偿付债务工具的金额包括“合理的额外补偿”，会导致合同现金流量仅为本金以及未偿付的本金金额利息支付。在实务中产生了“额外补偿”的概念是否包括负补偿的问题，即行权方因提前终止而从另一方取得补偿，而非向另一方支付补偿的情况。本次修订澄清，在评估提前偿付特征是否符合“仅为本金和利息的支付”（SPPI 特征）的条件时，行权方可以就提前偿付支付或者收取合理补偿，而无论提前偿付是出于何种原因。换言之，具有负补偿的提前偿付特征不会自动被视为不符合 SPPI 特征（即满足规定条件的情况下，允许按照摊余成本计量或者按照公允价值计量，且其变动计入其他综合收益。即使负债未终止确认，只要在修改日对摊余成本的调整与金融资产修改的会计处理相同，就将导致在损益中立即确认一项利得或损失）。

本次修订应对自 2019 年 1 月 1 日或以后日期开始的年度期间追溯应用，允许提前采用。具体的过渡性规定将取决于相对于 IFRS 9 的首次采用而言首次应用本修订的时间。

7.4　企业合并

7.4.1　概述

1）企业合并准则的发展

1981 年 9 月，国际会计准则委员会发布了征求意见稿 E 22《企业合并会计》，在征求各方意见的基础上，于 1983 年 11 月正式发布了国际会计准则 IAS 22《企业合并会计》，自 1985 年 1 月 1 日起正式生效，这是 IASC 最早制定的规范企业合并财务报告的准则。1992 年 6 月，作为“财务报表可比性”项目的一部分，IASC 发布了征求意见稿 E 54《企业合并》，希望能够解决 IAS 22（1983）在执行过程中出现的一些问题，完善企业合并准则。1993 年 12 月，IAS 22《企业合并》（1993）发布，取代了 1983 年发布的准则，自 1995 年 1 月 1 日起生效。后来，IASC 又在

1997年8月发布了征求意见稿E 61《企业合并》，对企业合并准则作了进一步的完善和修改，在此基础上于1998年9月发布了IAS 22《企业合并》，自1999年7月1日起生效。

2001年，国际会计准则理事会成立后，启动了一项审核IAS 22《企业合并》（1998）的项目，作为其初始日程的一部分，旨在提高企业合并会计处理的质量并寻求国际趋同。理事会关于企业合并的项目分为两个阶段。作为第一个阶段的一部分，理事会于2002年12月5日发布了ED 3《企业合并》，以及对IAS 38《无形资产》和IAS 36《资产减值》进行相关修改的征求意见稿，征求意见的截止日期为2003年4月4日。IASB此次对企业合并准则作重大修改的原因在于：（1）IAS 22（1998）允许采用权益结合法和购买法中的一种对企业合并进行会计处理。虽然将权益结合法的采用限于归类为权益结合的企业合并，但是财务报表分析师和其他使用者认为，对实质上类似的交易允许采用两种会计处理方法削弱了财务报表的可比性。另有人认为，对此类交易规定不止一种会计处理方法，产生了构造交易以实现期望的会计结果的动机，尤其是在两种方法产生截然不同的结果的情况下，这种动机更加明显。(2）澳大利亚、加拿大和美国等国家禁止采用权益结合法，这也促使IASB修订企业合并准则，以实现与这些国家准则的趋同。（3）在不同国家之间，企业合并会计处理的其他方面也有所不同。这些方面包括企业合并中取得的商誉和无形资产的会计处理、购买方在取得的可辨认净资产的公允价值中的权益份额超过企业合并成本的部分的处理等。（4）IAS 22（1998）在应用购买法时允许企业有一定的选择权，即可以采用基准处理方法或允许选用的处理方法对取得的可辨认资产和承担的负债进行初始计量。IASB认为，允许类似的交易按照不同的方法进行会计处理，降低了可比性和可靠性，因而削弱了提供给财务报表使用者的信息的有用性。

2004年3月31日，国际财务报告准则IFRS 3《企业合并》和国际会计准则IAS 38《无形资产》、IAS 36《资产减值》生效，取代了IAS 22《企业合并》(1998)。与IAS 22相比，IFRS 3在这样几个方面存在重大的变更：（1）企业合并的会计处理方法；（2）企业合并中取得的可辨认资产、承担的负债及或有负债的初始计量；（3）终止或缩减被并购方活动的负债的确认；（4）购买方在企业合并中取得的可辨认资产的公允价值中的权益份额超过合并成本的部分的处理；（5）企业合并中取得的商誉和无形资产的会计处理。

2）IFRS 3的适用范围

IFRS 3《企业合并》是将单独的主体或业务集合作为一个报告主体。在确定一项交易是否应当按照IFRS 3有关规定进行会计处理时，主体应当考虑所获得的项目或拟获得的项目是否满足关于“业务”的定义。在IFRS 3中，业务被界定为“为向投资者提供回报、直接向保单持有人或参与者按比例提供更低的成本或其他经济利益而经营和管理的一组集合的活动和资产”。业务一般包括投入、作用于投入的过程以及产生的用于或将要用于产生收入的产出。如果一个单独的不符合业务定义的法律主体获得一组资产，这种交易不能作为企业合并处理。购买一个法律主体本身不一定构成一项企业合并；如果一个法律主体只包括一个单独的资产，购买该主体并不构成企业合并，相反应作为获得一项资产处理。

通常情况下，下面几种类型的交易满足 IFRS 3 对企业合并的定义：

（1）购买一个主体的所有资产、负债和权利；

（2）购买一个主体的部分资产、负债和权利，这些资产、负债和权利共同满足了业务的定义；

（3）成立一家新的法律主体，该主体的资产、负债和活动由合并后的企业拥有。

当一个主体取得未构成业务的一组资产或净资产时，应当将这组资产或净资产的成本在组内单项可辨认资产和负债之间按照其在购买日的相对公允价值进行分配。如果某项交易产生了商誉，根据定义，该项交易被认定为一项企业合并。但是，当仅因为产生了商誉交易才被认为是一项企业合并时，应当确保涉及的资产的公允价值能被准确地确定。主体或业务的合并可能会受到现金支付、权益工具的发行、负债的发生或用于交换获得业务的资产的稀缺性等因素的影响。但是，用于交换业务的对价的类型不会影响判断一项交易是否构成企业合并。

根据 IFRS 3 的规定，有四种情况不构成企业合并：①由单独的主体或业务集合而形成合营企业的合并；②涉及同一控制下主体或业务的企业合并；③涉及两个或两个以上共同主体的企业合并；④单独的主体或业务仅通过合同而不是获得所有者权益份额集合而形成一个报告主体的企业合并。这里，涉及同一控制下主体或业务的企业合并是指所有参与合并的主体或业务在企业合并前和企业合并后都受同一方（或相同的若干方）最终控制，并且该控制不是暂时的。例如，主体 A 和 B 都被主体 C 控制。出于税收目的，主体 C 对集团结构进行了重组，结果主体 A 被主体 D 购买。这一交易不适用 IFRS 3，因为只有在主体 A 和 B 在交易前后都被主体 C 控制的情况下才构成 IFRS 3 规定的涉及同一控制下主体或业务的企业合并。

7.4.2　IFRS 3 的基本内容

1）会计处理方法

关于企业合并的会计处理方法，一直备受争议。从各国会计规范的规定来看，允许采用的会计处理方法主要有两种，即权益合并法和购买法。在权益合并法下，合并主体的资产和负债直接按目前的账面数额并入合并账户，如果采用的会计政策不一致会涉及一些调整。在购买法下，要认定购买方，从被认定为的购买方作为参与合并主体的角度看待企业合并。购买成本按照公允价值计量，被购买方在购买日的资产、负债和或有负债都按公允价值计量。购买法的实施成本比权益合并法显著高，但是确保了在合并日购买方在进行购买决策时，被购买方的资产和负债是按照其公允价值计量的。

IFRS 3 规定，所有的企业合并都应当采用购买法进行会计处理。购买方购买净资产并确认取得的资产和承担的负债及或有负债，包括那些被购买方以前未予确认的部分。购买方的资产和负债的计量，以及购买方由于交易而确认的额外的资产和负债的计量都不受交易的影响。

2）购买法的应用

购买法的步骤如图 7-8 所示。

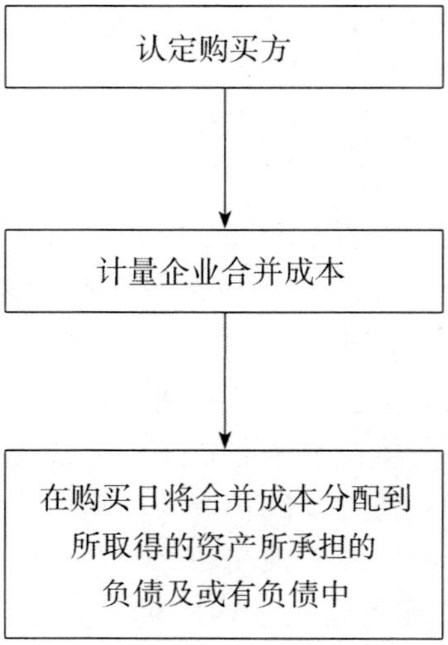

图 7-8 购买法的步骤

（1）认定购买方

购买方是获得对其他参与合并主体或业务的控制权的参与合并主体。因为购买法是从购买方的角度看待企业合并，所以购买法假定交易的一方能够被认定为购买方，并且所有的企业合并都应认定一个购买方。在 IAS 22 中指出，实际上，在所有的企业合并中，一个合并主体获得对另一个主体的控制权，这样就可以认定购买方，从而适用购买法会计。IFRS 3 强制规定采用购买法，相应的，适用范围内的所有交易都必须认定购买方。

作为企业合并的结果，如果一个主体获得了统驭另一个主体财务和经营政策的权力，那么这个主体就可能获得了对另一个主体的控制权，这一控制权可能体现为：

① 在被合并的主体中有一半以上的表决权；

② 获得任命或解除被合并的主体的董事会或类似治理机构大多数成员的权力；

③ 获得在被合并的主体的董事会或类似治理机构会议中的多数投票权；

④ 能够决定被合并的主体管理团队的选配。

如果一个主体获得另一个主体一半以上的投票权，该主体就被认为是购买方，除非能够证明这一投票权不构成控制。在一些情况下，主体可能有一半以上的投票权但并没有获得对被合并企业的控制。一些特殊的投票权安排可能意味着主体没有控制权。在评价特殊或特定的投票权安排对购买方认定的影响时，需要考虑的项目包括：

① 安排的剩余条款；

② 提供的具体投票权，如提供的投票权适用所有的事项或仅是选定的事项；

③ 安排中是否有终止或修改的条件；

④ 是否有任何可能影响安排实施的法定要求。

另外，在发行期权、担保或证券的情况下，确定哪一个主体拥有控制权相对困难一些。必须考虑这些工具的存在是否改变了关于哪一个主体获得对被合并主体控制权的结论。在评价期权、担保或可转换证券的影响时需要考虑的因素包括：

① 证券到期的期限；

② 现行或拟转换债券提供的投票权的数量；

③ 执行或转换的可能性和时间安排。

虽然有时难以认定购买方，但常常有迹象表明购买方的存在。第一，如果一个参与合并主体的公允价值大大超过另一个参与合并主体的公允价值，则公允价值较大的主体可能是购买方；第二，如果企业合并通过以现金或其他资产换取有表决权的普通权益性工具来实现，则放弃现金或其他资产的主体可能是购买方；第三，如果企业合并使得一个参与合并主体的管理层能控制合并后主体管理团队的选配，则管理层处于控制地位的主体可能是购买方。确定哪一个主体是购买方可能具有主观性，应当基于对上述各方面因素的综合考虑，并在必要时运用职业判断。因为在一些情况下单个因素对于并购主体可能提供相互冲突的结论，必须运用职业判断获得总体的结论。

在成立一个新的主体发行权益性工具以实现企业合并的情况下，应当依据可获得的证据将以前就存在的参与合并主体之一认定为购买方。也就是说，出于会计的目的，为合法地获得并购业务而成立的主体不能被认定为购买方。类似的，当企业合并涉及两个以上的参与合并主体时，应当依据可获得的证据将合并前就存在的参与合并主体直接认定为购买方。在这种情况下，确定购买方时还应当考虑，是哪一个参与合并主体发起的合并，以及一个参与合并主体的资产或收入是否显著地超过其他方。

（2）企业合并的成本

用购买方为换取对被购买方的控制权而放弃的资产、发生或承担的负债，以及发行的权益性工具在交易日的公允价值，加上任何可直接归属于企业合并的成本来计量企业合并的成本。在确定企业合并的成本时，涉及购买日和交易日可能不同的问题。如果一项企业合并是通过单一的交换交易实现，交易日就是购买日，即购买方实际获得对被购买方的控制权的日期；如果企业合并涉及不止一项交换交易，比如逐次购买股份而分阶段实现合并，这时交易日是各项交换交易的日期，而购买日是购买方获得对被购买方的控制权的日期。在这种情况下，企业合并的成本为单项交易成本的总和。

如果购买方发行权益性工具作为购买成本的一部分，所发行的权益性工具在交易日的市场价格是其公允价值的最好证据。如果购买协议指定了发行的权益性工具的数量，这些权益性工具的公允价值相对于协议签订日可能会下降或上升。由于获得控制权的实际日期可能会延后，实际的获得成本可能与购买方最初估计的不同，因为被购买方权益的价值会发生变动。在极少数情况下，主体可能认为权益性工具的市场价格不能可靠地代表公允价值。但是，IFRS 3 规定，只有当市场价格受到市场萧条影响时它才不是可靠的指标。在这种情况下，或者权益性工具没有在市场上进行交易时，权益性工具的公允价值可以参照其在购买方公允价值中所占的权益份额，或者是参照在被购买方公允价值中获得的权益份额，按照二者之中有更为明显证据支持的一个进行估计。

企业合并的成本包括所有可直接归属于合并的成本，如支付给为实现合并而聘请的会计师、法律顾问、评估师及其他咨询人员的业务费用。对于不能直接归属于合并的成本，如一般的行政成本，包括收购部门的运营成本等，则在发生时确认为费用，不包括在企业合并的成本中。另外，企业筹备与发行债券的成本（即使发行债券的目的是实现企业合并）、发行权益性工具的成本，都不是可直接归属于合并的成本，不应包括在企业合并的成本中。

［例 7-5］假定主体 A 购并了主体 B，对于这一交易，主体 A 的经济利益流出涉及如下资料：

① 主体 A 向主体 B 的股东发行了 1 000 股新股，主体 A 股票的市价为每股 4 美元；

② 主体 A 向主体 B 以前的股东支付了 1 000 美元现金；

③ 因合并导致终止了主体 B 的一个客户的供货协议，主体 A 因此承担 500 美元的债务；

④ 主体 A 支付与交易有关的会计费 200 美元、审计费 200 美元；

⑤ 主体 A 的融资安排作了展期，以获得合并交易所需的现金，展期成本为 50 美元；

⑥ 主体 A 拥有一个并购部，在完成合并期间，该部门发生了 200 美元的成本，该部门的员工估计，他们大约有 25% 的时间花在并购主体 B 上；

⑦ 为了使主体 B 的会计系统与自己的保持一致，主体 A 将发生 200 美元的支出。

根据以上资料进行分析，下列项目将包括在企业合并的成本中：

① 发行的权益性工具	4 000 美元
② 现金	1 000 美元
③ 负债	500 美元
④ 会计费	200 美元
⑤ 审计费	200 美元

企业合并的成本总额 = 4 000+1 000+500+200+200 = 5 900（美元）

在例［7—5］中，负债展期成本将包括在主体 A 为并购融资的负债中计量。

并购部门的 50 美元（并购部门费用的 25%）和未来与会计系统有关的支出 200 美元在发生时确认为费用。

在有些情况下，并购成本将取决于未来事件的发生，如并购业务的未来盈利能力等。当或有支付很有可能发生并能够可靠地计量时，或有支出包括在并购成本中。这样的或有事项，不管它们的影响是提高还是降低并购成本都包括在并购成本中。关于或有事项是否很可能发生以及是否能够可靠地计量的估计发生变动，作为对企业合并成本的修正。例如，假定主体 A 并购了主体 C。如果主体 C 未来三年内的平均盈利能力超过 1 000 000 美元，那么将向主体 C 以前的所有者支付 300 000 美元。主体 C 过去的盈利在 900 000 ~ 1 200 000 美元。除非证明发生相反的情况，否则这一支付将会发生，并且数额 300 000 美元也是能可靠地计量的，300 000 美元包括在合并成本中。如果合并后的第 1 年主体 C 的利润仅为 500 000 美元，则这一支付将不再是“很可能”发生，相应的合并成本将对 300 000 美元的可能支付进行调整，导致确认的商誉减少 300 000 美元。

在一些交易中，购买方同意向被购买方进行额外的支付，以补偿所考虑的价值的减少。例如，如果所考虑的权益性工具的公允价值低于某一特定的数额，购买方可能同意进一步发行权益性工具。当这种情况发生时，并不确认企业合并成本的增加，因为发行的权益性工具的公允价值的提高被最初发行的权益性工具公允价值的降低抵销了。

（3）企业合并成本的分配

在购买日，购买方必须按照确认的被购买方可辨认资产、负债及或有负债的公允价值对企业合并成本进行分配。然而，如果取得的资产按照 IFRS 5《持有待售的非流动资产和终止经营》的规定归类为持有待售的资产，则应当按公允价值减去出售费用进行确认。取得的净资产的总额和合并成本之间的差额作为商誉或购买方在被购买方可辨认资产、负债及或有负债公允价值净额中的权益份额超过成本的部分。

［例 7-6］假定主体 A 并购了主体 C，并购成本为 5 900 美元。在购买日，主体 C 的资产、负债及或有负债情况如表 7-7 所示。

表 7-7　**主体 C 的资产、负债及或有负债**　单位：美元

项　目	账面价值	公允价值
库存现金	1 200	1 200
应收账款（净额）	300	300
存货	1 300	1 600
厂场和设备	1 500	1 800
土地	900	900
应付账款	（1 249）	（1 249）
未确认的或有负债		（51）
取得净资产的公允价值		4 500
企业合并的成本总额		5 900
合并确认的商誉		1 400

在被购买方的资产、负债及或有负债中，只有那些在购买日存在的才作为企业合并交易的一部分确认。对于资产（无形资产除外），只有当相关的未来经济利益很可能流入购买方，并且公允价值能够可靠地计量时才确认；对于负债（或有负债除外），只有当包含经济利益的资源很可能流出以解除义务，并且其公允价值能够可靠地计量时才确认；对于无形资产和或有负债，仅当其公允价值能够可靠地计量时才确认。

如果企业合并将导致重组，但是在购买日，在被购买方的账簿中相关的负债达不到 IAS 37 的确认标准，那么重组不能确认为企业合并交易的一部分。因此，如果合并导致的重组确认，则重组的后果将在以后的期间内确认为一项费用，而不是一项负债。这一规定与 IAS 22 明显不同。在 IAS 22 中，如果满足特定的条件，企业合并成本的一部分单独确认为重组准备，这一部分在被购买方以前的账簿中没有确认。

在分配企业合并成本时，如果无形资产满足 IAS 38 中关于无形资产的定义，并且它们的公允价值能够可靠地计量，那么这些无形资产应与商誉分开单独确认。根据 IAS 38 的规定，无形资产的概率确认标准在企业合并中通常是能够满足的。如果一项无形资产不能可靠地计量，那么该无形资产的价值就包括在确认的商誉的金额中。

如果或有负债的公允价值在企业合并时能够可靠地计量，那么就要确认该或有负债，按照第三方可能对该负债收取的数额为基础确认。或有负债的估值考虑的是一个可能的区间范围，而不是一个最佳估计数。作为分配合并成本的一部分单独确认的负债不属于 IAS 37 的范围。然而，购买方应当根据 IAS 37 的规定对每一类准备披露所要求的信息，对确认的每一项或有负债进行披露。IASB 要求在企业合并中确认或有负债，这是因为或有负债的存在会压低购买方愿意向被购买方支付的价格。不过，IASB 已经试探性地暗示，其可能在企业合并准则未来的发展中不再要求或允许在分配企业合并成本时确认或有负债。

［例 7-7］假定主体 A 并购了主体 C。在完成交易时，认定了两起对企业不利的法律诉讼。一起是个人伤害索赔，通知刚刚发给主体 C，主体 C 的律师正在考虑这一索赔的利弊以及最合理的处理方法。另一起是担保索赔，已进入协商阶段。主体 C 的律师认为，有 60% 的可能性公司不用任何支付，有 15% 的可能性公司需要支付 90 美元，有 25% 的可能性需要支付 150 美元。关于这两起诉讼的或有负债确认问题，在个人伤害索赔中没有确认或有负债，因为这一负债的公允价值不能可靠地计量。在担保索赔诉讼中，或有负债 51 美元（$(0.6\times0)+(0.15\times90)+(0.25\times150)$）先折为现值，再予以确认。

（4）商誉

在购买日，购买方应将企业合并中取得的商誉确认为意向资产，并且以其成本对商誉进行初始计量，即企业合并的成本超过购买方在被购买方可辨认资产、负债及或有负债的公允价值净额中的权益份额的部分。购买方对于企业合并中取得的商誉不得摊销，应按照 IAS 36《资产减值》的规定每年对其进行减值测试，并以成本减去全部累计减值损失后的余额来计量企业合并中取得的商誉。

如果购买方在被购买方可辨认的资产、负债及或有负债的公允价值净额中的权益份额的部分超过企业合并的成本，则购买方应重新评估对被购买方可辨认资产、负债及或有负债的认定和计量，以及企业合并成本的计量，并立即将重新评估后依然存在的差额在损益中确认。

（5）暂时确定的初始会计处理

企业合并的初始会计处理包括认定和确认分配到被购买方可辨认资产、负债及或有负债和合并成本中的公允价值。如果至企业合并实施期间的期末，分配到被购买方可辨认资产、负债或者或有负债只能暂时确定，或者合并成本的公允价值只能暂时确定，则企业合并的初始会计处理只能暂时确定，购买方应使用这些暂时价值对该合并进行会计处理。在购买日后 12 个月内，以及自购买日起对这些暂时性价值的所有调整，购买方应确认为完成初始会计处理的结果，其中：①作为完成初始会计处理的结果而被确认或调整的可辨认资产、负债或者或有负债的账面金额，应如同其购买日的公允价值自购买日起就已确认那样计算；②商誉或按照 IFRS 3 第 56 段确认的全部利得应自购买日起调整，调整金额依据确认或调整的可辨认资产、负债或者或有负债在购买日的公允价值进行；③列报的合并初始会计完成前的各会计期间的比较信息，应如同初始会计在购买日就已完成那样列报。

（6）初始会计完成后的调整

除了企业合并协议规定的、由于未来或有事项对企业合并成本进行调整等内容以外，按照 IAS 8《会计政策、会计估计的变更和会计差错的更正》的规定，在初始会计完成后对企业合并初始会计的调整，应确认为差错更正。在初始会计完成后对企业合并初始会计的调整，不得确认为估计变更的影响。IAS 8 要求主体对会计差错更正进行追溯调整，并在财务报表中重述差错发生的以前期间的会计信息，就如同该差错从未发生过一样。因此，作为差错更正的结果被确认或调整的被购买方可辨认资产、负债及或有负债的账面金额，应如同其购买日的公允价值或调整后的公允价值自购买日起就已确认一样计算。商誉或前期确认的利得应进行追溯调整，调整的金额等于确认（或调整）的可辨认资产、负债或者或有负债在购买日的公允价值（或对在购买日的公允价值的调整）。

对于初始会计处理完成后确认递延所得税资产的确认。如果被购方的递延所得税损失结转或其他递延所得税资产的潜在利益，不符合企业合并初始会计处理的单独确认标准，但在后续期间实现了，则购买方应按照 IAS 12《所得税》将该利益确认为收入。此外，购买方还应作如下处理：①将商誉的账面金额减记至如同该递延所得税资产自购买日起就已被确认为可辨认资产而确认的商誉的账面金额；②将商誉账面金额的减少确认为费用。但是，在这一过程中，既不得形成购买方在可辨认资产、负债及或有负债公允价值净额中的权益份额超过企业合并成本的差额，也不得增加任何前期按照 IFRS 3 第 56 段确认的利得的账面金额。

3）披露

对于当期以及资产负债表日后、财务报表批准报出日前实现的企业合并，购买方应披露有关信息，使其财务报表使用者能够评价在以后期间的性质和财务影响。

（1）当期实现的企业合并的信息披露

对于当期实现的每一项企业合并，购买方应披露的信息包括：①参与合并主体或业务的名称和说明。②购买日。③取得的有表决权权益工具的百分比。④合并成本及其构成的说明，包括所有直接归属于合并的成本。当已发行或可发行的权益工具构成成本时，还应披露已发行或可发行的权益工具数量以及公允价值和确定其公允价值的成本。如果不存在该权益工具在交易日的牌价，则应披露用于确定其公允价值的重要假设；如果存在该权益工具在交易日的牌价，但未使用其作为确定合并成本的基础，应披露这一事实，并同时披露：未使用牌价的原因；将价值归属到该权益工具的方法和重要假设；归属到该权益工具的价值总额与该权益工具牌价之间的差额。⑤作为企业合并的结果，主体决定处置的所有经营的详细情况。⑥在购买日确认的各类被购买方的资产、负债及或有负债的金额，已经按照国际财务报告准则确定的这些类别的合并前金额（除非对其的披露不可行）。如果此类披露不可行，应披露这一事实，并解释原因。⑦按照 IFRS 3 第 56 段在损益中确认的差额，以及确认该差额的收益表单列项目。⑧对导致商誉确认的成本的影响因素的说明——包括独立于商誉单独确认的所有无形资产的说明以及该无形资产的公允价值不能可靠计量的解释，或者对按照 IFRS 3 第 56 段在损益中确认的差额的性质的说明。⑨购买方在损益中包含的被购买方购买日之后的损益（除非对其的披露不可行）。如果此类披露不可行，应披露这一事实，并解释原因。对于报告期间实现的不重要的企业合并，可以汇总披露相关信息。如果当期实现的企业合并的初始会计只能暂时确定，应披露这一事实，并解释原因。另外，购买方应披露合并后主体当期的收入及损益，如同当期已全部实现的企业合并的购买日都在当期期初。如果此类披露不可行，应披露这一事实，并解释原因。

（2）资产负债表日后、财务报表批准报出日前实现的企业合并的信息披露

购买方应披露在资产负债表日后、财务报表批准报出日前的所有企业合并所要披露的信息，除非此类披露是不可行的。如果这些信息中任何一部分的披露是不可行的，应披露这一事实，并解释原因。

（3）企业合并利得、损失、差错更正和其他调整的信息披露

购买方应披露所有当期确认的下列利得或损失的金额和解释：与在当期或前期实现的企业合并中取得的可辨认资产、负债及或有负债相关的利得或损失；具有一定规模、性质或影响，从而对其的披露与理解合并后主体的财务业绩相关的利得或损失。

如果前一期间实现的企业合并的初始会计处理在该期期末暂时确定，应当披露当期确认的暂时性价值调整的金额和解释。另外，IAS 8 要求披露的被购买方可辨认资产、负债及或有负债，或分配到这些项目的价值变动的差错更正信息，购买方

在当期确认这些项目。

（4）关于商誉的信息披露

主体应披露商誉当期期初、期末账面金额的调节，分别列示如下：

①期初账面总额和累计减值损失；

②当期在企业合并中增加的商誉减去在处置组中包含的商誉，该处置组符合按照 IFRS 5 归类为持有待售的标准；

③当期后续确认的对递延所得税资产的调整；

④按照 IFRS 5 的规定归类为持有待售的处置组中包含的商誉，以及当期终止确认的、前期期末包含在持有待售的处置组中的商誉；

⑤当期按照 IAS 36 的规定确认的减值损失；

⑥当期按照 IAS 21《汇率变动的影响》的规定，产生的汇兑净差额；

⑦当期账面金额的其他变动；

⑧当期期末的账面总额和累计减值损失。

除了上述所要求披露的信息以外，主体还应按照 IAS 36 的规定披露关于商誉的可收回金额和减值的信息。

7.4.3 IFRS 3 的国际比较

1）IFRS 3 与美国相关准则的比较

美国 FASB 于 2001 年 6 月发布了 SFAS 141《企业合并》，并对 2001 年 6 月 30 日以后的财务报表有效。SFAS 141 主要处理企业合并的财务会计与财务报告问题，取代了会计原则委员会发布的意见书 APB 16《企业合并》以及 FASB 发布的 SFAS 38《对被购买企业购买前或有事项的会计处理》。SFAS 141 修订了 APB 16 所规定的企业合并可以运用权益结合法或购买法两种方法之一，要求所有合并只能采用购买法。

美国相关准则与 IFRS 3 相比，二者的主要差异体现在以下方面：（1）计量企业合并对价的日期。IFRS 3 规定在购买日计量；美国相关准则规定在完成日计量。（2）确认已计划在购买后进行重组所产生的负债。IFRS 3 规定，只有在被购买方已经根据 IAS 37 的规定确认了准备的情况下，才可以确认该项负债；美国相关准则规定，如果结束活动和遣散员工的计划已在购买日前开始（必须在购买后一年内完成），则可以确认该项负债。（3）企业合并中把或有负债确认为被购入的负债。IFRS 3 规定，如果公允价值可以可靠地计量，则确认该项或有负债；美国相关准则规定，如果公允价值可以可靠地计量，或根据 SFAS 5 的规定，支付是很可能发生的，并能合理地估计时，则确认该项或有负债。（4）少数股东权益的计量。IFRS 3 规定，按公允价值中的少数股东比例计量；美国会计准则规定，按被购买公司账面价值中少数股东的比例计量。（5）购买研制中的研究开发项目。根据 IFRS 3的规定，可以确认为一项购买的，且有使用年限的无形资产（因此需要摊销），或者如果不可以单独计量，则作为商誉的一部分（因此，不需要摊销，但每年要进行减值测试；美国相关准则规定相关支出应予以费用化）。（6）负商誉。根据 IFRS 3 的规定，负商誉应立即确认为利得；美国相关准则规定，首先按照购入的非金融资产账面价值的比例进行分配，剩余部分确认为非经常利得。（7）受相同控制方控制的实体的合并。IFRS 3 规定，受相同控制方控制的实体的合并不在其范围内，不过，虽然在 IFRS 3 的范围以外，实务中会采用权益结合法予以核算；美国相关准则要求使用权益结合法。

2）IFRS 3 与中国相关准则的比较

从我国企业合并准则的制定来看：1995 年，财政部发布了《合并会计报表暂行规定》；1996 年 8 月，财政部又发布了《企业兼并有关财务问题的暂行规定》，分别对母子公司会计报表合并、企业兼并的财务会计处理问题作了规定。但是在企业并购过程中，企业会计行为仍缺乏完善的会计准则的指导，为此，财政部在借鉴国际会计准则的基础上，于 2005 年 7 月制定并公布了《企业会计准则第××号——企业合并（征求意见稿）》。在征求各方意见修改的基础上，《企业会计准则第 20 号——企业合并》于 2006 年 2 月 15 日发布，2007 年 1 月 1 日正式施行，以对企业合并行为进行规范。

我国《企业会计准则第 20 号——企业合并》规定，企业合并是指将两个或者两个以上单独的企业合并形成一个报告主体的交易或事项，涉及业务的合并比照该准则规定处理。业务是指企业某些生产经营活动或者资产的组合，该组合的主要目的是为投资者提供回报或是用于降低成本及带来其他经济利益，一般具有投入、加工处理和产出能力，能够独立计算其成本费用支出或者所产生的收入。IFRS 3 规定，企业合并是指将单独的主体和业务集合为一个报告主体。几乎所有企业合并的结果都是一个主体（即购买方）获得一个或多个其他企业（即被购买方）的控制权。如果一个主体获得对一个或多个其他非企业主体的控制权，则这种主体之间的集合不属于企业合并。业务是为以下目的的经营和管理的一组集合的活动和资产：向投资者提供回报，或者直接向保单持有人或参与者按比例提供更低的成本或其他经济利益。业务一般包括投入，作用于投入的过程，以及产生的用于或将要用于产生收入的产出。如果在一组被转让的活动或资产中存在商誉，应将该转让组看作一个业务。从本质上讲，我国《企业会计准则第 20 号——企业合并》中对企业合并的定义和 IFRS 3 中对企业合并的定义相比，并无太大差异。

在合并准则的使用范围方面，我国《企业会计准则第 20 号——企业合并》规定，企业合并准则不涉及下列企业合并：（1）两方或者两方以上形成合营企业的企业合并；（2）仅通过合同而不是所有权份额将两个或者两个以上单独的企业合并形成一个报告主体的企业合并。IFRS 3 规定，不适用企业合并准则的有：（1）由单独的主体或业务集合而形成合营企业的合并；（2）涉及同一控制下主体或业务的企业合并；（3）涉及两个或两个以上共同主体的企业合并；（4）单独的主体或业务仅通过合同而不是获得所有者权益份额集合而形成一个报告主体的企业合并。我国合并准则和国际合并准则的区别在于：国际准则把同一控制下的企业合并排斥在外；我国目前产权交易市场还不成熟，公允价值难以取得，而且在实际工作中出现的绝大部分合并实例是同一控制下的合并，如企业集团内部的企业合并，以及同一所有者控制下的企业合并等，因此，我国在充分考虑以上情况的基础上，将同一控制下的企业合并也纳入了合并准则的范围内。

在会计处理方法方面，我国《企业会计准则第 20 号——企业合并》按照参与合并的企业是否受同一方控制，分为同一控制下的企业合并和非同一控制下的企业合并，并规定了不同的处理原则。对于同一控制下的企业合并，原则上应按照权益结合法进行会计处理；对于非同一控制下的企业合并，原则上应按照购买法进行会计处理。同时，对于母公司或集团内一个子公司自另一个子公司的少数股东手中购买其拥有的全部或部分少数股权的情况，要求按照购买法进行会计处理。IFRS 3 规定，所有的企业合并只允许采用购买法，同一控制下的企业合并不包括在 IFRS 3 的范围内。购买法的步骤如下：（1）认定购买方；（2）计量企业合并的成本；（3）在购买日将合并成本分配到所取得的资产和所承担的负债及或有负债上。

在与合并相关的费用处理方面。我国《企业会计准则第 20 号——企业合并》规定，同一控制下的企业合并中，合并方为进行企业合并发生的各项直接费用，包括为进行企业合并而支付的审计费用、评估费用、法律服务费用等，应当于发生时计入当期损益，不构成企业合并中取得的长期股权投资的成本，也不能从发行股份的溢价中抵减。非同一控制下的企业合并中，购买方为进行企业合并发生的各项直接相关费用应当计入企业合并成本。IFRS 3 规定，企业合并中支付给为实现合并而聘请的会计师、法律顾问、评估师和其他咨询人员的业务费用直接归属于合并成本；而一般行政管理费用，包括购买部门的运营成本以及其他不能直接归属于所核算的特定合并的成本，在发生的当期确认为费用。

在合并成本的确定方面，我国《企业会计准则第 20 号——企业合并》分不同情况作了规定。对于同一控制下的企业合并：合并方在企业合并中取得的资产和负债，应当按照合并日在被合并方的账面价值计量。合并方取得的净资产账面价值与支付的合并对价账面价值（或发行股份面值总额）的差额，应当调整资本公积；资本公积不足冲减的，调整留存收益。对于非同一控制下的企业合并，购买方应当区别以下情况确定合并成本：（1）一次交换交易实现的企业合并，合并成本为购买方在购买日为取得对被购买方的控制权而付出的资产、发生或承担的负债以及发行的权益性证券的公允价值。（2）通过多次交换交易分步实现的企业合并，合并成本为每一单项交易成本之和。（3）购买方为进行企业合并发生的各项直接相关费用也应当计入企业合并成本。（4）在合并合同或协议中对可能影响合并成本的未来事项作出约定的，购买日如果估计未来事项很可能发生并且对合并成本的影响金额能够可靠的，购买方应当将其计入合并成本。IFRS 3 规定：（1）购买方在交易日为换取被购买方的控制权而放弃的资产、发生或承担的负债，以及发行的权益工具的公允价值；（2）任何可直接归属于企业合并的成本。筹备与发行金融负债的成本不包括在企业合并成本中。

7.4.4 IFRS 3 的修订

IASB 于 2008 年同时发布了 IFRS 3《企业合并》与 IAS 27《合并财务报表和单独财务报表》修订版，并要求自 2009 年 7 月 1 日同时采用，同时还导致了其他准则的相应修订，特别是 IAS 28《联营和合营企业中的投资》和 IAS 31《合营企业中的权益》的修订。

1）IFRS 3 和 IAS 27 两项准则修订版的最重大的变化

（1）实现企业合并所发生的成本（比如，撮合交易的中介费用、咨询、法律、会计、估值及其他专业费用或顾问费）应在发生的当期确认为费用。发行债务或权益证券所发生的成本应继续按照 IAS 32 和 IAS 39 确认。

（2）如果购买方先前在被购买方持有权益，购买方应按获得控制权之日的公允价值重新计量先前持有的权益，且相关的利得或损失应计入损益。

（3）术语“非控制性权益”取代了“少数股权”。在购买日，购买方可针对个别不同的交易分别作出选择：被购买主体中的非控制性权益可以按公允价值或者按其在被购买方可辨认净资产中所占的比例份额进行计量。

（4）在购买日，商誉应按下列金额的差额进行计量：

①转移的对价在购买日的公允价值、任何被购买方中非控制性权益的金额和购买方先前持有的被购买方权益在购买日的公允价值的汇总金额；

②取得的可辨认资产及承担的负债在购买日的净额。

（5）一旦获得控制权，所有不导致丧失控制权的所有者权益的后续增加及减少均应作为所有者之间的交易核算。因此，商誉不予重新计量或调整，并且不就此类所有者权益的变更确认任何利得或损失。非控制性权益的变动与所支付或收取的对价的公允价值之间的差额，应直接在权益中确认并归属于母公司的所有者。

（6）购买的对价（包括或有对价）应按购买日的公允价值计量。如果或有对价符合负债的定义，购买日后发生的事项导致的变更（比如，被购买方实现特定收益目标或达到特定的股价）应计入损益。

（7）非控制性权益所占的损益份额应归属至非控制性权益，即使这导致非控制性权益产生负数余额。

（8）当丧失对子公司的控制权时，主体应终止确认所有资产、负债和相关的非控制性权益。任何在前子公司中保留的权益应按丧失控制权之日的公允价值确认。丧失控制权产生的利得或损失应计入损益。

2）因 IFRS 3 的修订引起的其他重要变更

（1）扩大了准则的适用范围，以涵盖共同主体之间的企业合并以及仅依据合同达成的企业合并。

（2）针对替代股份支付的奖励是否构成转移对价的一部分，以及初始确认时对回购权的计量，引入了特定指引。

（3）明确主体在购买时需要重新评估契约性协议的分类（保险合同和租赁除

外，对于租赁，原先作出的融资租赁或经营租赁的分类应予保留）。这与金融工具、嵌入衍生工具及套期关系的评估尤其相关。

IFRS 3（2008）和 IAS 27（2008）的过渡性规定较为复杂。IFRS 3（2008）应采用未来适用法应用于购买日是在自 2009 年 7 月 1 日或以后日期开始的年度期间或之后的企业合并，但允许提前采用，只是修订后的准则不适用于在 2007 年 6 月 30 日之前开始的年度报告期间。IAS 27（2008）对自 2009 年 7 月 1 日或以后日期开始的年度期间生效，允许提前采用。除非同时采用 IAS 27（2008），否则主体不得单独提前采用 IFRS 3（2008），反之亦然。

在 2015-2017 年度改进周期中，IASB 对 IFRS 3《企业合并》作了细微修订，规定“当一方取得对业务的控制权时，应重新计量其之前在共同经营中持有的权益”。这一修订应对自 2019 年 1 月 1 日或以后日期开始的年度期间生效，允许提前采用。

7.5　其他特殊业务准则

7.5.1　IAS 41《农业》

1994 年 6 月，国际会计准则委员会理事会开始立项制定农业会计准则。1996 年 12 月，IASC 发布了一个原则公告草案。1999 年 7 月，IASC 发布了征求意见稿 E 65《农业》，提出了以下建议：（1）所有生物资产应在资产负债表日以公允价值计量，而农产品则应在收获时以公允价值计量；（2）生物资产公允价值的变化应计入当期净收益；（3）如果报告日在生物资产打算出售或使用的地点存在活跃市场，那么相关的市场价格应作为该资产最可靠的公允价值；（4）IAS 16《固定资产》应用于农业土地的核算；（5）如果企业获得生物资产（以公允价值计量）形式的无条件政府补助，那么该政府补助应初始确认为收益；（6）如果农业生产周期超过 1 年，则应鼓励企业分别报告实物变动和价格变动的金额。在广泛征求各方意见的基础上，IASC 于 2000 年 12 月正式发布了国际会计准则 IAS 41《农业》，自 2003 年 1 月 1 日起正式生效。

IAS 41 的目的是规范农业活动的会计处理、财务报表列报和披露，主要适用于生物资产、收获时的农产品以及政府补助涉及的农业活动的会计处理。IAS 41 规定：生物资产是指活的动物或植物；农产品是指主体生物资产的收获品；农业活动则是指主体对为了出售将生物资产转化为农产品或其他生物资产的生物转化的管理，它包括了多种多样的活动，如牲畜饲养、林业、一年生或多年生作物的耕种、果树种植栽培、花木培植、水产养殖等；生物转化是指导致生物资产质量或数量发生变化的生长、蜕化、生产和繁殖的过程；收获是指农产品从生物资产上分离，或生物资产生长过程的结束。表 7-8 给出了生物资产、农产品和收获后加工而得的产品的例子。

表 7-8 **生物资产、农产品和收获后加工而得的产品举例**

生物资产	农产品	收获后加工而得的产品
绵羊	羊毛	毛线、地毯
人工林场中的林木	原木	木材
农作物	棉花、茎果	棉线、衣服、食糖
奶牛	牛奶	乳酪
猪	宰杀后的猪	猪肉肠、熏制的火腿
灌木	茎叶	茶叶、焙制的烟草
葡萄树	鲜葡萄	葡萄酒
果树	采摘的水果	加工后的水果

（1）生物资产与农产品的确认和计量

IAS 41 规定，主体当且仅当在以下情况下才能确认生物资产或农产品：①主体因过去交易的结果而控制该资产；②与该资产相关的经济利益很可能流入企业；③该资产的公允价值或成本能够可靠地计量。在农业活动中，控制可能表现为对牲畜的法定所有权，表现在牲畜购买、出生、断奶时的标志或戳印等。在初始确认和各个资产负债表日，生物资产均应按其公允价值减去估计销售时的费用计量。IAS 41假设生物资产的公允价值能够可靠地计量。但是，只有在对生物资产进行初始确认时，无法取得其市场价格或价值，并且公允价值的其他估计方法明显不可靠时，上述假设才能被推翻，在此情况下，生物资产应该按照其成本减去累计折旧和累计减值损失计量。生物资产的公允价值一旦能够可靠计量，企业应该按照公允价值减去预计至销售将要发生的费用计量。一旦某项非流动生物资产符合 IFRS 5《持有待售的非流动资产和终止经营》划归为持有待售资产（或是包括在被划归为持有待售的处置组中）的标准，则假定此项生物资产的公允价值能够可靠地计量。从生物资产上收获的农产品应按其收获时的公允价值减去估计销售时的费用计量，计量的结果是应用 IAS 2《存货》或其他适用准则时该农产品当日的成本。IAS 41 认为农产品收获时的公允价值总是能够可靠确定，因此规定，在各种情况下，主体均应按照收获时的公允价值减去估计销售时的费用计量农产品。

对于生物资产，按照公允价值减去估计销售时的费用进行初始确认产生的利得或损失，以及因生物资产公允价值减去估计销售时的费用后的余额变动产生的利得或损失，应包括在其发生期间的损益中。对于农产品，按照公允价值减去估计销售时的费用进行初始确认产生的利得或损失，应包括在其发生期间的损益中。在公允价值模式下，不需要考虑费用是否应资本化为生物资产或农产品的成本。例如，农作物的再种植和收获成本应在发生的期间内确认为费用。饲料和与农业动物有关的其他成本也应在发生的期间内确认为费用。

（2）政府补助

IAS 41 规定，与按照公允价值减去估计销售时的费用计量的生物资产相关的无条件政府补助，当且仅当该政府补助成为应收款项时，才确认为收益。如果与按照公允价值减去估计销售时的费用计量的生物资产相关的政府补助是有条件的（包括要求主体不得从事某项特定农业活动），当且仅当该政府补助要求的条件满足时，主体才应将其确认为收益。政府补助的条件和期限各不相同。例如，某项政府补助可能会要求企业在特定地区耕种 5 年。如果耕种不满 5 年，企业应退回全部政府补助。在这种情况下，企业在耕种满 5 年前不应将政府补助确认为收益。如果政府允许企业按照耕种时间保留部分政府补助，企业应以时间为分配基础将政府补助确认为收益。如果生物资产按照成本减去累计折旧和累计减值损失计量，与该项生物资产相关的政府补助适用 IAS 20《政府补助会计和政府援助的披露》。

（3）披露

IAS 41 的披露要求包括一般要求、生物资产的公允价值不能够可靠地计量时的补充披露要求以及与农业有关的政府补助的披露。根据 IAS 41 的规定，一般要求包括：①披露当期内由于初始确认生物资产和农产品产生的利得或损失总额，以及因生物资产的公允价值减去估计销售时的费用后的余额变动产生的利得或损失的总额。②对各组生物资产分别加以说明。主体可以采用文字叙述或者定量说明的方式，IAS 41 鼓励主体对各组生物资产采用定量说明的方式加以披露，并且如果恰当，披露时要区分消耗性生物资产和生产性生物资产，或者成熟生物资产和未成熟生物资产。③如果没有通过其他渠道披露，财务报表应当说明：涉及每组生物资产的活动的性质；期末各组生物资产和本期内农产品产出的非财务指标或对实物数量的估计。④确定各类农产品收获时的公允价值和各组生物资产的公允价值所运用的方法和重要假设。⑤当期收获的农产品在收获时的公允价值和预计至销售将要发生的费用。⑥所有权受到限制的生物资产的账面金额以及所有权受到限制的情况，包括：作为抵押品的生物资产的账面金额，因开发或购买生物资产而承担义务的金额，以及与农业活动相关的财务风险的管理战略。⑦当期期初与期末生物资产账面价值变动的调节表，包括：因公允价值减去预计至销售时发生的费用的变化而产生的利得或损失，因购买而新增加的部分，因出售而减少的部分，因收获而减少的部分，因企业合并而增加的部分，因折算境外实体的财务报表而产生的净差额，以及其他变化。

生物资产的公允价值不能够可靠地计量时的补充披露要求包括：①当企业按照成本减去累计折旧和累计减值损失计量生物资产时，应披露生物资产的信息涉及对生物资产的描述，对公允价值不能够可靠地计量的原因的解释，公允价值高度可靠所处的估计期间（如果可能），使用的折旧方法、折旧期限和折旧率，以及期初和期末的账面原值和累计折旧（包含累计减值损失）。②如果当期内按照成本减去累计折旧和累计减值损失计量生物资产，主体应单独披露处置该项生物资产而确认的利得或损失。按 IAS 41 的要求编制的调节表应单独披露与该部分生物资产相关的金额。另外，调节表还应包括已计入净损益的减值损失、减值转回以及折旧的金额。③按照成本减去累计折旧和累计减值损失计量的生物资产，如果公允价值在当期内变得能够可靠地计量时，企业应披露的信息包括对该项生物资产的描述，对公允价值变为能够可靠地计量的原因的解释，以及变化的影响。

对于与农业有关的政府补助，应披露的事项包括：在财务报表中确认的政府补助的性质和概述；未履行的与政府补助相关联的条件或其他或有事项；预计的政府补助的重大减少。

7.5.2 IFRS 2《以股份为基础的支付》

股份计划和股份期权计划是一种常见的雇员薪酬方式，并不局限于董事和高级行政人员，也作为对其他雇员的支付。主体经常发行股份或股份期权以作为对雇员的支付，甚至有一些主体发行股份或股份期权作为对供应商的支付，如支付给专业服务的提供者。但是，在国际财务报告准则 IFRS 2《以股份为基础的支付》发布以前，并没有相关规范的确认和计量准则。当 2001 年 7 月 IASB 把“关于以股份为基础的支付”这一项目纳入议事日程时，一些准则制定机构刚在此前发布了提案。例如，德国会计准则委员会在 2001 年 6 发布了会计准则制定草案《股份期权计划和类似报酬安排的会计处理》。英国会计准则理事会在制定《以股份为基础的支付的会计处理》的讨论稿过程中处于主导地位，该讨论稿于 2000 年 7 月由 IASC、英国会计准则理事会和其他 G4+1 团体代表发布。丹麦国家授权公共会计师协会于 2000 年 4 月出台了《以股份为基础的支付的会计处理》的讨论稿。2002 年 12 月，日本会计准则理事会发布了一份题为“关于以股份为基础的支付”的总结报告。2003 年 3 月，美国财务会计准则委员会将“审议美国有关以股份为基础的支付的会计要求”这一项目纳入议事日程。此外，加拿大会计准则理事会的准则要求确认所有以股份为基础的支付交易，包括授予雇员股份期权的交易。2001 年 9 月，IASB 征求来自其他方面对 IASC 和 G4+1 的讨论稿的意见，意见的截止日期是 2001 年 12 月 15 日。截至 2001 年 12 月 15 日，IASB 共收到了 270 多封信。在制定征求意见稿 ED 2《以股份为基础的支付》的过程中，IASB 得到一个由投资界、企业界、审计界、学术界、监管界等的人员组成的咨询组的协助。2002 年 11 月，IASB 发布了征求意见稿 ED 2《以股份为基础的支付》。在征求各方意见的基础上，FASB 也参与其中，IASB 在 2004 年 2 月正式发布了国际财务报告准则 IFRS 2《以股份为基础的支付》，自 2005 年 1 月 1 日起生效。

（1）IFRS 2 的目的和适用范围

IFRS 2 的目的是规范主体从事的以股份为基础的支付交易的财务报告，要求主体在其损益和财务状况中反映以股份为基础的支付交易的影响，包括与授予雇员股票期权交易相关的费用。该准则适用于主体所有以股份为基础的支付交易，包括用权益结算的以股份为基础的支付交易和用现金结算的以股份为基础的支付交易。用权益结算的以股份为基础的支付交易，是指主体以取得商品或接受服务作为主体权益性工具（包括股份或股份期权）的对价的以股份为基础的支付交易。用现金结算的以股份为基础的支付交易，是指主体以发生对商品或服务供应商的负债的方式取得商品或服务，该负债的金额以主体的股份或其他权益性工具的价格（或价值）为基础计量；主体取得商品或接受服务，并且相关安排的条款为主体或者是商品及服务供应商提供了以现金（或其他资产）结算或是以发行权益性工具结算的选择机会的交易。主体与作为其权益性工具持有者身份的雇员或其他方而发生的交易，不属于以股份为基础的支付交易。另外，企业合并中为获得对被购买企业的控制权而发行的权益性工具，适用 IAS 22《企业合并》，不属于 IFRS 2 的范围；主体属于 IAS 32《金融工具：列报与披露》的第 8 段至第 10 段和属于 IAS 39《金融工具：确认与计量》的第 5 段至第 7 段范围内的合同，在取得商品或服务过程中发生的以股份为基础的支付交易，也不属于 IFRS 2 的范围。

（2）确认

主体应在取得商品或接受服务时，确认在以股份为基础的支付交易中取得或接受的商品或服务。在以权益结算的以股份为基础的支付交易中，如果取得了商品或接受了服务，主体应确认权益的相应增加，或者在用现金结算的以股份为基础的支付交易中，如果取得了商品或接受了服务，主体应确认相应的负债。在以股份为基础的支付交易中，当或取得的商品或接受的服务不能确认为资产时，应当确认为费用。

（3）计量的原则

在以股份为基础的支付交易中，主体以其权益性工具（包括股份和股份期权）作为取得商品或接受服务的对价，或者取得商品或服务，其金额是基于主体的股份或其他权益性工具的价格来确定的。IFRS 2 就三类以股份为基础的支付交易规定了计量原则和具体要求：①用权益结算的以股份为基础的支付交易。在这类交易中，主体以其权益性工具作为取得商品或接受服务的对价。IFRS 2 要求主体直接按照取得的商品或接受的服务的公允价值计量商品或服务以及相应增加的权益，除非商品或服务的公允价值不能可靠地估计。如果主体不能可靠地估计取得的商品或接受的服务的公允价值，应间接地参考所授予的权益性工具的公允价值，计量其价值以及相应增加的权益。例如，对于与雇员以及其他提供类似服务的各方之间的交易，主体应计量所授予的权益性工具在授予日的公允价值，因为一般不可能可靠地估计接受的雇员服务的公允价值。IFRS 2 要求所授予的权益性工具的公允价值应基于可获得的市场价格，并且要考虑授予这些权益性工具的条款和条件。如果不存在市场价格时，应运用估价技术估计在熟悉情况和自愿的各方之间进行的公平交易中，这些权益性工具在计量日的可能价格，来估计公允价值。如果股份或股份期权授予的条款或条件发生了变更，或者一项权益性工具的授予被另一项权益性工具的授予取消、回购或替代，主体应区分具体的情况作出处理。②用现金结算的以股份为基础的支付交易。在这类交易中，主体从商品或服务的提供者那里取得商品或接受服务并发生负债。主体对于所取得的商品或接受的服务以及所产生的负债应按照负债的公允价值计量。在负债结算以前，主体应在每一个报告日以及结算日，对负债的公允价值进行重新计量，公允价值的任何变动都应确认为当期损益。在最初以及至结算日止的每一个报告日，负债应按照运用期权定价模型计算的股份增值权利的公允价值计量。计价时，应考虑所授予的股份增值权利的条款和条件，以及至目前为止雇员已提供的服务。③可选择用现金方式结算的以股份为基础的支付交易。对于以股份为基础的支付交易，当协议条款允许主体或对方选择用现金（或其他资产）结算该交易或者通过发行权益性工具结算该交易时，如果主体已经产生了用现金或其他资产结算的负债，则主体对于该交易或该交易的组成部分，应比照用现金结算的以股份为基础的支付交易进行会计处理，或者如果未产生这样的负债，则比照用权益结算的以股份为基础的交易进行会计处理。

IASB 于 2009 年 6 月发布了 IFRS 2 修订版，自 2010 年 1 月 1 日开始生效。

该项修订为集团主体之间股份支付交易的会计处理提供了额外指引。修订后的 IFRS 2 明确规定，取得商品或服务的主体只有在满足以下条件时才将交易确认为以权益结算的股份支付交易：授予的奖励是主体自身的权益工具；或者主体并不负有结算交易的义务。

在所有其他情况下，主体应将交易作为以现金结算的股份支付计量。负责结算交易的主体（或股东）只有在交易是以其自身权益工具结算时才将其确认为一项以权益结算的股份支付。在所有其他情况下，结算奖励的主体应将交易确认为以现金结算的股份支付。

鉴于子公司及母公司层面的分类可能不同，取得商品或服务的主体确认的金额可能与结算交易的主体确认的金额和在合并财务报表中确认的金额不同。集团内部的偿付安排不影响上述集团结算的股份支付交易分类原则的应用。

IFRS 2 的范围同时作出了修订，以澄清 IFRS 2 适用于所有股份支付交易，不论股份支付交易中取得的商品或服务是否能够单独辨认。无法辨认的商品或服务应在授予日按股份支付的公允价值与可辨认商品或服务之间的差额计量。

（4）披露

IFRS 2 规定，主体应披露能够使财务报表的使用者理解本期内存在的以股份为基础的支付安排的性质和程度的信息，以使财务报表使用者理解：当期存在的以股份为基础的支付安排的性质和范围；当期取得的商品或接受的服务的公允价值或者授予的权益性工具的公允价值是如何确定的；以股份为基础的支付交易对主体当期损益及财务状况的影响。为此，主体至少应披露下列信息：①对本期内存在过的每一类以股份为基础的支付交易的说明，包括各项安排的一般条款和条件，如既定要求、所授予期权的最长期间、结算方式等。②对期初发行在外的、本期授予的、本期作废的、本期行权的、本期到期的、期末发行在外的、期末可行权的等各组以股份为基础的期权，应披露其数量和加权平均行权价格。③本期行权的股份期权以行权日价格计算的加权平均股票价格。如果股份期权在本期内均匀行权，主体应披露本期的加权平均股票价格。④期末发行在外的股票期权，行权价格的范围以及加权平均剩余合同期限。如果行权价格的范围较宽，应对发行在外的股票期权的范围进行合理划分，以有助于估计可能发行的股份数量及发行时间，以及在行权时将收取的现金。

（5）IFRS 2 的修订

IASB 在截至 2017 年的年度改进中发布了对 IFRS 2 的修订，解决了 IFRS 2 原本缺乏指引的如下情形：

①在以公允价值计量以现金结算的以股份为基础的支付产生负债时，应如何处理给予条件和非给予条件的影响？本次修订澄清，给予条件和非给予条件对以现金结算的以股份为基础的支付的影响的会计处理应当采用与以权益结算的以股份为基础的支付相同的方法。所有条件的影响将在每一个报告期末进行修正（这不同于以权益结算的以股份为基础的支付，其公允价值固定在授予日）。

②应如何对出于税务目的具有净额结算特征的以股份为基础的支付进行分类？本次修订特别适用于税法或相关法规要求主体代其雇员预提指定数量的权益工具用以偿付雇员的所得税负债，并随后向税务机关进行支付（通常以现金）的情况。本次修订指出，此类安排应整体归类为权益结算，前提是该以股份为基础的支付若不具有净额结算特征将被归类为权益结算。同时本次修订新增了一项规定，要求披露因为此类安排而预计向税务机关转移的现金金额的估计值。

③将以股份为基础的支付交易从以现金结算修改为以权益结算，如果替代奖励的公允价值不同于原奖励的已确认价值，应如何对该修改进行会计处理？本次修订澄清，使交易从以现金结算变为以权益结算的对以股份为基础的支付的修改应按以下方式核算：终止确认原负债；以权益结算的以股份为基础的支付应按修改日所授予权益工具的公允价值以截至修改日雇员已提供的服务为限进行确认；在修改日负债的账面金额与在权益中确认的金额之间的差额应立即计入损益。

本次修订对自 2018 年 1 月 1 日或以后日期开始的年度期间生效，允许提前采用。本次修订采用未来适用法，但允许主体追溯应用，前提是仅当主体有可能在不使用事后观察的情况下进行追溯应用。

7.5.3　IFRS 4《保险合同》

保险合同，是指在不确定的特定事项（即保险事项）对投保方或其他受益人产生不利影响时，一方（即承保人）同意赔偿投保方或其他受益人从而承担了另一方（即投保人）重大风险的合同。这里，保险事项是指保险合同所承保的、会产生保险风险的不确定的未来事项；投保人，是指按照保险合同，在保险事项发生时有权利获得赔偿的合同一方；承保人，是指按照保险合同，在保险事项发生时有义务向投保人赔偿的合同一方。1997 年，IASC 成立有关保险合同项目的指导委员会，着手开展有关保险合同项目的研究工作。1999 年 12 月，保险合同指导委员会发布了一份征求意见稿，公开征求意见。2001 年 4 月 1 日，全面保险合同项目从 IASC 转到了新成立的 IASB。2001 年 12 月，IASB 开始讨论该原则公告草案，并在其网站上公开了有关内容。2002 年 5 月，短期保险合同项目从全面项目中分离出来。在多次讨论及广泛征求各方意见的基础上，IASB 于 2003 年 7 月 31 日发布了征求意见稿 ED 5《保险合同》。2004 年 3 月 31 日，国际财务报告准则 IFRS 4《保险合同》正式发布，自 2005 年 1 月 1 日起生效。为了进一步完善该准则，IASB 于 2004 年 9 月成立了保险工作组，以重新审视保险公司的财务报告，帮助分析保险合同相关的会计问题。

IFRS 4 的目的是在理事会完成保险合同项目第二阶段之前，规范所有签发保险合同的实体（即承保人）对保险合同的财务报告。该准则要求承保人对保险合同的会计处理作有限的改进，并披露相关信息，明确和解释承保人财务报表中因保险合同而产生的金额，以帮助这些财务报表的使用者理解保险合同未来现金流量的金额、时间及其不确定性。IFRS 4 适用于主体签发的保险合同（包括再保险合同）和其持有的再保险合同，以及主体签发的具有相机抉择参与特征的金融工具，对于在其他国际财务报告准则中已经规范的合同除外。IFRS 4 明确规定，不适用于承保人的其他资产和负债的会计处理，如属于 IAS 39《金融工具：确认与计量》范围的金融资产和金融负债。此外，该准则也不涉及投保人的会计处理。

（1）嵌入衍生工具与存款成分的分拆

关于嵌入衍生工具。在 IFRS 4 发布之前，IAS 39 就要求嵌入衍生工具从主合同中分离出来，以公允价值计量并将公允价值的变动计入损益。IFRS 4 明确规定 IAS 39 的这一要求适用于保险合同，但有两种情况例外：一是衍生工具本身是一份保险合同，因为单独的保险合同在第一阶段尚未要求以公允价值计量，作为嵌入衍生工具的保险合同自然就应该适用 IFRS 4 而不应该是 IAS 39。二是投保人可以按固定金额（或以固定金额和利率为基础的金额）退还保险合同的选择权，因为这种嵌入衍生工具实际上相当于下面要说到的存款部分，而存款部分在满足规定条件（此类嵌入衍生工具通常能满足这些条件）的情况下不必分拆。此外，如果按照 IFRS 4 的规定认定嵌入衍生工具与主保险合同密切相关，按照 IAS 39 在其应用指南中的相关规定，实际上豁免了这种嵌入衍生工具的公允价值计量要求。

关于存款成分的分拆。有些保险合同中可能同时含有保险部分和存款部分，特别是在再保险合同中。存款部分属于金融工具，如果与保险部分合并成为单一合同处理，来源于一种要素的现金流量可能抵销来源于另一种要素的现金流量，从而导致不恰当的结果（资产或负债被遗漏），并且也容易被滥用，如为了达到想要的某种会计结果而不是业务目的人为地设计或合并一些合同等。因此，IASB 认为存款部分应根据重要性原则和现实可行性进行分拆，IFRS 4 对存款分拆的分类处理进行了规定。分拆后，存款部分的处理适用 IAS 39，保险部分的处理适用 IFRS 4。

（2）确认和计量

IFRS 4 暂时豁免承保人遵循其他国际财务报告准则的一些要求，包括在选择保险合同会计政策时应考虑《框架》的要求。例如，对 IAS 8《会计政策、会计估计的变更与会计差错的更正》的豁免。IAS 8 第 10 段至第 12 段规定了会计政策选择的标准，这些标准包括相关性和可靠性等。在国际财务报告准则没有对某一具体项目作出规定时，企业应按 IAS 8 的这一规定选择合适的会计政策。但 IFRS 4 暂时豁免 IAS 8 第 10 段至第 12 段在保险合同中的应用。但是，IFRS 4 禁止对报告日尚不存在可能的合同索赔确认准备，要求对已确认保险负债的充足性进行测试，并对再保险资产进行减值测试，并要求承保人在保险负债被清偿、撤销或者到期前，必须将保险负债列报在资产负债表中，且在列报时不得将其与相关的再保险资产抵销。负债充足性测试，是指承保人在每个报告日，使用对保险合同中产生的未来现金流量的现行估计数来评估它确认的保险负债是否充足。如果这项评估显示，从未来现金流量估计数的角度看，其保险负债的账面金额是不充足的，那么不足部分的金额应当被确认为损益。如果有客观的证据表明，因再保险资产初始确认后发生的事项，分保人可能不能收到按照合同条款应收的全部金额，并且该事项对分保人从再保人收取的金额的影响能够可靠地计量，应确认再保险资产的减值。如果分保人的再保险资产发生了减值，则分保人应当相应减少其账面价值，并将减值损失确认为损益。

（3）会计政策变更

只有在变更保险合同的会计政策能使财务报表对其使用者的经济决策需要而言更具相关性且不降低可靠性，或者更具可靠性且不降低相关性时，承保人才可以变更其保险合同的会计政策。承保人应当按照 IAS 8 中的标准判断相关性和可靠性。IFRS 4 规定，变更保险合同会计政策的基本原则是：使财务报表与其使用者的经济决策更具相关性且不降低可靠性，或者更具可靠性且不降低其相关性。根据这一原则，IFRS 4 将会计政策区分三种情况分别对待：其一是可以继续使用，但不允许新引入的实务，如在未折现的基础上计量保险负债；其二是不要求变更的会计政策，包括稳健性和未来投资收益；其三是允许但不要求变更的会计政策，包括对指定负债按现行市场折现率重新计量、影子会计以及金融资产的重新指定。

（4）企业合并或一揽子转让中取得的保险合同

按照 IFRS 3《企业合并》的规定，在购买日，承保人应当以公允价值计量在企业合并中承担的保险负债和获得的保险资产。IFRS 4 允许但不要求承保人将所购买保险合同的公允价值分成一笔负债和一项无形资产展开列报。购买一揽子保险合同的处理方式类似。

（5）相机参与分红特征

一些保险合同和金融工具（通常也是由签发保险合同的主体发行）的持有者除了享有不受发行者裁决的担保利益外，还可按合同规定，根据一组保险合同或一组资产、基金或主体的业绩得到支付，但发行者对支付的数量有一定的自由裁量权，这部分利益被称为相机参与特征。相机参与特征的特点是自由裁量权受到合同约束，若签发者对参与分配的自由裁量权不受合同的限制，则属于衍生工具，适用 IAS 39。因此，相机参与特征的主要会计问题是把最终要支付给现在或将来投保人（或投资者）的金额分类为一项负债还是一项特殊的权益。IFRS 4 没有对如何决定这一性质作出判断，但规定了两条主要的原则：①不能将相机参与特征归类为一个既非负债也非权益的中间类别；②不能将与权益相关的保费分离出来。

（6）披露

根据 IFRS 4 的规定，披露涉及已确认金额的解释以及现金流量的金额、时间和不确定性。在已确认金额的解释方面，承保人应当披露用来说明和解释其财务报表中因保险合同而产生的金额的信息，包括：①保险合同会计政策和相关资产、负债、收益及费用的会计政策。②保险合同产生的已确认资产、负债、收益和费用，已确认为损益的购买再保险的利得或损失，以及分保人将购买再保险产生的利得或损失予以递延和摊销时当期摊销额和当期期初及期末的未摊销额。③用于确定对上述②中所描述的已确认金额的计量影响最大的假设所使用的程序。如果可行的话，承保人还应当对这些假设进行定量披露。④用于计量保险资产和保险负债的假设变动的影响，应分开列示对财务报表具有重大影响的各个变动的影响。⑤对保险负债、再保险资产以及相关的递延取得成本（如果有的话）变动的调节。

在现金流量的金额、时间和不确定性方面，承保人应当披露有助于使用者理解保险合同未来现金流量的金额、时间和不确定性的信息，包括：①其管理保险合同风险的目标和降低这些风险的政策；②对承保人未来现金流量的金额、时间和不确定性具有重大影响的保险合同的期限和条款；③保险风险（包括经再保险降低风险之前或之后的保险风险）的信息，如那些对损益和权益有重大影响的变量变动对损益和权益影响的敏感度、保险风险的集中度、与以前估计相比的实际索赔（即索赔进展）等；④如果保险合同属于 IAS 32 的范围，则应当披露 IAS 32 要求的有关利率风险和信用风险的信息；⑤如果承保人没有被要求也没有以公允价值计量主保险合同中的嵌入衍生工具，则应披露有关该嵌入衍生工具的利率风险或市场风险敞口的信息。

（7）新发布的 IFRS 17《保险合同》

2017 年 5 月 IASB 发布了 IFRS 17《保险合同》，新准则要求保险负债以当前履约价值计量，并对所有保险合同规定了更为一致的计量和列报方法。[①]

①IFRS 17《保险合同》的范围。

IFRS 17《保险合同》适用于主体签发的保险合同、所有再保险合同以及同时签发保险合同的主体签发的具有相机分红特征的投资合同。此外，在符合某些标准的条件下，新准则向固定金额合同提供了一项适用 IFRS 15 的选择权。

②IFRS 17《保险合同》的新会计模型。

IFRS 17《保险合同》基于履约理念创建了包含概率加权平均现金流、折现、风险调整与合同服务边际四大要素的一般会计模型，简称要素法或模块法。一般会

---

① 相应于国际财务报告准则 IFRS 16《租赁》和 IFRS 17《保险合同》的修订，财政部已于 2018 年 1 月 11 日发布了修订《企业会计准则第 21 号——租赁》的征求意见稿，《企业会计准则第 25 号——原保险合同》以及《企业会计准则第 26 号——再保险合同》预计将发布新修订的征求意见稿。以上相关企业会计准则可作为学习国际会计准则的参考。

计模型具体为：

a. 在初始确认时，主体应以履约现金流量（FCF）的金额和合同服务边际（CSM）的合计数计量合同组。其中，履约现金流量的金额包括未来现金流量的概率加权估计金额、反映货币时间价值（TVW）和与未来现金流量相联系的金融风险的调整，以及针对非金融风险的风险调整。

b. 后续计量时，保险合同组于每一报告期末的账面金额为剩余保险覆盖期的负债和已发生索赔相关的负债的总数。

在一般模型的基础上，为了应对损益波动问题以及更好地确认和计量不同种类的保险合同，针对符合特定条件的保险合同，IASB 发展出了另外两个会计模型——保费分配法（又称简易模型）以及可变收费法。

③列报。

IFRS 17《保险合同》要求保险行业的收入列示采用与其他行业相一致的方法，收入按照主体预计在该期间提供的保险责任及其他服务的所占比例在各期间进行分配，赔付则于实际发生时列示。投资成分（指即使保险事故未发生仍须向保单持有人支付的金额）应从收入和赔付中剔除。

④生效日期和衔接规定。

IFRS 17《保险合同》取代 IFRS 4《保险合同》及相关解释，自 2021 年 1 月 1 日或以后日期开始的年度期间生效，如已同时采用 IFRS 15 及 IFRS 9 则允许提前采用。主体应采用追溯调整法应用 IFRS 17《保险合同》，除非不切实可行，在这种情况下主体可以选择采用修订的追溯调整法或是公允价值法。

7.5.4　IFRS 5《持有待售的非流动资产和终止经营》

1994 年 6 月，证券交易委员会国际组织同意将 IASC 的 IAS 8《当期净损益、重大差错和会计政策变更》列为核心准则计划。作为改进计划的一部分，IASC 在 IAS 8 中增加了关于终止经营披露的规定和指南。IASC 认为，对终止经营的确认和计量事项应作为一个单独的项目处理。计划被包括在 1995 年 7 月由 IOSCO 认可的项目中。1997 年 8 月，IASC 发布了征求意见稿 E 58《终止经营》。在广泛征求各方意见的基础上，于 1998 年 6 月正式发布了 IAS 35《终止经营》，自 1999 年 7 月 1 日起生效，并取代了 IAS 8 中关于终止经营的相关规定（第 19 段至第 22 段）。2002 年 9 月，IASB 同意在其活动议程中增加一项短期趋同的项目，这有助于减少国际财务报告准则与美国公认会计原则之间的差异，前提是这些差异能够在相对较短的时间内解决并且可以在主要项目之外处理。此项目是 IASB 与 FASB 的合作项目。作为对 FASB 近期考虑议题的一个回顾，IASB 讨论了 SFAS 144《长期资产减值或处置的会计处理》的要求，其中涉及持有待售的资产和终止经营。2003 年 7 月 24 日，IASB 发布了征求意见稿 ED 4《非流动资产的处置与终止经营的列报》。在根据 80 多份反馈意见修改的基础上，IASB 在 2004 年 3 月 31 日正式发布了国际财务报告准则 IFRS 5《持有待售的非流动资产和终止经营》，自 2005 年 1 月 1 日起正式生效。该准则取代了 IAS 35《终止经营》，与美国的 SFAS 144《长期资产减值或处置的会计处理》[①] 在划分终止经营的时间安排方面实现了实质上的趋同。对于不准备处置的长期资产，SFAS 144 关于减值确认和计量的规定与 IAS 36《资产减值》明显不同，但是这些不同在短期趋同项目中没有涉及。与 IAS 35 比较，可以看出 IFRS 5 关于“终止经营”的定义与 IAS 35 中的定义几乎相同。终止经营，是指已被处置或被划归为持有待售的主体的组成部分，并且该组成部分代表一项独立的主要业务或一个主要经营地区，是一项单一协调的、拟对一项独立的主要业务或一个主要的经营地区进行处置的计划的一部分，或者是仅仅为了再出售而取得的子公司。然而，在 IFRS 5 中，划分的时间安排取决于终止经营什么时候满足持有待售的分类标准，这一要求同样适用于持有待售的非流动资产。而且，IFRS 5 要求终止经营的结果在损益表中单独列报。

IFRS 5 的目的是规范持有待售资产的会计处理，以及终止经营的列报和披露。其中，分类和列报要求适用于主体所有已确认的非流动资产和所有处置组；计量要求适用于所有已确认的非流动资产和处置组，但递延所得税资产（IAS 12《所得税》）、雇员福利形成的资产（IAS 19《雇员福利》）、包括在 IAS 39《金融工具：确认与计量》范围内的金融资产、按照 IAS 40《投资性房地产》中的公允价值模型进行处理的非流动资产、根据 IAS 41《农业》的规定按照公允价值减去预计至销售时发生的费用计量的非流动资产以及 IAS 4《保险合同》中定义的保险合同中的合同权利等除外。这里，处置组是指在一项单独交易中作为整体通过出售或其他方式一并处置的一组资产，以及将在交易中转让的与这些资产直接相关的负债。

（1）IFRS 5 关于持有待售的非流动资产的有关规定

如果一项非流动资产（或处置组）的账面金额将主要通过出售而不是继续使用得以收回，主体应将该非流动资产（或处置组）划归为持有待售。通常，将非流动资产（或处置组）划归为持有待售需要满足以下条件：①管理层承诺出售资产；②资产可以立即出售；③寻找买方的活动已经积极展开；④出售极有可能发生；⑤必须以与其当前公允价值相比合理的价格积极地寻求市场出售；⑥此出售自划分之日起预计 1 年内应能够符合完全出售的确认条件（除第 9 段允许的例外情况），并且完成此出售计划所需的行动表明不可能对出售计划作出重大修改或予以撤销。主体不应将拟放弃的非流动资产（或处置组）划归为持有待售，理由是其账面价值将主要通过继续使用得以收回。暂时停用的非流动资产不应视同放弃进行会计处理。

在资产初始划分为持有待售时，账面金额以及所导致的调整应按照适用的国际财务报告准则的规定计量。划分为持有待售的资产以后，应按照账面金额与公允价值减去出售费用后的余额中的较低者计量，并且停止对其计提折旧。在初始划分为

① SFAS 144 规范了三方面的内容：持有并使用的长期资产的减值；持有待售的资产的分类、计量和列报；终止经营的分类和列报。对于第一方面的内容，国际财务报告准则与美国公认会计原则之间存在广泛的差异，并且这些差异被认为是在相对较短的时间内不能解决的。IFRS 5 与 SFAS 144 在持有待售的资产、划归为终止经营的时点及其列报方面的规定达到了实质性趋同。

持有待售时及以后，均应考虑资产减值问题。在初始被划分为持有待售以前，按照适用的国际财务报告准则（如 IAS 16、IAS 36、IAS 38、IAS 39 等）计量和确认减值，发生的减值损失应确认为利得或损失，除非该资产已经根据 IAS 16 或 IAS 38 的规定按重估价值计量，在这种情况下，减值按照重估价值减少处理。在划分为持有待售的资产以后，按照调整的账面余额与公允价值减去出售费用后的余额差异计算减值损失。IFRS 5 规定，主体对于任何初始或以后将资产（或处置组）减记至其公允价值减去出售费用过程中的减记金额，应确认减值损失。

对于被划归为持有待售的非流动资产、被划归为持有待售的处置组中的资产以及被划归为持有待售的处置组中的负债，主体应在资产负债表中区别于其他资产和其他负债单独列示。被划归为持有待售的资产和负债的主要类别应在资产负债表中或在报表附注中予以单独反映。但是，如果处置组是新取得的子公司，并且在购入时即满足划分为持有待售的标准，则不要求披露其资产和负债的主要类别。以前期间资产负债表中有关被划归为持有待售的非流动资产或处置组中的资产和负债的金额，不应进行重新分类或重新表述以反映最近期间资产负债表的分类。另外，主体应单独反映直接与在权益中确认的和被划归为持有待售的非流动资产（或处置组）相关的累计收入或费用。

主体应在非流动资产（或处置组）被划归为持有待售或被出售期间的财务报表附注中披露如下信息：①有关非流动资产（或处置组）的描述；②有关出售或导致预期处置的事实和情况，以及该处置拟采用的方式和时间安排的描述；③按照 IFRS 5 第 20 段至第 22 段确认的利得或损失，如果未在利润表中单独列示，说明在利润表中包含该利得或损失金额的项目；④如果适用，按照 IAS 14《分部报告》列报的非流动资产（或处置组）所处的分部。如果 IFRS 5 第 26 段或第 29 段适用，主体应在决定对出售非流动资产（或处置组）计划变更当期，披露导致这一决定的事实和情况，以及这一决定对当期和以前各列报期经营成果的影响。

（2）IFRS 5 关于持有待售的非流动资产的有关规定

终止经营是指已被处置或被划归为持有待售的主体的组成部分，并且该组成部分代表一个独立的主要业务或一个主要经营地区，是一项单一协调的、拟对一项独立的主要业务或一个主要经营地区进行处置的计划的一部分，或者是仅仅为了再出售而取得的子公司。终止经营的税后损益，以及按公允价值减去出售费用后的余额进行计量所确认的税后利得或损失，或者对构成终止经营的资产或处置组进行处置所确认的税后利得或损失，应在收益表内以一项金额列示。关于终止经营的收入、费用、税前损益以及相关的所得税费用的详细信息，可以在报表附注中披露也可以在收益表中列示，这一详细披露应包括当期和以前各期的比较信息。可归属于终止经营的经营活动、投资活动和筹资活动的净现金流量，既可以在财务报表附注中披露也可在财务报表中列示。对于因在购入时满足划分为持有待售标准的新取得的子公司构成的处置组，不要求列报此信息。

除了上述披露以外，主体应在终止经营部分单独列报当期对与以前期间终止经营的处置直接相关的，并已在终止经营中予以列报的金额所进行的调整。同时应披露有关调整的性质和金额。可能产生这种调整的情形有：①消除了由处置交易条款所产生的不确定性，比如与买主消除了购买价格调整和赔偿问题；②消除了处置前由该组成部分的经营所产生的、与其直接相关的不确定性，比如，卖方保留的环保义务或产品质量保证义务；③清偿了雇员福利计划义务，假定该清偿与处置交易直接相关。

IFRS 5 适用于生效日以后满足有关划分为持有待售标准的非流动资产（或处置组）以及满足划分为终止经营标准的组成部分。对于在 IFRS 5 生效日前满足划分为持有待售标准的非流动资产（或处置组）以及满足划分为终止经营标准的组成部分，如果在最初满足标准时计价且其他所需信息能够取得，则主体可以采用 IFRS 5。

7.5.5 IFRS 6《矿产资源的勘探与评价》

IASC 最早涉及采掘行业会计研究是在 1998 年。2000 年 11 月，IASC 发表了其采掘行业指导委员会的一份题为《问题报告：采掘行业》的报告。该报告主要包括如下部分：范围、上游活动概述、储量估计与评价、开采前活动会计的历史成本观、储量与开采前活动会计的价值基础计量观、开采前的历史成本会计、资本化成本的折旧、拆除与恢复、与矿物相关的资本化成本减值——IAS 36 的应用、收入会计、存货的确认与计量、风险与成本分担的安排方式、矿产的购买、销售与废弃、仅用于采掘行业财务报表的揭示——储量数量与价值、仅用于采掘行业财务报表的披露——其他披露、储量确认与披露研究。该报告的目的是增强不同国家采掘行业之间以及采掘行业与非采掘行业相似交易的可比性，确定采掘行业中重要的财务报告问题，评价、解决这些问题备选方式的优劣，并特别关注提供相关、可靠信息的需要。报告还强调了为采掘行业建立一份通用准则并单独设立矿业或石油行业指南的重要性、历史成本计量的重要性和储量数量与储量价值信息的重要性等。2004 年 1 月 16 日，IASB 发布了征求意见稿 ED 16《矿产资源的勘探与评价》，经过广泛征求意见，2004 年 12 月 10 日，正式发布了国际财务报告准则 IFRS 6《矿产资源的勘探与评价》，自 2006 年 1 月 1 日起正式生效。该准则首次对采掘行业主体所发生的勘探与评价成本的会计处理提供了指南，有助于提高国际采掘行业会计信息的可比性。

IFRS 6 的目的是规范矿产资源勘探与评价的财务报告，主要涉及如下内容：对勘探与评价支出的现行会计实务进行有限改进；要求确认勘探与评价资产的主体按照该国际财务报告准则对这些资产进行减值评估，按照 IAS 36《资产减值》的规定计量这些资产的减值；要求披露用于认定和解释因矿产资源的勘探与评价而在主体财务报表中确认的金额的信息，帮助财务报表的使用者理解主体确认的勘探与评价资产所带来的未来现金流量的金额、时间和确定性。这里，矿产资源的勘探与评价，是指在主体取得特定区域的勘探权后，对矿产资源（包括矿物、石油、天然气和类似的非再生资源）的寻找，以及对矿产资源开采的技术可行性和商业价值的确定。勘探与评价支出，是指主体发生的与矿产资源的勘探与评价有关的支出。勘探与评价资产，是指确认为资产的勘探与评价支出。IFRS 6 主要适用于主体发生的勘探与评价支出。对于在勘探与评价矿产资源之前发生的支出，以及在开采矿产资源的技术可行性和商业价值能够得到证明之后发生的支出，不适用 IFRS 6。IFRS 6 不规范从事矿产资源勘探与评价的主体的其他会计问题。

1）确认和计量

（1）关于确认时的计量。IFRS 6 规定，勘探与评价资产在确认时应按成本计量，并对勘探与评价资产的构成要素进行了说明，指出与下列活动有关的支出应包括在勘探与评价资产的初始计量中：①勘探权的取得；②地形、地质、地球化学及地球物理研究；③勘探型钻井；④挖掘；⑤抽样；⑥与矿产资源开采的技术及商业可行性评价有关的活动。IFRS 6 特别规定，对矿产资源的开发支出不应包括勘探与评价资产初始计量的支出。对于某一主体在某一期间由于从事矿产资源的勘探与评价而发生的移除与恢复义务的成本，应按照 IAS 37《准备、或有负债和或有资产》的规定进行处理，即当企业关于移除与恢复的义务事项发生时应确认一项准备，若该准备的数额是勘探与评价资产成本的一部分，则其应作为该项资产的成本加以确认。

（2）关于确认后的计量。IFRS 6 允许主体运用成本模式或重估价模式来处理确认后的勘探与评价资产。IASB 认为，尽管按照 IAS 16《不动产、厂场和设备》和 IAS 38《无形资产》对勘探与评价资产进行重估并不普遍，但不仅仅允许使用成本模式的规定是适当的。

（3）关于减值。IFRS 6 规定，确认了勘探与评价资产的主体，应每年进行减值测试并确认相应的减值损失。在识别勘探与评价资产是否可能发生减值时，除考虑 IAS 36《资产减值》所规定的外部和内部信息来源之外，IASB 还建议考虑其他迹象，包括：①主体在特定区域进行勘探的权利在当期到期或将在近期到期，并且未预期续约；②对特定区域矿产资源的进一步勘探与评价在近期既未列入预算也未作出计划；③在特定区域对矿产资源进行的勘探与评价没有发现具备商业价值的矿产资源，并且主体已决定终止在该区域的此类活动；④主体预期已确认的勘探与评价资产不能合理地由特定区域的成功开发或出售而收回。

2）列报与披露

（1）关于列报。IFRS 6 规定，主体应根据取得资产的性质，将勘探与评价资产分为有形资产和无形资产两类，并一致地运用该分类。一些勘探与评价资产被作为无形资产（如钻井权），而另一些被作为有形资产（如运输工具和钻机）。如果开发无形资产时消耗了有形资产，反映其消耗量的金额构成了无形资产成本的组成部分。但是，使用有形资产开发无形资产，不能因此将有形资产划转为无形资产。当开采一项矿产资源的技术和商业可行性能够得到证明时，勘探与评价资产就不应再作如此分类。主体应在重新分类前对勘探与评价资产进行减值测试，并确认减值损失。

（2）关于披露。IFRS 6 规定，主体应披露用于认定和解释因矿产资源的勘探与评价而在财务报表中确认的金额的信息，具体应披露：①勘探与评价支出的会计政策，包括勘探与评价资产的确认；②勘探与评价矿产资源所产生的资产、负债、收益和费用，以及经营和投资活动的现金流量的金额。另外，主体应将勘探与评价资产作为资产中的单独一类来处理，并根据其分类分别按照 IAS 16 或 IAS 38 的规定进行披露。

7.5.6 准则运用示例

［例 7-8］20×2 年 1 月 1 日，某公司向其高层管理团队中的 10 名成员赠与了 100 份股票期权（每人 10 份）。这些期权在第 3 年的期末授予。在赠与日，公司确定的每一份期权的公允价值为 15 美元。公司预计所有的期权都将会授予。

要求：试确定该公司在 20×2 年 6 月 30 日的会计分录。

20×2 年 6 月 30 日是第 1 个半年度的期末，相应的会计分录如下：

借：股票期权费　　250

　贷：权益　　250

如果所有的期权都授予，那么每一个半年度报告期的期末都要作上述会计分录。如果在 20×3 年下半年有一名成员离开公司，就将丧失其期权。则在 20×3 年 12 月 31 日，相应的会计分录如下：

借：股票期权费（（90×15）×4/6－（250+250+250））　　150

　贷：权益　　150

练习题

★ 思考题

1. 融资租赁与经营租赁的确认条件有何不同？
2. 出租方与承租方对融资租赁的会计处理有何不同？
3. 融资租赁下承租方应当披露哪些信息？
4. 确定功能货币需要考虑哪些因素？
5. 从功能货币到列报货币的折算程序是怎样的？
6. 对于汇率变动的影响，主体应当披露哪些信息？
7. 分析套期会计的适用条件。
8. 试说明国际会计准则对于金融工具的后续计量和终止确认的规定。
9. 采用购买法的会计程序是怎样的？
10. 企业合并中购买成本的确定依据是什么？
11. 企业合并中无形资产的确认条件是什么？
12. 企业合并中合并方应当披露哪些信息？
13. 试说明商誉的确定与信息披露。

第8章

国际会计准则的趋同

[学习目标]

1. 欧盟会计准则的国际趋同。
2. 美国会计准则的国际趋同。
3. 澳大利亚会计准则的国际趋同。
4. 中国会计准则的国际趋同。
5. 其他国家的会计准则与国际趋同的情况。

8.1 欧盟会计准则的国际趋同

欧盟是欧洲政治与经济一体化的产物。1952 年 7 月，根据《巴黎条约》，西欧 6 国——法国、联邦德国、意大利、荷兰、比利时和卢森堡成立了欧洲煤钢共同体，标志着欧洲一体化从积极酝酿转变为实际行动。1957 年 3 月，《罗马条约》签订，正式提出把“联盟”作为欧洲的奋斗目标，并形成法律性的条文，把建立内部市场作为经济一体化的发展方向。1967 年 7 月，欧洲煤钢共同体、欧洲原子能共同体和欧洲经济共同体等主要机构实现了合并，成立了欧洲共同体（以下简称“欧共体”）。随后，英国、丹麦、爱尔兰、希腊、西班牙、葡萄牙、奥地利、芬兰、瑞典等 9 个国家陆续加入欧共体，使欧共体成为了世界上最大的区域一体化组织。1993 年 11 月，随着《马斯特里赫特条约》的生效，欧共体正式更名为欧洲联盟（European Union，EU），简称“欧盟”。1999 年 1 月，欧元正式启动，标志着欧盟实现经贸联盟的意愿成为现实。目前，欧盟是当今世界上区域经济合作最为紧密并逐步从经济一体化走向政治一体化的国家间联盟。

8.1.1 欧盟成员国之间的区域性会计协调

欧盟各成员国之间的会计规范存在相当大的差异，财务信息的不可比是阻碍欧盟经济一体化的一大障碍。根据《罗马条约》的主旨，欧洲经济一体化首先要创造一个统一的经营环境，包括协调各成员国的公司法和税法，创建共同的资本市场。会计准则的协调是欧盟经济一体化进程中的重要组成部分。因此，对各国的会计准则进行协调是欧盟经济一体化的重要步骤。欧盟内部各国会计准则的协调属于公司法协调的重要组成部分。欧洲各国公司法的协调主要通过两个途径来进行：一是制定指令（directives）。指令在欧盟部长理事会上获得通过后必须被并入到成员国的法律中，只有成为成员国的法律才有约束力。二是制定规则（regulations）。规则可以不通过成员国立法程序就可以成为欧盟范围内的法律。迄今为止，欧盟共起草了13份指令，正式发布的指令有9份。在这些指令中，与会计协调直接相关的主要有3个，即第4号指令、第7号指令和第8号指令。

第4号指令于1978年发布，所有公众公司和私有公司都必须遵循，以确定公司财务信息可比性的最低限度。该指令规定了公司资产负债表和收益表的格式、披露要求、计价规则等。而且，还规定公司的资产和财务状况必须按照真实与公允的观点反映，当公司遵循指令的规定但未能做到充分地提供符合真实与公允的信息时，必须提供补充信息。在例外的情况下，如果遵循了指令规定但不能做到提供符合真实与公允的信息时，可以背离指令的规定进行处理，即真实与公允是第一位的。但在这种情况下，公司必须在报表注释中将不能遵循指令的情况、理由和所产生的影响公开披露。第7号指令于1983年7月发布，主要协调成员国之间在企业集团合并财务报表方面的准则。该指令规定，只要母公司或者子公司是有限责任公司，则必须编制合并财务报表，而不论其注册地在何地，合并的前提条件是法律上的控制权。另外还规定了合并中应抵销的项目以及合并商誉的处理方法，并对控制权的判定及允许子公司排除在合并范围之外的情况作了规定。第8号指令于1984年4月发布，旨在协调成员国之间对职业审计师资格的认定。该指令规定，资格要求相当，并足以证明其具有当地法律的足够知识，欧盟成员国可以批准在另一个欧盟成员国取得全部和部分资格的审计师。第4号指令、第7号指令和第8号指令是欧盟区域会计协调的主要方式，同时也是欧盟会计协调的重要成果。这些会计指令能够在法律的框架内得以实施，归根结底是国家间达成政治协议的结果。

不可否认，这些指令对欧盟会计协调产生了重大影响。但是，也应该看到，这一时期欧盟的会计协调还存在问题。首先，指令本身还是不完善的。由于欧盟在将会计指令写入法律文件时允许有多种选择权，并且不同的国家对指令条款存在不同的理解和解释，欧盟各成员国继续保持自己原有编制财务报表的规定和传统，因此大大影响了指令执行的效果。而且欧盟会计指令只包含一些最基本的要求，对许多重要的会计问题却缄默不言。此外，由于欧洲委员会只监督各成员国把指令内容写入法律，指令在实务中贯彻落实的监控权却属于各成员国，从而导致指令得不到充分地执行。其次，协调的最大收益应是提高财务信息的可比性，但欧盟指令从某种意义上来说只是各种不同会计方法的汇合，并没有真正减少各国会计方法的多样性，通过协调达到的可比性与期望值相距甚远。这使得欧盟27个成员国各自的会计制度继续存在，而这些会计制度无论是在个别会计规定上，还是在概念的内涵上都存在着显著的差异，具体表现在编制报表、计价规定以及报表附注的内容和质量上。因此，这些指令并没有在欧盟成员国内保证企业财务报表的可比性和透明性。欧洲委员会于 2000 年 6 月 13 日在《未来会计行动战略》文件中对欧盟指令进行了检讨，认为指令是不完善的和零碎的，阻碍了欧洲内部资本市场的发展。

8.1.2　欧盟与国际会计准则的趋同

1995 年 11 月，作为欧盟常设机构的欧洲委员会实施了会计协调的新方法——新会计战略（new accounting strategy），其认为欧盟需要立即采取行动，使在美国和其他市场上市的公司将仍然能够遵循欧盟的会计框架。欧洲委员会还强调，需要加强其在国际会计准则制定过程中的义务，并认为国际会计准则的制定是解决跨国公司问题的有效和快速的方法。2000 年 6 月，欧洲委员会发布了一份题为《欧盟财务报告战略：未来走向》的备忘录，要求欧盟的 7 000 多家上市公司（包括银行和保险公司）2005 年编制合并财务报表时必须采纳 IAS 国际会计准则。2001 年 2 月 13 日，欧洲委员会对此发表决议草案（draft regulation），该决议草案重申了在 2005 年采纳国际会计准则的决心，同时鼓励上市公司在 2005 年之前采纳，并允许用于非上市公司和非合并财务报表。对于当前在美国上市并采用美国会计准则的上市公司，以及只公开发行债券的公司，期限可以延迟到 2007 年。2002 年 3 月，欧洲议会以绝对优势通过了该份草案。2002 年 6 月，该草案在部长级理事会会议上也获得通过。至此，欧洲委员会第 1606 号规章《关于国际会计准则的运用》（On the application of International Accounting Standards）正式成为欧洲的法律在成员国中实施。

欧盟采用国际会计准则的决议要求：①从 2005 年起，欧盟所有的上市公司、银行和保险公司，必须按照国际会计准则编制合并财务报表。这涉及到7 000多家上市公司，目的在于协调财务报告信息，以确保公司财务报告具有较高的可比性和透明度，从而保证国际和欧盟内部资本市场功能的有效发挥。②欧盟认可国际会计准则的程序。国际会计准则要被欧盟采纳，还要经过非常严格的认可程序。欧洲财务报告咨询团（European Financial Reporting Advisory Group，EFRAG）[①] 的认可程序起着决定性的作用。2001 年 6 月 26 日，EFRAG 成立的技术专家组（EFRAG Technical Expert Group，EFRAG-TEG）在技术层次上给予欧洲委员会有关在欧盟内部认可国际会计准则的决定和建议。同时，积极参与国际会计准则的制定，确保 IASB 在制定准则时充分了解和关注欧盟所提出的重大会计问题，并且协调欧盟内部有关使用国际会计准则的利益团体的意见。由欧盟各成员国的代表组成的会计监管委员会（Accounting Regulatory Committee，ARC）在立法层次上负责审批 EFRAG 提交的采纳国际会计准则的建议。另外，欧盟采纳国际会计准则的决议还包括以下

---

① EFRAG 是 2001 年成立的一个独立的民间组织，代表会计职业界、股票交易所、财务分析师，以及相关企业的利益，负责在技术层次上给予欧洲委员会有关在欧盟内部认可国际会计准则的决定和建议，并与 IASB 广泛接触，积极参与国际会计准则的制定，确保 IASB 在制定准则时充分了解和关注欧盟所提出的重大会计问题，以及协调欧盟内部有关使用国际会计准则的利益团体的意见。

两项特殊内容：①为在美国上市并采用 US GAAP 的上市公司提供更长的过渡期限。根据采纳国际会计准则的决定，欧盟成员国为在美国上市并采用 US GAAP 的上市公司提供了一个最迟到 2007 年才采纳国际会计准则的过渡期限，这样，他们就有了更多的时间来适应两种标准（US GAAP 和 IAS）。目前，美国 SEC 还没有接受按国际会计准则编制的报表，而是给在美国上市的上市公司放宽选择权，或者根据 US GAAP 制定一份全面的报表，或者将根据国家会计标准报告的权益资本和经营成果数据调整为按 US GAAP 编制的数据。②为非上市公司和单个公司报表提供了采纳 IAS 的选择权。欧盟采纳国际会计准则仅对上市公司规定了必要的合并财务报表义务。成员国可以允许或规定非上市公司根据国际会计准则编制合并财务报表。这样最终可以使得合并会计准则在总体上实现国际化，并且使得合并财务报表更加有效。欧盟成员国的第二个选择权是对单个公司财务报表的规定，成员国可以要求或者允许根据国际会计准则编制单个公司财务报表。如果说为了资本合并的需要，单个公司报表必须按国际会计准则编制，这样上市公司就可以节省掉按自己国家会计准则编制财务报表的工作量。但是，如果没有康采恩集团结构则无需资本合并，仅仅是上市公司，就不一定根据国际会计准则编制单个公司报表。在编制个别报表时，允许对是否采纳国际会计准则作出选择。

8.1.3 欧盟采取的会计协调措施

随着采用国际会计准则决议的出台，为了保证所有的欧盟上市公司从 2005 年起都按国际会计准则以及未来的国际财务报告准则编制合并财务报表，欧盟打算在排定的时间计划内做好一切会计协调工作，采取并推荐一系列有效措施，统一成员国的会计准则，提高欧盟各成员国公司财务报表的可比性和透明度，降低筹资的成本。具体措施如下：

（1）修订相关指令

欧洲委员会于 2002 年 5 月提出了对第 4 号指令、第 7 号指令①等的修订建议，以便彻底更新会计指令的结构，建立一个会计框架，确定哪些是符合现代财务报表编制惯例的，哪些是有足够的灵活性的，以便能够适应国际会计准则的未来发展要求。此外，还消除了欧盟指令和国际会计准则之间的所有冲突。欧洲委员会保证，目前在国际会计准则的框架内可以使用会计选择权，并且所有没有按照国际会计准则编制报表的欧盟企业也易于理解和使用这种会计选择权。另外，欧洲委员会进一步明确了对年度报告和状况报告的要求。修订指令是欧盟会计规定的基础，此外还将继续作为那些没有按照国际会计准则编制年度报告以及合并财务报表的企业编制财务报表的基础。最后，指令还包含了欧盟采纳国际会计准则决议中没有涉及的对一些重要问题的规定。2003 年 1 月，欧盟议会批准了对这些欧盟会计指令的修订。

---

① 2001 年 5 月，欧洲委员会通过新的公允价值指令（指令 2001/65/EG），指出将进一步符合金融市场和国际会计准则的要求，有利于筹集世界资本的欧盟企业满足国际资本市场的会计要求，提高参与国际资本市场的竞争力。新指令也是金融服务行动计划（FSAP）的组成部分。同时，随着新指令的发布，第 4 号和第 7 号指令以及银行指令必须修改，使确定的金融工具从现在起以公允价值计量。

2003 年 5 月，修订后的指令在欧盟部长级理事会会议上通过。这样，修订后的指令形成了一项法律并开始生效。

（2）发布咨询文件，促进信息公开

欧洲委员会不仅规定了财务报告的内容，还考虑了财务报告透明度的问题，对于发行有价证券并在有序市场公开交易的公司，规定这些公司有信息公开的义务。欧洲委员会发布的第 2 号咨询文件，特别强调了季度报告中有关权益分配和资本分配信息的公开。季度报告是对最近完整决算报告的内容更新，主要报告新出现的活动、事件和情况，而不是重复已经报告过的信息。在内容上，季度报告与相应的国际会计准则 IAS 34 规定的中期财务报告一致。欧洲委员会还要求缩短财务信息公布的期限，增加财务信息的公开次数，最迟 3 个月后，应该公开上一年度的经营报告。如果说没有公开第 4 季度报告，期限应缩短为 2 个月。

（3）建议加强报告审计员的独立性

除了应进一步完善和统一报表标准外，还必须提高审计质量。报告审计员所具有的独立性，对于提高审计质量起着关键作用。如果报告审计员从其客户那里收取的不是审计费用，而是咨询费用，就会改变法定的工作性质，造成非独立审计的危险。欧洲委员会于 2002 年 6 月建议应加强报告审计员的独立性。欧洲委员会的这项建议是不带有强制性的。欧洲委员会将用 3 年的时间来检验，以确定在实践中可以在多大程度上实施这些建议。非强制性的建议在欧盟成员国已受到广泛的欢迎。

（4）正式认可绝大多数国际会计准则

2003 年 7 月，欧盟会计监管委员会正式认可了在欧洲采用绝大多数现行国际会计准则（除 IAS 32、IAS 39、SIC 5、SIC 16、SIC 17 外）。同年 10 月，又以欧盟官方文件在官方指定刊物上发布了这些被正式认可的国际会计准则。

（5）建立有效的准则执行的监督体制

为保证遵循国际会计准则，最重要的是要有强有力的制度和权威机构来监督执行。在美国是由具有准司法权威的 SEC 承担这个角色。SEC 宣布执行国际会计准则可以作为在美国交易市场进行交易的前提。在英国是由民间团体组织财务报告审查组（Financial Reporting Review Panel）来监督实施的。在许多欧盟成员国，甚至在德国，都没有类似于美国、英国那样的权威监督机构。欧盟采纳国际会计准则能否成功，依赖于是否有一个合适的制度来确保各成员国都能够遵守国际会计准则。因此，建立一个有效的执行监督体制是改善欧盟企业管理和重新赢得投资者对资本市场信心的一项重要措施。欧洲委员会已对执行的会计标准作了重要分类，欧盟证券监管委员会（Committee of European Securities Regulators，CESR）作为咨询委员会提出执行建议。CESR 已在 2002 年 10 月提交了关于执行国际会计准则的咨询文件。根据 CESR 的执行建议，执行涉及到上市公司所有公开的信息，包括财务信息，特别是合并财务报表和个别财务报表，中期报告和市场交易情况，也涉及根据国家会计准则制定的财务报告。另外，对于被调查的企业，在确定其披露了虚假信息之后，咨询文件还规定了可能采取的措施和协调过程。

欧盟对国际会计准则采取了积极而明确的支持态度，以欧盟法律的形式规定上市公司必须采纳，从而赋予了国际会计准则前所未有的认可地位，并且也正式认可了现行的几乎所有国际会计准则。此外，针对那些不被强制采纳国际会计准则的企业，修订了原有的欧盟指令，使之与国际会计准则更为一致。可以看出，欧盟采取了各种有效的措施，对国际会计准则提供了强有力的支持。

8.2 美国会计准则的国际趋同

在美国，FASB 负责财务会计准则公告的制定。FASB 的成员来自社会各界，具有相当广泛的代表性。但 FASB 作为民间机构，其制定的会计准则本身并没有强制性，是由 SEC 赋予其权威性支持。因此，美国会计准则与国际会计准则的趋同情况主要取决于美国政府和 SEC 的支持程度。

8.2.1 SEC 对国际会计准则的态度

1996 年 4 月，SEC 宣称，将考虑接受在美国上市的外国公司使用国际会计准则，并表示了对 IASC 核心准则的制定和加快这项工作程序的支持。但前 SEC 主席 Auther Levitt 于 1997 年在泛美发展银行发表的一个讲演中，又强调了国际会计准则要获得普遍认可，必须满足三个条件：（1）必须包括一套核心的会计准则；（2）必须是高质量的，即能导致可比、透明和充分的信息披露；（3）必须严格地加以解释和应用。

2000 年 2 月 16 日，SEC 发布了一份关于使用国际会计准则的概念公告征求意见稿，以寻求国内外有关团体就 IASC 所发布的准则的可靠性及如何更广泛地规范日益全球化的资本市场的融资框架等问题提出反馈意见。该征求意见稿主要关注两个问题：第一，如果接受国际会计准则，需要关注什么问题？第二，是否修改 SEC 关于所有财务报告应按照 US GAAP 进行调整的要求？SEC 的这个报告很诚恳地提出想获得与国际会计准则有关人员的会计经验，如遵循国际会计准则编制财务报告的经验；注册会计师对按国际会计准则编制的财务报告进行审计的经验；投资者如何分析和使用按国际会计准则编制的财务报告的经验等。SEC 收到了来自各方的反馈意见。有许多评论家表示支持 IASC，认为 IASC 制定准则的核心部分是全面的、高质量的；并有一些评论家指出，需要一个全球性的执行机制来促进国际会计准则的统一使用；也有一些人认为，SEC 不应该消除对国外上市公司遵循 US GAAP 调整的要求，他们认为，鉴于许多跨国公司使用国际会计准则，SEC 应该和其他监管机构合作以鼓励国际会计准则在国家层次上的作用，在施行和解释上达到一致性的时机越快越好。财务报表编制者认为，他们理解并同意 SEC 的观点，即美国拥有一个高质量的财务报告和框架结构的体系。然而，国际财务经理协会建议，由于提高审计质量、规范监管等方面的问题很重要，至少在跨境上市问题上，对国际会计准则是否适合公认会计原则基础，不应有所怀疑。自从 SEC 发表其概念公告征求意见稿以征集有关在美国证券市场使用国际会计准则的可能性及有关国际财务报告的其他问题的评论以来，SEC 的工作人员已经在分析收到的评论，但该委员会对下一步将如何行事很少公开评论。SEC 仍保持致力于协调全球性准则的工作。同时，由于 IASC 被全球性机构如证券委员会国际组织、欧洲委员会及巴塞尔银行监管委员会认可，因此 IASC 对美国 SEC 充满信心。另外，由于 SEC 是证券委员会国际组织举足轻重的成员，IOSCO 对 IASC 准则的认可被很多人视为标志着 SEC 的默许。然而，具体怎样仍然有待观察。

自 20 世纪 90 年代后期至 21 世纪前期这段时期，不断出现财务报告欺诈案件成为这一时期的特点。尤其是发生安然公司和世通公司财务报告欺诈案件，更使专业会计机构瞬间陷入一种不被信任的危机之中。美国国会在 2002 年 7 月通过了《萨班斯—奥克斯利法案》（Sarbanes-Oxley Act），要求 SEC 对“美国能否采用原则性基础会计体系”进行研究，调查从以下几个方面进行：（1）采用原则性基础的会计和财务报告的适用程度；（2）从规则导向向原则导向转变所需要的时间跨度；（3）实施原则导向的可行性及建议采用的办法；（4）相应的经济分析。美国规定，SEC 必须在 1 年内完成调查并且向参、众两院提交报告。2003 年 7 月 27 日，SEC 发表了对原则导向会计的研究，提出会计准则应选择使用原则导向。美国运用原则导向会计会更加利于美国会计准则与国际会计准则的趋同。

SEC 的首席会计师 Donald Nicolaisen 在 2004 年 9 月 28 日 IASB 的国家会计准则制定机构会议上指出：SEC 目前要求按照国际财务报告准则编制财务报表的公司，在美国发行证券时还须再按照美国公认会计原则对财务报表进行调整。如果 IASB 能够继续保持目前的独立地位并制定和发布高质量会计准则，而且能够形成一套良好的程序，他个人认为，SEC 将来有可能取消这一规定。如果这样，就意味着按照国际财务报告准则编制财务报表的公司可直接以其会计信息在美国资本市场上发行证券，而不再需要按照美国公认会计原则对其会计信息进行调整，此举将大大推动国际财务报告准则在国际上的采用。

8.2.2　FASB 对国际会计准则的态度

1988 年，FASB 也加入了 IASC 的咨询小组，并以观察员身份加入其委员会，开始关心国际会计准则的制定。1991 年，FASB 参与组织第一届 IASC 准则制定者会议。EPS（每股收益）项目是 FASB 与 IASC 合作的第一个主要项目，双方在 1997 年发布了相同的 EPS 准则。在 20 世纪 90 年代，FASB 也是 G4+1 的一个非常积极的成员。

从 1991 年开始，FASB 就开始致力于美国会计准则与国际会计准则以及其他国家会计准则的比较。2002 年 9 月，在 Norwalk 举行的 FASB 与 IASB 之间的一次具有历史意义的会议上，两个理事会一致认为，它们应进行合作并咨询了其他国家和地区组织以消除 IAS 与 US GAAP 间的不同之处。这一决定已纳入 Norwalk 声明的谅解备忘录中，它要求两个理事会做以下工作：（1）由与会者推行一个短期的趋同计划，以缩小 IASB 与 FASB 制定的准则之间的差异范围，并选择一种较好的方法来消除这些差异，如果没有满意的方案，则采用其他准则制定者的建议；

（2）促进准则解释的一致性；（3）协调双方未来的工作项目，保证可比性。IASB与FASB都认识到国际财务报告准则与美国会计准则的趋同是双方的基本目标。2004年4月末，IASB与FASB在伦敦举行了第三次联合会议，重点是探讨双方如何通过更紧密的合作以实现改进财务报告的目标。会议主要讨论了两大问题：一是双方是否应当共同制定一套概念框架；二是双方应当在哪些现行的和未来的议程项目上进行合作。IASB与FASB同意为了制定一套概念框架的目标开展合作，双方一致认为，概念框架为选择更优的财务报告问题解决方案提供了方向和手段。如果没有一套共同的概念框架作为指导，就无法实现真正的趋同。会议决定，IASB与FASB要求其工作人员就概念框架的制定步骤编制计划。在这次会议上，双方还提出并探讨了一种新的合作方式——修订合作方式，即就某一财务报告问题，一方先形成一套初步的观点，然后双方各自就此向相关利益方征求意见，最终双方再决定是否开展合作项目，以发布相同或实质上类似的征求意见稿和定稿准则。为了将合作引向深入，双方对现行的议程项目进行了讨论，并达成以下共识：（1）同意就FASB现有的负债和权益项目以及IASB的保险合同项目采用修订合作方式进行合作；（2）在讨论FASB的负债清偿会计处理项目后，IASB决定对是否与FASB的合作增加一个类似的议程项目进行考虑；（3）讨论双方与合并财务报表政策有关的项目，并就该领域会计准则的趋同达成共识。此外，IASB与FASB双方还讨论了可能纳入未来合作议程中的重要项目，并一致认为在条件成熟时应当考虑将租赁、雇员福利、无形资产等项目纳入合作议程。双方要求其工作人员分析现行金融工具准则之间的差异，并制定减少或消除这些差异或是改进现行财务报告的建议稿。对于短期趋同项目，目前包括所得税会计、研发费用、中期报告，双方指出应当将其范围扩大到包括不动产、厂场和设备，投资性房地产和合营等项目。

2004年11月22日，IASB与FASB联合任命了一个关于业绩报告的国际工作组，以帮助IASB和FASB双方完成业绩报告准则的合作项目，提高财务报表中的信息在评价企业财务业绩方面的有用性。该国际工作组由具有广泛经验的高级职业界人员组成，共有24名成员，分别来自美国、英国、法国、德国、瑞士、瑞典、芬兰、澳大利亚、日本、中国香港等国家和地区，从事财务报表的编制、分析、审计以及监管等领域的工作。同时，欧洲财务报告咨询组、证券委员会国际组织、银行监管巴塞尔委员会以及IASB金融工具和保险工作组担任该工作组的官方观察员。

2004年11月24日，FASB发布了《FASB公告第151号——存货成本》，对ARB 43第4章进行了修订。此次修订主要明确了非正常的运输和装卸费，以及浪费的材料（废品）等应该确认为当期费用，不构成存货成本，这些规定采用了与IAS 2中类似的措辞。与IAS 2仍存在的不同之处是，《FASB公告第151号——存货成本》允许采用后进先出法，而IAS 2则不允许。《FASB公告第151号——存货成本》的发布是FASB努力提高跨国财务报告可比性的举措，也是FASB与IASB合作以实现一套高质量会计准则的重要步骤。

2005 年 6 月，根据 SEC 主席 William Donaldson 和欧盟内部市场部长 Charlie McGreevy 在会见中的倡议，IASB 和 FASB 在伦敦举行了一次会议，讨论的主题是“美国会计准则和国际会计准则的趋同”。在这次会议上，FASB 和 IASB 为准则的趋同制订了一个计划。该计划意在以 US GAAP 为基础，这样做最主要的原因是在世界范围内降低资本成本。SEC 首席会计师 Donald Nicolaisen 表示：“对于 IFRS 与 US GAAP 的趋同，我并不认为必须依据它们编制出完全相同的财务报告。但我认为，对于相同（或实质上相同）的业务，其会计处理应大体一致，结果也应基本可比，趋同的效果应是让我们继续减少分歧并且对一些明显的差异有更清晰地理解。”

美国从不认可国际会计准则到支持国际会计准则委员会制定一套全球通用的、高质量的会计准则，在态度上发生了根本性的变化。这一态度上的转变，实际上是美国的利益驱动所致，因为建立全球通用的会计准则，促进会计准则的国际化，符合美国的利益。但从 SEC 接受 IASC 准则的三个条件可知，美国不会轻易认同国际会计准则。当然，国际会计准则发展是资本市场发展及其利益相关团体的博弈过程，具有经济后果。未来国际会计发展的方向事实上主要是美国与 IASB 之间的博弈关系，因为在世界资本市场上目前只通行两大会计准则体系。国际会计准则将更多地体现英、美国家会计准则的特点和内容，向国际会计准则靠拢与向英、美国家会计准则靠拢在本质上将不会有多大差别。会计准则的国际化不仅仅是一个技术性问题，其背后的实质是各国的利益之争。值得注意的是，国际会计准则委员会的改组方案是在美国的主导下完成的，体现了美国的利益，即使是为了广泛听取世界各国对国际会计准则制定的意见和建议而成立的国际会计准则咨询委员会，在总共的 49 个席位中，美国就占 10 席。随着美国对 IASB 以及制定 IFRS 的影响的增强，美国认可国际会计准则的范围也会扩大。

8.3　澳大利亚会计准则的国际趋同

早在 20 世纪 50 年代，澳大利亚就有了第一个会计准则。至 20 世纪 60 年代，经过澳大利亚特许会计师协会和澳大利亚会计师协会的共同努力，于 1966 年成立了澳大利亚会计研究基金会（AARF），目的在于制定会计准则以提高财务报告的信息质量。1969 年，基金会开始运作。1981 年，澳大利亚会计研究基金会决定成立一个会计准则委员会（ACSB），专门负责会计准则的制定工作，所制定的准则主要适用于私人部门。1982 年，澳大利亚会计研究基金会开始讨论成立一个单独为公营部门制定会计准则的机构。1983 年，澳大利亚公营部门会计准则委员会（PSASB）宣告成立。1984 年，为了提高会计准则制定的质量水平和实施的法律效力，在联邦政府的支持下，成立了澳大利亚会计准则审查委员会（ASRB），由会计准则委员会和公营部门会计准则委员会通过的会计准则，必须经过会计准则审查委员会审查和批准，才能最后颁布实施。1989 年，澳大利亚开始酝酿会计准则制定机构的改革。1991 年，澳大利亚会计准则审查委员会正式更名为澳大利亚会计准则委员会（AASB）。20 世纪末，AASB 又按照澳大利亚财政部的《公司法与经济改革方案》进行改组，组成目前的澳大利亚会计准则委员会（新的 AASB）。新的 AASB 是由财政部所主导，具有较强的政府色彩。

8.3.1 澳大利亚会计准则与国际趋同的情况

早在 1994 年 7 月，AASB 就发布了政策公告 PS4《澳大利亚—新西兰协调政策》，开始了澳大利亚会计准则国际协调的步伐。1996 年 4 月，AASB 又发布了政策公告 PS 6《国际协调政策》，开始与 IASC 制定的国际会计准则进行协调，这一切均为 2005 年澳大利亚的国际趋同奠定了坚实的基础。2001 年，澳大利亚政府修改了《澳大利亚证券和投资委员会法案》（以下简称《ASIC 法案》），“AASB 具有参与制定全球统一会计准则并为之做出贡献的职责”，《ASIC 法案》第 225 段规定，“财务报告准则委员会（FRC）的职责是：（1）在适当关注国际发展的情况下，促进制定一套全球统一的会计准则；（2）如果最能符合澳大利亚经济体中的私营和公营部门的利益，则促进在澳大利亚会计准则制定过程中采用国际上最佳实务的会计准则”。该法案为澳大利亚的国际趋同提供了法律支持。

2002 年 4 月，AASB 发布了修订后的《国际趋同与协调政策》，取代了原 PS 4 和 PS 6。该政策公告指出，AASB 国际趋同的目标是通过参与 IASB 和国际会计师联合会公共部门委员会（PSC）的活动，寻求制定一套单一的、国际上可接受的会计准则，该准则既能在澳大利亚国内又能在全球其他地方采用，从而使澳大利亚获益。然而该政策公告也指出，这个目标不可能在短期内实现，因此 AASB 国际协调的目标是，在 AASB 认为能最大程度地符合澳大利亚经济体内私营和公营部门利益的前提下，朝着制定与 IFRS 和 PSC 的国际公共部门会计准则（IPSAS）相协调的澳大利亚准则努力。如果 AASB 认为 IFRS 或 IPSAS 不能代表最佳国际实务时，暂时的目标是采纳被 AASB 认为是最佳国际实务的处理方法，并努力影响 IASB 和 PSC 采纳被 AASB 认为是最佳国际实务的处理方法。为此，AASB 制定了工作方案、国际联络和监督策略，并规定以后发布的每一项澳大利亚会计准则都将包括一个“符合情况声明”（Conformity Statement），概括描述各准则与相应的 IASB 准则、PSC 准则和新西兰会计准则的符合情况，以及它们的主要差异。由此可见，AASB 开始还只是打算采取一种渐进趋同的方式，并没有打算直接全盘采用国际会计准则。

2000 年 6 月，欧洲委员会发布了一份题为“欧盟财务报告战略：未来走向”的备忘录，要求欧盟的7 000多家上市公司（包括银行和保险公司）2005 年编制合并财务报表时必须采纳国际会计准则。2001 年 2 月 13 日，欧洲委员会对此发表决议草案（draft regulation），该决议重申了在 2005 年采纳国际会计准则的决心。2002 年 3 月和 6 月，该草案在欧洲议会和部长级理事会会议上获得通过。澳大利亚对此作出了迅速的反应。澳大利亚财政大臣 HonIan Campell 发表声明，指出澳大利亚报告主体应当与欧盟一致，从 2005 年 1 月 1 日起采用 IASB 发布的准则。2002

年 7 月，财务报告委员会（FRC）宣布，澳大利亚的营利性主体从 2005 年 1 月 1 日起采用国际会计准则。FRC 认为，在主要国际资本市场采用一套单一的、高质量的会计准则将极大地推动投资者的跨国投资，可以降低资本成本，并帮助澳大利亚的公司筹集资本或在海外上市。2004 年 3 月，FRC 又对采用国际会计准则再次正式承诺。FRC 所推动的会计准则"国际标准化"运动，使得 AASB 不得不对其原有工作计划作出调整。AASB 表态，打算发布一套以国际会计准则为基础的会计准则，但需要增加一些适合澳大利亚的要求和环境的内容。在经过与咨询团体协商后，AASB 于 2003 年 3 月发布了《AASB 在 2005 年采纳 IAS/IFRS 的计划》，阐述了 AASB 对主要趋同问题的策略。之后，AASB 详细研究了原 AASB 准则与 IAS/IFRS 的差异，并陆续发布了修订后 AASB 准则的征求意见稿。

8.3.2　澳大利亚会计准则与国际趋同的成果——EIASB 准则

2004 年 6 月，AASB 正式发布了与 IAS/IFRS 相对应的澳大利亚准则（Equivalent-IASB Standards，简称"EIASB 准则"），宣告 AASB 完成了 FRC 交给它的战略任务。

（1）澳大利亚 EIASB 准则的适用范围

根据《ASIC 法案》第 227 段的规定，AASB 既要为公司法中的私营部门制定准则，又要为公营部门制定准则，而 IAS/IFRS 主要是为营利性的私营部门制定的。为此，AASB 在 2002 年 8 月的会议上决定采取一种部门中立（sector neutral）的态度，即要求新准则同时适用于营利性主体和非营利性主体。在需要对非营利性主体有不同的或额外要求的情况下，将额外的、适当的内容加入 AASB 准则中以处理这些情况。增加的这些内容并不影响与营利性主体有关的要求。

（2）额外的指南和披露

在有些情况下，现存的 AASB 准则包括了一些有用的、EIASB 准则所没有的评论（commentary）。在被认为有利于 AASB 准则用户并且不与 EIASB 准则冲突的情况下，AASB 决定将这些评论保留为指南，但这些指南不构成准则的一部分。此外，一些准则还对额外披露作了要求。对 EIASB 准则中加入的额外披露要求以及非营利性主体的条款，AASB 在 2003 年 10 月会议上明确要求应在其前面加上前缀"Aus"，以便于识别它是澳大利亚所特有的要求。对于适用于非营利性主体的条款，还应在其前面首先说明其有限的适用性。

（3）对准则中选择性处理方法的态度

在采纳 IAS/IFRS 时，AASB 一直以提供高质量的财务报告为目标，澳大利亚常自诩其准则在某些方面比国际会计准则做得更好。由于有些 IAS/IFRS 因国际协调的原因而允许几种方法并存，AASB 认为其中某些选择性处理方法并不一定代表国际最佳实务，因此 AASB 发布了《AASB 对 2005 年采用 IAS/IFRS 中的选择性处理方法和范围排除的政策》，阐述了 AASB 对一些 IAS/IFRS 中允许多种处理方法并存的态度。AASB 对 IAS/IFRS 中的选择性处理方法作出区别对待：对 IFRS 中可能包含的选择性处理方法，AASB 仍然予以保留；对于 IAS/IFRS 中的选择性处理方法，AASB则采取逐项分析的方法来决定是否予以保留。截止到2004年2月，AASB已对IAS 2、IAS 7、IAS 16、IAS 19、IAS 23、IAS 28、IAS 31、IAS 39进行了分析并作出了相应决定。例如，禁止IAS 7中编制现金流量表时采用间接法，禁止IAS 19中对雇员福利计划的精算所得和损失采用走廊法（corridor approach），在IAS 31中禁止采用比例合并法等。但是AASB认为，以上规定不会影响对IAS/IFRS的遵循。

（4）采用EIASB准则的时间

考虑到有些报告主体可能希望提前采用某几个EIASB准则，从而缓解在2005年1月1日一次性使用EIASB的压力，AASB在2003年4月、5~10月对此进行了讨论，最后决定禁止在2005年之前采用EIASB准则。这主要是因为如果一部分主体提前采用而另一部分主体不提前采用，将会使澳大利亚各报告主体之间的财务报告缺乏可比性。此外，在未制定出整套EIASB准则之前，由于各准则之间经常相互引用，这可能会出现某一主体采用已制定的EIASB准则，而该准则又引用另一些未发布的准则的技术性问题。然而，如果IASB修订了它于2004年3月31日之前发布的用于2005年趋同的准则或者发布了新准则，并且IASB规定从2006年开始生效但允许提前采用，但AASB允许对这部分准则从2005年1月1日开始提前采用。

（5）保留部分原AASB准则

对于那些与澳大利亚的环境尤其相关的准则，如适用于非营利性主体的准则，没有对等的IAS/IFRS的原AASB准则，AASB将继续予以保留。例如AASB 1031《重要性》、AASB 1039《简要财务报告》、AASB 1046《报告主体的董事和行政人员的披露》等。此外，AAS 27《地方政府的财务报告》、AAS 29《政府部门的财务报告》、AAS 31《政府的财务报告》目前正在审核之中。这些准则将会被AASB保留并贴上AASB准则的标签。

（6）准则前言和概念框架

由于IASB前言的大多数内容的对应部分已包括在AASB的政策公告中，所以AASB认为没有必要重新引入与IASB准则前言相对应的内容。对于概念框架，AASB在趋同前已发布了4份会计概念公告（Statements of Accounting Concepts，SACs），即SAC 1《报告主体的定义》、SAC 2《通用目的财务报告的目标》、SAC 3《财务信息的质量特征》和SAC 4《财务报表要素的定义和确认》。由于IASB已有《编报财务报告的框架》，AASB在2003年7月的会议上决定采纳IASB的框架，但由于IASB框架中没有对应于SAC 1关于报告主体的定义的内容，而该定义已植根于澳大利亚的会计准则中，SAC 2中通用目的财务报告的概念对于运用AASB准则也是至关重要的，因此AASB决定保留SAC 1和SAC 2，以继续为报告主体运用EIASB准则提供参考指南，不过其文件形式可能会发生改变。

（7）AASB新准则的重新编号

在2003年5月的会议上，AASB决定为AASB准则引入一套新的编号方法，即采用以下 3 个序列：①AASB 准则 1～99 系列，该系列与 IASB 新发布的 IFRS 对应，如 AASB 1 对应于 IFRS 1《首次采用国际财务报告准则》；②AASB 准则 100～999 系列，该系列与现有的或修订后的 IAS 对应，如 AASB 101 对应于 IAS 1《财务报表的列报》；③AASB 准则 1000 以上的系列，该系列是某些现有的 AASB 准则，它们与公营或非营利性部门有关或者仅在国内使用，这部分准则将作为 2005 年趋同准则的一部分予以保留，如 AASB 1031《重要性》。

（8）披露会计政策变更的影响

采用澳大利亚 EIASB 准则会导致报告主体会计政策的变更，而这些变更很可能会对报告主体的财务状况和经营成果产生重大影响。为了向财务报告使用者提供过渡到 EIASB 准则后的有关影响的信息，AASB 在 2003 年 10 月的会议上决定制定一个准则，要求报告主体在财务报告中披露在 2005 年变更到澳大利亚 EIASB 准则的预期影响。在听取各方意见之后，AASB 于 2004 年 4 月正式发布了 AASB 1047《对采用 EIASB 准则的影响的披露》。根据 AASB 1047：①对于 2004 年 6 月 30 日或之后的年度或中期财务报告，要求报告主体披露如何对过渡到 EIASB 准则进行管理的解释（如主体实现过渡的计划和程度，会计政策的性质等），叙述式地解释了会计政策的关键差异；②对于 2005 年 6 月 30 日或之后的年度或中期财务报告，要求披露如果财务报告使用 EIASB 准则将对财务报告产生影响的任何已知或可合理估计的信息。如果上述影响不可知或不能可靠地估计，则应说明这一事实。

8.4　中国会计准则的国际趋同

纵观新中国成立以后我国会计准则的发展历程，早期曾经逐步引进苏联统一会计制度并沿用了 30 多年之久。1978 年以后，随着经济体制改革和对外开放政策的实施，我国会计领域也发生了深刻的变革。特别是 1992 年财政部发布了《企业会计准则》和《企业财务通则》（简称“两则”），13 项行业会计制度和 10 项行业财务制度（简称“两制”），结束了我国计划经济的会计模式，是我国会计改革过程中重要的一年。关于我国会计准则的发展过程，大体可以分为三个阶段：1979—1992 年，局部借鉴国际惯例阶段；1992—1997 年，实施与经济体制改革相适应的会计制度阶段；1997 年以后，构建按经济业务统一规范的会计准则体系阶段。[①] 以下内容涉及我国会计准则与国际趋同的情况，更多的是研究 1992 年以后会计准则的发展。

8.4.1　中国对会计准则国际趋同的态度

如前财政部部长助理冯淑萍（2004）所说：“多年来，中国一直以十分积极的姿态参与国际会计协调，并支持国际会计准则理事会（包括原国际会计准则委员会）在推动全球会计准则协调与趋同方面所做的努力。我国财政部 1992 年发布的

① 曲晓辉，陈少华，等．会计准则研究——借鉴与反思［M］．厦门：厦门大学出版社，1999.

我国历史上第一项会计准则——《企业会计准则——基本准则》——就是以当时的国际会计准则委员会概念框架为蓝本起草的。随后，先后发布了30多个具体会计准则的征求意见稿，正式发布了16项具体会计准则和《企业会计制度》《金融企业会计制度》等，这些准则的征求意见稿和具体准则、制度，大多数都是以相应的国际财务报告为基础制定的，在内容上与国际财务报告准则已经相当接近。"①

2005年11月21日至23日，联合国会计与报告国际会计标准政府间专家工作组第22届会议在日内瓦召开。财政部王军副部长率领中国代表团参加了会议，并应邀就中国会计准则建设及会计标准国际趋同问题发表了演讲。他指出，2005年中国会计准则体系建设已取得了重大进展，2006年年初将构建起与中国国情相适应同时又充分与国际财务报告准则趋同的、涵盖各类企业各项经济业务、独立实施的会计准则体系，基本实现与国际财务报告准则的趋同。他表示，中国一贯积极支持和参与会计国际趋同，认为会计标准国际趋同是进步，是方向，是大势所趋。高质量全球公认的会计准则体系不仅对于维护与促进全球经济的稳定与发展有益，而且对于包括中国在内的每一个国家的经济健康发展和融入世界经济体系也非常重要。他同时强调，趋同并非是会计中每一个范畴的完全等同。忽视会计发展阶段和环境特点，未必能收到良好的、实实在在的多赢效果。趋同是一个渐进的过程。各国会计信息使用者是推进趋同的主体力量，政府在这一过程中也将扮演重要角色。趋同的目标是，寻找恰当的方法，共同构建全球高质量会计审计准则体系。因而，趋同一定是为寻求更恰当处理方法而进行的双边甚至多边的互动过程。既要靠拢通行规则，又要承认特殊情况。由此可以看出，中国在会计准则的国际趋同方面一直是积极、主动的，非常希望能够借鉴国际财务报告准则的一些好的做法，完善我国的会计规范。

8.4.2 中国会计准则与国际趋同的发展情况

1992年11月30日，经国务院批准，财政部以第5号部长令的形式，签发了《企业会计准则》，并要求自1993年7月1日起全面施行。此举实现了我国会计准则零的突破。1993年，财政部用世界银行的拨款，开始发展约30项适合我国的会计准则，旨在实施会计准则的制定由一般到具体，实现我国会计和财务报表与国际接轨。1995—1996年间，财政部完成了30项具体会计准则的制定工作，并以征求意见稿的形式发布和广泛征求意见。

1997年6月4日，财政部正式发布了第一个具体会计准则《关联方关系及其交易的披露》；1998年发布了现金流量表和资产负债表日后事项会计准则；1999年发布了债务重组、收入、投资、建筑合同和会计政策、会计估计变更和会计差错更正会计准则。2000年发布了或有事项和非货币性交易会计准则。2001年，财政部发布了《企业会计制度》，并自2001年1月1日起实施。同年，又发布了租赁、无形资产和

① 冯淑萍．中国对于国际会计协调的基本态度与所面临的问题[J]．会计研究，2004（1）．

借款费用会计准则，并修订了现金流量表，债务重组，投资，会计政策、会计估计变更和会计差错更正，非货币性交易 5 项会计准则。截止到 2001 年年底，共有 16 项具体会计准则出台。2002 年，财政部把《企业会计制度》的实施范围扩展到了所有外商投资企业。2002 年年初，财政部要求施行新的《金融企业会计制度》。

2005 年年底，中国会计准则委员会与 IASB 在北京举行了会计准则趋同会议。此次会议是继 10 月初两个机构举行工作会谈之后的又一次高层会晤。会后，双方达成了以下共识：第一，明确了双方对会计国际趋同的基本观点。建立和完善一套全球高质量的会计准则，是适应经济全球化发展趋势的必然要求。第二，明确了中国会计准则与国际财务报告准则基本实现趋同。IASB 对中国会计准则体系的建设和进展予以了高度评价和赞赏。第三，IASB 希望中国对完善国际会计准则提供帮助，特别是在关联方交易的披露、公允价值计量以及在同一控制下企业合并等三个方面得到中国的帮助。第四，双方决定今后将定期举行会晤，进一步加强交流与合作，扩大共识，促进会计准则的国际趋同。会议最后签署了《中国会计准则委员会秘书长—国际会计准则理事会主席联合声明》。据悉，目前世界上只有美国等极少数国家与 IASB 就会计准则趋同问题正式签署过协议。此次联合声明的签署是中国会计准则制定工作和会计国际趋同工作取得的重大进展，必将有助于提升中国在会计国际趋同中的地位和作用，并为中国经济的持续、快速、协调和健康的发展奠定坚实的会计基础。

2006 年 2 月 15 日，财政部在对原有 16 项具体会计准则修改的基础上，又发布了 22 项具体会计准则，加上基本会计准则，共 39 项会计准则，形成了一个相对完整的会计准则体系。2014 年，财政部发布了公允价值计量、财务报表列报等 8 项新制定或修订的企业会计准则。2017 年，财政部修订了《企业会计准则第 16 号——政府补助》《企业会计准则第 22 号——金融工具确认和计量》等 5 项企业会计准则，并印发了《企业会计准则第 42 号——持有待售的非流动资产、处置组和终止经营》。中国在制定和完善上述准则的过程中，始终注重借鉴 IAS/IFRS，以上准则的制定、完成标志着中国会计准则与国际趋同更进了一步。

在全球会计趋同的情况下，中国之所以没有像世界上的部分国家那样直接采用国际会计准则，是因为中国作为一个新兴的市场经济国家，具有自己特定的经济环境、法律基础和文化特色。这决定了中国企业会计准则体系的建设必须走一条特定的、立足于国情的与国际趋同的道路。事实上中国会计准则与国际会计准则体系已经快速趋同，目前只存在极少的差异与不同。这些差异的主要方面包括：（1）关联方关系及其交易的披露；（2）长期资产减值准备的转回。不同的主要方面包括：（1）同一控制下的企业合并；（2）公允价值的计量；（3）持有待售的非流动资产和终止经营；（4）设定受益计划；（5）恶性通货膨胀会计等方面。另外，中国还根据金融、保险、企业合并等会计准则的操作难度进行了更为合理的安排。[①]

---

① www. esnai. com.

8.5 其他国家的会计准则与国际趋同的情况

在IASB提出制定全球性会计准则以后，证券委员会国际组织、国际会计师联合会、世界银行和国际货币基金组织、联合国经济合作与发展组织、八国集团、巴塞尔银行监管委员会、国际审计和鉴证准则理事会、联合国会计与报告国际准则政府间专家组等，都相继发表声明认可和支持IASB主导的国际会计准则。除了前面谈到的欧盟、美国和澳大利亚采取了实质性的行动以外，其他很多国家也要求或允许采用国际财务报告准则。例如，新西兰会计评议委员会（Accounting Review Board）要求所有的新西兰上市公司从2007年起遵循IAS/IFRS。加拿大证券管理机构（Canadian Securities Administration）在2002年6月提议在加拿大的外国上市公司从2005年起可以采用IFRS，不需要再按加拿大准则进行调整。日本金融厅于2009年正式发布了日本采用国际财务报告准则的路线图，为部分日本上市公司在自2010年3月31日或之后结束的财务年度自愿提前采用“指定的国际财务报告准则”提供了可操作的框架。巴西联邦会计委员会和巴西会计准则理事会于2010年与IASB签署备忘录，宣布巴西争取在2010年年底前消除巴西会计准则与国际财务报告准则的差异，并在2010年年报中实现所有上市公司和金融机构采用与国际财务报告准则趋同的巴西会计准则编制合并财务报表。印度、韩国等也曾于2010年前后明确表示将在公共利益主体或上市公司范围内采用国际财务报告准则或者与国际财务报告准则趋同。另外，马来西亚、新加坡、爱沙尼亚等国家从2003年起已开始执行IAS/IFRS。

如第2章所述，2003年2月，世界六大会计公司（德豪、德勤、安永、均富、毕马威、普华永道）的联合调查报告《会计标准趋同——2002年全球调查》显示，在59个受访国家和地区中，超过90%的国家和地区有意向IAS/IFRS趋同，其中72%的受访国家和地区已制定了具体的政策和进程表以达到此目标。另据德勤会计师事务所对全球132个国家和地区截至2003年12月31日采纳IAS/IFRS的情况统计，已经要求国内所有上市公司采用IAS/IFRS的有36个国家，占27%；要求2005年之后所有上市公司采用IAS/IFRS的有30个国家，占23%；要求国内部分上市公司采用IAS/IFRS的有8个国家（包括中国在内），占6%；允许上市公司采用IAS/IFRS的有37个国家，占28%；禁止国内上市公司采用IAS/IFRS的有47个国家，占35%。世界上大多数证券交易所都承认和支持上市公司以IAS/IFRS为基础编制财务报告，越来越多的大型跨国公司也主动采用IAS/IFRS[①]。根据IASB网站对全球85家证券交易所的统计，截至2003年12月31日，接受上市公司按IAS/IFRS编制财务报告的共有70家，占82%。另据IASB网站的不完全统计，截至2003年12月31日，全球已有上千家公司直接采用IAS/IFRS或在财务报告中将

① 朱海林，刘刚．会计准则国际趋同的报告［J］．中国注册会计师，2003（4）．

IAS/IFRS 信息作为补充信息提供。[①]

[相关链接 8-1]

中国企业会计准则目录

(Index for Accounting Standards for Business Enterprises)

企业会计准则——基本准则

(Accounting Standard for Business Enterprises — Basic standard)

企业会计准则第 1 号——存货

(Accounting Standard for Business Enterprises No. 1 — Inventories)

企业会计准则第 2 号——长期股权投资

(Accounting Standard for Business Enterprises No. 2 — Long-term equity investments)

企业会计准则第 3 号——投资性房地产

(Accounting Standard for Business Enterprises No. 3 — Investment properties)

企业会计准则第 4 号——固定资产

(Accounting Standard for Business Enterprises No. 4 — Fixed assets)

企业会计准则第 5 号——生物资产

(Accounting Standard for Business Enterprises No. 5 — Biological assets)

企业会计准则第 6 号——无形资产

(Accounting Standard for Business Enterprises No. 6 — Intangible assets)

企业会计准则第 7 号——非货币性资产交换

(Accounting Standard for Business Enterprises No. 7 — Exchange of non-monetary assets)

企业会计准则第 8 号——资产减值

(Accounting Standard for Business Enterprises No. 8 — Impairment of assets)

企业会计准则第 9 号——职工薪酬

(Accounting Standard for Business Enterprises No. 9 — Employee compensation)

企业会计准则第 10 号——企业年金基金

(Accounting Standard for Business Enterprises No. 10 — Enterprise annuity fund)

企业会计准则第 11 号——股份支付

(Accounting Standard for Business Enterprises No. 11 — Share-based payment)

企业会计准则第 12 号——债务重组

(Accounting Standard for Business Enterprises No. 12 — Debt restructurings)

企业会计准则第 13 号——或有事项

(Accounting Standard for Business Enterprises No. 13 — Contingencies)

企业会计准则第 14 号——收入

---

① www. iasb. org.

(Accounting Standard for Business Enterprises No. 14 — Revenue)

企业会计准则第 15 号——建造合同

(Accounting Standard for Business Enterprises No. 15 — Construction contracts)

企业会计准则第 16 号——政府补助

(Accounting Standard for Business Enterprises No. 16 — Government grants)

企业会计准则第 17 号——借款费用

(Accounting Standard for Business Enterprises No. 17 — Borrowing costs)

企业会计准则第 18 号——所得税

(Accounting Standard for Business Enterprises No. 18 — Income taxes)

企业会计准则第 19 号——外币折算

(Accounting Standard for Business Enterprises No. 19 — Foreign currency translation)

企业会计准则第 20 号——企业合并

(Accounting Standard for Business Enterprises No. 20 — Business combinations)

企业会计准则第 21 号——租赁

(Accounting Standard for Business Enterprises No. 21 — Leases)

企业会计准则第 22 号——金融工具确认和计量

(Accounting Standard for Business Enterprises No. 22 — Recognition and measurement of financial instruments)

企业会计准则第 23 号——金融资产转移

(Accounting Standard for Business Enterprises No. 23 — Transfer of financial assets)

企业会计准则第 24 号——套期保值

(Accounting Standard for Business Enterprises No. 24 — Hedging)

企业会计准则第 25 号——原保险合同

(Accounting Standard for Business Enterprises No. 25 — Direct insurance contracts)

企业会计准则第 26 号——再保险合同

(Accounting Standard for Business Enterprises No. 26 — Re-insurance contracts)

企业会计准则第 27 号——石油天然气开采

(Accounting Standard for Business Enterprises No. 27 — Extraction of petroleum and natural gas)

企业会计准则第 28 号——会计政策、会计估计变更和差错更正

(Accounting Standard for Business Enterprises No. 28 — Changes in accounting policies and estimates, and correction of errors)

企业会计准则第 29 号——资产负债表日后事项

(Accounting Standard for Business Enterprises No. 29 — Events occurring after the balance sheet date)

企业会计准则第 30 号——财务报表列报

(Accounting Standard for Business Enterprises No. 30 — Presentation of financial statements)

企业会计准则第 31 号——现金流量表

(Accounting Standard for Business Enterprises No. 31 — Cash flow statements)

企业会计准则第 32 号——中期财务报告

(Accounting Standard for Business Enterprises No. 32 — Interim financial reporting)

企业会计准则第 33 号——合并财务报表

(Accounting Standard for Business Enterprises No. 33 — Consolidated financial statements)

企业会计准则第 34 号——每股收益

(Accounting Standard for Business Enterprises No. 34 — Earnings per share)

企业会计准则第 35 号——分部报告

(Accounting Standard for Business Enterprises No. 35 — Segment reporting)

企业会计准则第 36 号——关联方披露

(Accounting Standard for Business Enterprises No. 36 — Related party disclosure)

企业会计准则第 37 号——金融工具列报

(Accounting Standard for Business Enterprises No. 37 — Presentation of financial instruments)

企业会计准则第 38 号——首次执行企业会计准则

(Accounting Standard for Business Enterprises No. 38 — First time adoption of Accounting Standards for Business Enterprises)

企业会计准则第 39 号——公允价值计量

(Accounting Standard for Business Enterprises No. 39 — Fair value measurement)

企业会计准则第 40 号——合营安排

(Accounting Standard for Business Enterprises No. 40 — Joint arrangement)

企业会计准则第 41 号——在其他主体中权益的披露

(Accounting Standard for Business Enterprises No. 41 — Disclosure of interests in other entities)

企业会计准则第 42 号——持有待售的非流动资产、处置组和终止经营

(Accounting Standard for Business Enterprises No. 42 — Non-current assets held for sale, disposal groups and discontinued operations)

练习题

★ 案例分析

IFRS 1 requires companies to:

- identify the first IFRS financial statements;
- prepare an opening balance sheet at the date of transition to IFRS;

- select accounting policies that comply, and apply those policies retrospectively to all of the periods presented in the first IFRS financial statements;
- consider whether to apply any of the 10 exemptions from retrospective application;
- apply the four mandatory exceptions from retrospective application; and
- make extensive disclosures to explain the transition to IFRS.

What are the implications of the opening IFRS balance sheet?

Accounting requirement	Implications
Recognise assets and liabilities that IFRS requires	Many companies will recognise additional assets and liabilities, for example: • defined benefit pension plans • deferred taxation • assets and liabilities under finance leases • provisions where there is a legal or constructive obligation • derivative financial instruments • acquired intangible assets • share-based payments (IFRS 2)
Derecognise assets and liabilities that IFRS does not permit	Some assets and liabilities recognised under a company's previous GAAP will have to be derecognised, for example: • provisions where there is no legal or constructive obligation • general reserves • internally generated intangible assets • deferred tax assets where recovery is not probable
Classify all assets and liabilities in accordance with IFRS	Assets and liabilities that might be reclassified include: • investments in accordance with IAS 39 * • some financial instruments previously classified as equity * • any assets and liabilities that have been offset where the criteria for offsetting in IFRS are not met — for example, the offset of an insurance • recovery against a provision • non-current assets held for sale (IFRS 5)
Measure all assets and liabilities in accordance with IFRS	Assets and liabilities that might be measured differently include: • receivables (IAS 18) • employee benefit obligations (IAS 19) • deferred taxation (IAS 12) • financial instruments (IAS 39) * • provisions (IAS 37) • impairments of property, plant and equipment and intangible assets (IAS 36) • assets held for disposal (IFRS 5) • share-based payments (IFRS 2)

* An entity that adopts IFRS before 1 January 2006 may defer the application of IAS 32 and IAS 39 to 1 January 2005 subject to the exercise of the optional exemption.

要求：（1）试说明 IFRS 1 关于向国际财务报告准则过渡的要求。

（2）主体首次采用国际财务报告准则时，应对资产负债表作哪些调整？

主要参考文献

一、中文文献

（一）期刊文章

［1］财政部会计司准则二处．会计国际协调及国外相关组织近期工作动态［J］．会计研究，2005（6）：79-81.

［2］财政部会计司准则二处．会计国际协调及国外相关组织近期工作动态［J］．会计研究，2005（7）：94-95.

［3］财政部会计司准则二处．会计国际协调及相关国家会计准则的进展［J］．会计研究，2005（2）：91-92.

［4］财政部会计司准则二处．国际财务报告准则进展及国外有关监管动态［J］．会计研究，2005（3）：90-91.

［5］财政部会计司．《国际财务报告准则第1号——首次采用国际财务报告准则》应用指南［J］．会计研究，2003（9）：53-55.

［6］陈毓圭，朱海林，于小旺．新构架、新格局——IASC完成重大重组［J］．会计研究，2001（3）：60-64.

［7］陈大任．美国、英国、国际会计准则委员会及我国现金流量表会计准则的比较研究［J］．广西金融研究，2004（10）：35-38.

［8］崔再惠，田世忠．中期财务报告准则的国际比较［J］．财经问题研究，2002（10）：81-83.

［9］丁兆军，卢文彬．分部信息披露：制度比较与会计难点［J］．会计研究，1998（10）：10-15.

［10］杜莉．财务会计概念框架的构建及其经济分析［J］．会计研究，2004（11）：27-30.

［11］冯淑萍，应唯．我国会计标准建设与国际协调［J］．会计研究，2005（1）：3-10.

［12］葛家澍，叶丰滢，陈秧秧，等．如何评价美国FASB的财务会计概念框架？［J］．会计研究，2005（4）：82-87.

［13］葛家澍．回顾与评介——AICPA关于财务会计概念的研究［J］．会计研究，2003（11）：51-57.

[14] 葛家澍．财务会计概念框架研究的比较与综评[J]．会计研究，2004(6)：3-10.

[15] 胡国强，贾剑锋，马永强．租赁会计国际比较研究[J]．吉林省经济管理干部学院学报，2001，15 (2)：33-36.

[16] 胡国强，马永强．合并报表差异的国际比较与启示[J]．辽东学院学报(社会科学版)，2003 (5)：7-9.

[17] 黄世忠，李忠林，邵蓝兰．国际会计准则改革：回顾与展望[J]．会计研究，2002 (6)：5-11.

[18] 课题组．试论我国上市公司的分部财务报告[J]．财经论丛，2000 (1)：64-68.

[19] 刘宝慧，杨金忠．国际会计准则第 1 号的新发展[J]．会计研究，1999(1)：60-62.

[20] 刘亚干，闵路．中期报告信息披露制度：比较及差异分析[J]．四川会计，2000 (1)：20-22.

[21] 刘承伟．现金流量表准则的国际比较[J]．济南大学学报（社会科学版)，2000 (4)：90-92.

[22] 张鸣．上市公司分部信息披露[J]．财经研究，2001 (5)：37-43.

[23] 张端明．对编制合并财务报表基本理论的探讨[J]．审计与经济研究，2002，17 (4)：41-44.

[24] 张象至，李红霞．《改进国际会计准则》项目 13 项国际会计准则主要变化（二）[J]．会计研究，2004 (2)：81、84-90.

[25] 周红．向国际财务报告准则过渡对欧洲企业财务报告的影响[J]．会计研究，2005 (10)：86-90.

[26] 朱海林．国际会计准则改进：汇率变动的影响[J]．新理财，2004 (2)：62-63.

（二）专著或教材

[1] 财政部会计事务管理司．改革与借鉴：会计准则国际研讨会（深圳·1992）[M]．北京：中国财政经济出版社，1992.

[2] 财政部会计司，财政部国际合作司．完善与发展：会计准则国际研讨会(上海·1994）[M]．北京：中国财政经济出版社，1995.

[3] 葛家澍．会计大典（第七卷)：国际会计 [M]．北京：中国财政经济出版社，1999.

[4] 常勋．国际会计研究 [M]．北京：中国金融出版社，2005.

[5] 国际会计准则理事会．国际财务报告准则（2004）[M]．财政部会计司，译．北京：中国财政经济出版社，2005.

[6] 刘峰．会计准则变迁 [M]．北京：中国财政经济出版社，2000.

[7] 乔伊，福罗斯特，米克．国际会计学 [M]．周晓苏，方红星，主译．3

版．大连：东北财经大学出版社，2000.

［8］斯韦卡特，格雷，罗伯茨．国际会计：案例方法［M］．夏冬林，主译．大连：东北财经大学出版社，2002.

［9］格鲁宁，科恩．国际会计准则实用指南［M］．财政部会计准则委员会，组织翻译．北京：中国财政经济出版社，2001.

［10］米勒，班森．高质量财务报告［M］．阎达五，李勇，等，译．北京：机械工业出版社，2004.

［11］曲晓辉，陈少华，杨金忠等．会计准则研究——借鉴与反思［M］．厦门：厦门大学出版社，1999.

［12］诺比斯，帕克．比较国际会计［M］．潘琰，主译．6版．大连：东北财经大学出版社，2002.

［13］汪祥耀，等．国际会计准则与财务报告准则——研究与比较［M］．上海：立信会计出版社，2004.

［14］王华．论会计准则的国际协调［M］．大连：东北财经大学出版社，1999.

［15］中华人民共和国财政部．企业会计准则——应用指南［M］．北京：中国财政经济出版社，2006.

二、外文文献

（一）期刊文章

［1］ASHBAUGH H，PINCUS M. Domestic accounting standards，international accounting standards，and predictability of earnings［J］. *Journal of Accounting Research*，2001，39（3）：417-434.

［2］CHEN S，SUN Z，WANG Y. Evidence from China on whether harmonized accounting standards harmonize accounting practices［J］. *Accounting Horizons*，2008，16（3）：183-197.

［3］ECCHER E A，HEALY P M. The role of international accounting standards in transitional economies：A study of the People's Republic of China［R］. *Working Paper*，2000.

［4］HARRIS M S，MULLER K. The market valuation of IAS versus US-GAAP accounting measures using form 20-F reconciliations［J］. *Journal of Accounting & Economics*，1999，26（1-3）：285-312.

［5］RAHMAN A，PERERA H，GANESH S. Accounting practice harmony，accounting regulation and firm characteristics［J］. *Abacus*，2002，38（1）：46-77.

［6］REINSTEIN A，WEIRICH T R. How are worldwide accounting standards changing?［J］. *Journal of Corporate Accounting & Finance*，2002，14（1）：59-67.

［7］ANDERSON N. Financial reporting：Implementing IFRS 3 and IAS 38—value judgments［J］. *Accountancy*，2004，11（1）：56-58.

[8] BARTH M E, LANDSMAN W R, LANG M H. International accounting standards and accounting quality [J] . *Journal of Accounting Research*, 2008, 46 (3): 467-498.

(二) 专著或教材

[1] 拉德鲍, 格雷. 国际会计与跨国企业(影印本) [M] . 5 版. 北京: 中信出版社, 2002.

[2] GREENWOOD R, EYLES D. International financial reporting standards [M] . 广州: 中山大学出版社, 2006.

[3] EPSTEIN B J, MIRZA A A. Wiley IFRS 2005: Interpretation and application of international accounting and financial reporting standards [M] . Ottawa: John Wiley & Sons Canada, Ltd. , 2005.

[4] VAN GREUNING H. International financial reporting standards: A practical guide [M] . Washington D. C. : World Bank , 2005.

[5] IASB. International financial reporting standards 2005 [M] . London: Lexis Nexis, 2005.

[6] DOUPNIK T S, PERERA H. International accounting [M] . 2nd ed. New York: McGraw-Hill, 2009.

相关网站

[1]中华人民共和国财政部会计准则委员会,http://www. casc. org. cn.

[2]IFRS,https://www. ifrs. org.

[3]Financial Accounting Standards Board (USA),http://www. fasb. org.

[4]Financial Reporting Council (United Kingdom),http://www. frc. org. uk.

[5] Financial Reporting And Assurance Standards Canada, http://www. frascanada. ca.

[6]Autorite des Normes Comptables (France),http://www. anc. gouv. fr.

[7]Accounting Standards Board of Japan,http://www. asb. or. jp.

[8]Australian Accounting Standards Board,http://www. aasb. gov. au.

[9]Asian-Oceanian Standard-Setters Group (AOSSG),http://aossg. org.

[10]Accounting Regulatory Committee (European), https://ec. europa. eu/info/business-economy-euro/banking-and-finance/financial-reforms-and-their-progress/regulatory-process-financial-services/expert-groups-comitology-and-other-committees/accounting-regulatory-committee_en#documents.

相关缩写

ARC Accounting Regulatory Committee

CESR Committee of European Securities Regulators

DP Discussion paper

EC European Commission

ED Exposure draft

EEA European Economic Area(EU 27 + 3 countries)

EFRAG European Financial Reporting Advisory Group

EU European Union(27 countries)

FASB Financial Accounting Standards Board(US)

FEE Federation of European Accountants

GAAP(s) Generally Accepted Accounting Principle(s)

IAS(s) International Accounting Standard(s)

IASB International Accounting Standards Board

IASC International Accounting Standards Committee(predecessor to the IASB)

IASCF IFRS Foundation(previously "IASC Foundation"—see below)—parent body of the IASB

IFRIC IFRS Interpretations Committee (previously "International Financial Reporting Interpretations Committee of the IASB, and Interpretations issued by that committee"—see below)

IFRS(s) International Financial Reporting Standard(s)

IFRSF IFRS Foundation

IOSCO International Organization of Securities Commissions

NCI(s) Non-controlling interest(s)(previously "minority" interests)

SAC IFRS Advisory Council(previously "Standards Advisory Council"—see below)—advisory to the IASB

SEC Securities and Exchange Commission(US)

SIC Standing Interpretations Committee of the IASC, and Interpretations issued by that committee

SME(s) Small and medium-sized entity(entities)